復旦哲學·中國哲學文獻叢書

伍

東亞《家禮》文獻彙編

日本篇 ②

主編
吴震 [日]吾妻重二 [韓]張東宇

上海古籍出版社

親尊服義

［日本］中村惕齋 撰
張天傑 整理

《親尊服義》解題

[日] 吾妻重二　撰　董伊莎　譯

《親尊服義》，寫本，七卷四册，現藏於名古屋市蓬左文庫，圖書編號爲中/127。

著者中村惕齋(一六二九—一七〇二)，京都人。名之欽，字敬甫，通稱七次、仲二郎等。惕齋是其號。無特定師承，自學朱子學，在當時的京都與同輩伊藤仁齋齊名。

關於惕齋其人，本《彙編》已經收録了他的《慎終疏節》四卷和《追遠疏節》一卷，以及這二著的基礎資料集《慎終疏節通考》六卷和《追遠疏節通考》五卷，請參閱其中的解説。

需要强調的是，惕齋作爲篤實的朱子學者，充分發揮朱熹的窮理精神，展開了博識且實證的學問研究。他在諸學中尤爲擅長禮學，其門人增田立軒的《惕齋先生行狀》中記有：

其于禮，尤所長也。文物之制，喪祭之節，設施周密，粲然可觀。故四方好禮之人，設疑來問，受其指揮者，不可舉數也。

從中可知，惕齋在禮學上取得了周到精密的研究成果，因此很多人從四方前來向他提問請教。上述《慎終疏節》作爲喪禮之書，《追遠疏節》作爲祭禮之書，無疑都有豐富可靠的内容。

除了思想方面，惕齋在儀禮方面也有精細的考察，他關於禮的研究（包括音樂）在江户時代的儒者中頗爲突出。這裏影印的《親尊服義》是反映惕齋禮制研究水準的又一著作。

《親尊服義》只有寫本流傳，未見刊本。內題只有卷首「親尊服義略」，卷一內題「親尊服義」，題簽「親尊服義　元（亨／利／貞）」，因此書名現作《親尊服義》。序文中雖稱卷數八卷，實際卷數只有七卷。本書應該是由尾張藩儒中村習齋書寫（後詳），是有關中國喪服制度的浩瀚研究及整理。有元禄三年（一六九〇）的序，當時惕齋六十歲，是他作爲學者迎來成熟期時的著作。

據本書自序，惕齋首先整理「親親」（親切對待親人）即親族間的喪服制度，作《親親服義》；然後在友人的勸導下整理「尊尊」（尊敬尊貴的人）即君臣間的喪服制度，合前作綜合而成《親尊服義》。

本書書名由來的「親親」和「尊尊」是自古以來表現儒教秩序觀念的關鍵字，《禮記·中庸篇》有：

> 仁者人也，親親爲大。義者宜也，尊賢爲大。親親之殺，尊賢之等，禮所生也。（《中庸章句》第二十章）

要强調的是，這些詞語并不局限于親近親人、尊重賢者和尊位者，而是與客觀的「禮」之規定有關係。這裏所説的「親親之殺，尊賢之等，禮所生也」便是如此，「殺」與「等」都有分等級、分排列層次的意思。因爲親密、尊崇這類内在感情必須通過「禮」這一外在規範形成秩序并得以具體表現。《孟子・梁惠王下》第七章的朱熹注有「尊尊親親，禮之常也」，雖然是很短的句子，但明確地説明了「尊尊」和「親親」與禮的結合。

在禮制上最能體現「親親」「尊尊」原則的正是喪服制度。《禮記・喪服小記》中便有：「親親，尊尊，長長，男女之有别，人道之大者也。」需要注意的是，這是《喪服小記》篇中的話。簡單地説，其意爲：「服喪的規定根據親疏、尊卑、長幼及男女的差别和差異而有所區分，這些差異、差别是人類道德上極爲重要的秩序。」《親尊服義》的書名便是包含了這種禮制上的重要觀點。

此蓬左文庫本《親尊服義》第一册裏襯中用青筆寫：「青書朱書并蕃政所記（但圖中朱書本册固有）。」蕃政是指侍奉尾張藩的朱子學者中村習齋（一七一九—一七九九）。本書中的青書和朱書應是習齋的筆迹，仔細觀察，其與本文的筆迹實也相同，所以此文本應該是中村習齋親筆抄寫的。習齋著有《家禮通考》六册（寫本，《道學資講》六四—六九，蓬左文庫藏）、《家禮講義》五册（寫本，財團法人無窮會藏）等，是位精通《家禮》的學者。

關於這點，值得注意的是本書卷頭有「尾張中村圖書」的藏書印。這表明了此書是尾張德川家家臣、初代名古屋市長中村修(一八四三—一九一五)的舊藏書,而中村修是中村習齋的後裔。也就是説,此書是尾張中村家代代相傳的書籍,來歷可靠,更有力地證實了其爲習齋的親筆抄寫。

關於此書的特色,主要歸納有以下三點:

第一,包羅性地提出了包括親族間和君臣間喪服關係的喪服制度。條目共計一百四十五條,力圖把各種情況都一一列舉出來。這遠遠超過了《儀禮・喪服傳》、《禮記》和《大唐開元禮》等記述的範圍,把君臣間的喪服制度以「君臣服義」的形式分開整理也是這些儀禮書所没有的特色,其範圍自然也超過了只記述親族間喪服關係的《家禮》。

第二,有系統的整理。相當於總論部分的卷首中用圖示整理了五服的内容和九族(本族和外姻)的範圍,接着講服制的凡例等等,明確規定了喪服制度的基本事項。尤其值得注意的是本書的構成,卷首所示的「圖」與卷一以下所記述的「義」各項是一一對應的。

第三,材料豐富,涉及範圍廣。惕齋在本書中引用了很多文獻。《儀禮・喪服篇》及鄭玄注、賈公彦疏自不待言,其他的經書和注釋,《禮記》、《大唐開元禮》、朱熹《儀禮經傳通解》和《家禮》、《朱子語録》、黄榦《儀禮經傳通解續》、杜佑《通典》、敖繼公《儀禮集説》等大量文獻都在參考之列。關於喪服制度，如此詳細的資料收集和整理，恐怕在近世日本的學者中是絕無僅有的。

當然，受制於時代，相較於後來清朝考證學者們重要的相關研究，如程瑶田（一七二五—一八一四）《儀禮喪服文足徵記》、胡培翬（一七八二—一八四九）《儀禮正義》、張錫恭（一八五八—一九二四）《喪服鄭氏學》等，《親尊服義》在資料的調查和判斷的精密程度上有所遜色。但這些人的研究都大大晚於惕齋所處的時代，而且均著眼於究明《儀禮·喪服篇》的原義，不太關注歷代沿革，也没有試圖網羅所有喪服的情況〔二〕。

管見所及，至今爲止《親尊服義》的研究幾乎没有，關於其意義的論述有待於今後的研究。但此書的禮制研究達到了很高的水準，因此作爲喪服制度的著作，其價值仍然是毋庸置疑的。

〔二〕 有關喪服制度的歷代沿革，可參見崔述《五服異同彙考》，《續修四庫全書》經部，第九十五册；吴嘉賓《喪服改正説》，見《喪服會通説》卷四，同上。崔述的著作也收録於《崔東壁遺書》，上海古籍出版社，一九八三年。另外，以《儀禮·喪服篇》爲中心的中國古代喪服制度相關研究，有徐淵《儀禮喪服服叙變除圖釋》（中華書局，二〇一七年），是近年來匯總前人研究的佳作。

目　録

親尊服義卷第一

親尊服義卷第二

親尊服義卷第三

親尊服義卷第四

親尊服義卷第五

親尊服義卷第六

親尊服義略序

夫喪之有服紀，自冠衰用布之麤細生熟，以至飲食居常之制，時月遠近之節，聖人盡情文之詳，裁定中正，而使天下人叙屬族之親疏，恩義之厚薄，無毫〔一〕相侵奪矣。然季世人情，日赴偷薄，自漢帝短喪之詔一出後，大喪不能復反古，况本朝喪紀之簡，古令已然，近歲又新令頒行，豈敢不從焉哉。特敦厚好古者，私擬心制而已。然則此書區區考古禮何也？蓋古服雖不行，而觀聖人制禮忠誠懇惻之意，可以警吾人薄頑不情。且孟子曰：「親親之殺，禮之等也。」故今校求服制等差，亦可以料親親之恩義，所關爲不淺小，此其所以發志纂輯也。篇首正親旁派，外黨雜制，各項造圖，某布服屬，明正義加降之别。若夫儀禮經服之闕，則採于傳注諸志補之。又作凡例以通論其總要，次逐條録服制所由出及注疏解義，凡歷代沿革、與諸儒論變制辨疑喪之語附焉，尚其可疑者，竊容愚議於其間。艸既具矣，是爲《親親服義》。有一友勉更纂《尊尊服義》以備其制，於是增修君臣師友服義及圖例併之，總名以《親尊服義》，凡八卷。緒頭繁縟，紀理參

〔一〕「毫」字下，疑有脱字。整理者按：本書脚注均見原本批注，下同，不贅。

錯，恐前後不例，殊欠整齊，衰朽日甚，不耐細訂，深望同志之人，改正補完以底成，則庶乎學者稽古之一助云爾。

元禄庚午十有一月，平安仲欽序。

親尊服義略卷之首

圖例

○五服義例

《文公家禮》云：「五服之制，一曰斬衰三年。二曰齊衰三年，杖期，不杖期，五月，三月。大功九月。小功五月。緦麻三月。」止此。《儀禮·喪服》「斬衰裳」傳云：「斬者何？不緝也。」鄭玄曰：「凡服在上曰衰，在下曰裳。」賈公彦曰：「斬衰裳者，謂斬三升布以爲衰裳。不言裁割而言斬者，取痛甚之意。按《三年問》云：『創鉅者其日久，痛甚者其愈遲。』《雜記》：『縣子云：三年之喪如斬，期之喪如剡。』謂哀有深淺。是斬者痛深之義，故云斬也。」其疏「衰裳齊」傳云：「齊者何？緝也。」鄭玄曰：「疏猶麤也。」賈公彦曰：「三升正服斬不得麤名，三升半成布三升微細則得麤名。《左傳》：晏嬰麤衰斬。麤衰爲在三升斬内，以斬爲正，故没義服之麤。至此四升始見麤也。」又曰：「斬衰先言斬者，一則見先斬其布乃作衰裳；二則見爲父極哀，先表斬之深重。此齊衰稍輕，直見造衣法。衰裳既就，乃始緝之，是以斬衰斬在上，齊衰齊在下。」其「大功布衰裳」注，鄭玄曰：「大功布者，其鍛治之功麁沽〔二〕之。」其《小功章》疏，賈公彦曰：「小功是用功細小精密者也。」其《細麻章》注，鄭玄曰：「謂之緦者，治其縷細如絲也。」賈公彦曰：「此章五服之内輕之極者，故以緦如絲者爲衰裳，又以澡治其莩垢之麻爲絰帶，故曰緦麻也。但古之緦、絲字通用。」又曰：「爲父哀極，直見深痛之斬，不没人功之麁，至於義服斬衰之等，乃見麁稱，至於大功小功，更見人功之顯。緦麻極輕，又表細密之事，皆爲哀有深淺，故作文不同也。」

《喪服小紀》云：「再期之喪，三年也。期之喪，二年也。九月七月之喪，三時也。五月之喪，二時也。三月之喪，一時也。」鄭玄曰：「言喪之節應時之氣。」

五服降正義服例勉齋黄氏曰：「案《儀禮》經傳嘗論降服而無正服義服之文，惟疏家之説謂有降、有正、有義三等，後之言禮者皆宗之，則其説有不可廢者。」《家禮正衡》云：「服有四制：一曰正服，如爲父母、爲祖父母、爲伯叔、爲兄弟之類。二曰加服，謂本輕而加之爲重，如嫡孫爲祖不杖期，承重斬衰三年之類。三曰降服，謂本重而降之爲輕，如爲妻杖期，姑在則不杖

〔二〕沽，《字彙》：麤略也。

之類。四曰義服，謂本無服而以義起之者，如舅姑爲婦及爲人後者，爲所後之類。」愚按：降正義加之例古今不同，今以唐《開元禮》爲正，其加服之制蓋與正服同也。

五服衰冠升數圖

此圖出黄氏《喪服圖式》，五服之衰冠十六條，各異布之粗細，以稱喪之輕重制禮。情文之密，略可見也。其經帶杖屨等制，詳見本圖。

斬衰	三年	正服衰三升	冠六升	既葬以其冠爲受衰六升	冠七升
		義服衰三升有半	冠六升	既葬以其冠爲受衰六升	冠七升
齊衰	三年	降服衰四升	冠七升	既葬以其冠爲受衰七升	冠八升
	杖期	正服衰五升	冠八升	既葬以其冠爲受衰八升	冠九升
	不杖	義服衰六升	冠九升	既葬以其冠爲受衰九升	冠十升
齊衰	三月	正義服衰六升	冠九升	無受	
此八條冠皆校衰三等					

續表

		殤降服衰七升	冠七升	無受		
大功	九月	成人降服衰七升	冠十升	既葬以其冠爲受衰十升	冠十一升	
	七月	正服衰八升	冠十升	既葬以其冠爲受衰十升	冠十一升	此二條冠皆校衰二等
繐		義服衰九升	冠十一升	既葬以其冠爲受衰十一升	冠十一升	
		衰四升有半	冠八升	既葬除之		
小功	五月	殤降服衰十升	冠升同	無受		
		成人降服衰十升	冠升同	即葛五月無受		
		正服衰十一升	冠升同	即葛五月無受		
		義服衰十二升	冠升同	即葛五月無受		
緦麻	三月	降正義同衰五升抽其半	冠升同	無受		

○九族服義

《尚書·堯典》「以親九族」孔安國傳云：「高祖至玄孫之親。」孔穎達疏引《五經異義》云：「夏侯、歐陽等以爲九族者，父族四，母族三，妻族二，皆據異姓有服。」朱子曰：「父族謂本族、姑之夫、姊妹之夫、女子之夫家，母族謂母之本族、母之母族、姨母之家，妻族則妻之本族與其母族是也。」黃鎮成曰：「愚按孔傳言九族，蔡氏從之。《喪服小記》雖有以三爲五、以五爲九之文，然亦以上殺下、旁殺之服而言，至於高玄之服，罕有身及之者。《書》言九族既睦，則是當時親被帝堯之德，雖以帝堯之壽，亦無身及高玄之理，故林小穎亦謂如此則只是一族，大抵當從夏侯、歐陽之説爲是。況朱子亦嘗謂九族以三族言較大，然亦不必泥，但所親者皆是，則亦未嘗專主孔説也。」《書經通考》

《喪服小記》云：「親親，尊尊，長長，男女之有別，人道之大者也。」孔穎達曰：「親親，謂父母也。尊尊，謂祖及曾祖、高祖也。長長，謂兄及旁親也。不言卑幼，舉尊長則卑幼可知也。男女之有別者，若爲父斬、爲母齊衰，姑姊妹在室期、出嫁大功，爲夫斬、爲妻期之屬。此四者，人之道爲最大。」

親親以三爲五，以五爲九。上殺，下殺，旁殺，而親畢矣。鄭玄曰：「已，上親父，下親子，三也。以父親祖，以子親孫，五也。以祖親高祖，以孫親玄孫，九也。殺，謂親益疏者，服之則輕。」孔穎達曰：「已，上親父，下親子，合應云以一爲三，而云以三爲五者，父子一體，無可分之義也。祖非已一體，故有可分之義，而親名著也。又以祖親曾祖，以孫親曾孫，應云以五爲七，而言九者，曾祖曾孫爲情已遠，非已一體所親，故略其相親之旨也。上殺者，據已上服父祖而減殺，故服父三年，服祖減殺至期，以次減之，應曾祖大功，高祖小功，而俱齊衰三月者，但父祖及於已，是同體之親，故依次減殺。曾祖、高祖非已同體，其恩已疏，故略從齊衰三月，曾、高一等，重其衰麻，尊之也，減其日月，恩殺也。下殺者，謂下於子孫而減殺。子服父三年，父亦宜報服，而父子首足，不宜等衰，故父服子期也。父服子期，孫卑，理不得祖報，故爲九月。爲孫既大功，則曾孫宜五月，但曾孫服曾祖正三月，故曾祖報亦一時也。而曾祖是正尊，自加齊衰服，而曾孫正卑，故正服緦麻。曾孫既緦麻三月，玄孫理不容異。且曾孫非已同體，但曾孫下，當補玄孫二字。故服不依次減殺，略同三月。旁殺者，世叔之屬是也。父是至尊，故以三年。若據祖期年，則世叔宜九月，而世叔是父一體，故加至期也；從世叔既疏，加所不及，據期而殺，是以五月；族世叔又疏一等，故宜緦麻；此外無服也。此是發父而旁漸至輕也。又祖是父一體，故加至期，而祖之兄弟非已一體，故加亦不及，據於期之斷殺，便正五月；族祖又疏一等，故宜緦麻；此外無服。是發祖而旁漸殺也。又曾祖據期本應五月，族曾祖既疏一等，故宜三月也。自此外及高祖之兄弟，悉無服矣。又至親期斷，兄弟至親一體，相爲而期；同堂兄弟疏於一等，故九月；從祖兄弟又疏一等，故小功；族之〔二〕昆弟又殺一等，故宜三月；此外無服。是發兄弟而旁殺也。又父爲子期，而兄弟之子但宜九月，而今亦期者，父爲於子，本應報以三年，特爲首足，故降至期；而兄弟之子爲世叔，本應九月，但言世叔與尊者一體，而加至期，世叔旁尊，不得自比彼父祖之重，無能相降，故報兄弟子期，且己與兄弟一體，兄弟之子不宜隔異，欲見猶子之義也。又同堂兄弟之子，服從伯叔無加，則從伯叔亦正報五月也；族兄弟之子又疏，故宜緦耳。族兄弟，當作從祖兄弟。此發子而旁殺也。又孫服祖期，祖尊，故爲孫大功；兄弟之孫服從祖五月，故從祖報之小功也；同堂兄弟之孫既疏，爲之理自緦麻；其外無服矣。曾祖爲曾孫三月，爲兄弟曾孫無等降之，故亦爲三月。而親畢矣者，結親親之義也。始自父母，終於族人，故云親畢矣。」

《大傳》云：「服術有六：一曰親親，二曰尊尊，三曰名，四曰出入，五曰長幼，六曰從服。從服有六：有屬從，有徒從，有從有服而無服，有從無服而有服，有從重而輕，有從輕而重。」孔

〔二〕「之」，疑「父」字。

穎達曰：「親親者，父母爲首，次妻、子、伯、叔。尊尊者，君爲首，次公卿、大夫。名者，若伯叔母及子婦、弟婦、兄嫂之屬。出入者，女在室爲入，適人爲出，及爲人後者。長幼者，長謂成人，幼謂諸殤。從服者，即下從服有六等是也。屬謂親屬，以其親屬爲其支黨也。徒，空也。與彼無親，空服彼之支黨也。」

自仁率親，等而上之至于祖，名曰輕；自義率祖，順下之至于禰，名曰重。一輕一重，其義然也。孔穎達曰：「自，用也。仁，恩也。率，循也。親，父母也。等，差也。子孫若用恩愛，依循於親，節級而上，至於祖，遠者恩愛漸輕，故名曰輕也。義主斷割，用義循祖，順而下之至於禰，其義漸輕，祖則義重，故名曰重也。義則祖重而父母輕，仁則父母重而祖輕，一輕一重，宜合如是，故云其義然也。按《喪服條例》：『衰服表恩，若高、曾之服，本應緦麻小功，而進以齊衰。』豈非爲尊重而然邪？至親以期斷，而父母三年，寧不爲恩深乎？」

四世而緦，服之窮也。五世祖免，殺同姓也。六世，親屬竭矣。孔穎達曰：「四世，謂上至高祖，以下至己兄弟，同承高祖之後，爲族兄弟，相報緦麻，是服盡於此，故緦麻服窮，是四世也。五世，謂共承高祖之父母也，服袒免而無正服，減殺同姓也。六世，謂共承高祖之祖，不服袒免，同姓而已，故云親屬竭矣。」

九族系脈全圖

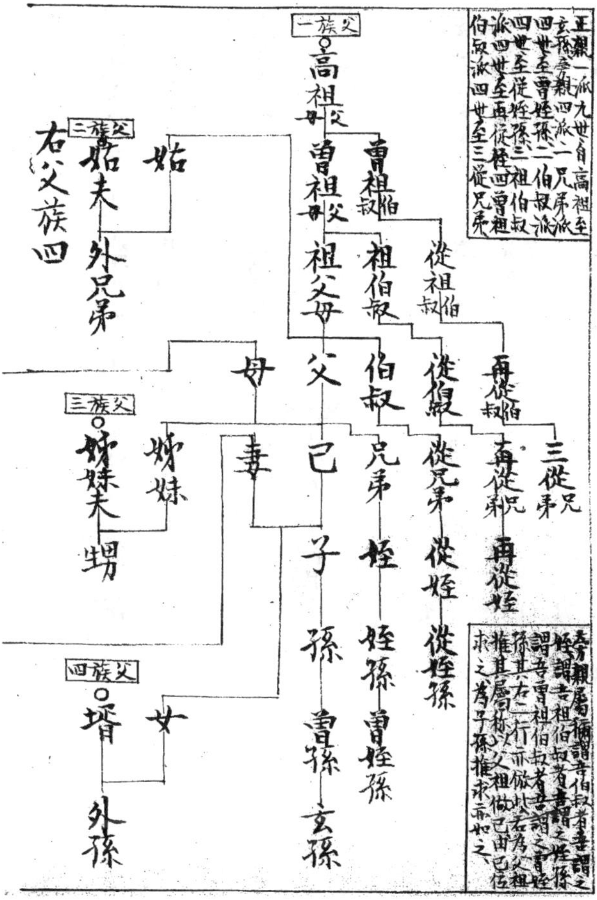
正親一派九世自高祖至玄孫旁親四派一兄弟派四世至曾姪孫二伯叔派四世至從姪孫三祖伯叔派四世至再從姪四曾祖伯叔派四世至三從兄弟
父族一
高祖父母
曾祖父母
曾祖伯叔
祖父母
祖伯叔
從祖伯叔
父
母
伯叔
從伯叔
再從伯叔
己
妻
兄弟
從兄弟
再從兄弟
三從兄弟
子
姪
從姪
再從姪
孫
姪孫
從姪孫
曾孫
曾姪孫
玄孫
父族二
姑
姑夫
外兄弟
父族三
姊妹
姊妹夫
甥
父族四
女
壻
外孫
右父族四
旁親屬稱謂吾伯叔者吾謂之姪謂吾祖伯叔者吾謂之姪孫謂吾曾祖伯叔者吾謂之曾姪孫其右二行亦倣此右為父祖推其屬稱以父祖倣己由己侄求之為子孫推求亦如之

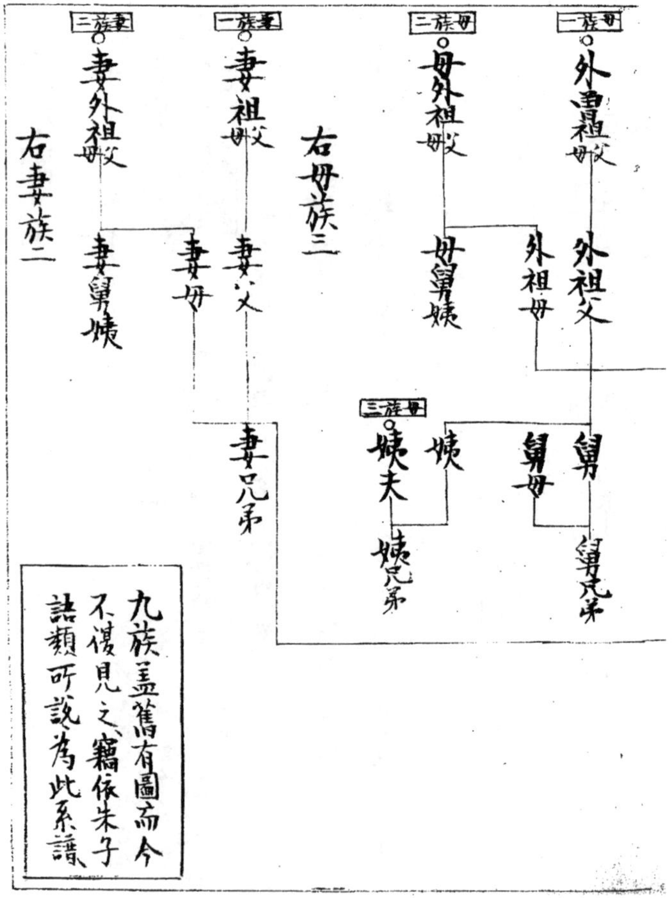
一族母
外曾祖父
外曾祖母
二族母
母外祖父
母外祖母
右母族三
一族妻
妻祖父
妻祖母
二族妻
妻外祖父
妻外祖母
右妻族二
外祖父
外祖母
母舅姨
妻父
妻母
妻舅姨
舅
舅母
姨
三族母
姨夫
舅兄弟
姨兄弟
妻兄弟
九族蓋舊有圖而今不復見之竊依朱子語類所說為此系譜

○服制凡例考義附

凡父卒，長孫承重爲祖後者，爲祖父母服如親父母，孫婦亦服之如舅姑。若長婦在，則長婦承重，而孫婦蓋不加其服也。凡曾玄孫於曾高祖亦並同，然祖、曾、高爲長孫、曾玄孫及婦將傳重者，則止加衆孫及婦一等。若長婦在，則亦不加也。

《喪服傳》云：「父卒，然後爲祖後者服斬。」又云：「受重者必以尊服服之。」又云：「有適子者無適孫，孫婦亦如之。」餘各就本條詳之。〔二〕

凡女子未嫁而在室者，雖已許嫁亦同。已嫁而反在室者，並服與男子同。男爲人後而還家者，與女嫁而反者同。

經《斬衰章》「女子子在室爲父」注云：「言在室者，關已許嫁。」又云：「子嫁反在父之室，爲父三年。」王肅曰：「嫌已嫁而反，與在室不同，故明之。」○勉齋黄氏曰：「《不杖期章》世父母、叔父母傳注及昆弟注，並云：爲姑姊妹在室亦如之。爲衆子注云：女子子在室亦如之。今按姑姊妹女子子服，經無明文，

〔二〕案：本條高祖下所載《通典》殷仲堪論亦一例，當補入。

見於注疏者有此三條，蓋姪之爲姑、兄弟之爲姊妹、父母之爲女子子，其服如此，則在室姑之爲姪、在室姊妹之爲兄弟、在室女子子之爲父母及其餘親，其服並當與男子服同。」

凡男子爲人後者，爲所後之父母及内外親屬服，皆若親子。

經《斬衰章》「爲人後者」注，雷次宗曰：「此文當云爲人後者爲所後之父，今闕此五字者，以其所後之父或早卒。今所後其人不定，或後祖父，或後曾高祖，故闕之。」傳云：「爲所後者之祖父母、妻、妻之父母、昆弟、昆弟之子，若子。」鄭玄曰：「若子者，爲所爲後之親如親子。」賈公彦曰：「妻謂死者之妻，即後人之母也。妻之父母、昆弟、昆弟之子，並據死者妻之父母、妻之昆弟、妻之昆弟之子。此經直言爲所後者祖父母及妻及死者外親之等，不言死者緦麻、小功、大功及期之骨肉親者，子夏作傳，舉疏以見親，言外以包内，骨肉親如親子可知也。」〇《公羊傳》云：「爲人後者，爲之子也。」

凡男爲人後、女適人者，爲其私親皆降一等，私親之爲之也亦然。已上《家禮》文。女既笄者，雖未嫁，亦逆降伯叔姑姊妹已下旁親，爲人後者之妻，爲夫本宗服又降夫一等。今此書圖中不悉注，但其間有不降者，有可疑者，則各就本條注之。

經《不杖章》：「爲人後者，爲其父母報。」傳云：「持重於大宗者，降其小宗也。」《大功章》爲人後者爲其昆弟，賈公彦曰：「於本宗餘親皆降一等也。」《記》云：「爲人後者於兄弟降一等報。」鄭玄曰：「言報者，嫌其爲宗子不降。」愚按：《記》中所謂兄弟者，例汎以親族言之，見鄭注。《開元禮》云：「凡爲人後者，本親降一等，其妻又降夫一等。」○經《不杖章》：「女子子適人者爲其父母。」《大功章》：「女子子適人者爲衆昆弟。」賈公彦曰：「爲本親降一等是其常。」又《大功章》姑姊妹女子子適人者，鄭玄曰：「出必降之者，蓋有受我而厚之者。」○經《大功章》：「女子子嫁者、未嫁者，爲世父母、叔父母、姑姊妹。」傳云：「未嫁者，成人而未嫁者也。」鄭玄曰：「女子之成人者，有出道，降旁親及將出者，明當及時也。」

凡兩女各出適者、兩男各出後者，並止相降一等，而不再降也。男出後者，爲女出適者降二等。

《開元禮·大功章》「爲女子子適人者」注云：「出降者，兩女各出不再降。若兩男各爲人後亦如之。」愚按：經《大功章》「女子子嫁者、未嫁者，爲世父母、叔父母、姑姊妹」，又同章「姪丈夫婦人報」。馬融曰：「嫁姑爲嫁姪服也。」止此。此謂女子成人者，以有出道，逆降旁親一等，故在後爲出嫁者不再降也。其《小功章》從父姊妹亦然也。若然，其未嘗降而嫁者及降一等，則爲後嫁者不再降明矣。蓋女子之出適，彼將受我而厚之，我乃薄之以授彼，親疎於是乎一決，無復可相顧者。及後來本宗之女有嫁人者，其親疎厚薄於前嫁者全無干涉，宜其不再降也。然楊氏《家禮補注·不杖章》云：「按《不杖期》注，正服當添一條。姊妹既嫁，相爲服之。」丘氏《儀節》亦在《不杖章》補之。所謂《不杖期》注者，今檢《儀禮·不杖章》注疏，無有此説，未審其何所據。若主其説，則是不相降也，非不再降，可疑之甚者也。○經《小功章》：「爲人後者，爲其姊妹適人者。」馬融曰：「在室者齊衰期，適人大功，以爲大宗後，疎之，降二等，故小功也。」

陳詮曰：「累降也。姑不見者，同可知也。」愚按：是出子以尊疎出女降之也。又《開元禮》，爲人後者爲本生外祖降一等，是雖異姓無出降，亦得以疎降之。凡尊降之服，不得以降報之，則出女爲出子，不應再降。然《開元禮·小功章》云，爲人後者，爲其姑姊妹適人者報，則姑姊妹亦得降二等以相報也，亦於理可疑矣。

凡女子適人、無夫與子者，與其父母、兄弟、姑姊妹及兄弟之子女兩不相降。並本服，不杖期。

經《不杖章》：「姑姊妹女子子適人無主者，姑姊妹報。」傳云：「無主者，謂其無祭主者也。」鄭玄曰：「無主後者，人之所哀憐，不忍降之。」雷次宗曰：「報之爲言，二服如一。」止此。餘各就本條詳之。

凡女子適人者，爲兄弟之妻及姪之婦不降，婦人爲夫之姑姊妹適人者亦不降也。

經《小功章》：「爲夫之姑姊妹，娣姒婦，報。」鄭玄曰：「夫之姑姊妹，不殊在室及嫁，因恩輕，略從嫁降也。」

凡女子適人者，降服未滿被出，則服其本服，已除則不復服也。已上《家禮》文。若其夫命之反，猶在降服之內，則但終其降服。已過降服之限，則遂終其本服。

《喪服小記》云：「爲父母喪，未練而出則三年，既練而出則已。未練而反則期，既練而反則遂之。」

愚按：《小記》只以父母之喪言之，而朱子推廣之，以爲凡私親之服皆然也。今竊據本文下一截，亦汎言以爲例。详見《服義》「父」條。

凡婦人爲夫黨服也，從夫服而降一等。或不降，或可疑，則各注本條。

《喪服記》云：「夫之所爲兄弟服，妻降一等。」賈公彦曰：「婦人爲夫之親，從夫服而降一等。」《緦麻章》「爲夫之從父昆弟之妻」疏。

凡婦人服夫黨，當喪而出則除之。此一條《家禮》文。

《喪服小記》云：「婦當喪而出則除之。」孔穎達曰：「此謂正當舅姑之服時，被夫遣出者也。恩情既離，故出即除也。」愚按：《朱子家禮》引之，蓋亦以爲汎爲夫黨服之例也。〔二〕

凡爲人後者之子孫，爲爲後者私親服，皆由爲後者身推之，世降一等，不得據所後之家，還計其親疎矣。

宋崔凱《喪服駁》云：「世人有出爲大宗後，還爲其父母期，其子從服大功者，凱以爲經文爲人後者，爲其父母期，爲其兄弟降一等，此指爲後者身也。不及其子，則當以其父所後之家，還計其親疎爲服紀耳。」按晉劉智《釋疑》：「或問：禮爲人後者，爲當唯出子一身還本親也？魯國孔正陽等議，以爲人後者，服所後之親若子，爲其本親降一等，不言世一等者，以至其子以義斷，不復還本親故也。」已上舊説。儒林掾謝襲稱：「學生張禬之從祖母丁喪，士當作「丁」。本是親祖母，亡父出後，求詳禮典。輒敕助教陳福

〔二〕「伯叔母」本條所論夫亡妻歸宗者之服例當有此次歟？

議，當諸出爲人後者，還服本親，皆降一等，自爲後之身。文無後者之子，追服大功。」王彪之答：「如所白，則族人後大宗者，出後者子，於本祖無服。孫不服祖，於情不安，是以諸儒之説，義旨總謂爲人後者，雖在五服之外，皆降本親一等，無孫不服本祖之條。按《記》云：夫爲人後，其妻爲舅姑大功。鄭玄曰：不二降也。其妻於舅姑義服猶不二降，况其子孫，骨肉至親，便當無服乎？禮疑則重，義例亦明。如禮之例，諸出後者及子孫，還服本親，於所後者有服與無服皆同降一等。謂禬之當服大功。」

凡妾爲家主之黨服如正妻，自爲其私親服，如女子適人者，妾亦爲正妻之黨從服。

《喪服傳》云：「妾爲君之黨服，得與女君同。」〇勉齋黃氏曰：「案公妾以及士妾，爲其父母期。」《喪服・不杖期章》。又《記》云：「妾爲私兄弟如邦人。」注云：「私兄弟，目其族親也。」然則其服與女子子適人者同矣。〇《雜記》云：「女君死，則妾爲女君之黨服。」鄭玄《喪服傳》注引之云：「禮，妾從女君，而服其黨服。」《不杖章》「公妾以及士妾」條。

凡正服緦麻者，出降並無服，今不悉注。古禮爲婦人降，無服者猶服麻。

《奔喪》云：「婦人降而無服者麻。」愚按：爲降而無服者麻，猶五世而服絶者袒免。若然，爲男子出後，降而無服者亦當如此。

凡小功已下之親共在他邦者，相爲加一等。

《喪服記》云：「兄弟皆在他邦加一等。」傳云：「何如則可謂之兄弟？」傳曰：「小功以下爲兄弟。」上文注云：「兄弟，猶言族親也。」鄭玄曰：「皆在他邦，謂行仕出遊，若辟仇。大功以上，若皆在他國，則親自親矣。」賈公彥曰：「二人共在他國，一死一不死，相愍不得辭於親眷，故加一等也。」

凡不及知其父母，而與小功已下之親居者，亦相爲〔一〕一等。

《喪服記》云：「不及知父母，與兄弟居，加一等。」《傳》云：「小功以下爲兄弟。」鄭玄曰：「不及知父母，父母早卒。大功以上，若不及知父母，則固同財矣。」賈公彥曰：「謂各有父母，或父母有早卒者，與兄弟共居而死，亦當愍其孤幼相育，特加一等。父母早卒者，或遺腹子，或幼小未有知識，而父母早死者也。親重，則財食是同，雖無父母，恩自隆重，不可復加也。」

凡母黨及姑、姊妹、女夫黨之服，並無出降。但爲人後者，於本生外祖降一等。

馬融曰：「異姓無出入降。」《小功章》「從母丈夫婦人報」注。愚按：馬氏此説雖爲母黨發，然謂之異姓，則姑、姊妹、女之夫黨亦同，故後世服令外黨並無出降，但《開元禮》爲人後者，爲本生外祖緦麻，上條已論之。

凡母黨不服二氏也。

《服問》爲其母之黨服，則不爲繼母之黨服。注：鄭玄曰：「雖外親亦無二統。」又晉劉系之問荀訥曰：「禮云母黨不二服，親無二統故也。」《通典》餘詳「繼母」條。

〔一〕「爲」下，疑「加」字脱。

凡大功以上之服，厭屈而不得伸者，皆心喪以終其殘月。

晉賀循《喪服要記》云：「凡降服既除，心喪如常月。」劉智《釋疑》云：「凡屈不得服者，皆有心喪之禮。小功以下不税服，乃無心喪耳。」降服緦小功亦有税。唐王博義等奏議曰：「心喪之制，唯施服屈。」已上《通典》。

凡殤服差降例。

詳具《圖説》。

凡童子服例，童子八歲以上者爲小功以上之親，各服其衰裳，而著免加絰，但不杖不菲，不居廬而已。爲其應服緦者，及未滿八歲者，爲諸親並著深衣而無絰。若爲父母後者，有緦服免而杖矣。凡子幼而爲主，則以衰抱之，人爲之拜賓。

義詳本條。

凡宗人爲宗子成人及殤服例。

詳具《圖説》。

凡並有喪服例。

詳具《圖説》。

凡追服例，斬衰、齊衰、大功，及大功以上降在小功、緦麻，此五者並追服。若己生不相及，則不追也。

義詳本條。

凡內外通婚，而一人身兼兩親者之服，一以婚姻屬族爲正。若其本服重，則以心制終殘月。

義詳本條。

凡天子爲正親及爲祖承重之服，並如衆人。曾、高亦同。若父有廢疾不立而承祖後，則雖父在，亦服斬也。其爲子孫及婦，則止太子、太孫及妃爲正統服之，曾、玄亦同。衆子、衆孫及婦皆爲旁親不服之。即太子、太孫殤死，亦仍其殤服不降。若立庶子孫爲儲嗣而死，則伸其本服，不降亦不加也。

《中庸》「三年之喪，達乎天子」注：鄭玄曰：「其正統之期，天子、諸侯猶不降也。」爲太子妃大功，爲太孫妃小功，亦不降。○趙商問：「父卒爲祖後者三年，父在爲祖如何？」是問諸侯之喪。鄭玄答曰：「天子、諸侯之喪，斬衰無期。」愚按：天子、諸侯指死者，蓋爲其以君服之，故雖父在亦爲祖斬。○《喪服傳》云：「有適子者無適孫，孫婦亦如之。」○經《大功章》「公爲適子之長殤中殤」注：鄭玄曰：「不降適殤者，重適也。天子亦如之。」○立庶子爲太子之服，有宋庾蔚之議。見天子服義。

凡天子爲旁親皆絕之，不服。若繼伯叔兄弟之統，則爲特重如父。愚按：立旁親爲嗣者，亦猶立庶子孫例。其爲伯叔兄弟所不臣者，及姑姊妹女嫁王者後者則不降也。

賈公彦曰：「天子、諸侯絶旁期。」愚按：以其所臣絶之。○《公羊傳》云：「爲之後者爲之子。」○賈公彦曰：「按《喪服傳》云，始封君不臣諸父昆弟，封君之子不臣諸父而臣昆弟，天子之義亦當然。若虞舜、漢高皆庶人起爲天子，蓋亦不臣諸父昆弟而有服也。」○魏甲瓊曰：「天子不降其姑姊妹嫁於二王後。」愚按：女子子亦同。

凡天子爲外親服，止爲外祖父母、皇后父母如衆人，餘皆不服也。

《喪服小記》云：「世子不降妻之父母。」緦麻。晉范甯曰：「王者之於天下，與諸侯之於一國，義無以異。今謂粗可依准。」蜀譙周曰：「天子、諸侯爲外祖父母小功。」並《通典》。

凡太后皇后爲先王先后服，如内宗女其爲天子爲太子及太孫及妃並如衆人，其餘隨天子降一等。

愚按：天子内外宗女並爲天王斬，爲王后期，見《雜記》及《喪服小記》。則王后於先王、先后亦當然，不敢以舅姑服也。其爲太子、太孫等服，故事皆如其本服。吴射慈曰：「天王后爲天王之親，隨天王而降一等。」止此。是亦貴賤之通禮，而天子所絶服，則王后亦不服之。

凡太后、皇后爲本生父母、祖曾高祖父母，兄弟之爲父後者，宗子外祖父母，皆如衆人。其餘旁親，自期以下並無服。

漢馬融曰：「婦人雖天皇后，猶不降其祖宗也。」○鄭玄曰：「諸侯之女爲天皇后者，父卒昆弟之爲父後者，宗子亦不敢降也。」○皇后爲外祖服。見《開元禮》。○晉賀循曰：「諸侯女以爲天皇后，以尊還降其族人。」

凡皇太子、太孫及妃喪服降不降之例，並與天子皇后同。

晉徐邈曰：「王侯絶期，不爲姊妹服，太子體君之尊，亦同無服。」○愚按：皇后爲天子之親及本生宗族服，先儒並以諸侯夫人例之，則太子妃亦可以相準。《開元禮》東宫妃服制亦與皇后同。

凡天子内外親，有服無服。男子士以上者，並爲天子斬，爲皇后、太子、父母及祖父母傳重者，從服期。若父祖嘗在位，則五服亦皆斬。凡五服婦女，爲天子斬，爲皇后期。已上與臣爲君服及從服同例。其無服婦女，士以上者止爲天子期。與爲夫之君同。若男女降爲庶人者，爲天子齊衰三月，從庶人爲國君。並無從服。

《周禮·司服》：「凡喪，爲天王斬衰，爲王后齊衰。」《喪服小記》云：「與諸侯爲兄弟者服斬。」熊氏曰：「凡與諸侯有五屬之親者，皆服斬也，以諸侯體尊，不可以本親輕服服之也。」古者天子、諸侯通禮。經《不杖期章》：「爲君之父母、妻、長子、祖父母。」君妻、小君，其餘從服也。凡君三年，則臣從降一等服期。《雜記》云：「外宗爲君、夫人，猶内宗也。」鄭玄曰：「爲君斬，夫人齊衰，不敢以其親服服至尊也。」外宗，謂姑姊妹之女、舅之女、從母皆是也。内宗，五屬之女也。其無服而嫁於諸臣者，從爲夫之君。嫁於庶人，從爲國君。《服問》云：「君爲天子三年，夫人如外宗之爲君也。」鄭玄曰：「外宗君外親之婦也。」與《雜記》

外宗異。孔穎達曰：「若姑之子婦、從母之子婦，其夫是君之外親，爲君服斬。其婦亦名外宗，爲君服期。」愚按《服問》云：「大夫之適子爲君、夫人、太子，如士服。」止此。夫人、太子從服也，不言父祖，蓋略之也。賈公彦曰：「天子、卿、大夫適子亦當然。」

凡公主出嫁，爲天子、皇后不降。

賈公彦曰：「天子之女嫁於諸侯，諸侯之女嫁於大夫，出嫁爲夫斬，仍爲父母不降。知者，以外宗、內宗及與諸侯爲兄弟者爲君皆斬。明知女雖出嫁，仍爲君不降。」《斬衰章》疏。

凡諸王妃主，爲旁親皆降一等，諸王爲妾母，及妻與庶兄弟，練冠麻衣，父卒大功，又爲外祖母及妃父母無服。愚按：妾母、庶兄弟、外祖父母之服。公主亦同。王妃爲其夫妾、母、外祖父母與其父母，皆得伸本服。

晉徐邈曰：「王侯絶期，太子體君之尊，亦同無服。皇子厭其君，又不敢服。」《唐志》云：「皇家所絶旁親無服者，皇弟、皇子爲之皆降一等。」〇魏田瓊曰：「公子厭於君，爲其母妻昆弟練冠麻衰，謂君所不服，子亦不敢服也。父卒猶爲餘尊所厭，不得〔二〕大功也。」此二句並出《喪服傳》。〇《服問》云：「有從輕而重，公子之妻爲其皇姑。」鄭玄曰：「爲其君姑齊衰，與小君同，舅不厭婦也。」餘詳本條。

〔二〕「得」下，當有「過」字。

凡古者諸侯之服，皆如天子禮，但爲其旁親爲諸侯者及姑姊妹女嫁於諸侯者不降，此其所異也。

蜀譙周曰：「諸侯降旁親，若爲諸侯服如國人。」經《大功章》「君爲姑、姊妹、女子子嫁於國君者」，《傳》曰：「何以大功也？尊同則得服其親服。」

凡諸侯之夫人、世子、衆子及内外宗之服例，俱與王禮同，而尊同者不降也。但諸侯之兄弟自用大夫禮。

鄭玄曰：「公之昆弟猶大夫。」賈公彦曰：「此二人尊卑同。」《小功》注疏。

凡公卿大夫於旁親皆降一等，尊同則不降。其宗子及外親，尊雖不同亦不降。大夫以上無庶母服。謂父妾有子者。

《白虎通》云：「卿大夫降緦，重公正也。」晉孔瑄曰：「大夫降緦，尊與己敵則不敢降。旁親降一等，緦麻絶也。」賈公彦曰：「大夫尊降旁親皆一等。」○經《齊衰章》「大夫爲宗子」，傳曰：「何以齊衰三月也，大夫不敢降其宗也。」○晉賀循曰：「大夫爲其外親爲士者，尊雖不同亦不降。」○《喪服傳》云：「大夫以上，爲庶母無服。」

凡公卿大夫之命婦，爲夫之旁親，隨夫降一等，還爲其族親尊不同者亦降之，唯父母及昆弟爲父後者，與宗子不降也。大夫之子用大夫禮，父卒如衆人，但庶子爲適昆弟不降，謂父之長子。

而爲其母妻降一等，父卒亦得伸也。

魏田瓊曰：「大夫之妻尊與大夫同。」〇賈公彦曰：「諸侯之女嫁於大夫，出嫁爲夫斬，仍爲父母不降。」鄭玄曰：「士之女爲大夫妻。爲父卒，昆弟之爲父後者宗子，亦不敢降也。」〇又曰：「大夫之子得用大夫之禮。」蜀譙周曰：「大夫之子，父在降旁親，亦如大夫，從父厭也。父没皆如國人。」吴徐整曰：「若父卒，已未大夫，故猶士耳。」〇經《不杖章》「大夫之庶子爲適昆弟」，傳曰：「何以期也？父之所不降，子亦不敢降也。」〇《大功章》「大夫之庶子、爲母妻」，傳曰：「大夫之子，則從乎大夫而降也。」

凡諸侯大夫之妾，爲其子不降，其餘爲君之族親服，與女君同。

經《不杖章》「公妾、大夫之妾爲其子」，傳曰：「妾不得體君，爲其子得遂也。」《大功章》傳曰：「妾爲君之黨服，得與女君同。」

凡臣爲君斬，爲小君期，臣妻爲君從服期，不爲小君服。五服，婦女亦從服之。君雖殤死，臣不降之。

經《斬衰章》「君」，傳曰：「天子、諸侯及卿大夫有地者皆曰君。」〇《不杖章》「爲君之妻」，傳曰：「妻則小君也。」〇《不杖章》「爲夫之君」，傳曰：「從服也。」馬融曰：「夫爲君三年，妻從夫降一等，故服期。」〇《五經異義》云：「臣不殤君。」

凡君之父母、祖曾高祖父母，未嘗爲君者，及長子之喪，君服三年，則臣從服期，其期服以下並不從之。君既除喪，而後臣初聞喪則不稅。君若在外而有君親之喪，則臣先服從服，唯近君小臣，則君所服斯服，君稅則亦從稅之。凡臣所從君而服，臣妻不陪從服之。五服，婦女皆從服之。

經《不杖章》「爲君之父母、妻、長子、祖父母」，傳曰：「從服也。」鄭玄曰：「此爲君矣，而有父若祖之喪者，謂始封之君也。若是繼體，則其父若祖有廢疾不立也。」宋庾蔚之曰：「臣以義服，故所從極於三年。經舉重服必從，則輕服不從可知也。」〇《喪服小記》云：「君已除喪，而后聞喪則不稅。近臣，君服斯服矣，其餘從而服，不從而稅。君雖未知喪，臣服已。」〇賈公彦曰：「臣之妻皆稟命於君之夫人，不從服小君者，欲明夫人命亦由君來，故臣妻於夫人無服也。」《不杖章》疏。愚按：小君且不從，則君之父、祖、長子亦不陪從可知矣。

凡天子、王后之喪，五等諸侯、王朝公卿大夫士及諸侯衆子、王朝公卿大夫之子，並爲天子斬，爲王后期，其餘從服皆同。唯諸侯世子無服，諸侯之夫人、公卿大夫之命婦、士之妻並爲天子期而無從服。王朝士之子及庶人在官者、畿内平民男女並爲天子齊衰三月，亦無從服。諸侯大夫得接見天子者，爲天子繐衰，既葬除之。〔一〕

《周禮·司服》：「凡喪爲天子斬衰，爲王后齊衰。」賈公彦曰：「諸侯、諸臣皆爲天王斬衰，爲王后

〔一〕　此條恐脱考。義所引《服問》「大夫之適子」云云，「卿大夫適子」云云之例。

齊衰，故云凡以廣之。」〇《服問》云：「世子不爲天子服。大夫之適子爲君、夫人、太子，如士服。」賈公彦曰：「諸侯世子有繼世之道，所以遠嫌，不爲天子服也。」又曰：「卿大夫適子爲君夫人，亦與諸臣同。士之子賤無服，當從庶人禮。」愚按：諸侯衆子，公之昆弟也，其禮准大夫，大夫子亦用大夫禮，故知諸侯大夫衆子亦皆[一]君服及從服。〇經《齊衰章》「庶人爲國君」，鄭玄曰：「不言民而言庶人，庶人或有在官者，天子畿内之民服天子亦如之。」《檀弓》云：「天子崩七日，國中男女服。」〇經《總衰章》「諸侯之大夫爲天子」，傳曰：「何以繐衰也？諸侯之大夫，以時接見於天子。」

凡諸侯之喪，國中孤、卿、大夫、士庶服之，並如王禮。卿、大夫之家臣各爲其君，皆如士禮，但陪臣不爲諸侯服斬，而從庶人禮。士不得有臣，其僕隸等爲主吊服加麻。

經《斬衰章》「君」，鄭玄曰：「天子諸侯及卿、大夫有地者，皆曰君。」賈公彦曰：「卿、大夫承天子諸侯，則天子諸侯之下有地者，卿大夫皆曰君。但士無臣，雖有地不得君稱，故僕隸等爲其喪吊服加麻，不服斬也。」〇漢《石渠禮》云：「大夫之臣爲國君服何？聞人通漢對曰：大夫之臣，陪臣也，未聞其爲國君。《記》云仕於家，出鄉不與士齒，是庶人在官也，當從庶人之爲國君三月。」

凡爲舊君服，臣老致仕者，爲君及君母、妻並齊衰三月。臣待放未去者，爲舊君齊衰三月。

〔一〕「皆」下，疑「爲」字脱。

臣已去而其妻子在故國者，妻子服之亦同。臣出仕他國者，今君與舊君尊卑同，則爲舊君服，不同則不服。仕而未禄者，在朝則爲君服，若去國則不服。

經《齊衰章》「爲舊君、君之母、妻」，傳曰：「爲舊君者，孰也？仕而已者也。」〇經又云「舊君」，鄭玄曰：「大夫待放未去者。」〇經又云「大夫在外，其妻、長子爲舊國君」，鄭玄曰：「在外待放已者。」〇《雜記》云：「違諸侯之大夫不反服，違大夫之諸侯不反服。」鄭玄曰：「其君薨弗爲服也。」〇《檀弓》云：「仕而未有禄者，違而君薨，弗爲服也。」

凡君爲臣吊服，天子爲公卿錫衰，爲諸侯緦衰，爲大夫士疑衰。諸侯爲卿大夫錫衰，爲同姓士緦衰，爲異姓士疑衰。卿大夫爲〔一〕貴妾緦麻，其吊服亦用錫衰。君爲宗族罪死者，如其倫之喪而無服。

《周禮·司服》：「王爲三公六卿錫衰，爲諸侯緦衰，爲大夫士疑衰。」〇《服問》云：「公爲卿大夫錫衰以居，出亦如之。大夫相爲亦然。」〇經《緦麻章》「貴臣貴妾」，鄭玄曰：「此謂公卿大夫之君也。貴臣，室老士也。貴妾，姪娣也。」〇《文王世子》云：「公族其有罪死，則磬于甸人。公素服不舉，爲之變。如其倫之喪，無服。親哭之。」

〔一〕「爲」下，當有「貴臣」二字。

正親服圖

正親九世服

此圖第一條上層曰高祖父母者，其所爲服之親，服之者玄孫也。次曰正者，正服也。齊衰三月者，其本服也。次曰加者，加服也。承重如父母者，玄孫承重爲高祖之後者，爲高祖父母，服如親父母也。次曰出適不降者，玄孫女出適人者，爲高祖父母不降其服也。並以其異餘親者附之。下條曰出後者，男子出爲人後者也。次曰婦者，妻爲夫黨服也。玄孫婦爲夫高祖父母，義服緦麻三月，若其夫承重，則加服如爲舅姑服也。下皆倣此。

高祖父母	正齊衰三月	加承重如父母	出適不降	婦義緦麻加夫承重如舅姑
曾祖父母	正齊衰五月	加承重如父母	出適不降	婦義緦麻加夫承重如舅姑
祖父母	正齊衰不杖	加承重如父母○祖母出嫁無服	出適不降 降出後大功	婦義大功加夫承重如舅姑
庶祖母父之妾母	正齊衰不杖	爲祖後者無服	出適出後無服	婦

續表

異	繼祖母父之繼母	義如親祖母	加承重如親母		婦
異	嫡祖母父之嫡母	義			婦
異	養祖母父之養母	義			婦
異	慈祖母父之慈母	義	加承重如親祖母	義祖之妾亦名祖庶母，父命爲之後則亦慈祖母也，服如親母，不命則小功	婦
父男女爲親父，婦爲舅		正斬衰三年		出適降齊衰不杖出後義〔一〕齊衰不杖	婦義從夫○出後者妻爲本生舅大功
異	同居繼父	義齊衰不杖	繼孫無服	降出適齊衰三月	婦
異	異居繼父	義齊衰三月	繼孫無服	出適不降	婦
母男女爲親母，婦爲姑		正齊衰三年	降父在齊衰杖期	出適降齊衰不杖出後降齊衰不杖	婦義從夫○出後者妻爲本生姑大功

〔一〕「義」，當作「降」。

續表

出母謂避父離棄者		降齊衰杖期	父在父卒並同爲父後者無服	出適降大功	婦	
嫁母謂父卒再嫁者		降齊衰杖期	爲父後者無服	出適降大功	婦	
妾母庶子所生亦名庶母		正如嫡子爲親母	義〔二〕爲父後者緦麻		婦義從夫	
異	繼母父之繼室	義嫡子庶母〔三〕俱如親母，嫡子爲前母亦同	降繼母出嫁，己從之，服齊衰杖期。不從，則不服	出適齊衰不杖 出後齊衰不杖	婦	
	嫡母父之正室	義庶子服如嫡子	出嫁無服		婦	
	養母養同宗及三歲以下遺棄之子	正如親母			婦	
	慈母妾失子者，父命他妾之子爲後	義如親母	出嫁無服		婦	

〔二〕「義」，當作「降」。

〔三〕「母」，當作「子」。

續表

異	庶母〔二〕謂父妾之有子	義緦麻	義爲庶母慈己者小功		婦
夫		義斬衰三年		義妾爲家主如正妻服	
妻		義齊衰杖期	降嫡子父在不杖	義妾爲正妻齊衰不杖	
	妾謂有子者	義緦麻		正妻無服	兩妾相爲服緦麻
長子謂嫡長父將傳祖禰之統者		加斬衰三年	加親母齊衰三年 義繼母齊衰三年	義妾爲嫡長齊衰三年	正出母嫁母爲子爲父後者猶服齊衰不杖
長婦長子之妻		加齊衰不杖	舅姑並同 義繼姑		
衆子謂長子之弟及妾子		義齊衰不杖	父母並同〇嫡繼母亦同父母爲子出後者不降	義妾爲家主衆子及其子，如正妻。若從正妻而出，唯服其子	正出母嫁母不杖期 義繼母嫁母爲前夫子，從己者，不杖期

〔二〕當有「乳母義緦麻」一條。

續　表

衆婦衆子之妻	義大功	舅姑並同 義嫡姑繼姑		
女嫡庶並同	正齊衰不杖	降出適大功○嫁反在室反嫁而無主者不降		正出嫁母不杖，除嫁，大功 義嫡繼母
長孫謂長子死祖將傳重者	加齊衰不杖	祖父祖母並同 義繼養庶祖母	長孫婦加小功○長婦在則如衆孫婦	祖父祖母諸祖母並同〔一〕
衆孫嫡庶並同	正大功	祖父母並同○庶祖母及繼嫡養慈祖母	衆孫婦義緦麻	祖父祖母諸祖母並同
孫女嫡庶並同	正大功	降嫁小功	祖父母並同○庶祖母及繼嫡養慈祖母	
曾孫	正緦麻	加傳重如長孫	曾孫女正緦麻，嫁無服	曾孫婦無服加傳重如長孫婦
玄孫	正緦麻	加傳重如長孫	玄孫女正緦麻，嫁無服	玄孫婦無服加傳重加長孫婦

〔一〕 據長孫例，「諸祖母」三字當在此，次條效此。

旁親服圖

兄弟派四世服

兄弟	正齊衰不杖	降出後出適並爲兄弟大功○兄弟各出後者不再相降	女嫁而無主者爲兄弟不降加爲兄弟爲父後者亦不降	婦義小功
姊妹	正齊衰不杖	降出適相爲大功○出後爲在室者大功，適人則小功○姊妹各出適者不再相降	男女爲姊妹嫁而無主者不降，姊妹亦報之	婦義小功○出適不降
兄弟妻	義小功		女適人者與兄弟之妻不相降	婦義兄弟之妻亦相爲服小功
異 異父兄弟姊妹	義小功〔一〕		異父兄弟妻無服	婦義
姪兄弟之子女	正齊衰不杖		姑嫁而無主者爲姪不降	婦義從夫

〔一〕 本條舉大功、小功兩説，而大功爲是。

續　表

姪婦	義大功		義姑爲姪婦小功，已嫁亦不降	婦義從夫
姪孫兄弟之孫女孫	正小功		姪孫婦義緦麻出降無服	婦義男女從夫，婦無服
曾姪孫兄弟之曾孫女孫	正緦麻	出降無服	曾姪孫婦無服	婦義從夫

伯叔派四世服

伯叔父父之兄弟	正齊衰不杖	凡伯叔以下三派出降，須以兄弟派例推，各詳本條，今不悉注	伯叔母伯叔之妻義齊衰不杖	婦義大功
姑父之姊妹	正齊衰不杖	姪爲姑嫁而無主者不降		婦義小功，出適不降
從兄弟伯叔之子	正大功	女適人者爲從兄弟之妻不降，本服緦麻	從兄弟妻義緦麻	婦義並緦麻
從姊妹伯叔之女	正大功			婦義緦麻，出適不降
從姪從兄弟之子女	正小功	從姪女正小功	從姪婦義緦麻	婦義從夫
從姪孫從姪之子女	正緦麻	從姪孫女正緦麻	從姪孫婦無服	婦義從夫

祖伯叔派四世服

祖伯叔父祖之兄弟	正小功	祖姑祖之姊妹正小功	祖伯叔母祖伯叔之妻義小功	婦義緦麻
從伯叔父父之從兄弟	正小功	從姑父之從姊妹正小功	從伯叔母從伯叔之妻義小功	婦義緦麻
再從兄弟從伯叔之子女	正小功	再從姊妹正小功	再從兄弟妻無服	婦並無服
再從姪再從兄弟之子女	正緦麻	再從姪女正緦麻	再從姪婦無服	婦義從夫

曾祖伯叔派四世服

曾祖伯叔父曾祖之兄弟	正緦麻	曾祖姑曾祖之姊妹正緦麻	曾祖伯叔母曾祖伯叔之妻義緦麻	婦無服
從祖伯叔父祖之從兄弟	正緦麻	從祖姑祖之從姊妹正緦麻	從祖伯叔母從祖伯叔之妻義緦麻	婦無服
再從伯叔父父之再從兄弟	正緦麻	再從姑父之再從姊妹正緦麻	再從伯叔母再從伯叔之妻義緦麻	婦無服
三從兄弟再從伯叔之子女	正緦麻	三從姊妹正緦麻	三從兄弟妻無服	婦無服

外親服圖

母黨服

外祖父母母之〔二〕父母	正小功		出後降緦麻	婦義緦麻
舅母之兄弟	正小功		舅母舅之妻義緦麻	婦義爲夫舅緦麻
姨母之姊妹	正小功		姨夫　無服	婦義緦麻
舅兄弟舅之子女	正緦麻	舅姊妹同上	舅兄弟妻無服	婦　無服
姨兄弟姨之子女	正緦麻	姨姊妹同上	姨兄弟妻無服	婦　無服
出母黨出母之子爲其母黨無服				
嫁母黨				
妾母黨庶子爲所生之母黨服如衆，若爲父後，則不服				

〔二〕　本條有母之君母。

續表

前母黨	繼母之子爲前母之黨無服
繼母黨	前母之子爲繼母之黨無服。○若親母被出，則服繼母之黨。○若繼母非一，則服次其母者之黨。○若既服親母之黨，則不服繼母之黨
嫡母黨	庶子爲嫡母之黨，服如嫡子。嫡母不在，則不服。己雖爲嫡母之後，亦不服。若嫡母非一，則爲見在之黨服
養母黨	未詳
慈母黨	慈子爲慈母之黨無服
女君黨	妾爲正妻之黨服，正妻死猶服也

妻黨婿黨服

妻黨	妻父 義緦麻	妻母 義緦麻	凡婿妻亡而別娶，亦爲前妻父母服。妻之親母雖出嫁，婿猶爲之服。	
婿黨	婿女之夫 義緦麻	外孫女女之女 正緦麻	外孫女之子 正緦麻	外孫婦 義緦麻
	凡外孫爲父後者，雖爲出嫁母不服，然外祖猶爲之服。			

姑姊妹夫黨服

姑夫黨	
外兄弟姑之子	正緦麻
外姊妹姑之女	正緦麻

姊妹夫黨	
甥姊妹之子正小功	甥女姊妹之女正小功
甥婦義緦麻	

雜制服圖

殤服圖

凡年十九至十六爲長殤，十五至十二爲中殤，十一至八歲爲下殤，不滿八歲爲無服之殤。哭之以日易月。生未三月，則不哭也。男子已娶、女子許嫁，皆不爲殤。

成人期適長斬衰	長殤大功九月	中殤大功七月	下殤小功五月	無服以日易月
成人大功	長殤小功五月	中殤同上	下殤緦麻三月	無服無易月哭

續表

成人小功	長殤緦麻三月	中下殤無服		
成人緦麻	三殤俱無服	爲殤後者，以其本服服之		

愚按：婦人從夫服其黨之殤，各由其本服而降之，其異者，唯成人大功之中殤，從下在緦麻耳。○女適人者，男爲人後者，爲私親之殤，並由其降服累降之。

宗人服圖

宗人男女，爲宗子宗婦服。宗子之母在，則不爲宗婦服，若宗子之母年七十已上，則宗婦得與祭，宗人乃爲宗婦服。

期年之親	成人齊衰期年	長殤大功衰九月	中殤大功衰五月	下殤小功衰五月
大功之親	成人齊衰三月受服大功衰九月	長殤大功衰五月	中殤同上	下殤小功衰三月

續表

小功之親	成人齊衰三月受服小功衰五月	長殤大功衰三月	中殤同上	下殤小功衰三月
緦麻絶屬	成人齊衰三月	長殤大功衰三月	中殤同上	下殤小功衰三月

並有喪圖

同時有重喪父母之喪偕，則父爲重，母爲輕		
葬先重後輕	葬先輕後重，皆服重服	虞祔練祥禫先重後輕，各服其服，卒事反重服
前後有重喪		
前喪虞祔後喪既殯行之○前喪卒哭後受以後喪之服		練祥禫後喪既卒哭行之，並用前喪之服，卒事反後喪之服
居重喪遭輕喪愚按：　若先居輕喪，而遭重喪者，以重包輕，餘如圖。		
初終制輕服哭之，在外則往臨	月朔設位服其服而哭之	除服期大功及降在小功者，各以其服除之，其餘不除。○若除重喪，而輕服未除，服輕服以終其餘日

天子服圖 王后太子及諸侯服附

高祖父齊衰三月，承重斬衰 高祖母齊衰三月，承重齊衰			
曾祖父齊衰三〔二〕月，承重斬衰 曾祖母齊衰五月，承重齊衰			
祖父不杖期，承重斬衰 祖母不杖期，承重三年	庶祖母		
父斬衰三年 母齊衰三年	庶母緦麻	姑嫁於王者後大功	諸父所不臣者不杖期，若繼其統則斬衰
天子 王后齊衰杖期		姊妹嫁於王者後大功	昆弟所不臣者不杖期，若繼其統則斬衰
太子斬衰三年，殤服如衆 太子妃大功	庶太子不杖期	女子嫁於王者後大功	昆弟子
適孫不杖期，殤服如衆 適孫婦小功	庶太孫		
適曾孫不杖期，殤服如衆 適曾孫婦小功			
適玄孫不杖期，殤服如衆 適玄孫婦小功			

○凡天子服絕旁期，但爲諸父昆弟之所不臣者，及姑姊妹女嫁於王者，後者則不降也。若繼諸父昆弟之統，則持重如父。○天子爲外祖父母及后父母不降。○凡王后爲先王、先后，如内宗女爲天子太孫及妃，並如衆人。其餘隨天子降一等。○王后爲本生父母、祖父母、兄弟爲父後者，宗子外祖父母並如衆人。○凡太子、太孫及妃服例如天子、王后。

附 諸侯服例

○古者諸侯之服大抵與天子禮同，但其旁親尊同者及姑姊妹女嫁於諸侯者不降。○凡諸侯夫人之服，亦與王后同，而尊同者不降也。○凡諸侯世子及妻之服，並如諸侯與夫人。○凡諸侯昆弟及衆子之服，並用大夫禮。

〔二〕「三」，當作「五」。

公卿大夫服圖

高祖父齊衰三月,承重斬衰三年　高祖母齊衰三月,承重齊衰三年

曾祖父齊衰三月,承重斬衰三年　曾祖母齊衰三月,承重齊衰三年

祖父不杖期,承重斬衰三年　祖母不杖期,承重齊衰三年

祖伯叔父母緦麻　祖姑緦麻,嫁士絶服

父斬衰三年　母齊衰三年

伯叔父母大功　姑大功,嫁士小功

從伯叔父母緦麻　從姑緦麻,嫁士絶服

己大夫　妻命婦齊衰三年

兄弟大功,妻無服　姊妹大功,嫁士小功

從兄弟小功,妻無服　從姊妹小功,嫁士緦麻

再從兄弟緦麻,妻無服　再從姊妹緦麻,嫁士絶服

適子斬衰三年,衆子大功　婦大功,衆婦緦麻

姪大功,婦緦麻　姪女大功,嫁士小功

從姪緦麻,婦絶服　從姪女緦麻,嫁士絶服

適孫不杖期,衆孫小功　婦小功,衆婦絶服

姪孫緦麻,婦絶服　姪孫女緦麻,嫁士絶服

適孫不杖期　婦小功

適女孫不杖期　婦小功

○此圖旁親是男爲士、女嫁於士者也。其殤又以次降一等。若男爲大夫、女嫁大夫者不降其本服,女嫁而無主者亦無出降。○凡公卿大夫於旁親皆降一等,若尊同則不降。其宗子及外親尊雖不同亦不降。○大夫以上庶母無服。

○凡公卿大夫之命婦爲夫之旁親,隨夫降一等。爲其族親尊不同者亦降之。唯父母及昆弟爲父後者與宗子不降也。○凡大夫之子用大夫禮,但庶子於適昆弟不降,而爲其母妻降一等。凡其降者,父卒皆得伸也。

臣爲君服圖

臣爲君服圖	五等諸侯	王朝公卿大夫士	諸侯孤卿大夫士	公卿大夫家臣
爲君　斬衰三年 爲君妻　齊衰不杖期 爲君長子　齊衰不杖期 爲君父母　齊衰不杖期 爲君祖父母　齊衰不杖期 君父祖不爲君祖傳重者也，若爲君則亦斬。君子非適不服。	爲天子、王后、太子及天子父母、祖父母傳重者 諸侯 諸侯衆子 世子不服	爲天子、王后、太子及天子父母、祖父母傳重者 公卿大夫士 公卿大夫適子衆子	爲諸侯、夫人、世子及諸侯父母、祖父母傳重者 孤卿大夫 孤卿大夫適子衆子	爲公卿大夫及妻、長子與父母祖父母傳重者 家臣
爲君　斬衰三年 爲君妻　齊衰不杖期	爲天子、王后 諸侯夫人有服者 諸侯女子有服者	爲天子、王后 公卿大夫士妻有服者 公卿大夫女子有服者	爲諸侯、夫人 孤卿大夫士妻有服者 孤卿大夫女子有服者	爲公卿大夫及妻 家臣妻有服者

續表

爲君　齊衰不杖期	爲天子諸侯夫人女子無服者	爲天子公卿大夫妻女無服者　士妻無服者	爲諸侯公卿大夫妻女無服者　士妻無服者	爲公卿大夫家臣妻無服者
爲君　繐衰至葬			爲天子孤卿大夫□□見天子者	
爲君及妻母　齊衰三月		爲天子及后與母公卿大夫士致仕者	爲諸侯及夫人與母孤卿大夫致仕者	爲公卿大夫及妻母家臣致仕者
爲君　齊衰三月	大夫	爲天子、諸侯大夫待放未去者及既去而妻子之未去者 士	爲天子、諸侯士之妻及子女、公卿大夫家臣 庶人	爲天子、畿内庶人、爲諸侯國中庶人
爲主　吊服加麻			庶人	爲士　僕隸等

周官九命之圖

	王				
九命作伯		上公二王之後三公出封			伯一方之長
八命作牧	三公孤國				牧一列之長
七命賜國			侯伯卿出封		
六命賜官	六卿				
五命賜則				子男大夫出封	
四命受器	中下大夫	孤			
三命受位	上士	卿即上大夫	卿即上大夫		
再命受服	中士	大夫	大夫	卿	
一命受職	下士	士	士	大夫	
不命				士	

親尊服義卷第一

正親服義

○正親九世服

第一 高祖父母〔一〕稱高祖父母爲高祖王父、高祖王母，俗爲大太公、大太婆。

玄孫爲高祖父母齊衰三月。○承重如父母。○女適人者，爲高祖父母不降。○婦爲夫高祖父母緦麻，夫承重如舅姑。愚按：若嫡子、孫、曾之婦在，則不加服。

經《緦麻章》「族曾祖父母、族祖父母」注，鄭玄曰：「族曾祖父者，祖父之從父昆弟之親也。族祖父者，亦高祖之孫，則高祖有服明矣。」《喪服小記》云：「親親以三爲五，以五爲九。」鄭玄曰：「己，上親父，下親子，三也。以父親祖，以子親孫，五也。以祖親高祖，以孫親玄孫，

〔一〕此下，當有「遠祖附」三字。

九也。」孔穎達曰：「服父三年，服祖期，以次減之，應曾祖大功，高祖小功，而俱齊衰三月者。但父、祖及於己是同體之親，故依次減殺。曾祖、高祖非己同體，其恩已疏，故略從齊衰三月，曾、高一等，所以《喪服》注云：重其衰麻，尊尊也。減其日月，恩殺也。」唐《開元禮·齊衰三月章》「爲高祖父母」《集説》文，見曾祖條。[一]○晉吳商曰：「按禮，貴嫡重正，所尊祖禰繼世之正統也。夫承重者不得以輕服服之，是以孫及曾、玄其爲後者，皆服三年，受重故也。」《通典》《開元禮·斬衰三年章》「嫡孫爲祖」注云：「謂承重者，爲曾祖、高祖，後亦如之。」○《通典·齊衰三年章》引漢戴德云：「孫爲祖後者，父卒爲祖母，上至高祖母，自天子達於士。」愚按：「父卒」當作「祖父卒」。《開元禮·齊衰三[二]章》「爲祖後者，祖卒則爲祖母」注云：「爲曾高祖後者，爲曾高祖母亦如之。」又《齊衰杖周章》「爲祖後者，祖在爲祖母」注云：「爲曾祖、高祖後者亦如之。」又云：「爲祖後，祖在爲祖母，雖周除，仍心喪三年。」庶孫傳重，父卒爲祖母、庶祖母服。見「祖父母」條。○晉徐農人問殷仲堪曰：「禮，服高祖父母齊衰三月，若其父承重者，爲當服期，爲故自服其本服耶？」答曰：「祖父在，而祖母没，則父服厭期。祖父後亡，則父服三年，而孫之服一

[一] 此書所引之《集説》者，經解中《儀禮集説》也。右十六字本在別紙，今蕃政載于此。
[二] 「三」下，疑「年」字脱。

定無變。是知孫之於祖，自有正服，不以父服爲升降。」《通典》愚按：是亦有嫡子無嫡孫之義也。凡父爲曾祖及祖後者，子所服當皆準之。○《開元禮・齊衰三月章》「女子子在室及嫁者爲高祖父母」注云：「不敢降其祖也。」○又《緦麻章》「爲夫高祖父母」。○又云：「其夫爲祖、曾、高祖後者，其妻從服亦如舅姑。宋服制令婦人爲舅斬衰三年，夫爲祖、曾祖、高祖後者，其妻從服亦如之。爲姑齊衰三年，嫡孫爲祖、曾祖、高祖後者，其妻從服亦如之。」○晉虞喜答孔瑚問曰：「有嫡子無嫡孫。又若爲宗子母服，則不服宗子婦。以此推玄孫爲後，若其母尚存，玄孫之婦猶爲庶，不得傳重；傳重之服，理當在姑矣。」宋庾蔚之謂：「舅沒則姑老，是授祭事於子婦。至於祖服，自以姑爲嫡，可謂有嫡婦無嫡孫婦也。祖以嫡統唯一，故子婦尚存，其孫婦以下未得爲嫡，猶以庶服之。孫婦及曾、玄孫婦，自隨夫服祖降一等，故宜期也。」《通典》愚按：以庶服之，則應仍本服也。從服降一等，恐非禮意矣。

遠祖　晉袁準《正論》云：「按《禮・喪服》云『爲曾祖父母齊衰三月』，自天子至于士一也。祖期則曾祖大功，高祖小功，而云三月者，此通遠祖之言也。今有彭祖之壽，無名之祖存焉。《爾雅》有來孫、雲孫、仍孫、昆孫，有相及者故也。十代之祖在堂，則不可以無服也。郯子曰『我高祖少皞摯之立也』，非五代之祖也。蒯瞶禱康叔，自稱曾孫，非四代之曾孫。然則高遠也，無名之祖，希及之矣，故不復分別而重言之也。故三月以著遠祖之服，故齊衰以見高祖以上之服。

遠祖尊，故以重服服之，恩殺，故減其月數。故舉三月，則知其遠祖；稱曾、高，其服同也。」《通典》宋沈括曰：「高祖齊衰三月，不特四世祖爲然，凡逮事，皆當服齊衰三月，高祖蓋通稱耳。」《通解》

第二曾祖父母稱曾祖父母爲曾祖王父、曾祖王母，俗爲太公、太婆。

曾孫爲曾祖父母齊衰五月。○承重者如父母。○女適人者，爲曾祖父母不降。○婦爲夫曾祖父母緦麻，夫承重如舅姑。愚按：若嫡子、孫之婦在，則不加服。

經《齊衰三月章》「曾祖父母」，傳曰：「何以齊衰三月也？小功者，兄弟之服也，不敢以兄弟之服服至尊也。」王肅曰：「服本以期爲正，父則倍之，故再期。祖亦加焉，故服期。曾祖恩輕，加所不及，正當小功，故傳曰〔二〕以小功言之耳。傳言小功者，兄弟之服，是據祖父而言也。從祖祖父、從祖父、從祖昆弟，此三者，其親皆從祖父而來也，而己皆爲之小功。從祖昆弟同與己爲兄弟之族，而從祖父與己父爲從父兄弟者也，從祖祖父則與己祖父爲兄弟，故曰小功者兄弟之服也。不敢以祖父兄弟小功之服服祖父之尊者，故曰不敢以兄弟之服服至尊。」鄭玄曰：

〔二〕「曰」字，疑衍。

「重其衰麻，則尊尊之義也。減其日月，恩殺也。」○《集說》云：「曾猶重也，祖之上又有祖也。」又云：「兄弟之服，大功以下皆是也。小功者，爲曾祖之本服言也。曾祖本小功，以其爲兄弟之服，不宜施於至尊，故服以齊衰三月焉。此其日月雖減於小功，而衰麻之屬實過於大功，且專爲尊者之服，是以日月之多寡有所不計。禮有似殺而實隆者，此之謂與？曾祖之父本服在緦麻，若以此傳義推之，則亦當齊衰，而經不言之者，蓋高祖、玄孫亦鮮有相及者也。」○唐貞觀十四年，侍中魏徵奏：「謹按曾祖、高祖父母舊服齊衰三月，請加爲齊衰五月。」《通典》《開元禮·齊衰五月章》「爲曾祖父母」注云：「本三月，以其降殺太多，故議改從五月。」止此。問魏徵加服，朱子曰：「觀當時所加曾祖之服，仍爲齊衰而五月，非降爲小功也。今五服格仍遵用之，雖於古爲有加，然恐亦未爲不可也。」○曾孫承重之服，詳見高祖條。○經《齊衰三月章》「女子子嫁者、未嫁者爲曾祖父母」，傳曰：「何以服齊衰三月？不敢降其祖也。」馬融曰：「婦人雖天王后，不降其祖宗也。」《集說》云：「此不降之服，似不必言未嫁者。女子子之適人者，降其父母一等，乃不降其祖與曾祖者，蓋尊服止於齊衰三月，其自大功以下，則服至尊者不用爲。故父母之三年可降而爲齊衰期，而祖之齊衰期不可降而爲大功，曾祖之齊衰三月又不可降而無服，此所以二祖之服俱不降也。」又云：「傳意謂嫁於大夫者，雖尊猶不敢降其祖，然則大夫妻，亦有降其族之旁親與士異者乎？」○鄭玄曰：「曾祖父母正服小功，妻從服緦。」《開元禮·緦麻章》爲夫曾祖父母，餘詳見高祖條。

第三 祖父母稱祖父母爲王父、王母，又爲大父、大母，俗爲公、婆，又連呼爲公公、婆婆。○妻稱夫祖父母爲太公、太婆，又祖母爲祖姑。

孫爲祖父母齊衰不杖期。〔二〕○承重者如父母。○女適人者，爲祖父母不降。○婦爲夫祖父母大功，夫承重如舅姑。〔三〕愚按：若適長婦在，則不加服。

經《不杖期章》「祖父母」，傳曰：「何以期也？至尊也。」賈公彦曰：「服之本制，若爲父期，祖合大功，爲父母加隆至三年，祖亦加隆至期也。」○《喪服傳》云：「父卒，然後爲祖後者服斬。」《不杖章》爲君祖父母條。凡孫承重之服，詳見高祖條。○宋江氏問：「甲兒先亡，甲後亡，甲嫡孫傳重，未及中祥嫡孫又亡，有次孫，今當應服三年不？」何承天答曰：「甲既有孫，不得無服三年者，謂次孫宜持重也。但次孫先已制齊衰，今不得便易服，當須中祥乃服練居堊室耳。昔有問范宣云：『人有二兒，大兒無子，小兒有子，疑於傳重。』宣答：『小兒之子應服三年。』

〔二〕 卷首□有「祖母出嫁無服」六字。
〔三〕 案當有「出爲人後者爲祖父母大功」十一字。

亦粗可依。」裴松之答何承天書曰：「禮，嫡不傳重，傳重非嫡，皆不加服，明嫡不可二也。范宣所云次孫本無三年之道，若應爲後者，次孫宜爲喪主，終竟三年，而不得服三年之服也。」何承天與司馬操書論其事，操云：「有孫見存，而以疎親爲後則不通。既不得立疎，豈可遂持重者？此孫豈不得服三年耶？嫡不傳重，傳重不嫡，自施於親服卑，無關孫爲祖也。」《通典》宋封爵令：公、侯、伯、子、男皆子孫承嫡者傳襲，若無嫡子及有罪疾，立嫡孫，無嫡孫以次立嫡子同母弟，無母弟立庶子，無庶子立嫡孫同母弟，無母弟立庶孫。曾孫以下準此。《通解》〇愚按：此唐令而宋沿之。宋熙寧八年禮房看詳：「古者封建國邑而立宗子，故周禮適子死，雖有諸子，猶令適孫傳重，所以正本統，明尊尊之義也。至於商禮，則適子死立衆子，然後立孫。今既不立宗子，又不嘗封建國邑，則不宜純用周禮。」欲於《五服年月敕》「嫡孫爲祖」條修定注詞云：「謂承重者，爲高祖、曾祖後亦如之。嫡子死，無衆子，然後嫡孫承重，即嫡孫傳襲封爵者，雖有衆子猶承重。」從之。同上。今服制令諸嫡子死，無兄弟則嫡孫承重。若〔二〕子兄弟未終喪而亡者，嫡孫亦承其重。亡在小祥前者，則於小祥受服。在小祥後者，則中心喪，並通三年而除。嫡孫爲祖母及爲曾、高祖後者，爲曾、高祖母準此。無嫡孫，則嫡孫同母弟。無同母弟，則衆長孫承重，即封襲傳爵者，

〔二〕「若」下，疑「嫡」字脱。

不以嫡庶長幼，雖有嫡子兄弟皆承重，曾孫、元孫亦如之。同上。○晉虞喜按：賀循《喪服記》云：「父死未殯而祖父死，服祖以期。既殯而祖父死，三年。此謂嫡子爲父後者也。父未殯服祖期者，父屍尚在，人子之義，未可以代重也。」宋庾蔚之謂：「禮云三日而不生，亦不生矣。故君薨未斂，入門，升自阼階，明以生奉之也。父亡未殯，同之平存，是父爲傳重正主，己攝行事，事無所闕。若祖爲國君，五屬皆斬，則孫無獨期之義。按賀循所記，謂大夫士也。」《通典》《開元禮》云：「爲祖後，祖在爲祖母，雖周除，仍心喪三年。」○《喪服小記》曰：「祖父卒，而爲祖母後者三年。」鄭玄曰：「祖父在，則其服如父在爲母也。」晉或問曰：「若祖父先卒，父自爲之三年，己爲之服期矣。而父卒祖母後卒，當服三年不乎？」劉智答云：「嫡孫服祖三年，誠以父卒則己不敢不以子道盡孝於祖，爲是服三年。謂之受重於祖者，父卒則祖當爲己期，此則受重也。己雖不得受重於祖，然祖母今當服己期，己不得不爲祖母三年也。」同上。○晉步熊問曰：「父亡，己爲祖後，祖母見出，服之云何？」許猛答曰：「爲父後者不服出母，則足明祖後。」同上。○經《不杖期章》「女子子爲祖父母」，馬融曰：「出入服同，故不言在室適人也。」傳曰：「何以期也？不敢降其祖也。」陳詮曰：「言雖已嫁，猶不敢降也。」《集說》云：「章首已見祖父母，則是服亦在其中可知矣。必復著之者，嫌出則亦或降之，如其爲父母然也。」孔倫曰：「婦人歸宗，故不敢降其祖。」○宋崔凱《喪服駁》云：「世人或出後大宗者，還爲其祖父母期，與女子子出適不降其祖同義。凱以爲女子出適人，有歸宗之義，故上不降祖，下不降昆弟之爲父後者。今出後大宗，大宗，尊之統，收族者也，故族人尊之，百代不遷，其父母報之期，所謂尊祖故敬宗也。」又曰：「特重於大宗，降其小宗。降其小宗，還當爲其祖父母大功耳。」《通典》《家禮正衡》云：「爲人後者，爲本生祖〔一〕母大功。」〇經《大功章》「夫之祖父母」，傳曰：「何以大功也？從服也。」馬融曰：「從夫爲之服，降一等也。」陳詮曰：「凡從服皆降一等。」餘詳「高祖」條。

第四　庶祖母 父之妾母也。

孫爲庶祖母齊衰不杖期。〇爲祖後者，爲庶祖母無服。爲人後者，爲本生祖庶母亦無服。

晉劉系之問爲庶祖母服，王冀答曰：「禮，妾子父没，爲母伸三年。子既得伸，孫無由獨屈。假令嫡祖母在，禮，婦人不厭，則無復所屈。按禮唯有祖母文，無嫡庶之别，蓋以明尊尊之義，而人莫敢卑其祖也。」宋庾蔚之謂：「父若承祖後，則已不得服庶祖母。父不承重，己得爲庶祖母一期。」《通典》《開元禮·不杖周章》「爲祖父母」注云：「父所生庶母亦同，唯爲祖後者

〔一〕「祖」下，疑「父」字脱。

乃不服。」愚按：有嫡子無嫡孫，庶子爲父後，雖爲所生緦，然庶孫應仍其本服。己爲祖後，然後不爲庶祖母服。庾氏只以父卒之後言之也。爲父後者爲庶母緦，而爲祖後者爲庶祖母無服，蓋親疎之異也。○或問：「弟子遭所生母難，弟子有兒出後伯父承嫡，當心喪三月不？」宋庾蔚之謂：「庶子爲父後，不得服其所生，不服本服而止服緦。以服廢祭故也。己出後伯父，即爲祖嫡，何由得服父之所生乎？」○《喪服小記》云：「慈母與妾母不世祭也。」鄭玄曰：「以其非正。《春秋傳》曰：『於子祭，於孫止。』」《穀梁》隱五年傳。晉劉智曰：「禮，孫爲祖後如子。所言妾母不世祭者，據奉之者身終則止耳，豈有妾子先亡，孫持喪事而終喪便不祭也？」《通典》

第五 繼祖母父之繼母也。

孫爲繼祖母，如親祖母。○承重如親母。

晉劉智曰：「禮，爲親母之黨服，爲繼母之黨不服，不妨孫服繼祖母也。」《通典》

第六 嫡祖母父之嫡母也。

未考。

《親尊服義》卷第一

第七 養祖母父之養母也。

未考。

第八 慈祖母父之慈母也。

正服未詳。○承重如祖母。○爲祖庶母三年。

晉虞喜《通疑》云：「慈母雖賤，服之如母。若其父先亡，已養於祖，以祖母之服服之期可也，不復重三年，同於繼祖母也。」○《喪服小記》：「慈母與妾母，不世祭也。」詳見「庶祖母」條。

祖庶母 謂祖妾之失子者，父命庶子爲之後，亦慈祖母也。《喪服小記》云：「爲慈母後者，爲庶母可也，爲祖庶母可也。」詳見「慈母」條。

第九 父稱父母爲爺、孃，又爲爹、媽。又連呼爲爹爹、媽媽。○舅《爾雅》邢昺疏云：「舅者，舊也。姑者，故也。舊故，老人稱也。夫之父母謂舅姑何？尊如父〔二〕非父者，舅也。親如母而非母者，姑也。」○今婦呼舅姑爲

〔二〕「父」下，當有「而」字。

公婆，爲姑嫜，嫜即舅也。

子女爲父斬衰三年。女未嫁及嫁反而在室者，男爲人後而還家者並同。○女適人者，男爲人後者，並爲父齊衰不杖期。○婦爲舅從夫爲父。○爲人後者，妻爲本生舅大功。

經《斬衰章》「父」，傳曰：「爲父何以斬衰也？父至尊也。」《集説》云：「凡傳之爲服而發問，有怪其重者，有怪其輕者，讀者宜以意求之。」賈公彦曰：「天無二日，家無二尊。父是一家之尊，尊中至極，故爲之斬也。」《三年問》曰：「三年之喪何也？曰：稱情而立文，因以飾群，別親疏貴賤之節，而弗可損益也，故曰無易之道也。創鉅者其日久，痛深者其愈遲。三年者，稱情而立文，所以爲至痛極也。斬衰苴杖，居倚廬，食粥，寢苫枕塊，所以爲至痛飾也。三年之喪，二十五月而畢，哀痛未盡，思慕未忘，然而服以是斷之者，豈不送死有已，復生有節也哉。然則何以至期也？曰：至親以期斷。是何也？曰：天地則已易矣，四時則已變矣，其在天地之中者，莫不更始焉，以是象之也。然則何以三年也？曰：加隆焉爾也。焉使倍之，故再期也。孔子曰：『子生三年，然後免於父母之懷。夫三年之喪，天下之通喪也。』」子夏曰：「父母之喪，無貴賤一也。」《斬衰章》傳。孟子曰：「三年之喪，齊疏之服，飦粥之食，自天子達於庶人，三代共之。」晉博士曹述初曰：「父之於子，兼尊親之至重，禮制斬衰三年，明其兼重也。」《通典》○經《斬衰章》：「女子子在室爲父。」又云：「子嫁，反在父之室，爲父三年。」鄭玄曰：「謂遭喪後而出者。始服齊衰期，出而虞，則受以三年之喪受，既虞而出，則小祥亦如之。」《喪服小記》云：「爲父母喪，未練而出則三年，既練而出則已；未練而反則期，既練而反則遂之。」孔穎達曰：「父母喪未小祥，而被夫遣歸，值小祥，則隨兄弟服三年之受，既已絶夫族，故其情更隆於父母也。若父母喪已小祥，而女被遣，其期服已除，若反本服，須隨兄弟之節，兄弟小祥之後，無服變之節，故女遂止也。未練而反則期者，謂先有喪而爲夫所出，今未小祥而夫命已反，則還夫家，至小祥而除，是依期服也。既練而反則遂之者，若還家，已隨兄弟服小祥服三年之受，而夫命之反，則猶遂三年乃除，隨兄弟故也。」○晉或人曰：「禮，婦人有父喪未練，而夫家遣之，則爲父服三年；既練而見遣，則已。猶如爲人後者，亦爲所後斬衰三年，爲父服期。服制既同，則義可相準。」《通典》或問曰：「甲有子丙，後叔父乙。甲死，丙以降服期。涉數年，乙之妻又亡，丙服父在爲母之服。今叔父自有子，丙既還本，當追服報甲三年服不？」張湛曰：「婦人父喪既練而見遣，爲父服期以準，爲人後者既還所生，父喪已久，於禮不追。」同上。○經《不杖期章》「女子子適人者爲其父母」，傳曰：「爲父何以期也？婦人不貳斬也。婦人不貳斬者何也？婦人有三從之義，無專用之道，故未嫁從父，既嫁從夫，夫死從子。故父者子之天也，夫者妻之天也。婦人不貳斬者，猶曰不貳天也。婦人不能二尊也。」鄭玄曰：「從者，從其教令也。」○愚按：「女子子在室爲父」條，鄭注云：「言在室者，關已許嫁，是嫌女既許嫁者，爲旁親逆降，故特言之也。」[一]《小[二]功章》云：「女子子嫁者、未嫁者，爲世父母、叔父母、姑、姊妹。」是既許嫁，則得逆降者也。其爲昆弟無明文，疑昆弟姊妹親等居同，當亦得逆降矣。○經《不杖期章》「爲人後者爲其父母報」，傳曰：「何以期也？不貳斬也。何以不貳斬也？特重於大宗者，降其小宗也。爲人後者孰後？後大宗也。曷爲後大宗？大宗者，尊之統也。大宗者，收族者也，不可以絶，故族人以支子後大宗也。適子不得後大宗。」鄭玄曰：「收族者，謂别親疎，序昭穆。」雷次宗曰：「言報者，明子於彼，則名判於此，故推之於無尊，遠之以報服。女雖受族於人，猶在父子之名，故得加尊而降之。」賈公彦曰：「言報者，既深抑之，使同本疏往來相報之法故也。」宋服制令爲人後者，爲其父母不杖期，亦解官申心喪。○經《不杖期章》「婦爲舅姑」，傳曰：「何以期也？從服也。」馬融曰：「從夫而爲之服也。從服降一等，故夫服三年，妻服期也。」劉系之問：「子婦爲[三]姑既期，彩衣耶？」荀訥答曰：「子婦爲舅姑既期除服，時人以夫家有喪，猶白衣。」《通典》宋乾德三年十一月，秘書監大理寺汝陰尹拙等言：「案律，婦爲舅姑服

[一] 以下引證旁親逆降。
[二] 「小」，當作「大」。
[三] 「爲」下，恐「舅」字脱。

期，《儀禮・喪服》、《開元禮義纂》、《五禮精義》、《續會要》、《三禮圖》等所載婦爲舅姑服期，後唐劉岳《書儀》稱婦爲舅姑服三年，與禮律不同，然亦準勅行用，請别裁定之。」詔百官集議，尚書省左僕射魏仁溥等二十人奏議曰：「謹案《内則》云，婦事舅姑如事父母，即舅姑與父母一也。古禮有期年之説，雖於義可稽，《書儀》著三年之文，實在禮爲當。蓋五服制度，前代損益已多。只如嫂叔無服，唐太宗令服小功；曾祖父母舊服三月，增爲五月；適子婦大功，益爲期；衆子婦小功，增爲大功；父在母服周，高宗增爲三年；婦爲夫之姨舅無服，明皇令從夫而服；又增舅母服緦，又堂姨舅服祖免，訖今遵行，遂爲典制。伏况三年之内，几筵尚存，豈夫衣麄衰，婦襲紈綺？夫婦齊體，哀樂不同，求之人情，實傷至治。况婦人爲夫有三年之服，於舅姑而止服周，是尊夫而卑舅姑也。且昭憲太后喪，孝明皇后親行三年之服，可以爲萬代法矣。」十二月丁酉，始令婦爲舅姑三年齊斬，一從其夫。《通解》張子曰：「古者爲舅姑齊衰期，正服也。今斬衰三年，從服也。」〇《喪服小記》云：「夫爲人後者，其妻爲舅姑大功。」鄭玄曰：「以不貳降。」賈公彦曰：「夫爲本生父母期，故其妻降一等服大功，是從夫而服，不論識前舅姑與否。」《開元禮・大功章》：「爲人後者，其妻爲本生舅姑。」

第十　同居繼父繼孫附。

爲同居繼父齊衰不杖期。愚按：繼父亦爲繼子報服。○女適人者齊衰三月。○繼子之子無服。

經《不杖章》「繼父同居者」，傳曰：「何以期也？傳曰：『夫死，妻穉子幼，子無大功親，與之適人。而所適者，亦無大功之親，所適者以其貨財爲之築宮廟，歲時使之祀焉，妻不敢與焉。』若是則繼父之道也。同居則服齊衰期，異居則服齊衰三月。必嘗同居，然後爲異居，未嘗同居，則不爲異居。」鄭玄曰：「妻穉，謂年未滿五十。子幼，謂年十五已下。大功之親，謂同財者。爲之築宮廟於家門之外，神不歆非族。妻不敢與焉，恩雖至親，族已絶矣。夫不可二，此以恩服爾。未嘗同居，則不服之。」賈公彦曰：「必嘗同居然後爲異居者，昔同今異，謂上三者若闕一事，則爲異居。假令前三者皆具，其後或繼父有子，即是繼父有大功之内親，亦爲異居矣。未嘗同居則不爲異居，謂子初與母從繼父家時，或繼父有大功内親，或己有大功内親，或繼父不爲己築宮廟，三者一事闕，雖同在繼父家，亦名不同居，繼父全不服之矣。」○唐聖曆元年，太子左庶子王方慶嘗書問太子文學徐堅曰：「女子年幼小而早孤，其母貧窶，不能守志，携以適人，爲後夫之鞠養，及出嫁，不復同居。今母後夫亡，欲制繼父服，不知可不？」堅答曰：「女子母携重適人，寄養他門，所適慈流，情均膝下。長而出嫁，始不同居。此則笄總之儀，無不必備，與築宮廟無異焉，蓋有繼父之道也。戴德《喪服記》曰『女子子適人者，爲繼父服齊衰三月』，不分别同居異居。梁氏《集說》亦云：『女子子適人者，服繼父，與不同居者服同。』今爲服齊衰三月，竊爲折衷。」方慶深善此。○《開元禮》「爲繼父同居者」，注云：「繼子之子不同服，爲繼父不報。」愚按：繼孫爲繼祖之不報不服之，則繼父爲繼子報服可知矣。

十一 異居繼父繼孫附。

爲異居繼父齊衰三月。愚按：繼父亦爲繼子報服，然其所服未審。○女適人者不降。○繼子之子無服。

愚按：繼孫同居且不服，則異居可知也。

經《齊衰三月章》「繼父不同居者」，鄭玄曰：「嘗同居，今不同。」餘詳見同居條。又《喪服小記》云：「繼父不同居也者，必嘗同居。皆無主後，同財而祭其祖禰，爲同居；有主後者爲異居。」孔穎達曰：「有主後者爲異居者，謂繼父更有子也。」舉此一條，餘亦可知矣。○一説《集説》云：「爲繼父同居者期，而爲異居者不降一等爲大功，乃服此服者，恩同於父，不敢以卑服褻之也。」繼父於子，同居異居皆不爲服者，二章無報文，且齊衰三月不可用於卑者也。

十二 母稱母爲孃，又作娘，又爲媽，爲媽媽。○姑稱呼詳見父條。

子女父卒爲母齊衰三年。○子女父在爲母齊衰杖期。○女適人者，舅爲人後者，服並同父。○婦爲姑，從夫爲母。○爲人後者妻，爲本生姑大功。

經《齊衰三年章》「父卒則爲母」，鄭玄曰：「尊得伸也。」《集説》云：「尊得伸者，謂至尊不在，則無所屈，而得伸其私尊也。」賈公彦曰：「尊得伸者，得三年，猶未伸斬。」○賈又曰：「父卒三年之内而母卒，仍服〔一〕父服，除而母死，乃得伸三年。」止此。庾氏問徐廣曰：「母喪已小祥而父亡，未葬，至母十三月，當伸服三年，猶厭屈而祥邪？」愚按：後漢以來已有此説。答曰：「按賀循云：『父未殯而祖亡，承嫡猶期，此不忍變父在也。』故自用父在服母之禮，靈筵不得終三年也。《禮》云：『三年之喪既葬，乃爲前喪練祥。』則猶須待後喪葬訖，乃得爲前喪變服練祥也。」《通典》愚按：賈氏之説，雖據《内則》、《服問》、《間傳》等注家之言，而猶無明文，至於後儒謂母喪及練而父亡，亦可以得爲母伸服，則亦已甚矣。然今竊據理論之，父未殯而祖亡，承嫡猶期，則父未殯而母死，其不得伸情明矣。若既殯，則父之死決矣，然後母死者，於伸三年何疑焉。

○經《杖期章》「父在爲母」，傳曰：「何以期也？屈也。至尊在，不敢伸其私尊也。父必三年然後娶，達子之志也。」賈公彦曰：「子於母期，心喪猶三年，故父雖爲妻期而除，然必三年乃娶者，通達子之心喪之志故也。」《喪服四制》曰：「資於事父以事母，而愛同。天無二日，土無二

〔一〕「服」下，當有「期」字。

王，國無二君，家無二尊，以一治之也。故父在爲母齊衰期者，見無二尊也。」《集説》云：「此期服也。而杖之屬皆與三年章同者，以禮考之，爲母宜三年，乃或爲之期者，則以父在，若母出，故屈而在此也。妻以夫爲至尊，而爲之斬衰三年。夫以妻爲至親，宜爲之齊衰三年，乃不出於期者，不敢同於母故爾。然則二服雖在於期，實有三年之義，此杖履之屬所以皆與之同也。」○唐前上元元年，武太后上表曰：「父在爲母服止一周，雖心喪三年，服由尊降。竊謂子之於母，慈愛特深，所以禽獸之情，猶能知母，三年在懷，理宜崇報。今請父在爲母終三年之服。」詔依行焉。開元五年，右補闕盧履冰上表曰：「臣聞夫婦之道，人倫之始。自家刑國，牝雞無晨，四德之禮不愆，三從之義斯在。故父在爲母服周者，見無二尊也。准舊儀，父在爲母一周立靈，再周心喪。父必三年而後娶者，達子之志焉。豈先聖無情於所生，固有意於家國者矣。原夫上元肇言，天后請升慈愛之喪，以抗尊嚴之禮，雖齊斬之儀不改，而几筵之制遂同。數年之間，尚未通用。垂拱之初，始編入格。臣謹尋禮意，防杜實深，若不早圖刊正，何以垂於後戒？」表三上，此表在最後。在散騎常侍元行冲奏議：「古之聖人，徵性識本，緣情制服，有伸有厭。天父天夫，故斬衰三年，情禮俱盡者，因心極矣。生則齊體，死則同穴，比陰陽而配合，同兩儀之化成。妻喪杖周，情理俱殺者，蓋遠嫌疑乹道也。父爲嫡子三年斬衰，而不去職者，蓋尊祖重嫡，崇禮殺情也。資於事父以事君，孝莫大於嚴父。故父在爲母罷職齊周，而心喪三年，謂之尊厭者，則情伸而禮殺也。斯制也，可以異於飛走，別於華夷。羲、農、堯、舜，莫之易也；文、武、周、孔，所同尊也。今若捨尊厭之重，虧嚴父之義，略純素之嫌，貽非聖之責，則事不師古，有傷名教矣。謹詳前者之疑，並請依古爲當。」自是百寮議竟不決。至七年下敕曰：「惟周公制禮，當歷代不刊，況子夏爲傳，乃孔門所受。格條之内有父在爲母齊衰三年，此有爲而爲，非尊厭之義。與其改作，不如師古，諸服紀宜一依《喪服》文。」自是卿士之家，父在爲母行服不同：或有既周而禫，禫服終三年者；或有依上元之制，齊衰三年者。議者是非紛然。元行沖謂人曰：「聖人制厭降之禮，豈不知母恩之深也？但尊祖貴禰，欲其遠別禽獸，近異夷狄故也。人情易摇，淺俗者衆。一紊其文度，其可正乎？」後中書令蕭嵩與學士改修五禮，又議請依上元敕，父在爲母齊衰三年爲定，遂爲成典。《開元禮》「子爲母齊衰三年」，注云：「舊禮父在爲母周，今改與父卒同。」《通典》朱子曰：「喪禮須從《儀禮》爲正。如父在爲母期，非是薄於母，只爲尊在其父，不可復尊在母，然亦須心喪三年。這般處皆是大頃事，不是小節目，後來都失了。而今國家法，爲所生之母皆心喪三年。此意甚好。」又問《儀禮》父在爲母，曰：「盧履冰議是。但條例如此，不敢違耳。」《通解》〇女適人者、男爲人者及其婦爲姑之服，並見父條。

十三 出母謂親母避父離棄者。

親子爲出母齊衰杖期，父在父卒並同。○爲父後者無服。[一]○女適人者大功。

經《杖期章》「出妻之子爲母」，傳曰：「出妻之子爲母期，則爲外祖父母無服。傳曰：『絶族無施服，親者屬。』」鄭玄曰：「在旁而及曰施，親者屬，母子至親，無絶道。」《檀弓》云：「伯魚之母死，期而猶哭。」孔穎達曰：「時伯魚母出，父在，爲出母亦應十三月祥，十五月禫。」晉賀循曰：「父在爲母厭尊，故屈而從期。出母服不減者，以本既降，義無再厭故也。杖者必居廬，居廬者必禫。」吴射慈答徐整曰：「爲廬當出就出母之家。若遠不得往者，則别爲異室。」《通典》○傳又曰：「出妻之子爲父後者，則爲出母無服。傳曰：『與尊者爲一體，不敢服其私親也。』」《喪服小記》云：「爲父後者，爲出母無服。無服也者，喪者不祭故也。」鄭玄曰：「不敢以己私，廢父所傳重之祭祀。」晉成洽難：「《喪服傳》曰：『出妻之子爲父後者，爲出母無服。』經爲繼父服者，亦爲父後者也。爲父後服繼父服，則自服其母可知也。出母之與嫁母俱絶族，今爲嫁母服，不爲出母服，其不然乎？」吴商答曰：「出母無服，此出尊者之命。嫁母，父不命出，何得同出母乎？又出母之黨無服，嫁母之黨自應服之，豈可復同乎？」《通典》○魏嘉平元年，魏郡太守鍾毓爲父後，以出母無主，後迎還，輒自制服。宋庾蔚之謂：「爲父後不服出母，

[一] 此下，當有「爲人後者不服」六字。

爲廢祭也。母嫁而迎還，是子之私情。至於嫡子，不可廢祭。鍾毓率情而制服，非禮意也。」晉傅玄曰：「征南軍師北海矯公智父，前娶夾氏女，生公智後而出之。未幾，重娶王氏女，生公曜。父終之日，謂公智曰：『公曜母年少，必更嫁。可迎還汝母。』及父卒，公智以告其母。母曰：『我夾氏女，非復矯氏婦也。今將依汝居，然不與矯氏家事。』夾氏來至，王氏不悦，脱縗絰而求去。夾氏見其如此，即還歸夾舍。三年喪畢，主氏果嫁。夾氏乃更來。每有祭祀之事，夾氏不與。及公智祖母并姑亡，夾氏並不爲制服。後夾氏疾困，謂公智：『我非矯氏婦，乃汝母耳，勿葬我矯氏墓也。』公智從其母令，别葬之。公智以父昔有命，母還，於是爲服三年。公曜以夾氏母始終無順父命，竟不爲服。」宋庾蔚之謂：「臨亡使子迎母，自是申子之私情耳。此母自處不失禮，而子不用出母之服，非也。公曜不服當矣。」同上。○晉步熊問曰：「已出爲後而母在，後見出應服不？」許猛答曰：「禮，爲人後者，爲所後者若子，則不應復服親母出，以廢所後者之祭也。」同上。○晉袁準《正論》曰：「爲父後者爲出母無服，喪者不祭故也。其以出不得不降。安有母子至親而無服乎？釋服而祭可也。」同上。○唐神龍元年五月，皇后表請，天下出母終者，全制服三年。至天寶六載正月赦文：「五服之紀，所宜企及，三年之數，以報免懷。齊衰之紀，雖存出母之制，顧復之墓，何申孝子之心。其出嫁之母，宜終服三年。」同上。○《開元禮》云：「出妻之子爲母，雖周除，仍心喪三年。」同上。宋服制令，母出，爲父後者雖不服，亦申心喪。○《開元禮・大功章》「出母爲女子適人者」，注云：「女服同。」《家禮圖》云：「女適人者，爲出母乃降服大功。」

十四 嫁母謂親母父卒再嫁者。

親子爲嫁母齊衰杖期。○爲父後者無服。○女適人者大功。愚按：雖非親母，已從其嫁而寄育，則亦服之如親子。詳見繼母條。

《檀弓》「子思之母死於衛」章注，鄭玄曰：「嫁母齊衰期。」孔穎達曰：「嫁母之服，《喪服》無明文。按《喪服・杖期章》云：『父卒，繼母嫁，從爲之服報。』則親母可知。故鄭絢云齊衰期也。」又漢《石渠議》：「問：父卒母嫁，爲之何服？蕭太傅云：當服期。爲父後則不服。」或議以爲子無絶母，應三年，宋庾蔚之曰：「母子至親，本無絶道，禮所親者屬也。出母得罪於父，猶追服期；若父卒母嫁而反不服，則是子自絶其母，豈天理耶？宜與出母同制。按晉制，寧假二十五月，是終心喪耳。」《通典》《集說》云：「此經言出妻之子爲母及爲繼母嫁從服，而獨不及於父卒母嫁者。今以二條之禮定之，則子於嫁母，其從與否，皆當爲之杖期。而經不著之者，豈以其既有子矣，乃夫没而再嫁，尤爲非禮，故闕之以見義乎？」《傳》曰：「『出妻之子爲父後者，則爲出母無服。』然則嫁母之子，自居其室而爲父後者，亦不爲嫁母服也。」○唐神龍元年詔，見出母條。○《開元禮》云：「父卒母嫁，及出妻之子，爲母雖周除，仍心喪三年。」在《齊衰杖周章》。○晉袁準曰：「爲父後猶服嫁母，據外祖異族，猶廢祭行服，知父後應服嫁母。」據劉智云：「雖爲父後，猶爲嫁母齊衰，訖葬卒哭乃除，踰月乃祭。」《通典》孔穎達《檀弓》疏引譙周、袁準雖並云父卒母嫁，非父所絶，嫡子雖主祭，猶宜服期。張逸問：「舊儒、《世本》皆以孔子後數世皆一子，禮，適子爲父後，爲嫁母無服。《檀弓》説子思從於嫁母服，何？」鄭答云：「子思哭嫂爲位，必非適子，或者兄若早死，無繼，故數世皆一子。」宋服制令，出母及嫁母爲父後者，雖不服，亦申心喪。○《家禮圖》出母服下云：「女子適人者乃服大功。」

十五 妾母庶子所生之母，亦名庶母。

妾子爲其母如嫡子。愚按：男女並同。○妾子在父之室，則爲其母不禫。○爲父後者緦麻。○婦爲夫妾母從夫。

鄭玄曰：「庶子爲母皆如衆人。」《緦麻章》注。愚按：皆如衆人，言父在父卒皆如衆也。晉鍾陵胡澹所生母喪，自嫡兄承統，而嫡母在，疑不得三年，問范宣。答曰：「經載稟命爲慈母，且猶三年，况親所生乎？嫡母雖貴，然厭降之制，父所不及，婦人無專制之事，豈得引父爲比，而屈降支子也？」徐邈答謝静云：「漢魏以來，通用士禮。庶子父在，爲所生期，心喪三年。」《通典》鄭玄曰：「大夫之妾子，父在爲母大功，則士之妾之子爲母期矣。父卒則皆得伸也。」慈母注。○《喪服小記》云：「庶子在父之室，則爲其母不禫。」鄭玄曰：「妾子父在厭也。」○《記》又云：「妾母不世祭。」詳見祖庶母〔二〕條。○經《緦麻章》「庶子爲父後者爲其母」，傳曰：「何以緦也？傳曰：『與尊者爲一體，不敢服其私親也。』然則何以服緦也？有死於宮中者，則爲之三月不舉祭，因是以服緦也。」馬融曰：「緣先人在時，哀傷臣僕有死宮中者，爲缺一時不舉祭，因是服緦也。」《集説》云：「子之於母，情雖無窮，然禮所不許，則其情亦不得而遂。今因有三月不舉祭之禮，乃得略伸其服焉。觀此則孝子之心可知矣。何以不齊衰三月？尊者之服，不敢用於妾母也。」鄭玄曰：「《喪服・緦麻》『庶子爲〔三〕後爲其母』，此義自天子下至庶人同。」《通典》本注云：「君卒，庶子爲母大功。大夫卒，庶子爲母三年。士雖在，庶子爲母皆如衆人。」○《開元禮・緦麻章》「庶子爲父後者爲其母」，注云：「若無嫡母，及嫡母卒則申。」宋服制令從之，且云「解官申其心喪」。愚按：庶子爲後而服屈，是爲父而非爲母也。無嫡母而申既不可，嫡母卒而申益不可。《五經異義》鄭既駁之，見《服問》注疏。○《家禮正衡》云：

〔二〕「祖庶母」，當作「庶祖母」。
〔三〕「爲」下，當有「父」字。

「庶子之妻，爲夫所生母齊衰三年。」愚按：《服問》云：「有從輕而重，公子之妻爲皇姑。」蓋君之妾子，父在爲所生練冠，而其妻得服期，是厭所不及也。是以知士妾子之妻爲夫所生輕重，皆從夫服也。

十六 繼母謂父之繼室。○前母附。

前妻子爲繼母如親母。嫡庶男女並同。○女適人者、男爲人後者，爲本生繼母齊衰不杖期。○父卒，繼母嫁，己從之齊衰杖期。不從則不服也。○繼母出無服。〔二〕

經《齊衰三年章》「繼母如母」，傳曰：「何以如母？繼母之配父與因母同，故孝子不敢殊也。」鄭玄曰：「因猶親也。」《集説》云：「此禮乃聖人之所爲，而傳謂孝子不敢殊者，明聖人因人情以制禮。」○朱子曰：「本生繼母，蓋以名服。如伯叔父之妻，於己有何撫育之恩？但其夫屬乎父道，則妻皆母道，况本生之父所再娶之妻乎？」《通解》愚按：據此説，則男女出降皆應服不杖期矣。○經《杖期章》「父卒繼母嫁，從爲之服報」，傳曰：「何以期也？貴終也。」鄭玄曰：「嘗爲母子，貴終其恩。」賈公彦曰：「父卒改嫁，故降於己母。雖父卒後，不伸三年，一期

〔二〕此下，當有「繼母嫁爲父者不服」八字。

而已。從爲之服者，亦爲本是路人，暫時與父牉合，父卒，還嫁，便是路人，子仍著服，故生從爲之文也。」《集説》云：「父卒而繼母不嫁，則爲之三年，從之嫁則期，所以異内外也。報者以其服服之之名，謂出妻於其子，與此繼母皆報也。」又云：「終者，終爲母子也。」吴射慈曰：「爲廬當就繼母之家，若遠不得往者，則别爲異室，亦有廬，變除堊室及禫，如親子也。」《通典》○已上舊説也，朱子亦且從之。王肅曰：「從乎繼〔一〕而寄育則爲服，不從則不服。」《通典》《開元禮》云：「若繼母出嫁，子從而寄育則服，不從則不服。」宋服制令，父卒爲繼母嫁，已從之，齊衰不杖期。注云：「謂繼母嫁，而子從之寄育者，若不從則不服。」已上今説。愚按：禫杖居廬，固是重制，而繼母又非所生，恐當從宋制可也。○賈公彦曰：「《喪服》上下并記云報者十有二，無降殺之義。感恩者皆稱報。若此子念繼母恩，終從而爲報，母以子恩，不可降殺，即生報文，餘皆放此。」○後漢鄭玄答趙商曰：「繼母而爲父所出，不服也。」魏王肅云：「無服。」季祖鍾云：「繼母在如母，出則爲父所出，不服也。」晉河内從事史靡遺議曰：「夫禮緣人情而〔二〕之制，雖以義督親，然實以恩斷。按繼母如母，謂其在父之室，事之猶母，見育猶子，故同之所生。《齊服下

〔一〕「繼」下，當有「母」字。
〔二〕「而」下，疑有脱字。

章》云：『父卒繼母嫁，從爲之服報。』此明父在繼母出，則不服矣。」《通典》《開元禮》云：「若繼母出則不服。」宋服制令從之。○唐龍朔二年，所司奏：「同文正卿蕭嗣業，嫡繼母改嫁身亡，請伸心制。據令，繼母改嫁不解官。」既而有勅：「雖云嫡母，終是繼親，據禮緣情，須有定制。付所司議定奏聞。」司禮太常伯隴西郡王博義等奏稱：「緬尋《喪服》，唯出母制，特言出妻之子。明非生己，則皆無服。是以令云母嫁，又云出妻之子。出言其子，以著所生；嫁則言母，通包養嫡，俱當解任，並合心喪。其不解者，唯有繼母之嫁。竊以嫡繼慈養，皆非所生。嫁雖比出稍輕，於父終爲義絶。繼母之嫁，既殊親母，慈嫡義絶，豈合心喪？今請凡非所生父卒而嫁，爲父後者無服，非承重者杖周，並不心喪，一同繼母。」詔從之。《通典》愚按：此謂嫡、繼、慈、養等母，出則並無服，而嫁則承重者之外皆杖周。其異親母之嫁者，唯不解官而心喪耳，亦從繼母舊説也。若據王氏而言，則此等母父卒改嫁，非己從之，則皆當不服矣。○晉摯虞《理疑》云：「有夫婦生男女三人，遭荒亂離散，不知死生。母後嫁，有繼子。後夫未亡，得親子信，請還親子家，後夫言可爾。後數年，夫亡，喪之如禮，服竟，隨親子去，别繼子云：『我則爲絶，死不就汝家葬也。』而名户籍如故。母今亡，繼子當何服？服之三年則不來葬，服之期則無所嫁。博士淳于睿等以爲當依繼母嫁，從爲服期。」《通典》愚按：從王氏，則此亦可不服耳。

前母 嫡子謂父之前妻也。 後妻子爲前母，如親母，若生不相及，則不追服也。

後漢末，長沙人王毖上計至京師，值吴、魏分隔，毖妻子在吴，身留中國，爲魏黄門郎，更娶妻生昌及式。 毖卒後，昌爲東平相。 至晉太康元年吴平時，毖前妻以卒，昌聞喪，求去官行服。東平王楙上臺評議。 博士許猛云：「絶有三道。 本注云：有義絶者，爲犯七出也。 有法絶者，以王法絶。 有地絶者，以殊域而絶。 且夫絶妻，如紀叔姬，其逼以王法，隔以殊域，而更聘嫡室者，亦爲絶矣。 是以禮有繼母服，無前母制。 是以前母非没則絶也。 以昌前母雖在，猶不應服，若昌父在，則唯命矣。 依《禮記》，昌唯宜追服其兄耳。」尚書都令史虞溥言：「臣以爲禮不二嫡，重正也。苟正嫡不可以二，則昌父更娶之辰，即前婦義絶之日，固不待言而可知矣。」司馬李苞議：「禮重統，所以正家，猶國不可二君。 雖禮文殘闕，大事可知。 昌父遇難，與妻隔絶，夫得更娶，妻當更嫁，此道理也。 今之不去，此自執節之婦，不爲理不絶矣。 適可嘉異其意，不得以私善覊縻已絶之夫。」《通典》魏時長沙人王毖身在中國，遇吴、魏隔絶，更娶妻生昌。 昌父母亡後，吴平，聞毖前妻久亡，昌爲前母追服，時人疑之。 武皇帝詔使朝臣通議，安平獻王孚以爲：「禮，與祖父母離隔，未嘗相見者，不追。」同上。 晉太康初，博議王昌前母服。 公府卞粹以爲：「母之非親，而服三年者，非一也。 前母名同尊正，義存配父，蓋以生不及，故無其制，非於義不可也。」同上。○晉成帝咸康中，零陵李繁姊先適南平郡陳詵爲妻，産四子而遭賊。 姊投身於賊，請活姑命，賊將姊去。詵更娶嚴，生子暉等三人。繁後得姊歸，詵求迎李還，更育一女子。詵籍，母張在上，以妻李次之，嚴次之。李亡，詵疑暉服，以其事言於征西大將軍庾亮府評議。司馬王愆期議曰：「詵不能遠慮避難，以亡其妻，李非犯七出見絶，終又見逆，養姑於堂，子爲首嫡，列名黄籍，則詵之妻也。爲詵也妻，則爲暉也母，暉之制服，無所疑矣。詵雖不應娶，要以嚴爲妻，妻則繼室，本非嫡也。若能下之，則趙姬之義；若云不能，官當有制。先嫡後繼，有自來矣。」倉曹參軍虞𠫊議：「庶人兩妻，不合典制，財之法則，應以先婦爲主，服無所疑。漢時黄司農爲蜀郡太守，得所失婦，便爲正室，使後婦下之，載在《風俗通》。今雖貴賤不同，猶可依準行。」《通典》中書監荀勗議曰：「昔鄭子群娶陳司空從妹，後隔吕布之亂，不知存亡，更娶蔡氏女。徐州平後，陳氏得還，遂二妃並存。蔡氏之子元疊，爲陳氏服嫡母之服，族兄宗伯曾責元疊，謂抑其親，卿里先達以元疊爲合宜。」

十七 嫡母庶子謂父之正室也，亦名君母。

庶子爲嫡母如嫡子。愚按：男女並同。○嫡母出嫁無服。

鄭玄曰：「凡庶子爲君母，如適子。」「君母之父母從母」注。《家禮圖》云：「妾生子，謂父之正室曰嫡母。正服齊衰三年。」○晉徐邈答劉閏之問庶子服出嫡母，邈以經言出妻之子爲母，明非所生則無服也。又答范甯問曰：「若但言出母，嫌妾子亦服，故言出妻之子，則非所生也。」

《通典》○愚按：亦當作非所生則無服也。

十八 養母名義見下。

養子爲養母，如親母。愚按：男女並同。

《家禮圖》云：「養同宗及三歲以下遺棄之子者，與親母同，正服齊衰三年。」愚按：已後大宗，則以宗婦爲所後之母，不得稱養母，後世不立大宗，則後小宗者亦養母也。若養之而不得重，或收養遺棄之兒，或老婦養子以托身之類，凡爲所養之子，不應三年者，皆可以其母爲養母矣。

十九 慈母名義見下。

庶子爲慈母如親母。○慈母出嫁無服。

經《齊衰三年章》「慈母如母」，傳曰：「慈母者何也？傳曰：『妾之無子者，妾子之無母者，父命妾曰：女以爲子。命子曰：女以爲母。』若是，則生養之，終其身如母。死則喪之如母，貴父之命也。」賈公彥曰：「妾之無子者，謂舊有子，今無者，失子之妾，有恩慈深，則能養他子以爲己子者也。」《集説》云：「妾或自有子，或子之母有他故不能自養其子，是以不可命爲母子，但使慈之而已。若是則其服加於庶母一等可也。庶母慈己者服見《小功章》。若未經有子，恩慈淺，則不得立後而養他子。」〇《喪服小記》云：「爲慈母後者，爲庶母可也，爲祖庶母可也。」孔穎達曰：「記者見《喪服》既有妾子爲慈母後之例，將欲觸類言之，則妾子亦可爲庶母後也。爲庶母後者，謂妾經有子，而子已死者，餘他妾多子，則父命他妾之子爲無子之妾立後也。祖庶母者，謂己父之妾，亦經有子，子死今無也。父妾無子，故己命己之妾子與父妾爲後，故呼己父之妾爲祖庶母。既爲後，亦服之三年，如己母矣。」〇愚按：鄭本章注云：「不命，則亦服庶母慈己之服可也。」《家禮圖》亦引之云：「不命則小功。」雖然，既養之以爲後，則亦養母也，應以養母服之耳。〇後漢《鄭志》：「趙商問鄭玄曰：『慈母嫁，亦當爲服如繼母不？』鄭玄答：『慈母賤，何得如繼母耶？』」詳見繼母條。

二十 庶母謂父妾有子者。

子女爲庶母緦麻。嫡子、庶子並同。〇爲庶母慈己者小功。

經《緦麻章》「士爲庶母」，傳曰：「何以緦也？以名服也。大夫以上爲庶母無服。」晉徐邈曰：「兩妾之子，依禮宜兩相爲庶母緦。」《通典》〇經《小功章》「君子子爲庶母慈己者」，傳曰：

「君子子者，貴人之子也，爲庶母何以小功也？以慈己加也。」鄭玄曰：「君子子者，大夫及公子之適妻子。云君子子者，則父在也。」又引《内則》三母而云：「不言師保，慈母居中，服之可知也。」《集説》云：「此服固適妻之子爲之，若妾子，謂其母或不在，或有他故，不能自養其子，而庶母代養之，不命爲母子者也。禮爲庶母緦，謂士及其子也。其慈己者，恩宜有加，固小功矣。此云君子子者，明雖有貴者，其服猶然也。大夫之子，公子之子，於庶母亦當緦麻，以從其父而降，遂不服。其於慈己者，加在小功，正者降之，加者伸之，其意雖異而禮則各所當也。」一説陳詮曰：「謂貴人之子，父殁之後得行士禮，爲庶母緦也。有慈養己者，乃加服小功。」《開元禮・小功章》「爲庶母慈己者」，注云：「謂庶母之乳養己者。」愚按：慈己者不必乳養，凡自幼撫育者，便加一等也。○朱子曰：「父妾之有子者，禮經謂之庶母，死則爲之服緦麻三月，此其名分固有所繫，初不當論其年齒之長少，然其禮之隆殺，則又當聽從尊長之命，非子弟所得而專也。」

廿二 乳母謂小乳哺者，稱爲乳媪。

爲乳母緦麻。

經《緦麻章》「乳母」，傳曰：「何以緦也？以名服也。」馬融曰：「以其乳養，於己有母名。」鄭玄曰：「謂養子者有他故，賤者代之慈己。」賈公彦曰：「案《内則》云：『大夫之子有食母。』彼注引此云『《喪服》所謂乳母也』。天子、諸侯其子有三母具，皆不爲之服，士又自養其子。若然，自外皆無此法，唯大夫之子此食母。謂三母之内，慈母有病或死，則使此賤者代之養子，故云乳母也。」《集説》云：「大夫之子，父没乃爲之服。」魏劉德問田瓊曰：「今時婢生口，使爲乳母，得無甚賤不應服也？」答曰：「婢生口，故不服也。」《通典》

廿二 夫稱夫爲夫君，爲夫子。○妾爲家主附。

妻爲夫斬衰三年。○妾爲家主如正妻。

經《斬衰章》「妻爲夫」，傳曰：「夫至尊也。」賈公彦曰：「妻爲夫者，上從天子，下至庶人，皆同爲夫斬衰也。夫至尊者，雖是體敵，齊等夫者，猶是妻之尊敬。以其在家天父，出則天夫。是其男尊女卑之義，故同之於君父也。」《不杖章》傳云：「父者，子之天也。夫者，妻之天也。婦人不貳斬者，猶曰不貳天也，婦人不能二尊也。」《集説》云：「天者，取其尊大之義。人所尊大者無如天，故以之爲比。」○經《斬衰章》「妾爲君」，傳曰：「君至尊也。」鄭玄曰：「妾謂夫爲君者，不得體之，加尊之也，雖士亦然。」雷次宗曰：「言妾以見其接，所以乃稱君也。」賈公彦曰：「既名爲君，故同於人君之至尊也。」《集説》云：「妾與臣同，故亦以所事者爲君。」《春秋傳》曰：「男爲人臣，女爲人妾。」

廿二妻正室也。又名適室。〇妾謂正妻爲女君，其所服附。

夫爲妻齊衰杖期。若再娶，必待三年。〇長子爲妻齊衰不杖期。愚按：父不主喪則仍禫杖。〇妾爲正妻齊衰不杖期。

經《杖期章》「妻」傳曰：「何以期也？妻，至親也。」陳詮曰：「以其至親，故同於母。」賈公彦曰：「夫爲妻，年月禫杖亦與母同。以其嫁夫夫，爲天斬，故夫爲之，亦與父在爲母同。」經同章「父在爲母」條，傳曰：「父必三年然後娶，達子之志也。」賈公彦曰：「子於母屈而期，心喪猶三年，故父雖爲妻期三年乃娶者，通達子之心喪之志故也。《左氏傳》晉叔向云一歲王『有三年之喪二』，據太子與穆后，天子爲后亦期，而云三年喪者，據達子之志，而言三年也。」一説《集説》云：「夫之於妻，宜有三年之恩，爲其不可以不降於母，是以但服期而已。然服雖有限，情則可伸，故必三年然後娶，所以終牉合之義焉。若謂惟主於達子之志，則妻之無子而死者，夫其可以不俟三年而娶乎？」《春秋》傳曰：「王一歲有三年之喪二，謂后與太子也。」喪妻之義於此可見。〇經《不杖期章》「大夫適子爲妻」，傳曰：「父在則爲妻不杖。」鄭玄曰：「適子父在，則爲妻不杖，以父爲之主也。」賈公彦曰：「此適子爲妻通貴賤。」《喪服小記》云：「父在，庶子爲妻，以杖即位可也。」鄭玄曰：「位，朝夕哭位也。」又曰：「舅不主妾之喪，子得伸也。」孔穎達曰：「父既不主妾喪，故不主庶婦，所以庶子得杖。若妻次子，既非冢嗣，故亦同妾子之限也。」愚按：孔《疏》中又或問者云：「但以杖自足，何須言即位？言即位，如依適婦之喪，長子亦得有杖，祇不得即位耳。」答曰：「庶子爲父母厭，下於適子，雖有杖，不得持即位。」止此。然《喪服》本條既在《不杖章》，則是不禫杖，不居廬之喪也。但是爲父厭也，故知其必居心喪而斷酒食，不御内，以至終喪矣。朱子曰：「喪妻者，卒哭即祔，更立木主於靈座，朝夕奠就之，三年除之。」○經《不杖期章》「妾爲女君」，傳曰：「何以期也？妾之事女君，與婦之事舅姑等。」鄭玄曰：「女君，君適妻也。」賈公彦曰：「婦之事舅姑亦期，故云等。但並后匹敵，傾覆之階，故抑之。雖或姪娣，使如子之妻，與婦事舅姑同也。」一説《集説》云：「此服期與臣爲小君之義相類。」○又云：「妾爲女君，其有親者，或大功，或小功、緦麻，乃皆不敢以其服服之，而必爲之期，又所以見其尊之也。」

廿四 妾謂有子者。○爲〔二〕妾及兩妾相爲之服附。

家主爲妾有子者緦麻。○正妻爲妾無服。○兩妾相爲服緦麻。

《喪服小記》云：「士妾有子而爲之緦，無子則已。」經《緦麻章》「貴臣貴妾」，鄭玄曰：

〔二〕「爲」上，當有「正妻」二字。

「此謂公士大夫之君也。殊其臣妾貴賤而爲之服。貴臣，室老也。貴妾，姪娣也。天子、諸侯降其臣妾，無服。士卑無臣，則士妾又賤，不足殊，有子則爲之緦，無子則已。」○鄭玄曰：「女君於妾無服，報之則重，降之則嫌。」妾爲女君條注。雷次宗曰：「報之則違抑妾之義，降之則有舅姑之嫌，故使都無服。」賈公彦曰：「諸經傳無女君服妾之文，故云無服。」《集説》云：「女君於妾，不著其服者，親疎不同，則其服亦異故也。惟《緦章》見貴妾之服，彼蓋主於士也。若以士之妻言之，乃爲其無親者耳。若有親者，則宜以出降一等者服之。」○晉秘書監謝靖問：「兩妾相爲服不？」徐邈答曰：「禮無兩妾相爲服之文，然妾有從服之制。士妾有子，則爲之服緦也，妾可得從服緦麻。又有同室之恩，則有緦服義也。」

廿五 長子謂嫡長子，父將傳祖禰之統者。又名冢子、家嗣，總呼子爲嗣子，爲兒子，爲息。

父爲長子斬衰三年。〔一〕○母爲長子齊衰三年。繼母及妾並同。妾服詳衆子條。○出母、嫁母爲子爲父後者齊衰不杖期。子雖不服，母猶服也。

經《斬衰章》「父爲長子」，賈公彦曰：「適妻所生，皆名嫡子。第一子死也，則取適妻所生

〔一〕此下，當有「庶子不得爲長子三年」九字。

第二長者亦立之，亦名長子。」《集説》云：「不云嫡而云長者，明其嫡而又長，後凡言嫡者亦皆兼長言之，經文互見耳。」傳曰：「何以三年也？正體於上，又乃將所傳重也。庶子不得爲長子三年，不繼祖也。」《喪服小記》云：「庶子不爲長子斬，不繼祖與禰也。」馬融曰：「體者，嫡嫡相承也。」宋庾蔚之曰：「按《禮》鄭注云：『用恩則父重，用義則祖重。』父之與祖，各有一重之義，故聖人制禮，服祖以至親之服，而《傳》同謂之至尊也。己承二重之後，而長子正體於上，將傳宗廟之重，然後可報之以斬，故《傳》《記》皆據祖而言，明庶子雖繼禰而不繼祖，則不服長子斬也。」雷次宗曰：「自非親正兼之，情體俱盡，豈可凌天地、混尊親也。」本注鄭玄曰：「庶子者，爲父後者之弟也。言庶者，遠別之也。」賈公彦曰：「庶子，妾子之號，適妻所生第二者是衆子，今同名庶子，遠別於長子，故與妾子同號也。」又曰：「雖承重不得三年，有四種：一則正體不得傳重，謂適子有廢疾，不堪主宗廟也。二則傳重非正體，庶孫爲後是也。三則體而不正，立庶子爲後是也。四則正而不體，立適孫爲後是也。」唐元行冲奏議曰：「父爲適子三年，斬衰而不去職者，蓋尊祖重嫡，崇禮殺情也。」《通典》《開元禮》云：「庶子不得爲長子三年，不繼祖與禰也。於庶子之嫡孫，乃爲其嫡子三年矣。」後魏太常劉芳曰：「按鄭玄云：『爲三世長服斬也。』魏晉已來，不復行此禮。」《通典》有問：「周制有大宗之禮，乃有立嫡之義，立適以爲後，故父爲長子三年。今大宗之禮廢，無立適之法，而子各得以爲後，則長子、少子當爲不異。庶子不得爲長子三年者，不必然也。父爲長子三年者，亦不可以適庶論也。」朱子曰：「宗子雖未能立，欽按：宗子下，恐脱「之法」二字。然服制自當從古，是亦愛禮存羊之意，不可妄有改變也。如漢時宗子法已廢，然其詔令猶存『賜民當爲父後者爵一級』，是此禮意猶在也。豈可謂宗法廢，而衆子皆得爲父後乎？」然又《語類》有一説曰：「庶子之長子死，亦服三年。」止此。可再考。○經《齊衰三年章》「母爲長子」，傳曰：「何以三年也？父之所不降，母亦不敢降也。」馬融曰：「不在《斬衰章》者，以子當服母齊衰也。」賈公彦曰：「長子與衆子爲母，父在期，若夫在爲長子，豈亦不得過於子爲己服期乎？「過」當作「適」。而母爲長子，不問夫之在否，皆三年者，子爲母有降屈之義。父母爲長子，本爲先祖之正體，無厭降之義，故不得以父在屈也。」○《開元禮・齊衰三年章》「繼母爲長子」。宋服制令亦同。《喪服小記》云：「妾爲君之長子，與女君同。」鄭玄曰：「不敢以恩輕，輕服君之正統。」○《集説》云：「《小記》曰：『妾從女君而出，則不爲女君之子服。』妾不服之，明出妻有服也。」晉東晳問：「嫡子爲母出無服，母爲子有何服？」步熊答：「但爲父後，故不得服耳。母爲之服期。」《通典》《開元禮》云：「爲父後者，爲嫁母、出母無服，母猶服之。」《家禮・不杖期章》云：「嫁母、出母爲其子，子雖爲父後，猶服也。」

廿六 長婦長子之妻也。○長婦爲冢婦，爲嫡婦，總稱子婦，爲兒婦，爲媳婦，舅姑呼子婦爲新婦。

舅姑爲長婦齊衰不杖期。

經《大功章》「適婦」，傳曰：「何以大功也？不降其適也。」鄭玄曰：「婦言適者，從夫名。」賈公彦曰：「其婦從夫，而服其舅姑期，其舅姑從子，而服其婦大功，降一等者也。」又曰：「父母爲適長三年，今爲適婦不降一等服期者，長子本爲正體於上，故加至三年。婦直是適子之妻，無正體之義，故直加於庶婦一等，大功而已。」《集説》云：「適婦亦加隆之服，爲之大功，非不降之謂也。」○唐貞觀十四年，侍中魏徵奏：「適子婦，舊服大功，請加爲周。」《開元禮·不杖周章》「舅姑爲嫡婦」，注云：「其夫應三年者，然後爲其婦齊衰周。」宋服制令，舅姑爲適婦不杖期。

廿七 衆子謂長子之弟及妾子，又名庶子、介子、支子。

父母爲衆子齊衰不杖期。○爲子爲大宗後者不降。○繼〔一〕母爲衆子，妾爲家主、衆子及其子，出母、嫁母爲親子，繼母、嫁母爲前夫子從己者，並不杖期。○妾從正妻而出，不服正妻子。

經《不杖期章》「爲衆子」，《集説》云：「衆子，即庶子也。對長子立文，故曰衆子，庶則對

〔一〕「繼」上，首卷有「嫡」字，此不舉嫡母爲衆子之義，蓋據《家禮》。

適之稱也，實則一耳。」鄭玄曰：「衆子，長子之弟，及妾子。」又曰：「凡父母於子，將不傳重於適，及將所傳重者非適，服之皆如衆子。」《小記》注。孔穎達曰：「將不傳重於適者，廢疾他故，死而無子之屬是也。將所傳重非適者，爲無適子，以庶子傳重，及養他子爲後者也。」又曰：「子服父三年，父又宜報服，而父子首足，不宜等衰，故父服子期也。若正適傳重，便得遂情也。」○經《不杖期章》「爲人後者爲父母報」，雷次宗曰：「言報者，明子於彼，則名判於此，故推之於無尊，遠之以報服。女雖受族於人，猶在父子之名，故得加尊而降之。」《家禮圖》云：「凡男爲人後者，爲私親皆降一等，唯本生父母降服不杖期，其本生父母亦降服不杖期。」《明會典》服圖同。《集説》云：「此父母爲支子服，率降於爲己者一等。此支子出爲人後者，爲其父母期，其父母亦報之以期。而不復降者，以其既爲所後者子，統不可二，故不敢以正尊加之而報之也。」○《家禮圖》云：「繼母爲衆子，服不杖期。」○鄭玄曰：「士之妾，爲君之衆子亦期。」「大夫之妾爲君之庶子」注。賈公彦曰：「謂亦得與女君期者，亦是與己子同故也。」《開元禮・不杖周章》「妾爲君之庶子」。○經《不杖期章》「公之妾、大夫之妾爲其子」，傳曰：「何以期？妾不得體君，爲其子得遂也。」鄭玄曰：「妾爲君之長子亦三年，自爲其子期，異於女君。士之妾爲君之衆子亦期。」賈公彦曰：「女君從夫降，其庶子大功，夫不厭妾，故自服其子期，是異於女君也。士之妾爲君之衆子，亦得與女君期者，亦是與己子同故也。」雷次宗曰：「嫌二妾從於君，尊以降其子，故明之。所嫌者尊故降，不言士妾也。」《開元禮・不杖周章》「妾爲其子」。○晉徐整問：「出母亦不當報其子不？」射慈答曰：「母亦服子期也。」《通典》《開元禮・杖周章》：「父卒母嫁，及出妻之子，爲母皆報。」經《杖期章》：「父卒繼母嫁，從爲之服，報。」雷次宗曰：「凡言報者，繼母服亦如此。」賈公彥曰：「感恩者皆稱報。若此子念繼母恩，終從而爲報，母以子恩不可降殺，即生報文。」愚按：此二者皆言報，則母爲子亦杖期也。凡父母爲子，正服不杖期，則於此二者亦似不應加隆者。《朱子家禮・不杖期章》云：「嫁母出母爲其子，子雖爲父後，猶服也。」又云：「繼母、嫁母爲前夫之子從己者也。」《儀節注》云：「謂非親生者。」然則母爲此等子皆不杖期，蓋亦時制也，今從之。○《喪服小記》云：「妾從女君而出，則不爲女君之子服。」鄭玄曰：「女君猶爲子期，妾於義絶，無施服。」賈公彥曰：「從而出，謂姪娣也。」

廿八 衆婦衆子之妻也。又爲介婦，爲庶婦。

舅姑爲衆婦大功。

經《小功章》「庶婦」，《喪服小記》云：「適婦不爲舅姑後者，則姑爲之小功。」鄭玄曰：「凡舅姑於婦，將不傳重於適，及將所傳重者非適，服之皆如庶婦。」詳見衆子條。陳詮曰：「婦爲舅姑服期，舅姑爲婦宜服大功，而庶婦小功者，以尊降之也。」《通典》○唐貞觀十四年，侍中魏徵奏："衆子婦舊服小功，今請與兄弟子婦同服大功九月。"《通典》《開元禮·大功章》"爲衆子婦"。宋服制令舅姑爲衆子婦大功，朱子曰："《禮經》嚴適，故《儀禮》適婦大功，庶婦小功，此固無可疑者。但兄弟之婦，則正經無文，而舊制爲之大功，乃更重於衆子之婦。雖以報服使然，然於親疎輕重之間，亦可謂不倫矣。故魏公因太宗之問而正之。然不敢易其報服大功之重，而但升適婦爲期，乃正得嚴適之義。升庶婦爲大功，亦未害於降殺之差也。"

廿九 女稱女爲息女。

父母爲女未嫁及嫁反而在室者，齊衰不杖期。○爲女適人者大功。○爲女適人無主者不降。○出母、嫁母爲女在室及適人者皆同上。○餘並如衆子例。嫡庶並同。

經《不杖期章》"衆子"注，鄭玄曰："女子子在室亦如之。"《開元禮·不杖周章》："爲姑、姊妹、女子子在室者。"○經《大功章》"姑、姊妹、女子子適人者"，《集説》云："《不杖期章》不特著爲此親在室者之服，蓋以此條見之，蓋經之例然也。其他不見者放之。"傳曰："何以大功也？出也。"鄭玄曰："'出必降之者，蓋有受我而厚之者。'"賈公彦曰："案《檀弓》云：'姑姊妹之薄也，蓋有受我而厚之者也。'鄭取以爲説。若然女子子出降，亦同受我而厚之，皆是於彼厚。夫自爲之禫杖期，故於此從薄，爲之大功也。"○經《不杖期章》姑姊妹、女子子適人無主者，姑姊妹報。傳曰：「無主者，謂其無祭主者也。何以期也？爲其無祭主故也。」鄭玄曰：「無主後者，人之所哀憐，不忍降之。」賈公彦曰：「謂行路人，見此無夫復無子而不嫁，猶生哀愍，况姪與兄弟及父母，故不忍降之也。若然，除此之外，餘人爲之服者，仍依出降之服，而不服加，以其餘人恩疏故也。」又曰：「女子子不言報者，女子子出適大功，反爲父母，自然猶期，不須言報，故不言也。」雷次宗曰：「按《檀弓》曰：『姑姊妹之薄也，蓋有受我而厚之者。』今無祭主者，是無子無夫，則無受我而厚之者也。既無受我之厚，則我不得降其情，故哀發於無主而服於天倫也。今之不降，既緣亡者之煢獨，又因報身之無屈，二途俱伸，彼此兼遂，故父母兄弟、在室姊妹咸得反服也。唯出適者，自以義結他族，事殺本宗，受我之厚，奪己亦深，至乃愛敬兼極者，猶抑斬以爲期，况餘人乎？雖則家庭莫主，兄弟絶嗣，無後之痛，路人所悲，而深心徒結，至斬服無及，良由既曰外志成，事無兩降故也。降由己身之出，不計前人應降與不應也。所謂反服者，反於昆弟伯叔耳。若無主服期，昆弟大功，則是過於昆弟也，豈所謂反服哉。」愚案：爲姪女無主者不加服，故不報于伯叔也。雷氏蓋偶失矣。○姑姊妹女子無主後者之祭，見「主人喪服條」下。

○《開元禮·大功章》「出母爲女子子適人者」。宋服制令同。《家禮圖》嫁母下云：「女子已適人者乃服大功，母爲女報服。」

三十 長孫謂長子死，而祖將傳重者，又稱爲嫡孫。長孫婦長孫之妻，又稱爲嫡孫婦。俗孫婦爲孫媳。

祖父母爲長孫齊衰不杖期。○爲長孫婦小功，長婦在則緦麻。

經《不杖期章》「適孫」，傳曰：「何以期也？不敢降其適也。有適子者無適孫，孫婦亦如之。」《集説》云：「祖於孫宜降於子一等而大功，此期者亦異其爲適，加隆焉爾，非不降之謂也。」鄭玄曰：「是適孫將上爲祖後者也。長子在，則皆爲庶孫耳，孫婦亦如之。適婦在，亦爲庶孫之婦。」賈公彦曰：「長子爲父斬，父亦爲斬。適孫承重爲祖斬，祖爲之期，不報之斬者，父子一體，本有三年之情，故特爲祖斬。祖爲孫本非一體，但以報期，故不得斬也。」○馬融曰：「祖父母爲嫡孫之婦小功。」《通典》《開元禮》「爲嫡孫之婦小功」注云：「有嫡婦，則無嫡孫之婦。」

三一 衆孫長孫之外，嫡庶俱在，又呼爲庶孫。衆孫婦衆孫之妻，又稱庶孫婦。

祖父母爲衆孫大功。愚按：爲孫爲人後者小功。○爲衆孫婦緦麻。

經《大功章》「庶孫」，陳詮曰：「自非嫡孫一人，皆爲庶孫也。」賈公彦曰：「庶孫從父而服期，故祖從子而服孫大功，降一等，亦是其常。」孔穎達曰：「父服子期，孫卑，理不得祖報，故爲九月。若傳重者，亦服期也。」《集説》云：「孫於祖父母本服大功，以其至尊，故加隆而爲之期。祖父母於庶孫，以尊加之，故不報，而以本服服之也。」○經《緦麻章》「庶孫之婦」，馬融曰：「祖父母爲嫡孫之婦小功，庶孫之婦降一等，故服緦。」賈公彦曰：「適子之婦大功，庶子之婦小功，適孫之婦小功，庶孫之婦緦，是其差也。」

三二 孫女又稱女孫。

祖父母爲孫女在室者大功。○爲孫女適人者小功。已上嫡庶並同。

經《大功章》「庶孫」注，鄭玄曰：「男女皆是。」又經《小功章》「孫適人者」注，鄭玄曰：「女孫在室，亦大功也。」馬融曰：「祖爲女孫適人者降一等，故小功也。」《開元禮·大功章》「爲庶孫」注云：「女在室亦然。」《小功章》「爲孫女適人者」。

三三 曾孫又名重孫。　曾孫女　曾孫婦

曾祖父母爲曾孫及女在室者緦麻。○爲曾孫女適人者及曾孫婦並無服。○曾祖將傳重於曾孫者，爲曾孫及婦，如長孫及婦。

經《緦麻章》「曾孫」，孔穎達曰：「爲孫既大功，則曾孫宜五月，但曾孫服曾祖正三月，故曾祖報亦一時也。而曾祖是正尊，自加齊衰服，而曾孫正卑，故正服緦麻。」《集説》云：「不分適庶者，以甚卑遠略之。」○《家禮正衡》云：「爲曾孫緦麻，其婦無服。爲曾孫女在室者緦麻，若嫁無服。」○《開元禮》云：「凡爲後承嫡者，雖曾孫、玄孫與孫同。」又云：「曾孫、玄孫爲後者，服其婦如嫡孫之婦。」止此。餘詳見長孫條。

三四　玄孫宋避諱爲元孫。　玄孫女　玄孫婦　○遠孫附

高祖父母爲玄孫及女在室者緦麻。○爲玄孫女適人者及玄孫婦並無服。○高祖將傳重於玄孫者，爲玄孫及婦，如長孫及婦。〔二〕

孔穎達曰：「曾孫既緦麻三月，玄孫理不容異。且曾孫此間當補「玄孫」二字。非己同體，故服不依次減殺，略同三月。」《開元禮・緦麻章》「爲玄孫」。《家禮正衡》云：「爲玄孫緦麻，其婦無服。爲玄孫女在室者緦麻，若嫁無服。」○傳重義見曾孫條。

遠孫　愚按：《爾雅》玄孫之子爲來孫，來孫之子爲昆孫，昆孫之子爲仍孫，仍孫之子爲雲孫。夫遠祖之於雲仍，雖不可相及者，然其服制則有可言者。先儒謂遠祖之服皆齊衰三月，與高祖同，若然，爲遠孫亦皆應服緦如玄孫耳。

〔二〕此下，當有「遠孫如玄孫」五字。

親尊服義卷第二

旁親服義

○兄弟派四世服

三五 兄弟稱兄弟爲昆弟。昆，兄也。俗呼兄爲哥，又連呼爲哥哥，同母兄弟爲母兄弟。○妻稱夫兄爲兄公，又作妐。又呼夫兄弟爲伯叔，或爲大伯、小叔。

兄弟及姊妹在室者相爲並齊衰不杖期。愚按：同母兄弟、異母兄弟相爲皆如之，前母兄弟亦同。○女適人者爲本宗兄弟大功，爲兄弟爲父後者不降。○女適人無主者爲兄弟亦不降。○爲人後者爲本宗兄弟大功。爲兄弟爲人後者亦同。若兄弟各出後者，不再相降也。○婦爲夫兄弟小功。

經《不杖期章》「昆弟」，孔穎達曰：「至親期斷，兄弟至親一體，相爲而期。」○前母兄弟，見前母條。○經《大功章》「女子子適人者，爲衆兄弟」，馬融曰：「適人降其昆弟，故大功也。」鄭玄曰：「父在則同，父没乃爲父後者服期也。」《集説》云：「昆弟云衆，對爲父後者立文也。」又一説云：「禮，女子子成人而未嫁，或逆降其旁親之期服。此言已適人者乃爲其昆弟大功，則是其旁親之期服之不可逆降者惟此耳。」〇經《不杖期章》「女子子適人者，爲其父母昆弟之爲父後者」，傳曰：「爲昆弟之爲父後者，何以亦期也？婦人雖在外，必有歸宗，曰小宗，故服期也。」《集説》云：「歸云者，若曰婦人或不安於夫家，必以此爲歸然也。」鄭玄曰：「父雖卒，猶自歸宗，其爲父後服重者，不自絶於其族類也。」王肅曰：「嫌所宗者唯大宗，故曰小宗，明各自宗其爲父後者也。」一説《集説》云：「以私親言之，故曰小宗，其昆弟雖繼别，猶謂之小，所以别於夫家之宗也。」〇經《不杖期章》「姑姊妹女子子適人無主者，姑姊妹報。」詳見女條。〇經《大功章》「爲人後者爲其昆弟」，傳曰：「何以大功也？爲人後者降其昆弟也。」〇爲夫兄弟，詳見兄弟妻條。

三六 姊妹稱姊妹爲女兄、女弟。又姊爲姐。〇妻呼夫姊爲女公，爲大姑。呼夫妹爲女妹，爲小姑。

兄弟及姊妹在室者相爲並齊衰不杖期。同母異母並同。〇爲姊妹適人者大功，姊妹若無主則不降。

愚按：女適人無主者，爲本宗姊妹亦不降。〇女適人者，爲本宗姊妹大功。若姊妹各出適者，不再相降。〇爲人後者，爲本宗姊妹在室者大功，爲其適人者小功。〇婦爲夫姊妹在室及適人者小功。

經《不杖期章》「昆弟」注，鄭玄曰：「爲姊妹在室亦如之。」《開元禮·不杖周章》「爲姑姊妹女子子在室者。」○經《大功章》「姑姊妹、女子子適人者」，傳曰：「何以大功也？出也。」《檀弓》云：「姑姊妹之薄也，蓋有受我而厚之者也。」鄭玄曰：「欲其一心於厚者，姑姊妹嫁大功，夫爲妻期。」○經《大功章》「女子子嫁者、未嫁者爲世父母、叔父母、姑姊妹」，傳曰：「未嫁者，成人而未嫁者也。」説詳「伯叔父」條。《家禮圖》：「出嫁女爲本宗姊妹大功。」○《開元禮·大功章》：「爲人後者，爲其姑姊[一]在室者報。」經《小功章》「爲人後者爲其姊妹適人者」，馬融曰：「在室者齊衰期，適人大功。以爲大宗後，疎之，降二等，故小功也。」鄭玄曰：「不言姑者，舉其親者，而恩輕者降可知。」愚按：言在室適人者，據在家兄弟爲姊妹者比來，以明己在家與出後亦應如此也。《開元禮·小功章》云：「爲人後者，爲其姑姊妹適人者報，則姑姊妹嫁者亦降二等而報之也。」○姊妹適人無主者見女條。○經《小功章》「夫姑姊妹娣姒婦報」，鄭玄曰：「夫之姑姊妹，不殊在室及嫁者，因恩輕，略從降。」賈公彦曰：「夫之姑姊妹，夫爲之期，妻降一等，出嫁小功。因恩疏，略從降，故在室及嫁同小功。」

三七 兄弟妻 稱兄妻爲嫂，爲岳嫂。呼弟妻爲新婦。○兄弟之妻，相謂爲妯娌，又娣姒。長婦謂穉婦爲娣

[一] 「姊」下，恐「妹」字脱。

婦，娣婦謂長婦爲姒婦。婦人呼夫兄之妻爲姆，爲伯姆，呼夫弟之妻爲嬸，爲叔嬸。

兄弟之妻與夫之兄弟相爲小功。○女適人者爲兄弟之妻不降。○兄弟之妻亦相爲小功。

經《大功章》傳曰：「夫之昆弟何以無服也？其夫屬乎父道者，妻皆母道也。其夫屬乎子道者，妻皆婦道也。謂弟之妻婦者，是嫂亦可謂之母乎？故名，人治之大者也，可不慎乎？」鄭玄曰：「道猶行也，若己以母婦之服服兄弟之妻，兄弟之妻以舅子之服服己，則是亂昭穆之序也。治猶理也。父母兄弟夫婦之理，人倫之大者，可不慎乎？《大傳》曰：『同姓從宗合族屬，異姓主名理際會。名著而男女有別』是也。」《檀弓》云：「嫂叔之無服也，蓋推而遠之也。」《集說》云：「傳母道、婦道，謂世叔母及昆弟之子婦之類也。蓋以當時有謂弟妻爲婦者，引而正之，以言其不可也。傳之意蓋謂男子爲婦人來嫁於己族者之服，惟在母婦之行者耳。若尊不列於母，卑不列於婦，則不爲之服，以其無母婦之名也。故昆弟之妻無服。」魏尚書何晏、太常夏侯泰曰：「夫嫂叔之交，有男女之別，故絕其親授，禁其通問。家人之中，男女宜別，未有若嫂叔之至者也。彼無尊卑之至敬，故交接不可不疎；彼無骨肉之不殊，故交疎而無服。情亦微矣。」《通典》又孔穎達引何平叔語云：「夫男女相爲服，不有骨肉之親，則有尊卑之異也。嫂叔親非骨肉，不異尊卑，恐有混交之失，推使無服也。」《禮記正義》○《奔喪》云：「無服而爲位者，唯嫂叔及婦人降而無服者麻。」鄭玄曰：「雖無服，猶吊服加麻，袒免，爲位哭也。」○唐貞觀十四年，太宗謂侍臣曰：「同爨尚有緦麻之恩，而嫂叔無服，宜集學者詳議。」侍中魏徵等議曰：「嫂叔之不服，蓋推而遠之也。禮，繼父同居則爲之周，未嘗同居則不服。又從母之夫、舅之妻，二人不相爲服。或曰同爨緦。然則繼父之徒，並非骨肉，服重由乎同爨，恩輕在乎異居，故知制服雖係於名，亦緣恩之厚薄也。或年長之嫂，遇孩童之叔，劬勞鞠養，情若所生。在其生也，愛之同於骨肉；及其死也，則推而遠之。求之本源，深所未喻。謹按嫂叔舊無服，今請小功五月。」報制可。至開元二十年，中書令蕭嵩奏依貞觀爲定。《通典》《開元禮·小功章》「嫂叔報」。兄婦弟婦同。朱子曰：「嫂叔之服，先儒固謂雖制服亦可，然則徵議未爲失也。」又問：「嫂叔無服，而程先生云：『後聖有作，須爲制服。』」曰：「守禮經舊法，此固是好。纔說起，定是那個不穩。然有禮之權處，父道母道，亦是無一節安排。看『推而遠之』，便是合有服，但安排不得，故推而遠之。若果是鞠養於嫂，恩義不可已，是他心自住不得，又如何無服得？」止此。宋服制令爲兄弟妻、爲夫之兄弟小功五月。○經《小功章》：「夫姑姊妹、娣姒婦，報。」鄭玄曰：「夫之姑姊妹，不殊在室及嫁者，因恩輕略從降。」賈公彥曰：「夫之姑姊妹，夫爲之期，妻降一等，出嫁小功，因恩疏略從降，故在室及嫁同小功。」《集說》云：「《記》曰：『夫之所爲兄弟服，妻降一等。』此爲從服，故姑姊妹言報，娣姒固相爲矣。亦言報者，其不以夫爵之尊卑而異也。」又云：「二人或有並居室者，有不並居室，亦未必有常共居室者，而相爲服之義。惟主於此者，蓋本其禮之所由生者言也。」傳曰：「娣姒婦者，弟長也。何以小功也？以爲相共居室中，則生小功之親焉。」蜀譙周曰：「父母既没，兄弟異居，又或改娶，則娣姒有初而異居者。若不本夫爲倫，唯取同室而已，則親娣姒與堂娣姒不應有殊。經殊其服，以夫之親疏者，是本夫與爲倫也。婦人於夫昆弟，有大功之倫。從服其婦有小功之倫，於夫從父昆弟有小功之倫，從服其婦有緦麻之倫也。夫以遠之而不服，故婦從無服而服之。然則初而異室，猶自以其倫服。」宋庾蔚之謂：「傳以同居爲義，蓋從夫謂之同室，以明親近，非謂常須共居。設夫之從父昆弟，少長異鄉，二婦亦有同室之義，聞而服之緦也。今人謂從父昆弟爲同堂，取於此也。婦從夫服，降夫一等，故爲夫之伯叔父大功，則知夫之姑姊妹皆是從服。夫之昆弟無服，自别有義耳。」《通典》

三八 異父兄弟姊妹

同母異父兄弟姊妹相爲大功。○爲異父兄弟之妻無服。

《檀弓》云：「公叔朱有同母異父之昆弟死，問於子游。子游曰：『其大功乎？』狄儀有同母異父之昆弟死，問於子夏。子夏曰：『我未之前聞也。魯人則爲之齊衰。』狄儀行齊衰。今之齊衰，狄儀之問。」《家語》云：「郰人有同母異父之昆弟死，將爲之服，因顔亥而問於孔子。曰：『繼父同居者，則異父昆弟從爲之服；不同居者，繼父且猶不服，况其子乎？』」按魏尚書郎武竺有同母異父昆弟之喪，以訪王肅。肅據子思書曰：「言氏之子，達於禮乎？繼父同居服期，則子宜大功也。」宋庾蔚之謂：「自以同生成親，繼父同居，由有功而致服。二服之來，其禮乖殊，以爲因繼父而有服者，失之遠矣。馬昭曰：『異父昆弟，恩繫於母，不〔二〕於繼父。繼父，絶族者也。母同生，故爲親者屬，雖不同居，猶爲服。』《家語》之言，固所未信。子游古之習禮，從之，不亦可乎？」《通典》蜀譙周曰：「凡外親正服皆緦，加者不過小功。今異父兄弟，父没母嫁，所生者皆相報服。」同上。愚按《開元禮》，亦以同母異父兄弟姊妹繫之小功義服，而《文公家禮》仍之，蓋亦時制也。然黄氏纂修補服收入于大功章，今從之。至於魏高堂崇謂外兄弟異族無屬，若已同居，從同爨服。晉淳于睿兼取游、夏二氏，謂繼父同居異居有輕重，同母昆弟亦異居大功，同居齊衰，今皆不取之。○《家禮正衡》云：「同母異父兄弟姊妹小功，其兄弟之妻無服。」

[三九] 姪兄弟之子女也，俗作侄。姪爲從子，爲猶子，姪女爲從女。

伯叔父及姑在室者，爲姪及女在室者齊衰不杖期。○爲姪女適人者大功。姑嫁者與姪女嫁者不再相降。

〔二〕「不」下，恐「繫」字脱。

○姑適人者爲本宗姪大功，愚按：伯叔出後亦同。若已無主則不降。○婦爲夫姪及女從夫。伯叔母服之也。

經《不杖期章》「昆弟之子」，傳曰：「何以期也？報之也。」《檀弓》云：「喪服，兄弟之子，猶子也，蓋引而進之也。」孔穎達曰：「世叔旁尊，不得自比彼父祖之重，無兩相降，故報兄弟子期。且己與兄弟一體，兄弟之子，不宜隔異，欲見猶子之義，與己子等，所以至期。」○本章「昆弟之子」注，陳詮曰：「男女同耳。」《開元禮・不杖周章》「爲兄弟之子」注云：「女在室亦然，報之。」○《開元禮・大功章》：「爲兄弟之女適人者報。」愚按：是經女子子嫁者、未嫁者，成人而未嫁也。爲世父母、叔父母、姑姊妹，大功之報也。且妻爲夫昆弟之女適人者大功，則伯叔爲姪女嫁者，亦與妻同報可知矣，姑在室者報之亦如之。又經《大功章》「姪婦人丈夫報」，傳曰：「姪者何也？謂吾姑者，吾謂之姪也。」鄭玄曰：「爲姪男女服同。」賈公彦曰：「不言男子、女子而言丈夫、婦人者，姑與姪在室出嫁同以姪女言婦人，見嫁出，因此謂姪男爲丈夫，亦見長大之稱。」《集説》云：「必言丈夫、婦人者，明男女皆謂之姑也。若但云姪，則嫌若偏指昆弟之女然，故兩見之。經只於爲姪之服，皆指姑之已適人者而言。」又云：「章首已見爲姑適人者之服，此不必言報，疑報字非誤則衍。」欽按嫁姪〔一〕爲姪女，其在室出嫁，同服大功。報者，嫁姪爲

〔一〕「姪」，疑「姑」字。

姑，在室出嫁，亦俱服大功，是所以再出報文也，亦可以明知凡姑姊妹女子兩嫁者，無再降之制矣。又《小功章》從母丈夫婦人報，此亦無出入降，故以成人之稱言之，蓋兩章丈夫俱降服而非報也，皆主姑姪而男帶言耳。○姑適人無主者，見女條。○經《不杖期章》「夫昆弟之子」，傳曰：「何以期也？報之也。」馬融曰：「伯母、叔母報之。」鄭玄曰：「男女皆是也。」陳詮曰：「從於夫者宜服大功，今乃期者報之。」賈公彥曰：「二母與子本是路人，爲配二父而有母名，爲之服期，故二母報子還服期。」《開元禮・不杖周章》「爲夫兄弟之子」注云：「男女同服。」○經《大功章》「爲夫之昆弟之婦人子適人者」[二]，鄭玄曰：「婦人者，女子子也。」賈公彥曰：「此謂世叔母爲之服，在家期，出嫁大功。」愚按：是女子子嫁者爲世父母叔父母之報也。《開元禮・大功章》：「爲夫兄弟女適人者報。」

四十 姪婦

伯叔父爲姪婦大功。○姑爲姪婦小功，雖已嫁亦不降。○婦爲夫之姪婦從夫。夫之伯叔母服之也。

經《大功章》「夫之祖父母、世父母、叔父母」疏，賈公彥曰：「夫之世父母爲此妻何服？按

[二] 「姪婦」條下陳詮説須合看。

王肅以爲父爲衆子期，妻小功，爲兄弟之子期，其妻亦小功，以兄弟之子猶子。引而進之同己子，妻同可知矣。」唐貞觀十四年，加與兄弟子婦爲大功九月。《通典》○愚按：是亦魏徵請加之。愚按：《開元禮》爲夫伯叔父母報大功，是伯叔父母亦報姪婦大功也。宋服制令爲兄弟子之婦大功。○經《小功章》「夫姑姊妹、娣姒婦報」，馬融曰：「姑報姪婦也。」詳見「姊妹」條。愚按：《開元禮・小功章》：「爲夫姑姊妹在室及適人者報。」宋服制令女在室及適人者，爲姪之妻小功。○《開元禮・大功章》「爲夫伯叔父母報」注云：「報者，旁親不足以尊降。」宋服制令爲夫兄弟子婦大功。愚按：李唐以前，爲夫兄弟子婦小功，如王肅所説者，至魏徵加爲大功，而《開元禮》所定如此，則伯叔母爲夫姪婦報，遂與夫伯叔父同矣。又經《大功章》「爲夫之昆弟之婦人子適人者」注，陳詮曰：「婦人者，夫之昆弟之子婦。子者，夫之昆弟之女子子適人者也。此是二人，皆服大功。先儒皆以婦人子爲一人，此説不語，且夫昆弟之子婦，復見何許耶？」止此。若依此説，則夫之世叔母之大功，本是報服也，衆子婦之小功，不可以例推，王説恐非。《集説》云：「夫之祖父母、世父母、叔父母，不言夫之世父母、叔父母報，文略也。」

四一　姪孫兄弟之孫、女孫也。稱姪之子爲歸孫。　姪孫婦

祖伯叔父及祖姑在室者，爲姪孫及女在室者小功。○爲姪孫女適人者緦麻。祖姑嫁者爲之亦同。○

愚按：爲姪爲人後者亦如之。○爲姪孫婦緦麻。○婦爲夫姪孫及女如夫。祖伯叔母服之也。婦無服。

經《小功章》：「從祖祖父母報。」《開元禮》本條注云：「兄弟之孫，女在室亦如之。」孔穎達曰：「兄弟之孫服從祖五月。故從祖報之小功也。」賈公彥曰：「報者恩輕，欲見兩相爲服，故云報也。」○《開元禮・緦麻章》：「爲兄弟之孫女適人者報。」宋服制令，女適人者爲兄弟之孫緦。○《家禮・緦麻章》云：「爲兄弟孫之婦也。」黄氏《補服》云：「以夫之從祖祖父母報推之，則兄弟之孫婦緦麻。」○宋服制令爲夫兄弟之孫小功。愚按：是即經從祖祖母報也。○宋服制令爲夫之兄弟之孫女適人緦。○《家禮正衡》云：「爲夫之姪孫婦無服。」

四二 曾姪孫兄弟之曾孫、女孫。 曾姪孫婦

曾祖伯叔父及曾祖姑在室者，爲曾姪孫及女在室者緦麻，出降並無服。○爲曾姪孫婦無服。○婦爲夫曾姪孫緦麻。曾伯叔母服之也。爲女嫁者無服。○爲夫曾姪[二]婦亦無服。

孔穎達曰：「曾祖爲曾孫三月，爲兄弟曾孫以無等降之，故亦爲三月。」《開元禮・緦麻章》「爲族曾祖父報」，注云：「兄弟曾孫女出嫁即無服。」○《家禮正衡》云：「爲曾姪孫婦無服。」

[二] 「姪」下，當有「孫」字。

○《開元禮・緦麻章》：「爲族曾祖母報。」宋服制令爲夫兄弟之曾孫緦。《家禮正衡》云：「爲夫曾姪孫女緦麻，嫁無服。」○又云：「爲夫曾姪孫婦無服。」

○伯叔派四世服

四三 伯叔父父兄爲伯父，爲世父，父弟爲叔父。分而言之，長爲伯父，次爲仲父，次爲叔父，次爲季父，總爲從父。○婦呼夫伯、叔爲伯伯、叔叔。　伯叔母伯叔之妻也，俗呼伯母爲姆，呼叔母爲嬸。○婦呼夫伯叔母爲姆姆、嬸嬸。

姪及女在室者爲伯叔父母齊衰不杖期。愚按：爲伯叔父爲人後者大功。○女適人者爲本宗伯叔父母大功，男爲人後者亦如之。若已無主則不降。○婦爲夫伯叔父母大功。

經《不杖期章》「世父母、叔父母」，傳曰：「世父、叔父何以期也？與尊者一體也。《集説》云：「以此傳考之，則世叔父之期乃是加服，從父昆弟之大功，正服也。」然則昆弟之子何以亦期也？旁親也，不足以加尊焉，故報之也。《集説》云：「加尊而不報者，如父於衆子、祖於庶孫之類是也。」父子一體也，夫妻一體也，昆弟一體也，故父子首足也，夫妻牉合也，昆弟四體也。故昆弟之義無分，然而有分者，則辟子之私也。子不私其父，則不成爲子。故有東宫，有西宫，有南宫，有北宫，異居而同財，有餘則歸之宗，不足則資之宗。世母、叔母何以亦期也？以名服也。」鄭玄曰：「宗者，世父爲小宗，典宗事者也。」一説《集説》云：「宗謂大宗、小宗共稱者也。」賈公彦曰：「凡得降者，皆由己尊也，故降之。世叔非正尊，故生報也。父子一體也者，謂子與父，骨血同爲體，因其父與祖亦爲一體，又見世叔父與祖亦爲一體也。夫妻一體也者，亦見世叔母與世叔父亦爲一體也。昆弟一體也者，又見世叔與父亦爲一體也。案《内則》云：『命士以上，父子異宫。』不命之士同宫，縱同宫亦有隔别，亦爲四方之宫也。二母是路人，以來配世叔父，則生母名，既有母名，則當隨世叔而服之，故云以名服也。」孔穎達曰：「若據祖期年，則世叔宣九月，而世叔是〔一〕父一體，故加至期也。」○《喪大記》：「比葬，食肉飲酒，不與人樂之。叔母、世母、故主宗子。」○經《大功章》「女子子嫁者、未嫁者爲世父母、叔父母、姑姊妹」，傳云：「未嫁者，成人而未嫁者也。」鄭玄曰：「女子之成人者，有出道降旁親，及將出者，明當及時也。」賈公彦曰：「女子子十五已後許嫁，笄爲成人，有出嫁之道，是以雖未出，即逆降世父已下旁親也。」又曰：「逆降在大功，大功之末可以嫁子也。」《集説》云：「此著其降之之節，異於他親也。在室而逆降，止言此七人者，蓋世父母、叔父母與姑之類，爲旁尊之加服，姊妹之期雖本服，然以其外成也，故并世父

〔一〕「是」下，疑「與」字脱。

已下皆於未嫁，而略從出降，明其異於父母昆弟也。又其服惟以適人爲節，以見逆降之服無報禮也。」又《緦麻章》「從祖姑姊妹適人者」條云《小功章》從祖昆弟。已不著嫁者、未嫁者之服。又以此條徵之，則女子之逆降固不及大功而下者矣。○姑無主者不降，見女條。○經《大功章》「夫祖父母、世父母、叔父母」，傳曰：「何以大功也？從服也。」○晉王景平問：「婦人夫没無男，其姑愍其少寡，欲令更出，要其兄迎歸，未有所適而亡，伯叔之子應爲服不？」谷士風議曰：「婦人夫没無子，有歸宗更出之義。今姑愍彼無嗣，令還其黨，欲令更出，則衛莊姜遣陳嬀之比也。於兄弟之家者，兄弟宜服期。受姑命而歸宗，夫之餘親，不應有服。」虞子卿駁曰：「昔姜氏以殺適立庶，歸齊怨魯，陳嬀以子死君卒，於禮宜歸。此婦非姜氏義絶之倫，無陳嬀應出之事，其姑愍其守寡，欲令更適，此蓋世俗之意，非教訓之道也。衛共伯之妻，父母欲奪而嫁之，誓而不去，就有姑命，未可要謂之必出也。」季思龍以爲：「谷氏所據之徵雖失，然所報之意未爲非也。婦人之禮，執箕帚、養舅姑、供祭祀者也。今歸母氏，闕此三事，何婦禮之有？姑以宜出而遣，兄以可出而迎，辭姑從兄，是爲欲出之意定也。」李彦仲以爲：「姑有嫁婦之文，故令歸母氏之黨，已絶之理，理自灼然。」《通典》晉有問曰：「甲叔母乙寡，守節十餘年，其母在，兄壬迎乙還家，丙求婚於壬，壬意許定，已剋吉日而乙暴亡，甲應有服不？」許參軍曰：「乙喪夫無子，勵操十載，心期同穴，志固金石。雖潛交幣，而乙不與知，苟聘至之非我，則無媿於幽明矣。昔宋姬守志，梁寡高行，焚身毁形。焉知丙至之時，乙無若人之潔？疑必從重，重則宜服。余固以爲不應絶也。」同上。愚按：凡人子之於其妻也，去留唯父母所命，故夫死之後，舅姑若出其婦，則無可以論者。舅姑伯叔不遣之也，而有父兄哀其寡獨而奪歸者，有不可與夫族居而自歸者，然能守其節操，而不絶其信問，則於其死也，夫家之舊親不可以不服矣。婦猶能守也，而父兄禁不得通於我，則我何由知其能守與否，我不得從爲之服而已。

四四 姑父之姊妹，稱爲姑母，爲姑孃，爲伯姑、叔姑。

姪及姪女在室者爲姑在室者齊衰不杖期。○爲姑適人者大功，姑若無主則不降。○女適人者爲本宗姑大功。姪女嫁者與姑嫁者不再相降。○爲人後者爲本宗姑在室者大功，爲適人者小功。○婦爲夫姑在室及適者小功。

經《不杖期章》「世父母、叔父母」注，鄭玄曰：「爲姑在室亦如之。」賈公彦曰：「《大功章》云『爲姑嫁大功』，明未嫁在此《期章》。」《開元禮・不杖周章》「爲姑在室者」，詳見伯叔條。○經《大功章》「姑姊妹女子子適人者」，詳見姊妹條。○「姑適人無主者」，見女條。○《家禮圖》：「出嫁女爲本宗姑大功。」○《開元禮・大功章》：「爲人後者爲其姑姊妹在室者報。」經《小功章》「爲人後者爲其姊妹適人者」，鄭玄曰：「不言姑者，舉其親者而恩輕者降可知。」《開元禮・小功章》：「爲人後者爲其姑姊妹適人者報。」詳見姊妹條。○經《小功章》：「夫姑姊妹、娣姒婦報。」詳見姊妹條。

四五 從兄弟伯叔之子也，稱爲從父昆弟，俗爲同堂兄弟，又爲堂兄弟，其義見「兄弟妻」條。從兄弟妻從兄弟之妻，相謂爲同堂娣姒。

從兄弟及姊妹在室者相爲並大功。○女適人者爲本宗從兄弟小功。○爲從兄弟妻緦麻。女適人者爲之亦同。○婦爲夫從兄弟及其妻相爲並緦麻。

經《大功章》「從父昆弟」，賈公彥曰：「昆弟親爲之期，此從父昆弟降一等，義當然也。謂之從父昆弟者，世叔父與祖爲一體人，而己父爲一體，緣親以致服，故云從也。」《集説》云：「世叔父之子謂之從父昆弟者，此親從父而别也，故以明之。從祖之義亦然。」○爲從兄弟之妻，見婦服。女適人者爲之見下條婦服。○經《緦麻章》「爲夫之從父昆弟之妻」，傳曰：「何以緦也？以爲相與同室，則生緦之親焉。」鄭玄曰：「同室者，不如居室之親也。」賈公彥曰：「此同堂娣姒，降於親娣姒，故服緦也。」又曰：「言同室者，直是舍同，未必安坐。」以上《小功章》親娣姒發傳，而云「相與居室」，此從父昆弟之妻相爲，即云「相與同室」，是親疏相并，同室不如居室中，故輕重不等也。愚按：此堂娣姒相爲者，而《傳》例與親娣姒同，蓋皆從其夫無服而服之也。且本經《記》云夫所爲兄弟服妻降一等，此兄弟雖廣包族親，然疏家只言嫂叔無服，而不言從兄弟及再從、三從之妻有服，則嫂叔一列，本並無服明矣。唐初始立嫂叔小功之制，其後《開元禮》及《家禮》本注並未見堂嫂叔等之服，唯《家禮儀節》及《正衡》皆云爲從兄弟之妻、爲夫之從兄弟並緦麻，是由小功降一等以相報，蓋明朝之制也。

四六 從姊妹伯叔之女也，稱爲從父姊妹，俗爲同堂姊妹。

從兄弟及姊妹在室者相爲並大功。〇爲從姊妹適人者小功，女適人者爲本宗從姊妹亦如之。兩出嫁不再降，此後不悉注。〇婦爲夫從姊妹在室及適人者緦麻。愚按：男爲人後者出降，與女適人者同。此後不悉注。

經《大功章》「從父昆弟」注，鄭玄曰：「其姊妹在室亦如之。」《開元禮・大功章》「爲同堂姊妹之在室者」。〇經《小功章》「從父姊妹」，賈公彦曰：「從父姊妹，在室大功，出適小功。姊妹既逆降宗族，亦逆降報之，故不辨在家及出嫁也。」愚按：此謂從父姊妹成人者，亦有逆降之例，非謂必皆逆降矣。《開元禮・小功章》：「爲從父姊妹適人者報。」愚按：此謂女適人者，與適人者與本宗從父昆弟姊妹相爲報小功。《明會典・服圖》云：「堂姊妹，在室大功，出嫁小功。」今《家禮儀節》及《正衡》服制皆與此同，而圖中並云緦麻，蓋依《家禮》舊圖而誤矣。

○《開元禮·緦麻章》「爲夫之從父姊妹在室及適人者，《家禮·緦麻章》本注云：「爲夫之從父姊妹適人者不降也。」愚按：此亦據夫姑姊妹小功制立之而降一等也，雖不言其報，然本是報服，則女在室及適人者爲從夫昆弟之妻，亦報緦麻可知矣。蓋服本從輕，故無出入降，今《家禮正衡》云出嫁女爲從兄弟之婦、妻爲夫之從姊妹嫁者皆不服，蓋未深考也。凡《儀節》《正衡》出嫁女爲本宗者，皆當考正焉。

四七 從姪從兄弟之子也，俗爲堂姪。從姪女從兄弟之女。從姪婦

從伯叔父及姑在室者爲從姪及女在室者小功。○爲從姪女適人者緦麻，女適人者爲本生〔一〕從姪及女亦如之。○爲從姪婦緦麻，女適人者爲之無服。○婦爲夫從姪及女爲其婦並從夫。從伯叔母服之也。

經《小功章》「從祖父母報」，賈公彦曰：「云報者，恩輕，欲見兩相爲服，故云報也。」又《緦麻章》「從父昆弟之子之長殤」，賈公彦曰：「本服小功，故長殤在緦麻。」孔穎達曰：「同堂兄弟之子服從伯叔無加，則從伯叔亦正報五月也。」《開元禮·小功章》「爲從祖父報」，注云：「同堂兄弟之子女在室亦如之。」○經《緦麻章》：「從祖姑姊妹適人者報。」《開元禮·緦麻

〔一〕「生」，當作「宗」。

章》：「爲從祖父報。」宋服制令爲同堂兄弟之女適人者緦。○《開元禮・緦麻章》：「爲夫從祖父母報。」《家禮・緦麻章》：「爲從父兄弟子之婦也。」愚按：昆弟之子婦，正服小功，而從父昆弟之子婦疏一等，故服緦。○經《小功章》：「從祖父母報。」詳見上。宋服制令爲夫同堂兄〔二〕之子小功。○《開元禮・緦麻章》：「女子子適人者，爲從祖伯叔母報。」愚按：此從祖伯叔母，即《家禮圖》從伯叔母也。《家禮正衡》云：「爲夫之從姪女嫁者緦麻。」○宋服制令爲夫同堂兄弟之子婦緦。

四八 從姪孫從姪之子也，俗爲堂姪孫。 從姪孫女從姪之女。 從姪孫婦

從祖伯叔父及姑在室者爲從姪孫及女在室者緦麻。○出降無服。○爲從姪孫婦無服。○婦爲夫從姪孫及女從夫服。從祖伯叔母服之也。

《開元禮・緦麻章》：「爲同堂兄弟孫女，出嫁則不服。」○《家禮正衡》云：「爲從姪孫緦麻，其婦無服。」○《開元禮・緦麻章》：「族祖母報。」宋服制令爲夫之同堂昆弟之孫緦。《家禮正衡》云：「爲夫之從姪孫女在室者緦麻，嫁無服。」○又云：「爲夫之從姪孫婦無服。」

〔二〕「兄」下，恐「弟」字脱。

○祖伯叔派四世服

四九 祖伯叔父祖之兄弟也。○稱爲從祖祖父，爲伯叔祖父，爲伯祖叔祖，爲從大父，俗爲伯公、叔公。祖姑祖之姊妹也，稱爲王姑，爲從祖祖姑，俗爲姑婆。祖伯叔母祖伯叔之妻也，稱爲從祖、祖母，爲從祖王母，俗爲伯婆、叔婆。

姪孫及女在室者爲祖伯叔父母及祖姑在室者小功。○爲祖姑適人者緦麻。女適人者爲本宗祖伯叔〔二〕母及祖姑亦如之。○婦爲夫祖伯叔父母及祖姑緦麻姑嫁無服。

經《小功章》「從祖祖父母」，孔穎達曰：「祖是父一體，故加至期，而祖之兄弟非己之一體，故加所不及。據於期之斷殺，便正五月。」○《開元禮·小功章》：「爲從祖祖姑在室者報。」○經《緦麻章》「交之姑」，鄭玄曰：「歸孫爲祖父之姊妹。」《集説》云：「祖父之姊妹，於屬爲貴，故但據已適人者言之，其意與姑爲姪者同。不言報者，亦以非其一定之禮故也。」愚按：是出嫁之姑也，故黄氏《喪服圖》收入于己爲姑、姊妹、女子子、女孫適人者服圖。《開元

〔二〕「叔」下，當有「父」字。

禮・緦麻章》：「爲從祖祖姑適人者報。」又云：「兄弟之孫女適人者報。」宋服制令女適人者爲從祖祖父母緦。《家禮正衡》云：「出嫁女爲伯叔祖父母緦麻。」○經《緦麻章》「夫諸祖父母報」，鄭玄曰：「諸祖父母者，夫之所爲小功，從祖祖父母、外祖父母。」《開元禮・緦麻章》：「夫之從祖祖父母報。」《家禮正衡》云：「爲夫祖姑在室者緦麻，嫁無服。」

五十 從伯叔父祖伯叔之子，父之從兄弟也，稱爲從祖父，爲從祖伯叔父，爲堂伯叔父。　從姑祖伯叔之女也，稱爲從祖姑，爲堂姑。　從伯叔母從伯叔之妻也，稱爲從祖母，爲從祖伯叔母，爲堂伯叔母。

從姪及女在室者爲從伯叔父母及從姑在室者小功。○爲從姑適人者緦麻。　女適人者，爲本宗從伯叔父母及從姑亦如之。○婦爲夫從伯叔父母及從姑緦麻，姑嫁無服。

經《小功章》「從祖父母報」，孔穎達曰：「世叔是又一體，故加至期也。從世叔既疏，加所不及，據期而殺，是以五月。」朱子曰：「從祖伯叔父母、叔父母小功者，乃正服之不加者耳。」○《開元禮・小功章》：「爲從祖姑在室者報。」○經《緦麻章》：「爲從祖姑姊妹適人者報。」○《開元禮・緦麻章》：「女子子適人者爲從祖伯叔父母報。」○《開元禮・緦麻章》：「爲夫之從祖父母報。」○《家禮儀節》云：「爲夫從祖姑在室者緦麻。」《正衡》云：「夫之從祖姑嫁不服。」

五一　再從兄弟從伯叔之子也，稱爲從祖昆弟。再從姊妹從伯叔之女也，稱爲從祖姊妹。再從兄弟妻

再從兄弟及姊妹在室者相爲並小功。○爲再從姊妹適人者緦麻。女適人者爲本宗再從兄弟姊妹亦如之。○爲再從兄弟之妻無服。○婦爲夫再從兄弟姊妹並無服。

經《小功章》「從祖昆弟。」《開元禮・小功章》：「爲從祖姑姊妹在室者報。」○經《緦麻章》：「從祖姑姊妹適人者報。」○《家禮正衡》云：「再從兄弟之妻無服。」詳見從兄弟條。○賈公彦曰：「以上三者爲三小功也。」

五二　再從姪再從兄弟之子也。再從姪女再從兄弟之女。再從兄弟之子婦

再從伯叔父母〔一〕及姑在室者，爲再從姪及女在室者緦麻。○出降無服。○爲再從姪之婦無服。○婦爲夫再從姪及女，〔二〕並從夫服。

經《緦麻章》「從祖昆弟之子」。《家禮儀節》云：「爲從祖兄弟之子及女在室者緦麻。」○《家禮正衡》云：「再從姪女嫁無服。」○又云：「爲再從姪之婦無服。」○《開元禮・緦麻

〔一〕「母」，恐衍。
〔二〕「並」上，當有「其婦」二字。

章》「爲夫從祖兄弟之子。」經《緦麻章》「從祖昆弟之子。」鄭玄曰：「族父母爲之服。」《集説》云：「案經但見族父爲此服，注兼言族母者，足經意也。婦人爲夫黨之卑屬，與夫同。」○《家禮正衡》云：「夫之再從姪女嫁無服。」○又云：「爲夫之再從姪之婦無服。」

○曾祖伯叔派四世服

五三 曾祖伯叔父曾祖之兄弟也，稱爲族曾王父，爲族曾祖父。曾祖姑曾祖之姊妹也，稱爲曾祖王姑。曾祖伯叔母曾祖伯叔之妻也，稱爲族曾王母，爲族曾祖母。

曾姪孫及女在室者，爲曾祖[一]父母及曾祖姑在室者緦麻。○出降無服。○婦爲夫曾祖伯叔父母及姑並無服。

經《緦麻章》「族曾祖父母」，賈公彦曰：「族，屬也。骨肉相連屬，以其親盡恐相疏，故以族言之耳。」孔穎達曰：「曾祖據期斷，本應五月。曾祖之兄弟既疏一等，故宜三月也。」○《開元禮·緦麻章》「爲族曾祖姑在室者。」《家禮儀節》云：「曾祖姑出嫁者無服。」

[一] 「祖」下，當有「伯叔」二字。

五四 從祖伯叔父曾祖伯叔之子、祖之從兄弟也，稱爲族祖王父，爲族祖父，爲族伯叔祖父，爲堂伯叔祖父。《開元禮》所云「從祖伯叔母」，《家禮》謂之「從伯叔母」，不可以相混矣。從祖姑曾祖伯叔之女，祖之從姊妹也，稱爲族祖姑，爲堂祖姑，《爾雅》所云「從祖姑」，《家禮》謂之「從姑」，亦當辨而別之。從祖伯叔母從祖伯叔之妻也，稱爲族祖王母，爲族祖母，爲族伯叔母，爲堂伯叔祖母。《爾雅》所云「族祖母」，《喪服》謂之「族母」，亦當辨之。

從姪孫及女在室者，爲從祖伯叔父母及從祖姑在室者緦麻。○出降無服。○婦爲夫從祖伯叔父母及姑益無服。

經《緦麻章》「族祖父母」。《開元禮·緦麻章》：「爲族祖姑在室者報。」《家禮儀節》：「族祖姑出嫁者無服。」

五五 再從伯叔父從祖伯叔之子，父之再從兄弟也，稱爲族父，爲族伯叔父。再從姑從祖伯叔之女，父之再從姊妹也。《爾雅》亦謂之「族祖姑」，即《開元禮》「族姑」也。再從伯叔母再從伯叔之妻也，稱爲族母，爲族伯叔母。

再從姪及女在室者，爲再從伯叔父母及再從姑在室者緦麻。○出降無服。○婦爲夫再從伯叔父母及姑並無服。

經《緦麻章》「族父母」。《開元禮·緦麻章》：「族姑在室者報。」《家禮儀節》：「族姑出嫁者無服。」

[五六]三從兄弟再從伯叔之子也，稱爲族昆弟。三從姊妹再從伯叔之女也，稱爲族姊妹。三從兄弟妻

三從兄弟及姊妹在室者相爲緦麻。○出降無服。○爲三從兄弟之妻及其妻相爲並無服。

經《緦麻章》「族兄弟」。《開元禮·緦麻章》：「三從姊妹，出嫁即無服。」○《家禮正衡》

云：「三從兄弟之妻無服。」○族曾祖父母、族祖父母、族父母、族昆弟疏，賈公彦曰：「此即

《禮記·大傳》云：『四世而緦，服之窮也。』名爲四，緦麻者也。」

[族子]朱子曰：「據禮，兄弟之子當稱從子爲是，自曾祖而三代稱從子，自高祖四世而上稱

族子。」

親尊服義卷第三

外親服義

○母黨服

五七 外祖父母母之父母也，稱爲外王父母，爲外公婆。○母之祖父母，爲外曾祖王父母，爲外太公婆。○婦稱夫之外祖爲外太翁、外太姑。

外孫及女爲外祖父母小功。○爲人後者，爲本生外祖父母緦麻。○婦爲夫外祖父母緦麻。○庶女之子爲母之嫡母，母死則不服。

經《小功章》「外祖父母」，傳曰：「何以小功也？以尊加也。」馬融曰：「母之父母也，本親緦，以母所至尊，加服小功，故曰以尊加。」賈公彥曰：「外親之服不過緦麻。」詳見舅姨條。一說《集説》云：「子之從其母而服母黨者，黨降於其母一等。母爲父母期，子爲外祖父母小功，宜也，非以尊加也。」又云：「外親之服有在緦者，則以其從與報爲己，不得不然耳，非故輕之，令例皆緦也。」○《開元禮・緦麻章》「爲人後者爲外祖父母」，注云：「本生外祖父母。」○又《緦麻章》：「爲夫之外祖父母報。」宋服制令亦同。○《喪服小記》云：「爲母之君母，母卒則不服。」鄭玄曰：「徒從也，所從亡則已。」孔穎達曰：「母之君母，謂母之適母也。此親於子爲輕，故徒從也。」

五八 舅母之兄弟也，稱爲母舅。舅母舅之妻也，稱爲妗，爲妗妗，爲母妗。□母之從兄弟爲從舅，爲堂舅。

甥及甥女爲舅小功。○爲舅母緦麻。○婦爲夫舅緦麻。〔一〕

經《緦麻章》「舅」，傳曰：「何以緦？從服也。」鄭玄曰：「母之兄弟，從於母而服之。」雷次宗曰：「夫二親恩等，而中表服異。君子類族辨物，本以姓分爲判，故外親之服不過於緦。於義雖當，求情未愜，苟微有可因，則加服以伸心。外祖有尊，從母有名，故皆得因此加以小功也。舅情同二人，而名理闕無因，故有心而不獲遂也。」《集説》云：「從於母之大功而緦也。母於昆弟之爲父後者期，子乃不從之而服小功者，亦可以見從服一定之制矣。」○唐貞觀十四年，

〔一〕此下，當有「爲堂舅袒免」五字。

太宗謂侍臣曰：「舅之與姨，親疎相似，而服紀有殊，理未爲得，集學者詳議。」於是侍中魏徵等議曰：「舅與姨，雖爲同氣，然舅爲母族之本，姨乃外成他姓，求之母族，姨不與焉。考之經文，舅誠爲重。謹按舅服緦麻，請與從母同小功。」制可。《通典》朱子曰：「外祖父母止服小功，則姨與舅合同爲緦麻。魏徵及加舅之服以同於姨，則爲失耳。」○問：「從母之夫、舅之妻，皆無服，何也？」朱子曰：「先王制禮，父族四，故由父而上，爲族曾祖父緦麻；姑之子、姊妹之子、女子子之子，皆由父而推之也。母族三，母之父、母之母、母之兄弟，恩止於舅，故從母之夫、舅之妻，皆不爲服，推不去故也。」○唐開元二十三年，制曰：「朕以爲親姨舅既服小功五月，則舅母於舅有三年之服，是受我厚，以服制情，則舅母之服不得全降於舅也，宜服緦麻。堂姨舅，今古未制服，朕恩敦睦九族，引而親之，宜服袒免。」侍中裴耀卿、中書令張九齡等奏曰：「臣等謹按《大唐新禮》，親舅加至小功，與從母同服。此蓋當時特命，不以輕重遞增，蓋不欲參於本宗，慎於變禮者也。今聖制親姨舅小功，更制舅母緦麻、堂姨舅袒免等服，取類新禮，垂示將來，通於物情，自我作則，群儒夙議，徒有稽留，並望准制施行。」制從之。○《開元禮·緦麻章》：「爲夫之舅報。」宋服制令亦同。

五九　姨母之姊妹也，稱爲從母，爲姨母，爲姨孃，爲姨嫣〔嫣〕。○母之從姊妹，爲從姨，爲堂姨。○姨夫爲姊丈。

甥及甥女爲姨母小功。○姨夫無服。○婦爲夫之姨緦麻。

經《小功章》「從母，丈夫婦人，報」，傳曰：「何以小功也？以名加也。外親之服皆緦也。」馬融曰：「母之姊妹也。言丈夫婦人者，異姓無出入降，皆以丈夫婦人成人之名名之也。」鄭玄曰：「外親異姓，正服不過緦。丈夫婦人、姊妹之男女同。」賈公彦曰：「外親以本非骨肉情疏，故聖人制禮無過緦也。」《集説》云：「此爲加服，而從母乃報之者，以其爲母黨之旁尊，不足以加尊焉，故報之也。」宋庾蔚之謂：「《傳》云以名服，及云以名加，皆是先有其義，故施以此名，尋名則義自見矣。外親以緦斷者，抑異姓以敦己族也。緦服既不足以申外甥、外孫之情，故聖人因其有伸之義而許其加也。外祖以尊加，從母以名加者，男女異長，伯季不同，由母於姊妹有相親之近情，故許其因母名加服也。」○姨夫無服，説見「舅」條。○《開元禮・緦麻章》：「爲夫從母報。」

六十 舅兄弟母舅之子也，稱爲内兄弟，今亦呼爲表兄弟，與姑之子爲中外兄弟，爲中表兄弟。舅姊妹母舅之女也。餘與兄弟同。舅兄弟妻

姑之子爲舅兄弟姊妹緦麻。○爲舅兄弟妻無服。○婦爲夫之舅兄弟姊妹無服。

經《緦麻章》「舅之子」，傳曰：「何以緦？從服也。」馬融曰：「姑之子爲舅之子服，今之

中外兄弟也。從其母來服其舅之子緦。」鄭玄曰：「内兄弟也。」賈公彦曰：「云内兄弟者，對姑之子云。舅子本在内不出，故得内名也。不言報者，爲舅既言從服，其子相施亦不得言報也。」程子曰：「報，若姑之子爲舅之子報是也。異姓之服，只是推得一重。若爲母而推，則及舅而止。若爲姑而推，可以及其子，故舅之子無服，却爲既與姑之子爲服，姑之子須當報之也。故姑之子、舅之子其服同。」《集説》云：「子爲母黨服，外祖父母、從母、舅，與母一體至親也，故從服。舅之子與從母昆弟，則以其爲尊者至親之子，而在兄弟之列，不可以無服，故或從服，而或以名服也。」

六一　姨兄弟姨母之子也，稱爲從母昆弟，爲表兄弟。姨姊妹姨母之女也。餘與兄弟同。

姨之子相爲緦麻。

經《緦麻章》「從母昆弟」，傳曰：「何以緦也？以名服也。」馬融曰：「姊妹子相爲服也。」賈公彦曰：「以名服者，用從母有母名，而服其子，故云以名服也。必知不因兄弟名，以其昆弟非尊親之號也。」一説《集説》云：「名謂昆弟之名，謂母姊妹之子小功，子無所從也，惟以名服之。此以名加，此以名服，子於母黨，其情蓋可見矣。」

六二 出母黨

出母之子爲其母黨無服。

經「出妻之子爲母」，傳曰：「出妻之子爲母期，則爲外祖父母無服。傳曰：『絶族無施服，親者屬。』」鄭玄曰：「在旁而及曰施，親者屬，母子至親，無絶道。」賈公彦曰：「絶族者，嫁來承宗廟，與族相連綴，今出則無族絶，故云絶族也。」又曰：「在旁而及曰施，此以母爲主，旁及外祖。今母已絶族，不復及在旁，故云無施服也。」《集説》云：「此於外親但云外祖父母，見其重者耳。絶族，離絶之族，謂父族與母族相絶，而不爲親也。」又云：「此蓋傳者引舊禮而復引傳以釋之也。下放此。」

六三 嫁母黨

未詳。

晉吴商曰：「出母之黨無服，嫁母之黨自應服之。」《通典》

六四 妾母黨

庶子爲所生之母黨服如衆，若己爲父後，則不服也。

本經記云：「庶子爲後者，爲其外祖父母、從母、舅無服。不爲後，如邦人。」賈公彦曰：「庶子爲後者，爲其外祖父母、從母、舅無服者，以其與尊者爲一體也。」《集説》云：「庶子爲父後者，爲其母緦，則於母黨宜無服也。不爲後如邦人，是君母與己母之黨或兼服之明矣。」

六五 前母黨

後妻子爲前母之黨無服。

晉荀訥曰：「人有與前母家爲親者，有不者，訥直率意而答之，謂不應親。」又問：「《傳》曰『繼母之配父與因母同』，然則前母之配父，理不異於繼母，何以不爲親也？」答曰：「所以不與前母之黨爲親者，恩情不相及故也。縱令有母之父母尚存，父執子婿之禮而敬事之，則其子固不可以不拜之，猶不得以外祖父母爲名。名之不正，則非親也。」《通典》

六六 繼母黨

前妻子爲繼母之黨無服。○若親母被出，則服繼母之黨。○若繼母非一，則服次其母者之黨。○若服親母之黨，則不服繼母之黨。

《服問》云：「《傳》曰：『母出則爲繼母之黨服，母死則爲其母之黨服。』爲其母之黨服，則不爲繼母之黨服。」鄭玄曰：「雖外親亦無二統。」〇晉劉智《釋疑》曰：「親母出則服繼母之黨。繼母既卒，則不服也。」虞喜《通疑》曰：「縱有十繼母，則當服次其母者之黨也。」宋庾蔚之曰：「禮，己母被出，則服繼母之黨。繼母雖亡，己猶自服，不得捨前以服後也。當如喜議，服次其母者之黨也。」《通典》〇後漢《鄭志》：「趙商問鄭玄曰：『禮，母亡則服其黨，不服繼母黨，以外氏不可二也。若母黨先滅亡無親，己所未服，服繼母黨不？』玄答曰：『此所問，權也，非禮之正。假令母在，本自都無親黨，何所服耶？權者由心。』」宋庾蔚之謂：「母亡，禮應服其母之黨，不服繼母之黨。不可以母黨先已滅亡，而服繼母之黨。若服繼母之黨，則亂於己母之出也。」《通典》

六七 嫡母黨

庶子爲嫡母之黨服如嫡子。若嫡母不在則不服，己雖爲嫡母之後亦不服。若嫡母非一，則爲見在者之黨服。

經《小功章》「君母之父母從母」，傳曰：「何以小功也？君母在則不敢不從，君母不在則不服。」馬融曰：「君母，母之所君事者。從母者，君母之姊妹也。妾子爲之服小功也。自降外祖服緦麻，外無二統者。」又曰：「從君母爲親服也。君母亡，無所復厭，則不爲其親服也。自得伸其外祖小功也。」鄭玄曰：「君母，父之適妻也。從母，君母之姊妹。不敢不服者，恩實輕也。凡庶子爲君母如適子。」賈公彦曰：「君母不在者，或出或死，直云不在，容有數事不在也。君母在，既爲君母父母，其己母之父母或亦兼服之。若馬氏義，君母不在，乃可伸矣。」《喪服小記》云：「爲君母後者，君母卒，則不爲君母之黨服。」鄭玄曰：「徒從也，所從已亡則已。」宋庾蔚之按：「禮，嫡母之黨徒從。徒從者，所從亡則已。嫡母雖有三四，應服見在者之黨。」《通典》〇《集説》云：「庶子雖服其君母之父母、姊妹，彼於此子則無服也。蓋庶子以君母之故，不得不服其親，而彼之視己，實非外孫與姊妹之子，故略而不服。」〇經《緦麻章》「君母之昆弟」，傳曰：「何以緦？從服也。」《集説》云：「此服亦不報，其義與君母之從母同。」又云：「不及其昆弟與從母昆弟，異於因母也。若爲父後則服之，蓋其禮當與爲人後者同也。」

六八 養母黨

未詳。

六九 慈母黨

慈子爲慈母之黨無服。

《喪服小記》云：「爲慈母之父母無服。」鄭玄曰：「恩不能及。」

七十 女君黨

妾爲正妻之黨服，正妻死猶服也。

《雜記》云：「女君死，則妾爲女君之黨服。攝女君，則不爲先女君君之黨服。」鄭玄《喪服傳》注引此云：「禮，妾從女君而服其黨服。」孔穎達曰：「『女君死，則妾爲女君之黨服者』，賀瑒云：『雖是徒從而抑妾，故爲女君黨服，防覬覦也。攝女君，則不爲先女君之黨服者，以攝女君差尊，故不爲先女君之黨也。』」一說晉虞喜答或問曰：「『攝女君，則不爲先女君之黨服』，此攝當爲相代攝，是謂繼室，則妾之後女君也。有後女君，則不復服先女君之黨者，以當服後女君之黨故也。」

○妻黨服

七一 妻父稱妻父爲外舅，爲外父，爲丈人，爲婦翁。妻母稱妻母爲外姑，爲外妗，爲外母，爲丈母。○妻之伯叔父母爲伯叔丈、伯叔母。○妻之兄弟爲内兄弟，爲阿舅，爲内舅，爲妻舅，稱其妻亦爲妗。○妻之姊妹爲内姊妹，爲阿姊。○妻之姪爲内姪，爲妻姪。○總稱妻黨爲婚兄弟。

婿爲妻之父母緦麻。○若妻亡而别娶，亦爲前妻父母服。○妻之親母雖出嫁，婿猶爲之服。

經《緦麻章》「妻之父母」，傳曰：「何以緦？從服也。」鄭玄曰：「從於妻而服之。」《集説》云：「妻從夫降一等，子從母降二等，夫從妻降三等，差之宜也。」○《家禮·緦麻章》云：「爲妻之父母，妻亡而别娶亦同，即妻之親母雖嫁出，猶服也。」

○婿黨服

七二 婿女之夫也，稱爲女婿，爲子婿，爲倩。○婿又作壻，作聟。○總稱婿黨爲姻兄弟，通稱婚姻之家爲外黨。

女之父母爲婿緦麻。

經《緦麻章》「婿」，傳曰：「何以緦也？報之也。」馬融曰：「從女來爲己服緦，故報之以緦也。」

七三 外孫女之子也，稱爲外甥，爲彌孫。外孫女女之女。外孫婦外祖父母爲外孫及女並緦麻。○外孫爲父後者，雖爲出嫁母不服，而外祖猶爲之服。○爲外孫婦緦麻。

經《緦麻章》「外孫」，鄭玄曰：「女子子之子。」賈公彦曰：「外孫者，以女出外適而生，故云外孫。」《開元禮·緦麻章》「外孫」，注云：「女子子之男女。」《集説》云：「外孫爲外祖父母小功，不報之者，以其爲外家之正尊與。」○晉束晳問：「嫡子爲母出無服，母爲子有何服？」步熊答：「但爲父後，故不得服耳。母爲之服期。嫡子雖不服外祖，外祖猶爲服緦麻也。」

○《家禮·緦麻章》：「爲外孫婦也。」

○姑夫黨服

七四 外兄弟姑之子也，又爲表兄弟。外姊妹姑之女也，又爲表姊妹。

外兄弟姊妹相爲緦麻。

經《緦麻章》「姑之子」，傳曰：「何以緦？報之也。」鄭玄曰：「外兄弟也。」賈公彦曰：「外兄弟者，姑是内人，以出外而生故也。姑之子既爲舅之子服，舅之子復爲姑之子。兩相爲服，故云報之也。」

○姊妹夫黨服

七五 甥姊妹之子也，稱爲外甥。○甥之子爲孫甥，爲彌甥，爲離孫。甥女姊妹之女。甥婦

舅姨爲甥及甥女小功。○爲甥婦緦麻。

經《緦麻章》「甥」，傳曰：「甥有何也？謂吾舅者，吾謂之甥。何以緦也？報之也。」馬融曰：「甥從其母而服已緦，故報之。」○唐貞觀年中，八座議奏：「今舅服同姊小功小功五月，而《律疏》舅報於甥服猶三月。謹按旁尊之服，禮無不報，已非正尊，不敢降也。今甥爲舅使同從母之喪，則舅宜進甥以同從母之報。今請修改《律疏》，舅報甥亦小功五月。」制可。《家禮正衡》云：「爲甥及甥女小功。」○宋服制令爲甥之婦緦。

親尊服義卷第四

雜制服義

殤服

七六 本宗三殤服。無服殤及無後親附。

服制詳具本圖。

殤服總論　鄭玄曰：「殤者，男女未冠笄而死，可殤者也。」《喪服小記》云：「丈夫冠而不爲殤，婦人笄而不爲殤。」《公羊傳》云：「婦人許嫁而笄之，死則以成人之喪治之。」《五經異義》云：「臣不殤君，子不殤父，妻不殤夫。」《通典》

殤服年齒　《喪服傳》云：「年十九至十六爲長殤，十五至十二爲中殤，十一至八歲爲下殤，不滿八歲以下爲無服之殤。」賈公彦曰：「三等殤皆以四年爲差，取法四時穀物變易故也。」又以八歲以上爲有服，七歲已下爲無服者，按《家語·本命》云：『男子八月生齒，八歲而齔，女子七月生齒，七歲而齔。』今傳據男子而言，故八歲已上爲有服之殤也。」

三殤服屬　經《大功章》「子女子子之長殤、中殤」，鄭玄曰：「凡言子者，可以兼男女。」又云：「女子子者殊之，以子關適庶也。」《集説》云：「凡言子者，皆謂男子，蓋可見矣。此子之殤服，不分適庶，但俱從本服而降者，以齊衰服重，不宜用之於殤也。」傳云：「大功之殤中從上，小功之殤中從下。」鄭玄曰：「大功、小功，皆謂服其成人也。大功之殤中從上，則齊衰之殤亦中從上也。此主謂丈夫之爲殤者服也。凡不見者，以此求之也。」勉齊黄氏曰：「叔父、姑、昆弟、姊妹、子女子子、昆弟之子女子子、適孫，凡十一種人，並長中殤大功，下殤小功。庶孫、從父、昆弟三種人，長中殤小功，下殤緦。從祖父、從祖昆弟、從父昆弟之子、昆弟之孫四種人，長殤緦。」《喪服國式》。愚按：《家禮》云：「凡爲殤服，以次降一等。」今不取之而從古制。○愚按：長子長孫在殤而死，亦如衆子孫。義見《天子服義》。○《大功章》傳云：「其長殤皆九月，纓絰。其中殤七月，不纓絰。」賈公彦曰：「五服之正，無七月之服，唯此大功中殤有之，故《禮記》云：『九月、七月之喪，三時是也。』」愚按：此謂成人服期之長中殤也。其長殤則降一等，服大功九月矣。其中殤亦雖從上服大功，然減殺服七月耳。○欽按：爲人後者，於本宗殤降二等。説見凡例。

三殤及無後者祭主　程子曰：「無服之殤更不祭。下殤之祭，父母主之，終父母之身。中殤之祭，兄弟主之，終兄弟之身。長殤之祭，兄弟之子主之，終兄弟之子之身。若成人而無後者，兄弟之孫主之，亦終其身。凡此皆以義起也。」

七七 無服之殤。

《傳》云：「不滿八歲以下爲無服之殤。無服之殤，以日易月。以日易月之殤，殤而無服。故子生三月，則父名之，死則哭之，未名則不哭也。」鄭玄曰：「以日易月，謂生一月者，哭之一日也。殤而無服者，哭之而已。」賈公彦曰：「傳必以三月造名始哭之者，以其三月一時天氣變，有所識眄，人所加憐，故據名爲限也。云『未名則不哭也』者，不止依以日易月而哭，初死亦當有哭而已。」《集説》云：「無服之殤，以日易月，惟用於凡有齊斬之親者，自大功之外則否。蓋齊斬之長殤、中殤大功，下殤小功，以次言之，則七歲以下猶宜有服，但以其不入當服之限，是以略之。然其恩之輕重，與殤之在緦麻者相等，故不可不計日而哭之。若滿七歲者，哭之八十四日，則亦近於緦麻之日月矣，是其差也。大功之下殤在緦麻，則七歲者自無服，故大功以下者不必與無服之殤，以日易月之哭可也。」〇又云：「未名則不哭者，子見於父，父乃名之，未見則未成父子之恩，故不哭也。其他親之哭與否，亦以此爲節，此義與婦之未廟見而死者相類。」漢戴德曰：「七歲以下至生三月，殤之，以日易月。生三月哭。朝夕即位哭。葬於園。既葬，止哭，不飲酒食肉。畢喪各如其日月。此獨謂父母爲子與昆弟相爲耳。」晉崇氏問曰：「舊以日易月，謂生一月，哭之一日。又學者云，以日易月者，易服之月，殤之期親者，則以十三日爲之制。二義不同，何以正之？」淳于睿答曰：「按傳之發正於期年之親，而見服之殤者，以期親之重，雖未成殤，應有哭之差。大功已下，及於緦麻，未成殤者，無復哭日也。何以明之？按長殤、中殤俱在大功，下殤小功，無服之殤，無容有在緦麻，以其幼稚，不在服章，隨月多少而制哭日也。大功之長殤中殤但在小功，下殤緦麻，無服之殤則已過絶，無復服名，不應制哭。故傳據期親以明之。且緦麻之長殤，服名已絶，不應制哭，豈有生三月而更制哭乎？」宋庾蔚之謂：「漢戴德云『獨謂父母爲子、昆弟相爲』，當不如鄭以期親爲斷。期親七歲以下，容有緦麻之服，而不以緦麻服服之者，以其未及於禮，故有哭日之差耳。他親有三殤之年而降在無服者，此是服所不及，豈得先以日易月之例耶？按束晳通論無服之殤云：『禮，緦麻不服長殤，小功不服中殤，大功不爲易月哭，唯齊衰乃備四殤焉。』」《通典》賈公彦曰：「王肅、馬融以爲日易月者，以哭之日易服之月，殤之期親，則以旬三日哭，緦麻之親者，則以三日爲制。若然，哭緦麻三月，喪與七歲同。又此傳承父母子之下，而哭緦麻孩子，疏失之甚也。」愚按：哭緦麻三月，與七歲同，謂成人緦麻者，三殤俱無服，而哭之與其七歲者同，爲不成説耳。吴徐整問射慈曰：「八歲以上爲殤者服，未滿八歲爲無服。假令子以元年正月生，七歲十二月死，此爲七歲，則無服也。或以元年十二月生，以八年正月死，以但踐八年，計其日月，適六歲耳。然號爲八歲，日月甚少；全七歲者，日月爲多。若人有二子，各死如此，其七歲者獨無服，則父母之恩有偏頗。」答曰：「凡制數自生月計之，不以歲也。」問曰：「無服之殤，以日易月，哭之於何處？有位無？」答曰：「哭之無位。禮，葬下殤於園中，則無服之殤亦於園也。其哭之就園也。」愚按：射氏自生月計之說爲得情，况改正朔，置閏餘，時制有不同，則歲限本非截然一定者。然此只可以正月而生十二月而死者言之耳。凡以歲計者，必距首尾二歲，其實常少一歲，故全七歲者，升之爲八歲之下殤。全十一歲者，升之爲十二歲之中殤。全十五歲者，升之爲十六歲之長殤。全十九歲者，升之爲正服之成人，亦禮疑則從重之義也。

七八 爲殤後者服。

《喪服小記》云：「爲殤後者，以其服服之。」鄭玄曰：「言爲後者，據承之也。殤無爲人父之道，以本親之服服之。」孔穎達曰：「爲殤後者，謂大宗子在殤中而死，族人爲後大宗，而不得後此殤子爲子也，以其父無殤義故也。既不後殤，而宗不可絕。今來爲後殤者之人，不以殤者之爲父，而依兄弟之服，服此殤也。注言『據承之』者，既不與殤爲後，是據已承其處爲言也。」止此。晉荀訥曰：「後大宗，當爲祭主，於先人，輕降之服，不可久廢祭祀。當以爲後之故，本施成人，而不從殤耳。」

七九　從降殤服。

愚按：婦人從夫，服其黨之殤，各由其本服而降之。其異者，唯成人大功之中殤，從下在緦麻耳。

○女適人者、男爲人後者爲私親之殤，並由其降服累降之。

《喪服傳》云：「齊衰之殤中從上，大功之殤中從下。」鄭玄曰：「此主謂妻爲夫之親服也。凡不見者，以此求之。」○經《小功章》「爲姪庶孫、丈夫、婦人之長殤」，馬融曰：「適人姑，還爲姪。」賈公彦曰：「不言中殤，中從上。」愚按：嫁姑爲姪降服大功，祖爲庶孫正服大功，故二者長殤在小功。若然，凡女適人者，爲本宗殤服，因其降服，以次累降之。其本服大功之中從上，如本宗，餘皆可例推焉。蓋殤死者，其恩本輕，而本親不得不爲之降。出嫁之女，亦以其在本宗而殤，故雖在既嫁之後，而得再降之。與兩女各出者，其義不同也。○經《小功章》「爲人後者，爲其昆弟長殤」，傳云：「中殤何以不見也？大功之殤中從上，若然。」凡男爲人後者，爲本生殤服，亦與女適人者同。又按《開元禮》本宗及出降殤服，其大功之中並皆從下，蓋後世改其例也。當再考之。

童子服

八十 童子服。

愚按：童子八歲以上者，爲小功以上之親各服其衰裳，而著免加絰，但不杖不菲，不居廬而已。爲其應服緦者及未滿八歲者，爲諸親並著深衣而無絰。○童子爲父後者免而杖。○子幼而主父母之喪，則以衰抱之，人爲之拜賓。

《雜記》云：「童子哭，不偯，不踊，不杖，不菲，不廬。」鄭玄曰：「未成人者，不能備禮也。當室則杖。」孔穎達疏引皇氏云：「童子當室，則備此經中五事。特云杖者，舉重言也。」《喪服傳》云：「童子何以不杖？不能病也。」賈公彦曰：「童子非直不杖，以其未冠首加免而已。」○本經《記》云：「童子，唯當室緦。」傳曰：「不當室，則無緦服也。」鄭玄曰：「童子，未冠之稱也。當室者，爲父後，承家事者，爲家主，與族人爲禮。於有親者，雖恩不至，不可以無服也。」《玉藻》云：「童子無緦服，聽事不麻。」鄭玄曰：「雖不服緦，猶免深衣無麻，往給事也。」孔穎達曰：「按《問喪》及鄭注意，皆以童子不當室，則無免。而此注云『猶免』者，崔氏、熊氏並云：『不當室而免者，謂未成服而來也。《問喪》云不當室不免者，謂據成服之後也。』」今從《玉藻》注。〇《喪大記》云：「子幼則以衰抱之，人爲之拜。」鄭玄曰：「拜者，拜賓於位也。」〇漢戴德《變除》云：「童子當室，謂十五至十九，爲父後，持宗廟之重者。其服深衣不裳，其餘與成人同。禮，不爲未成人制服者，爲用心不能一也。其能服者，亦不禁。衰絰不以制度，唯其所能勝。」晉劉智《釋疑》云：「嬰兒無知，然於其父母之喪，則以衰抱之。其餘親，八歲則制服矣。七歲曰悼，過此有罪，則入於刑，必致之於禮，故在下殤之年，爲之制服。按《小功章》昆弟之殤，服，昆〔一〕之下殤，是已下殤之年則行服也。」蜀譙周《衰服圖》：「童子不緦，成人小功，親以上皆服本親之衰。童子不杖不廬，不免不麻。當室者免麻，十四已下，不堪麻則不。」吳徐整問：「爲姑姊妹長殤在大功，下殤在小功，爲姊下殤已下緦。六七歲，恐六七歲兒未能服此衰麻。」射慈答：「六七歲雖未爲童，其姊死，故宜著布深衣。」宋庾蔚之謂：「當室與族人爲禮，若是八歲以上及禮之人，以其當室，故令與成人同。昔射慈以爲未八歲者，服其近屬布深衣，或合禮意。」

〔一〕「昆」下，「弟」字脱乎。

宗人服

八一 宗人服。

宗人男女爲宗子及宗子之母、妻服。詳具本圖。

經《齊衰三月章》「丈夫、婦人爲宗子、宗子之母、妻」，傳曰：「何以齊衰三月也？尊祖也。尊祖故敬宗。敬宗者，尊祖之義也。宗子之母在，則不爲宗子之妻服也。」鄭玄曰：「婦人，女子子在室及嫁歸宗者也。宗子，繼别之後，百世不遷，所謂大宗也。」賈公彦曰：「祖謂别子爲祖，百世不遷之祖。宗子母七十已上，則宗子妻得與祭，宗人乃爲宗子妻服。必爲宗子母、妻服者，以宗子燕食族人於堂，其母、妻亦燕食族人之婦於房，皆序以昭穆，故族人爲之服也。」愚按：鄭解本文云云，而記注云：「諸侯之女爲天王后者，父卒，昆弟之爲父後者宗子，亦不敢降也。」則女子出嫁亦不降宗子，兩注不同。按馬融注曰：「丈夫婦人，謂一族男女。」賈公彦本章疏亦云然，蓋丈夫婦人成人名，謂之婦人則是宗人妻及宗女已嫁者，而包得其在室者。鄭此注恐非。又同章經云：「大夫爲宗子。」傳曰：「何以齊衰三月也？大夫不敢降其宗也。」《集説》云：「亦與宗子絶屬者也。大夫此服既如衆人，則命婦宜然也。此不云命婦，又不云宗子之母妻，各見其尊者爾。傳言不敢降，則是宗子爲士也。」○本經記云：「宗子孤爲殤，大功衰、小功衰皆三月。親則月算如邦人。」鄭玄曰：「言孤，有不孤者。不孤，則族人不爲殤服服之也。不孤，謂父有廢疾，若年七十而老，子代主宗事者也。孤爲殤，長殤、中殤大功衰，下殤小功衰，皆如殤服而三月，謂與宗子絶屬者也。親，謂在五屬之内。算，數也。月數如邦人者，與宗子有期之親者，成人服之齊衰期，長殤大功衰九月，中殤大功衰七月，下殤小功衰五月。有大功之親者，成人服之齊衰三月。卒哭，受以大功衰九月。其長殤、中殤，大功衰五月；下殤，小功衰三月。有小功之親者，成人服之齊衰三月。卒哭，受以小功衰五月。其殤與絶屬者同。有緦麻之親者，成人及殤，皆與絶屬者同。」賈公彦曰：「不孤則族人不爲殤服服之者，以父在，猶如周之道有適子無適孫。明此本無服，父在亦不爲之服殤可知也。自大功親以下，盡小功以上成人，月數雖依本皆服齊衰者，以其絶屬者，猶齊衰三月，明親者無問大功、小功、緦麻，皆齊衰者也。既皆齊衰，故三月既葬受服，乃始受以大功、小功、齊衰也。」

袒免爲位

八二　五世之親，袒免無正服。

《大傳》云：「五世袒免，殺同姓也。六世，親屬竭矣。繫之以姓而弗別，綴之以食而弗殊，雖百世而昏姻不通者，周道然也。」孔穎達曰：「五世，謂共承高祖之父者也。言服袒免而無正服，減殺同姓也。六世，謂共承高祖之祖，不復袒免，同姓而已，故云親屬竭矣。」鄭玄曰：「繫之弗別，謂若今宗室屬籍也。」愚按：共承高祖之父者，謂高祖之兄弟及其子孫曾玄也。《爾雅》云：「族昆弟之子，相謂爲親同姓。」邢昺曰：「親同姓者，謂五世之外，比諸同姓猶親，但無服屬爾。」止此。蓋族昆弟之子、從祖昆弟之孫、從父昆弟之曾孫、親昆弟之玄孫，雖共承高祖之親，皆旁出五世，而服竭者也，亦當在袒免之列。《文王世子》曰：「族之相爲也，宜弔不弔，宜免不免，有司罰之。」

[八三] 嫂叔袒免爲位哭之。今相爲服小功。

[八四] 爲婦人降而無服者，弔服加麻，爲位哭之。

《奔喪》云：「無服而爲位者，唯嫂叔，及婦人降而無服者麻。」鄭玄曰：「雖無服，猶弔服加麻，袒免，爲位哭也。正言嫂叔，尊嫂也。兄之於弟之妻則不能也。婦人降而無服，族姑姊妹嫁者也。」孔穎達曰：「族姑、姊妹女子出嫁於人，元是緦麻，今降而無服，亦當爲位哭之。加弔服之麻，不爲之袒免，故云無服者麻也。族伯叔、族兄弟之等，爲其族姑及姊妹既降無服，其族姑、姊妹爲族伯叔、族兄弟亦無服，男之於女，女之於男，皆無服而加麻。」愚按：昆弟之曾孫女、從父昆弟之孫女、從祖昆弟之女，亦皆適人則無服也。○曹弁敏問曰：「吊服加麻者，幾時而除？」鄭稱答曰：「凡吊服加麻者，三月除之。師、朋友、嫂、叔、族姑姊妹嫁者，皆吊服加麻者。」

八五　爲妻之兄弟，爲位哭之。

《檀弓》云：「妻之昆弟爲父後者死，哭之適室，子爲主，袒免哭踊。非爲父後者，哭諸異室。」又云：「子思之哭嫂也爲位，婦人倡踊，申祥之哭，言思也亦然。」鄭玄曰：「説者曰，言思，子游之子，申祥，妻之昆弟，亦無服。過此以往，獨哭不爲位。」

八六　爲母之從兄弟姊妹袒免。

説見《母黨服》「舅」條。

並有喪服

八七 同時有重喪。制具本圖。

《曾子問》云：「曾子問曰：『並有喪如之何？何先何後？』孔子曰：『葬先輕而後重，其奠也先重而後輕，禮也。自啓及葬不奠。行葬不哀次，反葬奠而後辭於殯，遂脩葬事。其虞也先重而後輕，禮也。』」《喪服小記》云：「父母之喪偕，先葬者不虞祔，待後事。其葬，服斬衰。」鄭玄曰：「先葬者母也。其葬服斬衰者，喪之降衰宜從重也。言其葬服斬衰，則虞祔各以其服矣。及練祥皆然，卒事反服重。」〇宋孟氏問曰：「嗣子今爲孟使君持重，父也。光禄喪庭便無復主位，光禄祖也。於禮云何？」周續之答：「禮無曉然之文，然意謂嗣子宜兼持重，正位之喪，豈可闕三年之正主耶？」又問：「葬奠之禮，何先何後？」又答：「禮云：『父母之喪偕，其葬也先輕而後重，其虞也先重而後輕，其葬服斬衰。』以例而推，光禄葬及奠虞皆宜先。於情則祖輕，於尊則義重。」《通典》

八八 前後有重喪。制具本圖。

《雜記》疏孔穎達引庾氏云：「後喪既殯，得爲前喪虞祔。」未知然否？愚按：前喪既葬，而方遭後喪，則不待後喪三月而葬之後，及後喪卒殯，便爲前喪虞祔，理當然也。○《間傳》「斬衰之喪，既虞卒哭，遭齊衰之喪。輕者包，重者特」注，鄭玄曰：「既虞卒哭，謂齊衰可易斬服之節也。」晉杜預曰：「若父已葬而母卒，則服母之服。」愚按：喪之降殺從重，故當此時，不着斬衰，卒哭之受服六升，而服齊衰初終之，成服五升也，其絰帶之變如本文。若先齊衰者，不言而可知矣。○《雜記》云：「如三年之喪，則既穎。其練祥皆行。」鄭玄曰：「言今之喪既服穎，乃爲前三年者變除而練祥祭也。」孔穎達曰：「既穎者，謂後喪既虞卒哭，合以變麻爲葛，無葛之鄉則用穎也。」《雜記》又云：「有父之喪，如未没喪而母死，其除父之喪也，服其除服。卒事，反喪服。」鄭玄曰：「没，猶竟也。除服，謂祥祭之服也。卒事，既祭。反喪服，服後死者之服。」孔穎達曰：「如未没喪者，謂父喪小祥後，在大祥之前，未竟之時也。」○宋荀伯子曰：「假使甲有婦及男女，甲死，兒持重服，已練，甲兒先死，甲弟乙方以子丙後甲，丙以爲伯持期年服訖，便更制二十五月服，婦女不合先丙除服，何容待三周服耶？難者或疑若使甲服將除，而丙始出後，丙便是服斬，旬日而除。意謂若服將訖，宜待除服方出後耳，不可使甲婦女制四周服也。」《通典》

[八九]居重喪遭輕喪。制具本圖。

《家禮》云：「凡重喪未除而遭輕喪，則制其服而哭之，月朔設位，服其服而哭之。既畢，返重服。其除之也，亦服輕服。若除重喪而輕服未除，則服輕服以終其餘日。」《正衡》云：「其同國者，雖緦麻之輕，亦當往哭。成服日，制其服而哭之。月朔設位于别室，服其服而哭之。在他國者，聞喪時，亦於别室哭之。至次日，則于朝奠後，服新死者未成服之服，而即昨日之位哭之。成服月朔皆與前同。」○《檀弓》云：「有殯，聞遠兄弟之喪，哭于側室。無側室，則哭于門内之右。同國則往哭之。」鄭注「哭于側室」云：「嫌哭殯。」注「哭于門内之右」云：「近南者，爲之變位也。」孔穎達曰：「此謂庶人無側室者，尋常爲主當作阼階東西面，今稱門内之右，故知近南爲之變位也。云近南猶西面，但近南耳。」○《檀弓》云：「有殯，聞遠兄弟之喪，雖緦必往；非兄弟，雖鄰不往。」吴射慈云：「雖緦必往，親骨肉也。雖隣不往，疎無親也。」○《雜記》云：「有殯，聞外喪，哭之他室。入奠，出改服即位，如始即位之禮。」魏王瓚曰：「哭他室者，爲外兄弟。」蜀譙周曰：「後日之哭，既朝奠其殯，卒事出改服即位如初，亦三日五哭也。」《雜記》云：「三年之喪，雖功衰不吊，如有服，服其服而往。」鄭玄曰：「斬衰、齊衰之喪，練皆受以大功之衰，謂之功衰。」魏王肅曰：「往哭而退，不待斂也。」王瓚曰：「皆當先哭乃行，異國則不往也。」《通典》○晉東晳問曰：「有父母之喪，遭外緦麻喪，往奔不？」步熊答曰：「不得也。若外祖父母，非嫡子可往。若姑姊妹喪，嫡庶皆宜往奔也。」傅純云：「禮，先重後輕，則輕服臨之。輕服臨者，新亡新哀，以表新情，亦明親親不可無服。及其還家，復著重者，是輕情輕服已行故也。」《通典》〇《雜記》云：「雖諸父昆弟之喪，如當父母之喪，其除諸父昆弟之喪也，皆服其除喪之服。卒事，反喪服。」鄭玄曰：「雖有親之大喪，猶爲輕服者除，骨肉之恩也。唯君之喪不除私服。言當者，期大功之喪，或終始皆在三年之中。」孔穎達曰：「始末在重喪中，則其除自然在重喪之葬後。爲父祥，尚待母葬後乃除，則輕親可知也。」晉賀循云：「雖有父母之喪，皆爲期大功之服祥除，各服其除喪之服，如常除之節。小功已下則不除，轉輕也。降而爲小功則除之。」《通典》〇鄭注亦有此說，少異。〇晉羊祖延問曰：「外生車騎婦，先遭車騎喪，斬衰服也。後遭母喪，齊衰服也。禮爲兩制服，有所變易耶？」賀循答曰：「禮，女子適人，服夫三年，而降其父母。《傳》曰『不貳斬』。既不貳斬，則不得捨其所重，服其所降，有分明矣。國妃有車騎斬衰之服，宜以包母齊衰，無兩服之義，唯初奔，當有母初喪之服，以明本親之恩。成服之日，故宜反斬衰之服，此輕重之義也。」

主人喪服

九十《喪服小記》「養有疾者不喪服，惡其凶也。遂以主其喪」注云：「謂養者有親也，死則當爲之主。其爲主之服，如素無喪服。」謂從初喪之服。「非養者入主人之喪，則不易己之喪服」入猶來也。注云：「素無服，素有服，爲今死者當服，則皆三日成也。」疏云：「若本有服重，而新死者輕，則爲一成服，而反前服也。若新死者重，則仍服死者新服也。身本吉而來爲主，則計今親而依限服之也。」止此。「養尊者必易服，養卑者否」注云：「尊謂父兄，卑謂子弟之屬。」

○《小記》又云：「大功者主人之喪，有三年者，則必爲之再祭。」練祥。○注云：「謂死者之從父昆弟來爲喪主。有三年者，謂妻若子幼少，大功爲之再祭，則小功、緦麻爲之練祭可也。」疏云：「皇氏曰：『若死者有期親，則大功主者，爲之至練。若死者但有大功，則大功主者至期，小功、緦麻至祔。若又無期，則各依服月數而止。』故《雜記》云：『凡主兄弟之喪，雖疏亦虞之。』謂無三年及期者也。」○主朋友喪法，見朋友相爲服條。○《雜記》「姑姊妹，其夫死，而夫黨無兄弟，使夫之族人主喪。妻之黨雖親，弗主」，鄭玄曰：「此謂姑姊妹無子，寡而死也。夫黨無兄弟，無緦之親也。其主喪不使妻之親，而使夫之族人。婦人外成，主必宜得夫之姓類。」止此。「夫若無族人，則前後家、東西家，無有，則里尹主之」，鄭玄曰：「喪無無主。諸侯吊於異國之臣，則其君爲主。里尹主之，亦斯義也。」止此。「或曰主之，而附於夫之黨」，鄭玄曰：「妻之黨自主之，非也。夫之黨，其祖、姑也。」或問姑死無主後者之祭於朱子，答曰：「古法既廢，鄰家里尹，决不肯祭祀佗人之親，則從宜而祀之別室，其亦可也。」《答蘇味道書》愚按：凡姑姊妹女之服，率同其例。若適人無後，則與本宗不相降其服。然則其死而無後者，祀之於本宗之別室，可謂稱其情矣。

追服

九一 斬衰、齊衰、大功及大功已上，降在小功、緦麻，此五者並追服。若已生不及，則不追也。

《喪服小記》云：「生不及祖父母、諸父昆弟，而父税喪，已則否。」盧植曰：「謂父客他所子生，服竟乃歸，父追服，子生所不見，恩淺，不追服也。」鄭玄曰：「不責非時之恩於人所不能也。當其時則服。税喪者，喪與服不相當之言。」已上舊説。魏王肅曰：「謂父與祖離隔，子生之時，祖父母已死，故曰生不及祖父母。」晉劉智曰：「生不相及，二文相害，必有誤字。昆弟，相連之語，易用爲衍。至親並世，不得以不相見而無相服之恩也。若令生不相及者税服，則父雖已除，後生者不得不追服也。凡不及者不服，則父雖税，其子孫無緣服也。以此推之，『弟』衍字可知也。」蔡謨以爲：「禮，大功猶税，況此三親，情次於所生，服亞於斬衰。雖不相見，或者音問時通，而絶其税服，豈稱情乎？夫言生不及者，謂彼已没、已乃生耳，豈是同時並存之名哉。

若鄭説不以生年爲主，但不相見便爲不及，則此祖父即復可言生不及孫，而父亦生不及子，兄復生不及弟也。此之不辭，亦已甚矣，自古及今，未有此言也。鄭君見禮文有弟，弟不得先已生，不知所以通其義，故因立此説，非禮意也。吾謂此直長一弟字耳。書歷千歲，又逮暴秦，錯謬非一。」荀訥曰：「《記》云不及，而諸儒以爲不見，文義各異。然則不及，當謂生不及此親在時也。意謂音問既通，情義已著，雖未相見，禮宜從重，猶稅服。」孫略議曰：「《記》云不及祖，謂不及並世而不相服。」《通典》○《小記》云：「降而在緦、小功者則稅之。」鄭玄曰：「謂正親在齊衰、大功者，親緦、小功不稅矣。」欽按：小功降在緦麻者，則當不追。《曾子問》云：「小功不稅，則是遠兄弟終無服也，而可乎？」孔穎達曰：「曾子所云小功不稅，是正小功耳。若本大功以上，降而在緦、小功者，則爲稅之，本情重故也。」晉元帝制曰：「小功緦麻，或垂竟聞則宜全服，不得服其殘月，以爲永制。」束皙問步熊，熊答曰：「禮，已除不追耳。未除，當追服五月。」賀循曰：「小功不稅者，謂喪月都竟，乃聞喪者耳。若在服内，則自全五月。」徐邈答王詢云：「鄭玄云『五月之内追服』，王肅云『服其殘月小功不追，以恩輕故也』。若方全服，與追何異？宜服餘月。」宋庾蔚之謂：「鄭、王所説，雖各有理，而王議容朝聞夕除，不容成服，求之人心，未爲允愜。」《通典》愚按：既言不追，則何有全服之義？小功、緦本恩輕，從其與己同親者，以服殘月，亦可以爲足矣。

九二 兼親服。

晉徐衆論云：「徐思龍取姨妹爲婦，婦亡而諸弟以姨妹爲嫂，嫂叔無服，不復爲姨妹行喪。右丞徐萬謂宜然。今議者以嫂無服，不得爲姨妹服，不解服之爲害義耶？爲傷情耶？爲尊厭耶？所謂尊厭者，父在爲母，尊卑體異，故可得厭耳。今嫂妹一人之體，兼此尊卑，何所厭耶？齊衰之葛，與大功之麻同，皆兩服之，所以敘親親之情。今以嫂叔之嫌，不爲姨妹制服，絶有親之義，傷恩昵之道，殆非聖人爲服之本意乎。」徐彦難曰：「本雖中外姨兄之親，一爲嫂叔，便當以公義厭私，不謂尊卑之厭也。」大唐之制，兩姨姑舅姊妹，並不得通婚。嫂叔相爲小功。議曰：按袁準《正論》云：「中外之親，親於同姓。同姓且猶不可婚，而況中外之親乎？」誠哉旨。何者？按婚禮娶於異姓，所以附遠厚别。附遠者，欲令敦睦異宗；厚别者，蓋以别於禽獸。則姨舅之女於母，可謂至親矣，以之通婚，甚黷情理。然有若晉徐思龍者，或識昧一時，不詳典故，姨妹既納之爲婦，諸弟安得不謂之嫂乎？按《喪服》有或引或推，各存正義。故庾蔚之云：「外姊妹而爲兄弟之妻，宜用無服之制。」兄弟之妻無服，乃親於外親之有服也。况彼既棄本親，來爲我族之婦，我安得棄正禮而强徇私服哉。徐彦之論當矣。《通典》〇晉李嵩《行事記》云：「有娶同堂姊子爲婦，婦母亡，不制婦母服，猶制同堂姊服。嘗謂三綱之義，不可得而無服，多以内外姊妹爲婦，則絶其本服，服絶而情重，何嫌不減從姊之服月數，作婦母之服耶？又以謝沈所言舅爲外舅事訪魏君思難云：『舅本緦麻，與外舅之服自可得同。然娶姑之女，姑亡，豈可累降爲三月耶？』太常劉彦祖云：『譬如父母服本斬齊，至於改葬而制緦麻也。近羊彭有叔父服，而改葬其父，更叔之服而著改葬之服，此豈以緦麻爲輕也？蓋禮所謂以輕爲重者也。姑服雖重，而天下何可無婦之父母乎？禮不可闕，行之何嫌。但當計姑之本服，以心喪居之耳。』」大唐永徽元年制，堂外甥，雖外姻無服，不得爲婚姻耳。《通典》

九三 廢疾服。

晉劉智《釋疑》：「問曰：『今有狂癡之子，不識菽麥，又能行步起止，了無人道，年過二十而死者。或以爲禮無廢疾之降殺，父當正服服之耶？以爲殤之不服，爲無所知耶？此疾甚於殤，非禮服所加也。禮之所不及，以其從例所知故也，不宜服矣。此二者將焉從？』智答曰：『無服之殤，至愛過於成人，以其於生性自然未成，因斯而不服，以漸至於成人，順乎其理者也。至於廢疾，多感外物而得之，父母養之或不盡理，而使之然，仁人痛深，不忍不服。故禮不爲作降殺，不得同殤例也。』」劉玢曰：「若嫡子有廢疾，不得受祖之重，則與衆子同在齊衰，蓋以不堪重，故不加服，非以廢疾而降也。」宋庾蔚之以爲：「疾病者不愈而亡，彌加其悼，豈有禮無降文，情無所屈，而自替其服者耶？殤服本階梯以至於成人，豈可以病者凖之？篤其愛者，以病彌可悲矣。薄其恩者，以病則宜棄矣。病有輕重，參差萬叙，故立禮者深見其情，杜而不言，無降之理，略可知矣。」

九四 罪惡服。

《記》云：「公族其有死罪，則磬于甸人。公素服不舉，爲之變。如其倫之喪，無服。親哭之。哭于異姓之廟，爲忝祖，遠之也。素服居外，不聽樂，私喪之也，骨肉之親無絶也。」《文王世子》文少異。孔穎達曰：「衣裳皆素，不舉饌食，爲之變其常禮。」杜佑曰：「私喪猶言心喪。」〇晉御史中丞裴祇兄弟等乞絶從弟儀曹郎耽喪服表曰：「耽受性凶頑，往因品署未了，怨恨親親，言語悖逆，讎絶骨肉。其兄司空秀、二息從纂、昶以下薨亡，耽皆不制服發哀。昔二叔放流，鄭段不弟，皆經典所絶。耽應見流徙，未及表聞之。頃耽憂恚荒越，遂成狂病，前即檻閉，今以喪亡。罪匿彰聞，穢辱宗胄。耽見期親以下，皆宜絶服，葬不列墓次。請處斷。」記室督田岳議以爲：「五服之制，本乎親屬，故賢不加崇，愚不降禮。昔公孫敖既納襄仲之妻，又以幣奔莒。至其卒也，仲欲勿哭。《傳》曰：『喪親之終也，情雖不同，無絶其愛，親親之道也。』叛君爲逆，納弟妻爲亂，亂逆之罪，猶不廢喪。故胤子啓明，而唐堯不絶；象之傲狠，有虞加矜；周公戮弟，義先王室；鄭伯滅段，《傳》不全與。議者稱此皆非所據。又諸侯絶期，公族爲戮，然猶私喪之也。喪禮大制，動爲典式，與其必疑，寧居於重。」宋庾蔚之謂：「夫聖人設教，莫不敦風尚俗、睦親糾宗者也。每抑其侈薄之路，深其仁悌之誨。公族有罪，素服不舉，恩無絶也。若凶悖陷害，則應臨事議其罪，豈但不服而已？裴眈以狂病致卒，無罪可論，田岳之議，足爲允也。」

親尊服義卷第五

君臣服義上

晉虞喜《釋滯》云：「古者不降，上下各以其親，此殷以前也。降殺之禮，始之於周。然先所未臣，不忍即臣之，故爲之服也。此當出逸禮，採之以爲義。滕伯文爲叔父齊衰，既周世諸侯而從殷禮也。若殷時諸侯通爾，非獨一人，指論滕伯，欲以何明？明其在周，遠追於殷，引古證今耳。」《通典》朱子曰：「夏商而上，想皆簡略，只是親親長長意。到周又添得許多貴貴底禮數。凡此皆天下之大經，前代所未備。周公搜剔出來，立爲定制，更不可易。」

天子服義

古者天子、諸侯之禮大抵相通用。

天子爲本親服

[九五]天子爲本親服。

天子爲父斬衰，爲母齊衰，如邦人。爲祖、曾、高祖父母承重亦如之。高祖無明文，今補之。父有廢疾不立，孫嗣祖位，雖父在，爲祖服斬。愚按：爲曾、高祖亦同。

《易》云：「古者喪期無數。」賈公彦曰：「此黄帝時也，是其心喪終身也。」○又云：「《虞書》稱『三載四海遏密八音』。堯崩，舜諒闇三年，故稱遏密八音。按唐虞雖行心喪，更三年爲限，三王乃制喪服。」○《尚書·太甲》云：「惟三祀十有二月朔，伊尹以冕服奉嗣王歸于亳。」孔安國曰：「湯以元年十一月崩，至二十六月三年服闋，踰月即吉服。」據《孟子》則是仲壬之喪也。《説命》云：「王宅憂，亮陰三祀。既免喪，其惟弗言。」伏生《大傳》引古傳曰：「高宗居凶廬，三年不言，此之謂梁闇。」○《中庸》云：「武王末受命，周公成文武之德云云。《明堂位》云周公制禮作樂。三年之喪，達乎天子。父母之喪，無貴賤一也。」鄭玄曰：「子事父以孝，不用尊卑變也。」○漢文帝遺制，革三年之喪，其令天下吏民，令到，出臨三日，皆釋服。殿中當臨者，皆以旦夕各十五舉音，禮畢罷。服大紅十五日，小紅十四日，纖七日，釋服。應劭曰：「凡三十六日而釋服矣，此以日易月也。」師古曰：「紅與功同。此喪制者，文帝自率己意創而爲之，非有取於周禮也。何爲以日易月乎？三年之喪，其實二十七月，豈有三十六月之文？禫又無七月也。應氏既失之於前，而近代學者因循謬説，未之思也。」劉公非曰：「文帝制此喪服，自已葬之後，其未葬之前服斬衰。漢諸帝自崩至葬有百餘日者，未葬則服不除矣。按《翟方進傳》，後母終，既葬三十六日起視事。以身漢相，不敢踰國家之制，此其證也。説者遂以日易月，又不通既葬之日，皆大謬也。考之文帝意，既葬除重服，制大紅小紅，所以漸即吉耳。」致堂胡氏曰：「文帝減節喪紀，負萬世譏責，以小仁害大仁，固有罪矣。然遺詔所諭者，謂吏民耳。太子嗣君，豈吏民歟？而景帝冒用此文，乃自短三年之制，是不爲君父服斬衰自景帝始也。」馬端臨曰：「按：後之儒者，皆以爲短喪自孝文遺詔始，以爲深譏。然愚考之三年之喪，自春秋戰國以來，未有能行者矣。子張問曰：『《書》云高宗諒闇，三年不言，何謂也？』子曰：『何必高宗，古之人皆然。』蓋時君未有行三年喪者，故子張疑而問之。而夫子答以古禮皆然，蓋亦嘆今人之不能行也。滕文公問喪禮於孟子，欲行三年之喪，父兄百官皆不欲，曰：『吾宗國魯先君莫之行，吾先君亦莫之行也。』魯最爲秉禮之國，而尚不能行此，則他國可知。杜預言秦燔書籍，率意而行，亢上抑下。漢祖草創，因而不革，乃至率天下皆終重服，旦夕哀臨，經羅寒暑，禁塞嫁娶、飲酒、食肉，制不稱情，是以孝文遺詔斂畢便葬，葬畢則紅禫之文。以是觀之，則孝文之意大槩欲革秦之苛法耳。詳孝文之詔，既不爲嗣君而設，亦未嘗以所謂三十六日者爲臣下居私喪之限制也。俗吏薄孝敬而耽榮禄，是以並緣此詔之語，遂立短喪之法，以便其私。至方進之時，遂指爲漢家之法耳。」《通考》○魏武帝遺詔：「百官當臨殿中者，十五舉音，葬畢便除。」文帝崩，國内服三日。《通考》○晉武帝泰始二年，帝遵漢魏改葬除服，按：文帝以魏咸熙二年八月辛卯崩，癸酉葬。

武帝以十二月庚寅受魏禪，改元泰始。猶深衣素冠服，降席撤膳。太宰司馬孚等奏：「宜割哀情以康時俗，勑御府太官易服改膳如舊。」詔曰：「每念幽冥，不終苴絰，一朝便易此情於所天，相從已多。」孚等重奏：「干戈未戢，天下至衆。陛下察愚款，以慰皇太后之心。」又詔：「重覽奏議，益以悲割。三年之喪，自古達禮，不宜返覆，重傷其心。」遂以此禮終三年。後居太后之喪亦如之。皇太后王氏，泰始四年三月戊子崩。文帝之崩也，羊祜謂傅玄曰：「三年之喪，雖貴遂服，《左傳》晉叔向言。自天子達，而漢文毀禮傷義。今上至孝，雖奪其服，實行喪禮。若因此復先王之法，不亦善乎？」玄曰：「漢文以末代淺薄，不能行國君之喪，故因而除。已數百年，一朝復古，恐難行也。」祜曰：「且使主上遂服，由爲善乎？」玄曰：「若主上不除，而臣下除，此謂但有父子，無復君臣，三綱之道虧矣。」習鑿齒曰：「傅玄知無君臣之傷教，而不知無父子之爲重。且漢廢君臣之喪，不崇父子之服，况四海黎庶，莫不盡情於其親，三綱之道，二服恒用於私室，而王者獨盡廢之，豈所以孝理天下乎？」《通典》十年，武元楊皇后崩。既葬，帝及群臣除喪即吉。先是，尚書祠部奏從博士張靖議，皇太子亦從制俱釋服。博士陳逵議，以爲：「今制所依，蓋漢帝權制，興於有事，非禮之正。皇太子無有國事，自宜終服。」有詔更詳議。尚書杜預以爲：「古者天子諸侯三年之喪，始同齊斬，既葬除喪服，諒闇以居，心喪終制，不與士庶同禮。漢氏承秦天下，爲天子脩服三年。漢文帝見其下不可久行，而不知古制，更以意制祥禫，除喪即吉。魏氏直以訖葬爲節，嗣君皆不復諒闇終制。學者非之久矣，然竟不推究經傳，考其行事，專謂王者三年之喪，當以衰麻終二十五月。嗣君苟若此，則天子、群臣皆不得除喪。雖志在居篤，更逼而不行。至今世皆從漢文輕典，由處制者非制也。今皇太子與尊同體，宜復古典，卒哭除衰麻，以諒闇終制。於義既不應不除，又無取於漢文，乃所以篤喪禮也。」《通考》杜既定皇太子諒闇議，摯虞答杜書曰：「僕以爲除服誠合事宜，附古則意有未安。五服之制，成於周室。周室以前，仰迄上古，雖有在喪之哀，未有喪之制。故堯稱遏密，殷曰諒闇，各舉其事而言，非未葬降除之名也。」《通典》袁準曰：「《周禮》『太祝祔練祥，掌國事』。若無衰服，則焉得祥？孔子曰：『三年之喪，天下之達喪也。』《禮記》云：『父母之喪，無貴賤一也。』又云：『公之喪，大夫俟練，士卒哭而歸。』此終衰麻之言也。《春秋傳》曰：『三年之喪，雖貴遂服，禮也。』言服而不言喪，衰麻可知也。凡《春秋傳》諸稱除喪，皆因時宜耳。高宗信默，何以是心喪？」《通典》勉齋黄氏曰：「案杜預違經悖禮，論斁綱常，當爲萬世之罪人，坐以不孝莫大之法。」《通解》○東晉康帝建元元年正月晦，成恭杜皇后周忌，有司奏，至尊期年應改服。詔曰：「君親，名教之重也，權制出於近代耳。」於是素服如舊，非漢魏之典。《通典》○後魏孝文帝太和十四年，太皇太后馮氏殂，帝勺飲不入口者五日，哀毁過禮。中部曹華陰楊椿諫曰：「陛下荷祖宗之業，臨萬國之重，豈可同匹夫之節，以取僵仆？群下惶灼，莫知所言。且聖人之禮，毁不滅性，縱陛下欲自賢於萬代，其若宗廟何。」帝感其言，爲之一進粥。於是諸王公等皆詣闕上表，請時定兆域，及依漢魏故事，并太皇太后終制，既葬公除。詔曰：「自遭禍罰，慌惚如昨。奉侍梓宫，猶希髣髴。山陵遷厝，所未忍聞。」冬十月王公復上表固請。詔曰：「山陵可依典册。衰服之宜，情所未忍。」癸酉，葬文明太皇太后于永固陵。太尉丕等進言曰：「伏聞所御三食，不滿半溢，晝夜不釋経帶。臣等叩心絶氣，坐不安席，願少抑至慕之情，奉行先朝舊典。」帝曰：「哀毁常事，豈足關言。朝夕食粥，粗可支任，諸公何足憂怖。祖宗情專武略，未脩文教。朕今仰禀聖訓，庶習古道，論時此事，又與先世不同。」尚書游明根、高閭等曰：「臣等伏尋金册遺旨，踰月而葬，葬而即吉。故於下葬之初，奏練除之事。」帝曰：「朕惟中代所以不遂三年之喪，蓋由君上違世，繼主初立，君德未流，臣義不洽，故身襲衮冕，行即位之禮。朕誠不德，在位過紀，足令億兆知有君矣。於此之日，而不遂哀慕之心，使情禮俱失，深可痛恨。」又曰：「竊尋金册之旨，所以奪臣子之心，令早即吉者，慮廢絶政事故也。群公所請，其志亦然。朕今仰奉册令，順群心，不敢闇默不言，以荒庶政。唯欲衰麻廢吉禮，朔望盡哀誠，情在可許，故專欲行之。」高閭曰：「陛下既不除服於上，臣等獨除服於下，則爲臣之道不足。又親御衰麻，復聽朝政，吉凶事雜，臣竊爲疑。」帝曰：「朕今逼於遺册，唯望至期，雖不盡禮，藴結差申。群臣各以親疎貴賤遠近爲除之差，庶幾稍近於古，易行於今。」群臣又言：「春秋烝嘗，事難廢闕。」帝曰：「自先朝以來，恒有司行事。朕賴蒙慈訓，常親致敬。今昊天降罰，人神喪恃，想宗廟之靈，亦輟歆祀，脱行饗薦，恐乖冥旨。」李彪曰：「今雖治化清晏，然江南有未賓之吴，漠北有不臣之虜，是以臣等猶懷不虞之慮。」帝曰：「魯公帶絰從戎，晉侯墨衰敗敵，固聖賢所許。如有不虞，雖越紼無嫌，而況衰麻乎？豈可於晏安之辰，豫念軍旅之事，以廢喪紀哉。古人亦有稱王者除衰而諒闇終喪者，若不許朕衰服，則當除衰拱默，委政冢宰。二事之中，惟公卿所擇。」太尉丕曰：「臣與尉元一作「太尉光」。歷事五帝，魏家故事，大偉之後，必三月必迎神於西，禳惡於北，具行吉禮。自始皇以來，未之或改。」帝曰：「若能以道事神，不迎自至。苟失仁義，雖迎不來。此乃平日所不當行，况居喪乎？朕在不言之地，不應如此喋喋。但公卿執奪朕情，遂成往復，追用悲絶。」遂號慟，群臣亦哭而辭出。《通考》致堂胡氏曰：「孝文慕古力行，尤著於喪禮。其始終情文，亦粲然可觀矣。自漢以來，未之有也。方孝文之欲三年也，在廷之臣，無一人能將順其美者，莫不沮遏帝心，所陳每下，若非孝文至情先定，幾何不爲它説所惑。其初守禮違衆，欲行通喪甚力。其終也，乃不能三年，於是期而祥，改月而禫，是用古者父在爲母之服，不中節矣。無乃得其本，遂殺其末耶！」《通解》

○後周武帝母叱奴太后崩，帝居倚廬，朝夕供一溢米。群臣表請，累旬乃止。及葬，帝祖跣之陵所，詔曰：「三年之喪，達於天子。但軍國務重，須自聽朝。衰麻之禮，率遵前典。百僚宜依遺令，既葬而除。」公卿固請依權制，周主不許，卒由三年之制，五服之内亦令依禮。《通考》致堂胡氏曰：「自漢文短喪之後，能斷然行三年者，惟晉武帝、魏孝文、周高祖，可謂難得矣。」同上。○唐元陵遺制：其喪儀及山陵制度，務從儉約，並不以金銀彩飾。皇帝三日聽政，十三日小祥，二十五日大祥，二十七日而釋服。《通典》○宋馬端臨曰：「自仁宗以來，視朝則用易月之制，而宮中實行三年之喪，故於小祥、大祥、禫除之時，旋行禁音樂及奠祭之禮，蓋亦適禮之變云。」《通考》范祖禹言：「今群臣易月，人主實行三年之喪，故十二日而小祥，期而又小祥，二十四日大祥，再期而又大祥。夫練祥不可以有二也，既以日爲之，又以月爲之，此禮之無據者。再期而大祥，中月而禫，禫者祭之名也，非服之色也，今乃爲之黲服三日然後禫，此禮之不經者也。既除服，至葬而又服之，蓋不可以無服也。祔廟而後即吉，纔八月矣，而遽純吉，無所不佩，此又禮之無漸者也。」《通解》宋孝宗淳熙十四年十月八日乙亥，光堯太上皇帝（高宗）崩，上號慟擗踊，二日不進膳。尋諭宰執王淮，欲不用易月之制，如晉武、魏孝文實行三年喪，自不妨聽政。淮等奏：「《通鑑》載晉武帝雖有此意，後來只是宮中深衣練冠。」上曰：「當時群臣不能將順其美，司馬光所以譏之。後來武帝竟欲行。」淮曰：「記得亦不能行。」上曰：「自我作古何害？」淮曰：「御殿之時，人主衰絰，群臣吉服，可乎？」上曰：「自有等降。」乃中批：「朕當衰絰三年，群臣日行易月之令。其合行儀制，令有司討論。」詔百官於以日易月之內，衰服治事。二十日丁亥，小祥，上未改服，王淮等乞俯從禮制。上流涕曰：「大恩難報，情所未忍。」二十一日，車駕還内，上衰絰御輦，設素仗，軍民見者，往往感泣。詔：「今月五日一詣梓宫前焚香。」十一月二日己亥，大祥。四日辛丑，禫祭禮畢。五日壬寅，百官請聽政，不允。八日，百官三上表，引《康誥》「被冕服出應門」等語爲證。九日，詔可。十五年正月十八日甲寅，百日，上過宫行焚香禮。自是每御延和殿，止服白布折上巾、布衫，過宫則衰絰而杖。三月壬子，啓殯，上服初喪之服。甲寅，發引。丙寅，掩殯。甲戌，上親行第七虞祭。二十日丙戌，神主祔廟。是日詔曰：「朕昨降旨揮，欲衰絰三年，緣群臣屢請御殿易服，故以布素視事内殿。雖有俟過祔廟勉從所請之詔，稽諸典禮，心實未安，行之終制，乃爲近古。宜體至意，勿復有請。」於是大臣乃不敢言。惟勅令所删定官沈清臣再上書：「願堅主聽大事於内殿之旨，將來祔廟畢日，預降御筆，截然示以終喪之志，杜絶輔臣方來之章，勿令再有奏請，力全聖孝，以示百官，以刑四海。」上納用焉。《通考》朱子曰：「古者人君亮陰三年，自無變服視朝之禮。第不知百官總己以聽冢宰，冢宰百官各以何服涖事耳，想不至便用玄冠黑帶也。後世既無亮陰總己之事，人主不免視朝聽政，則豈可不酌其輕重而爲之權制乎？又况古者天子皮弁素積，以日視朝，衣冠皆白，不以爲嫌，則今在喪而白布衣冠以臨朝，恐未爲不可。但入廟，則須吉服而小變耳。」《通考》又曰：「三代之禮，吉凶輕重之間，須自有互相降厭處。如《顧命》《康王之誥》之類，自有此等權制，禮畢却反喪服，不可爲此便謂一切釋服也。六朝時太子爲母服期已除，而以心喪終三年，亦非今日之比也。」《通解》問：「《伊訓》『伊尹祠于先王，奉嗣王祗見厥祖』。是時湯方在殯宮，太甲于朝夕奠常在，如何伊尹因祠而見之？」曰：「此與《顧命》《康王之誥》所載冕服事同。意者古人自有一件人君居喪之禮，但今不存，無以考據。蓋天子諸侯既有天下國家事體，恐難與常人一般行喪禮。」《語類》又問：「康王釋喪服而被冕裳，且黄朱圭幣之獻，諸家以爲禮之變，獨蘇氏以爲禮之失，何也？」曰：「天子諸侯之禮，與士庶人不同，故孟子有『吾未之學』之語，蓋謂此類耳。如《伊訓》元祀十有二月朔，亦是新喪。伊尹已奉嗣王祗見厥祖，固不可用凶服矣。漢唐新主即位皆行册禮，君臣亦皆吉服，追述先帝之命，以告嗣王。《韓文外集》《順宗實録》中有此事可考。蓋易世傳授，國之大事，當嚴其禮而王侯以國爲家，雖先君之喪，猶以爲己私服也。五代以來，此禮不講，則始終之際殊草草矣。」《文集》○經《不杖章》《爲君之父母章》疏引《鄭志》云：「趙商問：『己爲諸侯，父有廢疾，不任國政，不任喪事，而爲其祖，制度之宜、年月之斷，云何？』答云：『父卒爲祖後者三年斬，何疑？』趙商又問：『父卒爲祖後者三年，已聞命矣。所問者，父在爲祖如何？欲言三年，則父在；欲言期，復無主，斬杖之宜、主喪之制，未知所定。』答曰：『天子諸侯之喪，皆斬衰，無期。』」愚按：王侯之喪，衆臣猶斬，況嗣位之君乎？蓋以其爲君服之，故雖父在亦無嫌也。朱子書議寧宗爲孝宗喪服，奏藁後云：「准《五服年月格》，斬衰三年，嫡孫爲祖，謂承重者。法意甚明，而《禮經》無文，但傳云：『父没而爲祖後者服斬。』然而不見本經，未詳何據。但《小記》云：『祖父没而爲祖母後者三年』，可以旁照，至『爲祖後者』條下疏中所引《鄭志》，乃有『諸侯父有廢疾、不任國政、不任喪事』之問，而鄭答以『天子諸侯之服皆斬』之文，方見父在而承國於祖服。向來入此文字時，無文字可檢，又無朋友可問，故大約且以禮律言之。亦有疑父在不當承重者，時無明白證驗，但以禮律人情大意答之，心常不安，歸來稽考，始見此説，方得無疑。乃知學之不講，其害如此。而《禮經》之文，誠有闕略，不無待於後人。向使無鄭康成，則此事終未有斷決，不可直謂古經定制，一字不可增損。」《文集》

○勉齋黄氏《天子諸侯服圖》「曾祖父母」旁注云：「爲曾祖後者斬衰三年。」愚按：此據經《爲君父母章》注疏言之，若以斬衰傳受重者，必以尊服服之，及《鄭志》「天子諸侯之喪皆斬衰」之言斷定，凡爲繼曾、高之統而斬，不須更尋經證矣。

九六　天子爲繼伯叔兄弟統，皆斬衰三年，爲其皇后亦如母后。蔡沈《書傳後序》云：「孟子曰：『湯崩，太丁未立，外丙二年，仲壬四年，太甲顛覆湯之典刑』。《史記》：『太子太丁未立而死，立太丁之弟外丙，二年崩。又立外丙之弟仲壬，四年崩。伊尹乃立太丁之子太甲。』吴氏曰：『太甲諒陰，爲服仲壬之喪。以是時湯葬已久，仲壬在殯，太甲，太丁之子，視仲壬爲叔父，爲之後者爲之子也。』」此句出《公羊傳》。○東晉穆帝，升平五年五月崩。皇太后令立瑯琊王丕。

哀帝也。愚按：成帝子。儀曹郎王琨議：「今立之，於大行皇帝屬則兄弟，愚按：哀帝，穆帝從弟。凡奠祭之文皆稱哀嗣。斯蓋所以仰參昭穆，自同繼體，在茲一人，不以私害義，專以所後爲正。今皇太后德訓弘著，率母儀于内，主上既纂業承統，亦何得不述遵于禮？」尚書謝奉議：「夫帝位自以君道相承。至於昭穆之統，《禮》『兄弟不相後』，明義也。愚按：本説出《公羊》成十五年傳。今應上繼康帝，愚按：成帝弟，穆帝父。意謂不疑。此國之大事，將垂之來世。」僕射江虨議：「兄弟不相後，雖是舊説，而經無明據，此語不得施於王者。王者雖兄弟，既爲君臣，則同父子。故魯躋僖公，《春秋》所譏。《左傳》曰：『子雖齊聖，不先父食。』此句《左傳》文。閔公，弟也，而同於父；僖公，兄也，而齊於子。既明尊尊之道，不得復叙親之本也。《公羊傳》曰：『逆祀奈何？先禰而後祖。』《穀梁傳》曰：『先親後祖，逆祀也。君子不以親親害尊尊。』兄弟也，由君臣而相後，三傳之明義如此，則承繼有叙，而上下洽通，於義爲允。應繼大行皇帝。」《通典》。愚按：時不從此議而嗣康帝。〇孝武寧康中，崇德太后褚氏崩。后於帝爲從嫂，愚按：褚氏，武帝從兄康帝后。或疑其服。博士徐藻議，以爲：「資父事君而敬同。又禮，其夫屬父道者，妻皆母道。則夫屬君道，妻亦后道矣。服后宜以資父之義。魯譏逆祀，以明尊尊。今上躬奉康、穆、哀皇及靖后之祀，致敬同於所天。愚按：靖后王氏，武帝從姪哀帝之后。豈可敬之以君道，而服廢於本親。謂宜服齊衰。」於是帝制期服。《通典》愚按：從嫂若以本親則無服，故曰服廢於本親，所謂資父者，本應三年，而帝止服期，蓋當時之輕典也。

九七 天子父祖有廢疾不立，爲父斬，爲祖、曾、高仍其本服。父卒，爲祖斬，則爲曾、高亦仍本服。

經《不杖章》「爲君父母、妻、長子、祖父母」注：鄭玄曰：「此爲君矣，而有父若祖之喪者，謂始封之君也。若是繼體，則其父若祖有廢疾不立。」愚據《正義》按之，此謂始封之君，其父祖不嘗爲君，或父祖有廢疾，未爲君而死，今君爲之斬，而臣從服期也。虞舜、漢高之爲天子，猶始封之邦君，然高帝以至尊之稱加其父以降，天子父祖在而不爲帝者，蓋無之矣。本經傳曰：「父卒，爲祖後者服斬。」魏田瓊云：「天子不降其祖父母、曾祖父母。」黄氏《天子諸侯服圖》云：「高祖父母齊衰三月。」

九八 天子爲庶母、庶祖母服。春秋以來多持重服。

《曾子問》云：「古者天子練冠以燕居。」鄭玄曰：「蓋謂庶子王爲其母。」孔穎達曰：「庶子爲後、爲其母緦。是周法，天子、諸侯、大夫、士，一也。凡言古者，皆據今而道前代，此經既云古者天子爲其母，則是前代可知也。以經無明文，故鄭注云『蓋謂庶子王爲其母』。蓋是疑辭也。」止此。《服問》云：「君之母非夫人，則群臣無服，唯近臣及僕、驂乘從服，唯君所服服也。」鄭玄曰：「妾，先君所不服也。禮，庶子爲後，爲其母緦。言『唯君所服』，伸君也。《春秋》之義，有以小君服之者。時若小君在，則益不可。」孔穎達曰：「案《異義》，《春秋公羊》既說：『妾子立爲君，母稱夫人，故上堂稱妾，屈於適也，下堂稱夫人，尊於國也。云子不得爵命父妾，子爲君得爵命其母者，以妾在奉授於尊者，有所因緣故也。』《穀梁傳》曰：『魯僖公立妾母成風爲夫人，是子爵於母，以妾爲妻，非禮也。』左氏說『成風妾，得立爲夫人，母以子貴也。』許君從《公羊》《左氏》之說，鄭則從《穀梁》之說。」止此。許慎《五經異義》云：「諸侯有妾母喪，得出朝會不？《春秋公羊》說：『妾子爲諸侯，不敢以妾母之喪廢事天子大國，出朝會，禮也。魯宣公如齊，有妾母之喪，經書善之。』《左氏》說云：『妾子爲君，當尊其母，有三年之喪，而出朝會，非禮也。故譏魯宣公。』按禮，妾母無服，貴妾之子不立，而他妾子立者也。不敢以卑廢事尊者，禮也。即妾子爲君，義如《左氏》。」鄭玄駁云：「《喪服·緦麻》，庶子爲後，爲其母。此義自天子下至庶人同，不得三年。魯哀公所以得尊其妾母敬嬴爲夫人者，以夫人姜氏大歸齊不反故也。因是言妾子立，母卒得爲之三年，於禮爲通乎？其服之間，出朝會無王事，與鄭伯伐許何異。」《鄭志》趙商問云：「按許氏《異義駁》以爲妾子爲其母，依《喪服》庶子爲後，爲其母緦麻三月。按《禘祫》注稱《春秋》魯昭公十一年夏，夫人歸氏薨。十三年五月大祥，七月而禫。是得爲妾母三年，經無譏文，得合下禘祫之數。若不三年，則禘祫事錯。」鄭玄答云：「《春秋經》所譏所善，皆於禮難明者也，其事著明，但如事書之，當按禮以正之。今以不譏爲是，赤寧有善之文歟？」薛公謀議曰：「按《春秋》，庶子爲君，則母稱夫人。故昭公之母齊歸卒，經書曰『夫人歸氏薨』，言母以子貴也。及至國猶大喪，昭公不戚，叔向曰：『公室其卑乎？君有三年之喪，而無一日之戚。』明孔子以義書，叔向以禮議也。」《通典》東晉興寧元年，章皇太妃薨，太妃周氏，哀帝所生。哀帝欲服重。江虨啓：「先王制禮，應在緦麻服。」詔欲降期，虨又啓：「厭屈私情，所以上嚴祖考。」於是制緦麻三月。○漢文帝所生薄太后，以景帝前二年崩，天子朝臣並居重服。東晉安帝崇安四年，太皇太后李氏崩。李氏生孝武，即帝之祖母。祠部郎中徐廣議：「《左氏春秋》母以子貴，成風稱夫人，文公服三年之喪。凡子於父之所生，體尊義重。且禮，祖不厭孫，固宜遂服。若嫌禮文不存，則宜從重，同爲祖母服齊衰三年。百官一期。」太常殷茂曰：「太皇太后名稱雖尊，而據非正體，主上纂承宗祖，不宜持重。謂齊服爲安。」徐野人云：「若以魯侯所行失禮者，《左傳》不見譏責，而漢世持服，與正嫡無異。殷太常所上服事，於禮中尋求，俱無明文。然僕之所言，專據《春秋》也。」車胤答云：「漢世皆服重。且大體已定，此當無復議革耶？」於是安帝服齊衰三年，百寮並服期。於西堂設菰廬，神武門施凶門柏歷。宋庾蔚之謂：「《公羊》明母以子貴者，明妾貴賤，若無嫡子，則妾之子爲先立。又子既得立，則母隨貴，豈謂可得與嫡同耶？成風稱夫人，非禮之正，《穀梁》已自爲通。《小記》云『大夫降其庶子，其孫不降其父』，此謂凡庶子，故鄭玄云『祖不厭孫』耳，非謂承祖之重，而可得申其私服也。庶子爲後，不得服其母，以廢祭故也。則己卒，己子亦不得服庶祖母可知矣。《小記》言『妾母不世祭』，《穀梁傳》言『於子祭於孫止』，此所明凡妾，非謂有加崇之禮者也。古今異禮，三代殊制。漢魏以來，既加庶以尊號，徽旗章服，爲天下小君，與嫡不異，故可得服重而廟祭，傳祀六世耳，非古有其儀也。」

九九 天子爲皇后、太子、太孫、曾玄孫及妃服。

愚按：天子爲皇后齊衰杖期，爲太子斬衰三年，爲適孫、曾玄孫齊衰不杖期，爲太子妃大功，爲嫡孫、曾玄孫婦小功，有適子者無適孫，孫婦亦如之。

《中庸》「三年之喪達乎天子」注，鄭玄曰：「其正統之期，天子、諸侯猶不降也」。魏田瓊曰：「天子不降其祖父母、曾祖父母、后、太子、嫡婦、姑姊妹嫁於二王後，皆如都人。按《白虎通》云：『天子絶期者何？示同喪於百姓，明不獨親其親也。』」《通典》孔穎達曰：「三年之喪達乎天子者，謂正統三年之喪，父母及適子并妻也。天子爲后服期，以三年包之者，以后卒必待三年然後娶，所以達子之志。是以昭十五年《左傳》云：『穆后崩，太子壽卒。』叔向云：『王一歲而有三年之喪二焉。』是包后爲三年也。」○晉博士徐禪上恭皇后大祥忌日臨哭事：「太學禮官謂至尊行先后之喪，亦同齊衰，今再周及忌日，無復祥變之事，謂不可躬行。臣按無經傳明文，則不應出。若晦日東堂舉哀，由朝廷參議，而事無指條。」「杜元凱云：『天子諸侯雖卒哭除服，其練祥日必有位矣。』今皇子出承國蕃，故王后喪，諸侯卑不得爲主。夫喪無主，禮有正文，至尊統天承重，則爲主在聖躬也。乃同先帝先后於考妣，哀禮終於今晦，吉禘始於來朔，非人臣之所主也。《記》云：『爲王后期，服母之義。』《虞書》曰：『百姓如喪考妣，三載遏密。』恭后母育天下，臣子有喪妣之恩。古門人於師無服，心喪三年，祥日之哭，所以終哀，非服喪三年矣。今聖代不可守以循常之名例，當博約同異，斟酌而用焉。」《通典》

經《斬衰章》「父爲長子」注，鄭玄曰：「不言適子，通上下也。亦言立適以長。」賈公彦曰：「適子之號，唯據大夫士，不通天子、諸侯。」○晉惠帝愍懷太子，太子以庶子立爲太子，薨，議疑上當服三年。司隸王湛議：「聖上統緒，無所他擇，踐祚之初，拜于南郊，告于天地，謁于祖廟，明皇儲也。正體承重，豈復是過？」司隸從事王接議：「愍懷太子雖已建立，所謂傳重而非正體者也。天子、諸侯不爲庶子服，聖上於愍懷無服之喪。難者曰：『君父立之，與后所生同矣，焉有既爲太子而復非適乎？』答曰：『適庶定名，非建立所易。』」宋庾蔚之謂：「既拜爲太子，則是將所傳重，寧猶與庶子同其無服乎？天子、諸侯絶旁期。今拜庶子爲太子，不容得以尊降之。既非正適，但無加崇耳。自宜伸其本服一期。」《通典》○《服問》云：「君所主夫人妻、大子、適婦。」大音泰。孔穎達曰：「此三人既正，雖國君之尊，猶主其喪也，非此則不主也。」鄭玄曰：「大夫以上，雖尊，猶爲適婦爲主。」《小記》注。孔穎達曰：「熊氏云：『天子爲正統之喪，適婦大功，適孫之婦小功。』義或然，但無正文耳。」《中庸》疏。宋武帝大明五年，有司奏：「皇太子妃薨，至尊、皇后並大功九月。」《通典》

《周禮·司服》「凡凶事服弁服」注，鄭玄曰：「其服斬衰、齊衰。」賈公彦曰：「天子、諸侯絶旁期，正統之期猶不降，故兼云齊衰。其正服大功，亦似不降也。《大功章》曰『適婦』，注云『適子之婦』。傳曰：『何以大功也？不降其適也。』既無所指斥，明關之天子、諸侯也。如是則爲嫡孫之婦，又當小功。《服問》及皇氏説，已見上條。今注止云斬衰、齊衰，以其正服齊衰，是不降之首。然則王爲適子斬衰，其爲適孫、適曾孫、適玄孫、適來孫，則皆齊衰。《不杖章》傳曰：『有適子者無適孫，孫婦亦如之。』然則王禮亦適子死有適孫，適孫死有適曾孫，向下皆然也。」愚按：天子不爲庶子服，則庶孫亦可知矣。而黄氏《天子諸侯喪服圖》，曾孫、玄孫並注其旁云緦，似可疑。凡天子子孫，未立爲太子、太孫者，不論適庶，皆應在庶例而不服。即子孫庶生者，雖已立爲太子、太孫，准晉愍懷之服議，則其薨亡，各應以其本服服之。然則爲子期，爲孫大功，而爲曾、玄孫則緦矣。黄氏圖所云，或爲之也。由此推之，凡伯叔、兄弟、姪之類，既爲皇儲而死者，雖爲旁親，皆應仍其本服也。○《不杖章》「爲衆子」注，鄭玄曰：「衆子者，長子之弟及妾子，大夫則謂之庶子，降之爲大功。天子、國君不服之。」賈公彦曰：「以其絶旁親故不服。」愚按：天子子孫未立爲正統，則雖適生亦不得不以爲旁親矣。

一百　天子爲太子、太孫殤，如其本服。

經《大功章》「公爲適子之長殤、中殤」，鄭玄曰：「公，君也。不降適殤者，重適也。天子亦如之。」賈公彦曰：「適子正統，成人斬衰。今殤死不得著代，故入大功。」○晉惠帝無適子，以庶子爲太子，亡，謂應降。永寧中，沖太孫亡，議者謂應爲殤。中書侍郎高齊議：「太孫自是無服之殤，時方四歲。不應制服，此禮之明義，宜從以日易月之制。」博士蔡克議以爲：「臣子不殤君父者，此謂臣子尊其君父，不敢殤之耳，非爲有臣子便爲成人不服殤也。按漢平帝年十四而崩，群臣奏臣不殤君，宜加元服。後漢許慎、鄭玄論立廟，亦唯謂臣子不上殤耳。《喪服》『君爲適子長殤大功』，鄭玄曰『天子亦如之』。所言臣不殤君者，自謂如太孫等之臣不殤耳。太子唯尊於東宫，東宫之臣不殤之耳。今太孫未冠婚，四歲，而齊衰於太廟，愚謂不可。始有司奏云「御服齊衰期」。愍懷若在，太孫當依庶殤不祭。」《通典》愚按：天子、諸侯之適子孫是太子、太孫耳，非對妾子爲適，乃適庶皆可以立矣。若殤而亡，則仍其本制，亦適庶所同也。既成人而亡，則爲適斬衰，爲庶期大功，是其所異也。愍懷若太孫而殤，亦應由大功而降之適庶，蓋非其所論矣。

百一 天子爲伯叔、兄弟所不臣者，爲伯叔、兄弟、姪及庶子、孫爲儲嗣而薨者，爲姑、姊妹、女子嫁王者後者，並不降其本服。嫁女依降一等。爲諸王妃主舉哀有差。

《中庸》注，鄭玄曰：「期之喪達於大夫者，謂旁親所降在大功者。大夫所降，天子、諸侯絶之不爲服，所不臣乃服之也。」《司服》疏，賈公彦曰：「案《喪服傳》云：『始封之君不臣諸父、昆弟，封君之子不臣諸父而臣昆弟。』天子之義亦當然。若虞舜之與漢高，皆庶人起爲天子，蓋亦不臣諸父、昆弟而有服也。」止此。晉虞喜《釋滯》云：「古者不降，上下各以其親，此殷以前也。降殺之禮始之周，然先所未臣，不忍即臣之，故爲之服也。」《通典》○愚按：天子爲立伯叔、兄弟、姪爲儲嗣而薨者，如庶子孫例。詳見上二條。○魏田瓊曰：「天子不降其姑、姊妹嫁於二王後。」《通典》愚按：《大功章》「君爲姑、姊妹、女子子嫁於國君者」，此其所據，則王禮亦當補女子、子孫。黄氏圖云「君爲昆弟、女子子嫁於國君者大功」，則未審其所出。所謂二王者，周時杞爲夏後，宋爲商後也。後世有封王者後，而天子客之者，當以準之。○吴射慈曰：「天子之子封爲諸侯，天子皆不服也。」《通典》愚按：諸父、昆弟爲諸侯，其所得而臣之者亦如之。○

後漢明帝時，東海恭王薨，帝弟也。帝出幸津門亭發哀。《通典》○晉摯虞《决疑注》云：「國家爲同姓王、公、妃、主發哀於東堂。」同上。○唐《開元禮》，皇帝爲諸王妃主舉哀，本服周者，凡二朝哭而止；本服大功者，其日晡哭而止；本服小功以下，一舉哀而止。元陵遺制已然。○《緦麻章》「貴臣、貴妾」，鄭玄曰：「此謂公卿大夫之君也。天子諸侯降其臣妾，無服。」

天子爲外親服

百二 天子爲外祖父母小功。

魏太和六年四月，明帝有外祖母安成卿敬侯夫人之喪。即甄后母也。太常韓暨奏：「天子降期，爲外祖父母無服。」詔問漢舊云何，散騎常侍繆襲奏：「後漢鄧太后〔一〕新野君薨時服緦，百官素服。安帝繼和帝後，鄧太后母即爲外祖母也。但太后臨朝，安帝自蕃見援立故也。又按，後漢壽張恭侯樊宏以光禄大夫薨，宏即光武之舅也，親臨葬。准前代，宜尚書、侍中以下吊祭送葬。」博士樂祥議：「《周禮》，王吊，弁絰，錫衰。禮有損益，令進賢冠，練單衣。」又詔：

〔一〕「太后」下，當補「母」字。

「當依《周禮》，無事更造。」《通典》○蜀譙周曰：「天子、諸侯爲外祖父〔二〕小功。舊説外祖父母，母族之正統；妻之父母，亦妻族之正統也。母、妻與己尊同，母、妻所不敢降，亦不降。」故嗣子亦不降妻之父母。宋庾蔚之謂：「禮，父所不服，子不敢服。嫡子爲妻之父母服，則天子、諸侯亦服妻之父母可知也。妻之父母猶服，况母之父母乎！」同上。○唐《開元禮》，皇帝爲外祖父母製小功五月之服，凡三月而止。

百三 天子爲皇后父母緦麻。

東晉王朔之問范甯云：「至尊爲后之父有服不？意謂雖居尊位，亦當不以己尊而便降也。」甯答曰：「王者之於天下，與諸侯之於一國，義無以異。今謂粗可依准。」孝武泰元元年正月，王鎮軍薨，按即后父也。尅舉哀而不成出，而制服三日。僕射已下皆從服。《通典》○宋孝武建安三年，有司奏：「義陽王師王偃喪逝，至尊爲服緦麻三月，成服，仍即公除。至三月竟，未詳當服除服與不？」太學博士王膺之議：「尊卑殊制，輕重有級，五服雖同，降厭則異。禮，天子正降旁親，外舅緦麻，本在服例，但衰絰不可以臨朝饗，故有公除之儀。雖釋麻襲冕，尚有緦

〔二〕「祖父」下，當補「母」字。

月之制。愚謂至尊服三月既竟，猶疑除釋。」國子助教蘇瑋生議：「凡諸公除之設，蓋以王制奪禮。葬及祥除，皆宜反服。未有服之於前，不除於後。雖有齊斬之重制，猶爲功緦除喪。夫公除蹔奪，豈可遂以即吉耶？愚謂至尊三月服竟，故應准禮除釋。」尚書令、建平王宏議謂：「至尊緦制終，止舉哀而已，不須釋服。」同上。○唐《開元禮》，皇帝爲皇后父母製緦麻三月之服，朝晡再哭而止。

皇后太子宗親服義

太后皇后服公妾服附

百四 皇后及三夫人已下爲天子服。長公主及先帝宮人服附。

《魏晉故事》：「問：『皇太后、三夫人已下皆服斬，諸長公主及諸君崇陽園循容服制之宜。』卞榷等議：『按禮，與諸侯爲兄弟者服斬。依禮則公主宜服斬而不杖。禮，君夫人爲長子三年，妾爲君之適子與夫人同。則崇陽園循，容宜三年。』又問：『太后及公主應杖不？』卞榷、應琳議：『禮，爲夫杖，自天子達，皇太后應杖明矣。婦爲舅姑，禮無杖文，皇后不應杖也。愚按：此亦謂斬而不杖也。君之喪，夫人、世婦在次則杖，即位則使人執之如禮。三夫人已下皆杖。』」〇東晉太元二十一年，孝武帝崩，李太后制三年之服。〇宋永初三年，武帝崩，蕭太后制三年之服也。

百五 太后、皇后爲皇太子已下皇親服。

吴射慈曰：「諸侯之女爲天王后，爲天王之親，隨天王而降一等。」徐整曰：「諸侯女嫁爲天王后，爲君之長子三年也。」魏田瓊曰：「天子后爲衆子無服。」《通典》愚按：后爲先王、先后齊斬，如内宗女，不敢以舅姑服之。爲太子則天王、王后並三年，而有齊、斬之殊。爲太子妃及適孫、曾、玄孫與其婦，亦並如王服。其餘皆降一等矣。〇宋武帝大明五年，有司奏：「皇太子妃薨，至尊、皇后並大功九月，太后小功五月。」《通典》〇按：唐《開元禮》，太皇太后、皇太后、皇后爲諸王妃主舉哀，凡三朝臨而止。其本服大功者，其日晡哭而止。本服小功已下者，一舉哀而止。

百六 太后、皇后爲本生親屬降不降服例。

晉賀循曰：「諸侯女以爲天王后，以尊還降其族人。」《通典》蜀譙周曰：「諸侯夫人，爲其族亦降，旁親非諸侯，自期以下無服，爲其父母及祖如國人。」同上。愚按：此可以例王后，但王后無同尊之不降耳。馬融曰：「婦人雖天王后，猶不降其祖宗也。」《通典》鄭玄曰：「《春秋》之義，雖天王后，猶曰吾季姜，是言尊不加於父母。」《不杖章》注。又曰：「諸侯之女爲天王后者，父卒，昆弟之爲父後者宗子，亦不敢降也。」《喪服記》注。吳射慈曰：「諸侯之女爲后，爲其父母及昆弟爲父後者服齊衰，其宗子亦不降。」〇宋孝武建安三年，有司奏：「義陽王師王偃喪逝，皇后朝制服心喪，行喪三十日公除。至祖葬日，臨喪當著何服？又舊事，皇后心喪，服終除之日，更還著未公除時服，然後就除。未詳今皇后除心制日，當依舊更服？爲但釋心制著布素而已？」勒禮官詳正。大學博士王膺之議：「吉凶異容，情禮相稱。皇后一月之限雖過，二紅之服已釋，哀哀所極，莫深於尸柩，親見之重，不可以無服。按禮，爲兄弟既除喪，及其葬也反服。輕喪雖除，猶畜衰以臨葬，舉輕明重，則其理可知也。愚謂王右光禄祖葬之日，皇后宜反齊衰。」國子助教蘇瑋生議：「凡公除之設，蓋以王制奪禮。葬及祥除，皆宜反服。未有服之於前，不除於後。皇后臨祖，及一期祥除，並宜反服齊衰。」《通典》〇按：唐《開元禮》，太皇太后、皇太后、皇后爲父母及祖父母，三日成服，尚服先製后齊衰周之服，又製六宮之服亦如之。其日成服，十三月而除服。其稟旨行公除之禮，則十三日而除。其爲曾祖、高祖父母，則與其六宮成齊衰三月之服。爲外祖父母，與六宮俱成小功五月之服。公除之禮，則五日而除。爲大功以下舉哀見上條。

公妾服 經《不杖章》「公妾、大夫之妾爲其子」，傳曰：「何以期也？妾不得體君，爲其子得遂也。」鄭玄曰：「此言二妾不得從於女君尊，降其子也。」賈公彦曰：「諸侯絶旁期，爲衆子無服，大夫降一等，爲衆子大功。其妻體君，皆從夫而降之。至於二妾，賤，皆不得體君，君不厭妾，故自爲其子得伸，遂而服期也。」鄭玄曰：「妾爲君之長子亦三年，自爲其子期，異於女君也。」王肅曰：「大夫之妾爲他妾之子大功九月。自諸侯以上不服。」《通典》《集説》云：「二妾於君之子，亦從乎其君爲之。其爲服若不服，皆與女君同。惟爲其子得遂，獨與女君異者，則以不得體君故也。」止此。又經《大功章》「大夫之妾爲君之庶子」，傳曰：「何以大功也？妾爲君之黨服，得與女君同。」

皇太子及妃服

百七 皇太子爲太后齊衰三年。愚按：凡太孫服，與太子同。

晉武帝泰始十年，武元楊皇后崩，及將遷于峻陽陵，依舊制，既葬，帝及群臣除喪即吉。先是，博士陳逵議，以爲：「今制所絶，蓋漢文權制，興於有事，非禮之正。皇太子無有國事，自宜終服。」詔更詳議。尚書杜元凱以爲：「古者天子、諸侯三年之喪，始同齊斬，既葬除喪服，諒闇以居，心喪終制，不與士庶同禮。」《通典》其議詳見「天子服」。○宋文帝元嘉十七年，元皇后崩，皇太子心喪三年。禮，心喪有禫無成文，世或兩行。皇太子心喪畢，詔使博士議。有司奏：「禮有禫，以祥變有漸，不宜頓除即吉，故其間服以縿縞也。心喪已經十三月，大祥十五月，禫變除，禮畢餘情一同，不應有再禫。宜下以爲永制。」詔可。

百八 皇太子爲所生母降服。

晉廢帝海西公太和中，太子所生陳淑媛薨，尚書疑所服。徐邈以爲：「宜依公子爲母練冠麻衣，既葬除之。」殷仲堪以爲：「當依庶子爲後，服所生母緦，皇子服乃練冠耳。」愚按：此皇子，指妾子未封王者。徐邈曰：「適子服所生，禮無其文者，蓋不異於庶子，故總以公子爲言，推義可知。」愚按：此適子、庶子，猶言長子、衆子，非以所生適庶言之，俱是妾子也。下文正、庶亦同。既曰君之所不服，子亦不服，則正庶均於降奪，雖登位儲宮，而上厭所天，義不異也。至於既孤，則餘尊之厭輕矣。故諸庶子服其母大功，而爲後者服其母緦。此存亡異禮，何可一其制耶？」

百九 皇太子爲妃齊衰不杖期。

《喪服小記》云：「世子不降妻之父母，其爲妻也，與大夫之適子同。」鄭玄曰：「世子，天子、諸侯之適子也。爲妻亦齊衰不杖期者，君爲之主，子不得伸也。」《喪服記》「公子爲其母妻」，傳曰：「君之所不服，子亦不敢服也。君之所爲服，子亦不敢不服也。」鄭玄曰：「君之所不服，謂妾與庶婦也。君之所爲服，謂夫人與適婦也。」蜀譙周曰：「諸侯嗣子，其妻，君爲之主，故嗣子之所爲服，服如國人。」《通典》愚按：若庶子而在儲位，則母庶而妻適也，應降其母，而不降其妻矣。

百十 皇太子降服從天子。

晉孔安國問徐邈云：「皇太子爲新安公主當何服？」邈答云：「禮，父母之所不服，子亦不敢服。諸侯之嗣子及大夫之嫡，皆降絶旁親，愚按：諸侯之適絶之，大夫之適降之。唯父母之所服，子敢服。王侯絶期，不爲姊妹服；太子體君之尊，亦同無服。」《通典》〇唐《開元禮》，皇太子爲諸王妃主舉哀，本服周者，三朝哭而止。本服大功者，其日晡哭而止。本服小功以下，一舉哀而止。

百十一 皇太子爲外親服如邦人。

皇太子爲外祖父母小功，爲妃父母緦麻。

《喪服小記》云：「世子不降妻之父母。」鄭玄曰：「爲妻故親之也。」蜀譙周曰：「諸侯嗣子爲外祖父母、妻父母，皆如國人。」詳見「天子爲外親服」條。〇按：唐《開元禮》，皇太子爲外祖父母，製小功五月之服。其爲妃父母，則製緦麻三月之服。其從朝制公除，則外祖父母五日，妃父母三日而除之。

百十二　皇太子妃爲天子皇后及内外親屬服。

愚按：諸侯内外宗女爲君服斬，夫人齊衰，不敢以其親服服至尊，則太子妃爲天子皇后斬齊亦可知矣。天子皇后雖以子婦服之，而妃不得以舅姑服之也。《服問》「公子之妻爲其皇姑」注，鄭玄曰：「皇，君也。諸侯妾子之妻爲其君姑齊衰，與小君同。」黄氏《補服》以爲不杖期，謂之小君，則亦以女君服之也，非謂與女君同以姑服之。又按：皇后爲天子之親，及本生宗親降不降，先儒並以諸侯夫人例之，則太子妃亦可以準也。唐《開元禮》，東宮妃爲諸王妃主及父、祖、曾、高、外祖等製服舉哀之節，俱如皇后禮，皆良娣從服之，猶六宮於皇后矣。

内外宗親服

百十三 内外宗爲天子内外宗親服及從服。

天子内外親有服無服，男子士以上者並爲天子斬衰，爲皇后、太子父母、祖父母不杖期。〇天子内外親五服婦女爲天子斬衰，爲皇后不杖期。〇天子内外親無服婦女，士以上者爲天子不杖期，無從服。〇天子内外親無服男女降爲庶人者，爲天子齊衰三月，無從服。士之子女亦從庶人。

《喪服小記》云：「與諸侯爲兄弟者服斬。」鄭玄曰：「與尊者爲親，不敢以輕服服之。」言諸侯者，明雖在異國，猶來爲三年也。」疏云：「熊氏謂諸侯死，凡與諸侯有五屬之親者，皆服斬也。以謂諸侯體尊，不可以本親輕服服之也。」愚按：此兄弟，猶《喪服記》中所云兄弟，汎以族親言之，故熊氏云然也。〇《周禮·司服》：「凡喪，爲天王斬衰，爲王后齊衰。」鄭玄曰：「王后，小君也。諸侯爲之不杖期。」賈公彦曰：「凡喪者，諸侯、諸臣皆爲天王斬衰，王后齊衰，故云凡以廣之。」按《喪服·不杖期章》云「爲君之父、母、妻」，傳曰：「何以期也？從服也。」愚按：君爲祖父母、父母、妻、長子皆三年，而臣皆爲之服期，是從君服而降一等也。其父母、祖父母，或是有廢疾而不立，或是始封君之父祖也，以其不嘗爲君，故臣不爲之斬。詳見本章疏。〇《雜記》云：「外宗爲君、夫人，猶内宗也。」鄭玄曰：「爲君服斬，夫人齊衰，不敢以其親服服至尊也。外宗，謂姑姊妹之女、舅之女、從母皆是也。内宗，五屬之女也。其無服而嫁於諸臣者，從爲夫之君，嫁於庶人，從爲國君。」孔穎達曰：「云『不敢以其親服服至尊也』者，按禮，族人不敢以其戚戚君，則異族者可知。凡内宗外宗，皆據有爵者，云『其無服而嫁於諸臣者，從爲夫之君』者，總謂外宗内宗之女皆然也。云『嫁於庶人，從爲國君』者，亦内外宗之女並言之。」又曰：「此外宗與《服問》外宗爲君別也。」詳見下。黄氏《喪服圖·不杖期章》「爲夫之君」，《齊衰三月章》「庶人爲國君」，經《不杖章》「爲夫之君」，傳曰：「何以期也？從服也。」賈公彦曰：「臣之妻皆稟命於君之夫人，不從服小君者，欲明夫人命亦由君來，故臣妻於夫人無服也。」《服問》云：「君爲天子三年，夫人如外宗之爲君也。」鄭玄曰：「外宗，君外親之婦也。其夫與諸侯爲兄弟服斬，妻從服期。」孔穎達曰：「若姑之子婦、從母之子婦，其夫是君之外親，爲君服斬，其婦亦名外宗，爲君服期。」愚按：臣爲君斬，而爲小君期，臣妻止從夫爲君斬而爲君期，其爲小君則不服也。但與君有五服之親者，不敢以其親服服至尊，而以諸臣服服之，故男女皆爲君斬，爲小君期也。女子既如是，則婦人有服屬者，太子妃以下，亦同服之可知矣。其男女親盡者及外親之婦已疎，故但得以諸臣之服服之。男子爲君斬，爲小君期，其女子婦人止爲君服期，而爲小君則不服矣。其内親服外之婦，亦爲夫之君服期明矣。但士之女賤，其爲君服與庶人同耳。説見司服疏。若男女降在庶人者，皆以庶人爲國君者，服齊衰三月，然廣通天下臣庶言之，則諸侯、大夫、士不得接見天子者，及畿外之民庶，並爲天子無服。見注家之説。若夫王親之裔，則意天下莫不服者。是雖無明文，而據理言之。又按：凡臣所從君而服，其君有父祖而不爲君者，世希遭之。故《小記》止言君之父母、妻、長子，而不言祖父母，《服問》止言大夫之適子爲君夫人、太子，而不言父祖，蓋皆略之也。但未知内外宗婦女，凡爲君斬而爲小君期者，亦皆爲君之父祖、長子從服期否也。已上諸侯之禮，可以與天子通用之。○晉孝后崩，庾家訪服，博士王崑議：「五服之内，一同臣妾，宜准小君服期。」侍中高崧答，以爲皆准五屬爲夫人期。祠部郎孔恢云：「庾家男女宜齊衰，庾家諸婦雖非五屬女，今見在五服之内，亦服期。」鄭彌云：「諸婦宜從夫。若其夫自同人臣，婦亦宜同於臣之妻。與皇后無准，雖欲寧戚，於大典有闕。」宋庾蔚之謂：「與天子有服，既爲之斬衰，與王后有服則宜齊衰期也。雖婦亦宜以有服爲斷，應如孔恢議。」《通典》

百十四 公主出嫁爲天子皇后服。

《斬衰章》「子嫁反在父之室」疏，賈公彦曰：「天子之女嫁於諸侯，出嫁爲夫斬，仍爲父母不降。知者，以其外宗、内宗及與諸侯兄弟者皆斬也。然下傳云：『婦人不二斬，猶曰不二天。』今若爲夫斬，又爲父斬，則是二天，與傳違者，彼不二天者，以婦人有三從之義，無自專之道，欲使一心於其天，此乃尊君宜斬，不可以輕服服之，不得以彼決此。」

百十五 諸王妃女孫女及童子爲天子皇后服。

《魏晉故事》曰：「博士卞榷、應琳等議：『按禮，諸侯之夫人爲天子，其服齊衰，本無服者也，猶從夫而同。今王始愚按：當作妃。於大行皇帝本服期，以輕明重，依諸侯兄弟之義；所服至尊，疑當服重王。諸女，依諸侯兄弟禮，則應服斬也。孫女幼，未及於禮；若欲服，宜依諸侯之制。』」○又曰：「『皇子廣陵王年十一，孫爲祖服期，當爲臣服？從本親服？皇弟吴王年十，章郡王年七，又當倚廬，服成人禮，著何幘服？』應琳議：『按《禮・喪服》，諸侯爲天子斬。今廣陵王列土建國，古之諸侯，宜從臣例。又《禮》，童子不居廬，不杖不菲。廣陵王未冠，吴王、章郡王卑幼，不應居廬。古但有冠無幘，漢始制幘，可如今服卷幘。』」《通典》大唐元陵之制，孫爲祖齊衰周年，臣爲君斬衰三年。今伏准遺詔，皇帝服十三日祥，二十五日大祥，二十七日釋服。臣下並從釋服。皇孫既是齊衰期年服，禮「有嫡子無嫡孫」，其服並合從皇帝，十三日小祥，二十五日大祥，二十七日釋服。釋服後，以慘公服，至山陵時，却服初齊衰服，事畢即吉服。同上。

百十六 諸王妃主爲皇太子及妃服。

愚按：君爲長子斬，而臣從之服期。諸王爲皇太子服亦可以準之，若以兄弟本服之期服之，則嫌於出繼諸王之可降，故應以君之長子服之。吴射慈曰：「諸侯女爲諸侯夫人，不降其父母、昆弟之爲父後者。」《通典》然則公主亦不以其出降皇太子。禮，嫂叔不相爲服，然諸王妃在五屬内，則亦應從君爲皇太子期也。又按：凡君服三年者，而後臣從爲之期。天子爲太子妃大功，故臣不從服之，但其有服屬者，應以其親服服之。太子及妃絶旁期見前條。

百十七 皇子爲所生母及妻服。

《喪服記》云：「公子爲其母練冠麻，麻衣縓緣；爲其妻縓冠，葛絰帶，麻衣縓緣。皆既葬除之。」傳曰：「何以不在五服之中也？君之所不服，子亦不敢服也。」鄭玄曰：「諸侯之妾子厭於父爲母不得伸，權爲制此服，不奪其恩也。君之所不服，謂妾與庶婦也。諸侯之妾，貴者視卿，賤者視大夫，皆三月而葬。」止此。晉殷仲堪議太子所生母服云：「當依庶子爲後，服所生母緦，父没則得服緦。皇子服乃練冠耳。」《通典》愚按：此皇子蓋未封王，或已封未就國，而親近乎天子者，當如是也。賈公彦曰：「公子爲其母練冠麻衣縓緣，既葬除之。父没乃大功，明天子庶子亦然。」《齊衰章》疏。《馬融本章》注云：「天子、諸侯之庶子爲其妻輕，故縓冠葛帶。」同上。○經《大功章》「公之庶昆弟爲母妻」，傳曰：「何以大功也？先君餘尊之所厭，不得過大功也。」賈公彦曰：「公之庶昆弟，以其公在爲母妻，厭在五服外。公卒，猶爲餘尊之所厭，不得過大功也。」止此。漢戴德《喪服變除》曰：「天子、諸侯之庶昆弟，爲其母大功九月，哭泣飲食，思

慕三年。」《通典》

百十八 始封皇子爲所生母服。

晉吏部郎崧重議武陵王所生母服曰：「自漢以來，皇子皆爲始封君，始封君則私得伸。」《通典》薛公謀曰：「皇子以封爲王，列土守蕃，不得戚於天子者，父卒爲母三年。」同上。

百十九 承統諸王爲所生母服。

晉穆帝永和中，尚書令顧和表云：「爲人後者，降其所生，奪天屬之性，明至公之義。降殺節文，著於周典。按濟南王統昔爲庶母居廬持重，違冒禮度，肆其私情，宜以禮奪服。」奏可。至孝武泰元中，太常車胤上事：「禮，庶子爲後，爲其母緦麻三月。自頃公侯卿士，庶子爲後，爲其庶母，同之於適。《禮記》云：『爲父後，爲出母無服。無服也者，不祭故也。』今身承祖宗之重，而以庶母之私，廢蒸嘗之事，求之情禮，失莫大焉。」胤又上事云：「經年未被告報。若以所陳或謬，則經有明文；若以古今不同，則晉有成典。又升平年中，故太宰武陵王所生母喪，求齊衰三年，詔聽依樂安王故事，制大功九月。興寧中，故梁王逢所生母喪，亦求三年，詔書依太宰故事，同服大功。並無居廬三年之文。謹以重上，請臺參詳。」尚書奏：「依樂安王大功爲正。」詔可。宋庾蔚之謂：「『庶子爲後，爲所生服緦』，此《禮》之正文。近遂爲三年，失之甚也。按晉樂安王所生母喪，議者謂應小功，孝武詔令大功，乃合餘尊之義。但餘尊之厭，不言爲後者也。即今猶皆三年。」《通典》

百二十 出繼諸王爲所生母服。

東晉穆帝升平中，太宰武陵王所生母喪，乞齊衰三年，詔聽依昔樂安王故事，制大功九月。始祠部郎曹處道云：「禮，庶子爲父後，爲其母緦，與尊爲體，不敢伸恩於私親。爲人後，以所後爲父，亦是尊者爲體；其所生母，俱是私親。爲父後及爲人後義不異。」詔常侍敦喻太宰，從緦麻服制。累表至切，又遣敦喻。太宰不敢執遂私懷，以闕王憲，乃制大功之服。《通典》

百廿一 出嫁公主爲所生母服。

宋庾蔚之云：「公主爲其母應期。何以言之？在室有餘尊之厭，服不得過大功，故服母及兄弟，不得有異。既出則無厭，故爲母得期。所以知既出則無厭者，禮，尊降出降，親疏不異，尊降唯不及其適耳。至於厭降，唯子而已。在室爲母期，既出服母與父同，是故知既出則無厭也。」

百廿二 諸王妃主及親屬相爲服。

諸王妃主旁親服皆降一等。○諸王爲妾母及妻與庶兄弟練冠麻衣，父卒大功。公主亦同。○諸土爲妾母之父母、公主亦同。爲妃之父母皆無服，而王妃並服之。

晉徐邈曰：「王侯絶期；太子體君之尊，亦同無服；皇子厭其君，又不敢服。」《通典》魏田瓊曰：「公子以厭降，公子厭於君，爲其母、妻、昆弟練冠麻衰，謂君所不服，子亦不敢服也。父卒，猶餘尊所厭，不得過大功也。」《通典》○本文見《大功章》。○《唐志》云：「皇家所絶旁親無服者，皇弟、皇子爲之皆降一等。」愚按：是指未封王者。○《服問》云：「有從輕而重，公子之妻爲其皇姑。」鄭玄曰：「爲其君姑齊衰，與小君同，舅不厭婦也。」愚按：舅不厭婦者，蓋公子妾母、外祖父母與其私親而已，非爲凡公族皆得伸之。○愚按：女子子服例，與庶子同。公主在室，既以君父之厭降其兄弟，出嫁爲兄弟再降一等，以公昆弟大夫之禮，知其然也。○經《大功章》：「大夫爲世父母、叔父母、子、昆弟、昆弟之子爲士者。」鄭玄曰：「子謂庶子。」愚按：旁期之親盡於此數者，而世叔子、昆弟又包得姑姊妹女子。昆弟既厭降，則其餘皆在所降可知矣。○《服問》云：「『有從無服而有服』，公子之妻爲公子之外兄弟。」鄭玄曰：「謂爲公子之外祖父母、從母緦麻。」孔穎達曰：「公子被厭，不服己母之外家，是無服也。妻猶從公子而服公子外祖父母、從母緦麻，是從無服而有服也。」《服問》又云：「『有從有服而無服』，公子爲其妻之父母。」鄭玄曰：「凡公子厭於君，降其私親。」孔穎達曰：「雖爲公子之妻，猶爲父母期，是有服也。公子被厭，不從妻服父母，是從有服而無服也。」愚按：公子不得爲私親服，則諸王、公主皆可以準之。公子之妻得爲公子之私親服，則諸王妃爲之，亦可以例推焉。○《喪服小記》云：「大夫降其庶子，其孫不降其父。」鄭玄曰：「祖不厭孫也。大夫爲庶子大功。」孔穎達曰：「庶子之子，不降其父，猶爲三年也。」愚按：諸王自二世以下，並無先君餘尊所厭，故爲其族親尊同者，及其所不臣者，皆得以其親服服之。○又按《喪服》例，凡尊降厭降之服，其在所降者，不得以降服報之，並應從其本服。若爲之臣者，則在臣爲君之服例。

百廿三　爲諸王殤服。

晉新蔡王年四歲而亡，東海王移訪太常。博士張亮議：「聖人因親以教愛，親不同而殤有降殺，蓋由知識未同成人故也。七歲以下，謂之無服之殤。《記》曰：『臣不殤君，子不殤父。』東海與新蔡，別國旁親，尊卑敵均，宜則同殤制而無服也。」國子祭酒杜夷議：「諸侯體國備典事不異成人，宜從成人之制。」宋孝武帝孝建元年，有司奏：「故第十六皇弟休隨薨夭，年始及殤，追贈謚東平沖王。哭制未有准，輒下禮官詳議。」左丞羊希參議：「按《禮》云：『子不殤父，臣不殤君。』又曰：『尊同則服其親服。』推此文旨，旁親自宜服殤，所不殤者唯施臣子而已。」詔可。大明五年，有司奏：「故永陽縣開國侯劉升子，年始四歲，旁親服制有疑。」太常丞庾蔚之等議，並云：「宜同成人之服。東平沖王服殤，寔由追贈已受茅土。」左丞荀萬秋等參議：「南面君國，繼體承家，雖則佩觿，未闕成德，君父名正，臣子不容服殤，故云『臣不殤君，子不殤父』。推此則知旁親故依殤制。東平沖王已經前議。若升仕朝列，則爲大成，故鄱陽哀王追贈太常，親戚不降。愚謂下殤以上，身居封爵，宜同成人。年在無服之殤，以登官爲斷。今永陽國臣自應全服，至於旁親，宜從殤禮。」詔可。梁天監十四年，舍人朱异議：「禮，年雖未及成人，已有爵命者，則不爲殤。封陽侯年雖中殤，已有拜封，不應殤服。」帝可之。於是諸王服封陽侯，依成人之服。《通典》

公侯卿大夫服義

百廿四 古諸侯降不降服例。已具天子禮，其未備者載于此。

賈公彦曰：「諸侯絶旁期，大夫降一等。」《不杖章》疏。《中庸》注，鄭玄曰：「期之喪達於大夫者，謂旁親所降在大功者。其正統之期，天子、諸侯猶不降也。大夫所降，天子、諸侯絶之不爲服，所不臣乃服之也。」止此《喪服傳》曰：「尊同則得服其親服。」《大功章》晉荀顗曰：「諸侯絶期，大夫絶緦，然則尊同期以及緦皆如本親。」《通典》賀循曰：「諸侯於其旁親，一無所服，唯父母、妻、長子、長子之妻及爲父之後者、姑姊妹嫁於諸侯及始封之君所未臣諸父、昆弟，皆以其服服之。」同上。蜀譙周曰：「諸侯降旁親。旁親若爲諸侯、若女子嫁於諸侯者，服如國人。」《通典》賈公彦曰：「《服問》云：『君所主夫人、妻、大子、適婦。』既言君所主，服不降也。如是則爲適孫之婦，又當小功。」《司服》疏。愚按：正統高、曾、祖父母及適孫、曾、玄孫及婦之服，見天子服制。魏田瓊曰：「天子、諸侯於衆子無服。」《通典》《大功章》「君爲姑姊妹女子子嫁於國君者」，馬融曰：「君，諸侯也。不言諸國者，關天子元士、卿、大夫也。上但言君者，欲關天子、卿、大夫嫁女諸侯，皆爲大功也。諸侯絶期，姑姊妹在室無服也。嫁於國君者，尊與己同，故服期親服。」愚按：《周官》五等爵，公、侯、伯、子、男，總稱諸侯，而公爵獨居九命，故天子之女嫁於二王之後杞、宋二公者不降之。其侯、伯二爵在七命，天子六卿在六命，子、男二爵在五命，此三等蓋其尊相同。天子大夫及公之孤在四命，天子元士及公、侯、伯之卿在三命，天子中士、公、侯、伯之大夫，子、男之卿在再命，天子下士，公、侯、伯之士，子、男之大夫在一命，子、男之士則不命也。非謂五等諸侯及天子、諸侯之卿、大夫、士，並尊卑不異矣。晉姜輯曰：「《喪服》云『君爲女子子嫁於國君者』，傳曰：『尊同則得服其親服。』然則君之庶子有封爲君者，其父亦不降之明矣。」《通典》《喪服傳》云：「始封之君不臣諸父、昆弟，封君之子不臣諸父，而臣昆弟，封君之孫盡臣諸父、昆弟。」○諸侯爲所生母見天子服。

百廿五　諸侯夫人降不降服例。附公妾服。

吳射慈曰：「諸侯之女爲諸侯夫人，服諸侯之親，隨諸侯降一等，詳見皇后服。還爲族親，則皆降之。」愚按：此謂諸侯之女，爲庶昆弟，以父厭降之，雖已爲諸侯夫人亦然。昆弟若爲諸侯，則仍其本服。若爲大夫，而我爲之小君，則不服也。凡旁親恐皆如之。《不杖章》注，鄭玄曰：「女君與君一體，唯爲長子三年。其餘以尊降之，與妾子同也。」賈公彦曰：「其餘謂己所生第二已下，以尊降與妾子同。諸侯夫人無服，大夫妻爲之大功也。」蜀譙周曰：「諸侯夫人亦隨其君降旁親無服，爲其族亦降旁親，非諸侯，自期以下無服，爲其父母及祖如國人。」《通典》愚按：此祖包得祖、曾、高祖父母，其爲外祖父母亦不降。○賈公彦曰：「天子之女嫁於諸侯，出嫁爲夫斬，仍爲父母不降。」《斬衰章》疏。○鄭玄曰：「大夫之女爲諸侯夫人者，父卒，昆弟之爲父後者宗子，亦不敢降也。」《喪服記》注。愚按：夫人尊同不降之列與君同。○公妾服見皇后服下。

百廿六　諸侯子女降不降服例。諸侯兄弟内外宗服附。

晉徐邈云：「諸侯之嗣子及大夫之適，皆降絶旁親，唯父母之所服，子乃敢服。」《通典》《喪服小記》云：「世子不降妻之父母，其爲妻也，與大夫之適子同。」服不杖期。蜀譙周曰：「諸侯嗣子爲其妻及外祖父母、妻父母皆如國人。其妻，君爲之主，故嗣子之所爲服，服如國人。」《通典》○詳見天子服。○《通典》云：「周制，練冠麻衣縓緣，公子爲母爲妻亦同，皆既葬而除之。」詳見諸王服。經《大功章》「公之庶昆弟爲母妻昆弟」，鄭玄曰：「公之庶昆弟，則父卒也。昆弟，庶昆弟也。」賈公彦曰：「公子父在爲母妻，在五服之外。今服大功，故知父卒也。」傳曰：「何以大功也？先君餘尊之所厭，不得過大功也。」止此。鄭玄曰：「凡公子厭於君，降其私親。」愚按：此謂公子不爲其外祖父母及妻父母服。詳見諸王服。○愚按：諸侯之女嫁於天子、諸侯服例見上。賈公彦曰：「諸侯之女嫁於大夫，出嫁爲夫斬，仍爲父母不降。」《斬衰章》疏。○諸侯兄弟及内外宗爲諸侯及夫人世子服，詳見諸王妃主服制。○鄭玄曰：「公之昆弟猶大夫。」賈公彦曰：「此二人尊卑同，故云猶大夫也。」《小功》注疏。愚按：《喪服》公之昆弟服例，其尊卑每與大夫同，而其所以同者異矣。蓋大夫於旁親爲士者，直以己尊降之也。公之昆弟若始封君之兄弟，則以旁尊降之。若繼體君之兄弟，則又有餘尊厭。説見《不杖章》注疏。公子父在則亦以父厭，不敢服旁親。父没則亦公之昆弟耳。其尊卑以大夫爲準，故古禮於旁親爲大夫者不降也。

猶不降也。」孔穎達疏引熊氏云：「此對天子、諸侯，故云『期之喪達乎大夫』，其實大夫爲大功之喪，得降小功，小功之喪得降緦麻。是大功、小功皆達乎大夫。」賈公彥曰：「大夫尊降旁親皆一等。」《齊衰章》疏。《白虎通》云：「卿大夫降緦，重公正也。」晉公瑄曰：「大夫降緦，尊與已敵，則不敢降。旁親降一等，緦麻絶也。凡以尊所降而不服者，吊服加麻之絰帶而往哭之。」吴射慈云：「傳曰：『尊同則得服其親服。』言尊同者，謂俱爲卿大夫，各隨本親則不降也。」

百廿七 公卿大夫降不降服例。

《中庸》注，鄭玄曰：「期之喪達於大夫者，謂旁親所降在大功者。其正統之期，天子、諸侯

《通典》○經《大功章》「大夫爲世父母、叔父母、子昆弟、昆弟之子、爲士」，傳曰：「何以大功也？尊不同也，尊同則得其親服。」馬融曰：「子，謂庶子也。」《喪服小記》云：「大夫降其庶子。」孔疏云：「大夫降其庶子，故爲其庶子不爲大夫者，服其大功也。」《不杖章》「爲衆子」注，鄭玄曰：「衆子者，長子之弟及妾子，女子在室亦如之。士謂之衆子，未能遠别也。大夫則謂之庶子，降之爲大功。」又《小功章》「大夫、大夫之子、公之昆弟爲從父昆弟、庶孫、姑姊妹、女子子適士者」，鄭玄曰：「從父昆弟及庶孫，亦謂爲士者。」又《記》云「大夫、公之昆弟、大夫之子於兄弟降一等」，鄭玄曰：「兄弟，猶言族親也。凡不見者，以此求之也。」○經《不杖章》「大夫爲祖父母、適孫爲士者」，傳曰：「何以期也？不敢降其祖與適也。」馬融曰：「重祖重適，自尊

者始也，故不敢降。」又《三月章》「曾祖父母爲士者如衆人」，傳曰：「何以齊衰三月也？大夫不敢降其祖也。」愚按：大夫爲高曾祖父母、妻、適子孫、曾玄孫及婦皆如衆人。又《大功章》「大夫、大夫之妻、大夫之子、公之昆弟爲姑姊妹、女子子嫁於大夫者」，馬融曰：「按，在室大功，以在大夫尊降之限。嫁大夫尊同，故不復重降。嫁士則小功。」○《喪服記》云：「大夫、公之昆弟、大夫之子，於兄弟降一等。」鄭玄曰：「兄弟，猶族親也。凡不見者，以此求之也。」賈公彦曰：「大夫以尊降，昆弟以旁尊降，大夫之子以厭降，是以總云一等。小功已下爲兄弟，但此兄弟，及下文爲人後者爲兄弟，皆非小功已下，猶族親所容廣也。」《集説》云：「此言所爲之兄弟，謂爲士者也。惟公之昆弟，雖與其兄弟同爲公子，亦降之也。大夫小功而下之親爲士者，皆不爲之服，蓋小功降一等則緦，而大夫無緦服故也。」○經《齊衰三月章》「大夫爲宗子」，傳曰：「何以齊衰三月也？大夫不敢降其宗也。」○晉賀循曰：「大夫爲其外親爲士者，尊雖不同亦不降。」○《喪服傳》云：「大夫以上，爲庶母無服。」○晉姜輯議云：「三公爵命雖尊，班重諸侯，據在王朝，上厭天子，有由而屈，義不得伸耳。以例言之，宜依卿大夫降之服。」《通典》

百廿八 公、卿、大夫命婦降不降服例。大夫妾服附。

經《大功章》「大夫、大夫之妻、大夫之子、公之昆弟爲姑姊妹女子子嫁於大夫者」，《集説》

云：「經言大夫、大夫之子爲服多矣，於是乃著大夫、大夫之妻者，以惟此條可與之相通，故因而見之也。」經又云「君爲姑、姊妹、女子子嫁於國君者」，《集説》云：「以上條例之，則夫人公子之則亦當然也。」魏田瓊曰：「大夫妻爲大夫之親，亦隨大夫而降一等。」又曰：「大夫之妻，爲庶子女子在室大功，女適於士小功。」又曰：「大夫之妻，爲長子三年，女子子嫁大夫大功。」女君爲子，詳見「諸侯夫人」條。晉賀循云：「大夫妻，其娣姒其夫爲士者服，亦降一等。」《通典》○魏田瓊曰：「大夫之妻，尊與大夫同。」又曰：「大夫之女嫁於大夫，還爲其族親尊不同者亦降之，唯父母、昆弟爲父後者、宗子，亦不降也。」經《大功章》「大夫之妻爲姑、姊妹、女子子嫁於大夫者」，賈公彦曰：「姑姊已下一等大功，又以出降當小功。但嫁於大夫，尊同無尊降，直有出降，故皆大功也。」傳曰：「何以大功也？尊同則得服其親服。」○賈公彦曰：「諸侯之女嫁於大夫，出嫁爲夫斬，仍爲父母不降。」《斬衰章》疏。○鄭玄曰：「士之女爲大夫妻，與大夫之女爲諸侯夫人，諸侯之女爲天王后者。爲父卒，昆弟之爲父後者宗子，亦不敢降也。」《喪服記》注。

大夫妾 經《不杖章》「公妾、大夫之妾爲其子」，傳曰：「何以期也？妾不得體君，爲其子得遂也。」《大功章》「大夫之妾爲君之庶子」，傳曰：「何以大功也？妾爲君之黨服，得與女君同。」兩條義詳見「公妾」條。《小功章》「大夫之妾爲庶子適人者」，鄭玄曰：「君之庶子，女子子也。在室大功，其嫁於大夫亦大功。」賈公彦曰：「此云『適人』者，謂士。鄭云『嫁於大夫亦大功』者，直有出降，無尊降故也。」《集説》云：「《喪服記》與《小記》言妾爲君之長子之服，《大功章》及此章，凡三見大夫之妾爲君之庶子及其女子子之服，若其君之他親，則無聞焉。然則凡妾之從乎其君，而服其君之黨者，止於此耳，是亦異於女君者也。」

百廿九 公卿大夫子女降不降服例。

鄭玄曰：「大夫之子，得用大夫之禮。」《雜記》注。賈公彦曰：「大夫之子，得行大夫禮，降與不降，一與父同。」《不杖章》疏。蜀譙周曰：「大夫之子，父在降旁親，亦如大夫，從父厭也。父没皆如國人。」吴徐整曰：「若父卒，已未大夫，故猶士耳。」《通典》○經《大功章》「君爲姑、姊妹、女子子嫁於國君者」，傳曰：「君之所爲服，子亦不敢不服也。君之所不服，子亦不敢服也。」《集説》云：「公子之服與否，皆視其君而爲之。此專指公子之公在者言也。若公没，則鄙之所謂不敢服者，今皆服之矣。但其爲餘尊所厭者乃降之，如爲母妻降昆弟大功是也。」又前章經云：「公庶昆弟、大夫之庶子爲母妻昆弟」，鄭玄曰：「公之庶昆弟，則父卒也。大夫之庶子，則父在也。其或爲母，謂妾子也。昆弟，庶昆弟也。」《集説》云：「公之昆弟，其親之以厭而降者，僅止於此。若大夫之子，此服之外更有降在大功者，其多寡與公之昆弟不類，乃並言此者，蓋主於其子之母妻耳。且此昆弟之降，大夫之子皆然，亦不專在於庶。」傳曰：「何以大功也？先君餘尊之所厭，不得過大功也。大夫之庶子，則從乎大夫而降也。」鄭玄曰：「言從乎大夫而降，則於父卒如國人也。」《集説》云：「此三人者皆君所絶者也，故君在，則公子於昆弟無服，而爲母若妻於五服之外。君没矣，其死者猶爲餘尊所厭，是以公子爲此三人，止於大功也。此傳言公之昆弟、大夫之庶子，是服之所以同者備矣。而諸侯大夫尊厭、輕重、遠近之差，亦略於是乎見焉。」〇又《不杖章》「大夫之子爲世父母、叔父母、子昆弟、昆弟之子、姑姊妹、女子子無主者，爲大夫命婦者，唯子不報」，傳曰：「大夫者，其男子之爲大夫者也。命婦者，其婦人之爲大夫妻者也。無主者，命婦之無祭主者也。何以言唯子不報也？女子子適人者，爲其父母期，故言不報也，言其餘皆報也。何以期也？父之所不降，子亦不敢降也。大夫曷爲不降命婦也？夫尊於朝，妻貴於室矣。」鄭玄曰：「命者，加爵服之名，自士至上公凡九等。君命其夫，則后夫人亦命其妻矣。命婦無祭主，謂姑姊妹、女子子也。唯子不報，男女同不報爾。傳唯據女子子，似失之矣。夫尊於朝，與己同，婦貴於室，從夫爵也。」賈公彦曰：「『父之所不降，子亦不敢降也』者，欲見此經云大夫之子得行大夫禮，故傳據其父爲大夫爲本，以子亦之也。」《集説》云：「若姑姊妹、女子服，亦本期也。其在室者，則以大夫之尊厭降爲大功。若適士，則又以出降爲小功，以其爲命婦，故不復以尊降，惟以出降爲大功。若又無祭主，乃加一等爲期。」〇又云：

「此於其子，不别適庶，以父在故爾。傳曰『有適子者無適孫』是也。」○又云：「是章有大夫爲適孫爲士者之服，則此昆弟之子，爲其父之適孫者，雖不爲大夫，已又不降之也。」○又云：「世父母、叔父母、昆弟、昆弟之子爲大夫命婦，乃於大夫之子，亦報之者，蓋以其父之故，不敢以降等者服之，亦貴貴之意也。惟父卒乃如衆人。」○又《大功章》經云：「大夫之子、公之昆弟爲姑、姊妹、女子子嫁於大夫者。」《集説》云：「公之昆弟爲此姊妹，惟在出降之科，則是先君餘尊之所厭，亦不及於其嫁出之女也。若先君於其姊妹與其孫，則不厭之固矣。」○《不杖章》「大夫之適子爲妻」，傳曰：「何以期也？父之所不降，子亦不敢降也。何以不杖也？父在則爲妻不杖。」賈公彦曰：「大夫爲適婦爲喪主也，故子不杖也。」又曰：「父没後，適子亦爲妻杖。」○又《不杖章》「大夫之庶子爲適昆弟」，鄭玄曰：「兩言之者，適子或爲兄，或爲弟。」傳曰：「何以期也？父之所不降，子亦不敢降也。」鄭玄曰：「大夫雖尊，不敢降其適，重之也。適子爲庶昆弟，庶昆弟相爲，亦如大夫爲之。」賈公彦曰：「『父之所不降』者，即《斬衰章》父爲長子是也。適子行大夫禮，故父子俱降庶，庶又自相降也。如大夫爲之，皆大功也。」《大功章》「大夫之庶子爲母妻昆弟」，傳曰：「大夫之子，則從乎大夫而降也。父之所不降，子亦不敢降也。」鄭玄曰：「言從乎大夫而降，則於父卒如國人也。昆弟，庶昆弟也。」賈公彦曰：「大夫之子，據父在有厭，從於大夫降一等；大夫若卒，則得伸，無餘尊之厭也。」○大夫之女嫁於諸侯服例見上。○《喪服傳》曰：「大夫以上爲庶母無服。」○經《小功章》「君子子爲庶母慈己者」，傳曰：「君子子者，貴人之子也。爲庶母何以小功也？以慈己加也。」鄭玄曰：「君子子者，大夫及公子之適妻子。《内則》曰：『異爲孺子室於宫中，擇於諸母與可者，必求其寬裕慈惠，温良恭敬，慎而寡言者，使爲子師。其次爲慈母，其次爲保母，皆居子室。他人無事不往。』不言師、保，慈母居中，服之可知也。」漢《石渠禮議》：「戴聖對曰：君子子爲庶母慈己者，大夫之適妻之子，養於貴妾，大夫不服賤妾，慈己則緦也。」一説陳詮曰：「貴人者，謂公、卿、大夫也。謂貴人之子，父没之後，得行士禮，爲庶母緦也。有慈養己者，乃加服小功。」愚按：據前説，則貴人之子爲父貴妾本服緦，亦不敢降父之所服也。若其慈己，則加之一等矣。賈公彦曰：「案《曾子問》孔子曰：『古者男子外有傅，内有慈母，君命所使教子也，何服之有？』以此而言，則知天子諸侯之子，於三母皆無服也。」○《緦麻章》「乳母」，傳曰：「何以緦也？以名服也。」馬融曰：「以其乳養於己，有母名。」鄭玄曰：「謂養子者有他故，賤者代之慈己。」賈公彦曰：「大夫三母之内，慈母有他故，使賤者代慈母養子，謂之乳母。」又曰：「案《内則》云：『大夫之子有食母。』彼注引此云《喪服》所謂乳母也。」魏劉德問田瓊曰：「今時婢生口，使爲乳母，得無甚賤不應服也？」答曰：「婢生口故不服也。」《通典》

百三十 漢以來公侯卿大夫服例。

杜氏《通典》云：「漢魏故事無五等諸侯之制，公卿朝士服喪，親疏各如其親。」○魏制，縣侯比大夫。同上。○晉制，王公五等諸侯成國置卿者，及朝廷公孤之爵，皆旁親絶期，而旁親爲之服斬；卿校位從大夫者，皆絶緦。摯虞以爲：「古者諸侯臨君之國，臣諸父兄。今之諸侯不同于古，其尊未全，不宜便從絶期之制，而令旁親服斬衰之重也。諸侯既然，則公孤之爵亦宜如舊。昔魏武帝建安中，已曾表上，漢朝依古爲制，事與古異，不皆施行。施行者著在魏科，大晉採以著令。宜定新禮皆如舊。」詔從之。同上。又姜輯議：「昔秦滅五等，更封列侯，以存舊制。稱列侯者，若云列國之侯也，故策命稱國，終没稱侯。漢魏相承，未之或改。大晉又建五等，憲章舊物，雖國有大小，輕重不侔，通同大體，其義一也。故詔書亭侯以上與王公同。又以爲列侯以上策命建國者，皆宜依古諸侯，使絶期服。」同上。徐邈云：「按禮以貴降賤，主侯絶期。以尊降卑，餘尊所厭，則公子服其母、妻、昆弟，不過大功。以適別庶，則父之所降，子亦不敢不降也。此三者，舊典也。《喪服傳》又曰：『始封之君，不臣諸父昆弟。』先儒以爲不臣則服之。漢魏以來，王侯皆不臣其父兄，則事異於周，則厭降之節，與周不同。緦猶不降，況其親乎？既不以貴降，則餘尊之厭，當作「無餘尊之厭」。故五服内外，通如周之士禮，而三降之典不復同矣。昔魏武在漢朝，爲諸侯制，而竟不立。荀公定新禮，亦欲令王侯五等皆旁親絶期。而摯仲理駁以爲今諸侯與古異，遂不施行。此則是近世成軌也。《記》又云『古者不降上下』，故孟武、孟皮得全齊衰。然則殷周立制，已自不同，所謂質文異宜，不相襲禮。大晉世所行，遠同斯義。孔彭祖昔諮簡文帝諸王所服，聖旨以爲近世以來，無復相降。」虞喜《釋滯》曰：「漢魏以來，先儒論禮及喪服變除者，皆言大夫降其旁親爲士者一等，時人或班駁行之，自謂合禮。按《喪服》經傳，始封之君不臣諸父昆弟，封君之子不臣諸父，封君之孫盡臣之矣。夫始封之君尚服諸父昆弟，而始爲大夫便降旁親，尊者就重，而卑者即輕，輕重顛倒，豈禮意哉！然當有意，此爲據諸侯成例，包於大夫以相兼通也。如此，則一世爲大夫不降諸父，二世爲大夫不降兄弟，三世爲大夫皆降之。古者貴大夫有采邑，繼位不止一身。魯之三桓，鄭之七穆，皆自此也。或問曰：『今大夫雖不繼位，亦有三世皆爲大夫者，名例相准，必當隨古乎？』答曰：『古重今輕，位無常居，使吾處之，志不存降。』」同上。

親尊服義卷第六

君臣服義下

天子、諸侯五屬内外宗之服，既具前篇，此不復出。此篇所載，只異姓服外之臣所應服者也。

臣爲君服義

百卅一 總論臣爲君服。臣妻服附。

臣爲君斬衰三年。〇臣妻爲夫君齊衰不杖期。

經《斬衰章》「君」，傳曰：「君，至尊也。」鄭玄曰：「天子、諸侯及卿、大夫有地者，皆曰君。」一説《集説》云：「諸侯及公卿、大夫、士有臣者皆曰君。此爲之服者，諸侯則其大夫、士也，公卿、大夫、士則其貴臣也。此亦言士禮，以關上下，下放此。」賈公彦曰：「卿、大夫承天子、諸侯，則天子、諸侯之下有地者，卿、大夫皆曰君。天子不言公與孤，諸侯大國亦有孤。鄭不言者,《詩》云:『三事大夫』,謂三公,則大夫中含之。」又曰:「鄭注《曲禮》云:『臣無君猶無天。』則君者,臣之天。故亦同之於父爲至尊,但義故,還著義服也。」《檀弓》云:「事君有犯而無隱,左右就養有方,服勤至死,方喪三年。」《坊記》云:「喪父三年,喪君三年,示民不疑也。」漢戴德《喪服變除》云:「臣爲君,笄纚,不徒跣,始死,深衣素冠,其餘與子爲父同。」《通典》○《不杖章》「爲夫之君」,傳曰:「何以期也?從服也。」馬融曰:「夫爲君服三年,妻從夫降一等,故服期。」

百卅二 總論臣從君服。臣妻服附。

臣爲君祖父母、父母、妻、長子並齊衰不杖期。○近君小臣,從君服不降。○爲君妾母不從服,唯近臣從服之。○臣聞君親之喪,而君已除喪,則不從而税,唯近臣則從而税。○君在外而有君親之喪,則臣先服其從服。○凡臣所從君而服,其妻不從夫服之。○君爲殤服,臣不從服。

經《不杖期章》「爲君之父母、妻、長子、祖父母」,傳曰:「何以期也?從服也。父母、長子,君服斬。妻,則小君也。父卒,然後爲祖後者服斬。」馬融曰:「父母、長子,君服斬,故臣從降服一等期也。妻則小君,服母之義,故期也。」賈公彦曰:「傳云『父母、長子,君服斬』者,欲見臣從君服期。若然,君之母當在齊衰,與君父同在斬者,以母亦有三年之服,故并言之。云

『妻則小君也』者，欲見臣爲小君期，是常非從服之例，云『父卒，然後爲祖後者服斬』者，傳解經臣爲君之祖父母服期，若君在，則爲君祖父母從服期。」《集説》云：「君服斬，然後臣從服期。又此言爲君之母與其祖母，皆指其卒於夫死之後者也。其夫若在，君爲之期，則臣無服也。」鄭玄曰：「此爲君矣，而有父若祖之喪者，謂始封之君也。若是繼體，則其父若祖有廢疾不立。父卒者，父爲君之孫，宜嗣位而早卒，今君受國於曾祖。」賈公彦曰：「《周禮·典命》三公八命，其卿六命，大夫四命，出封皆加一等，是五等諸侯爲始封之君非繼體，容有祖父不爲君而死，君爲之斬，臣亦從服期也。若是繼體，則祖與父合立，爲廢疾不立，己當立，是受國於曾祖。」愚按：繼體之君爲父斬而臣從服期者，有三焉：其一，父有廢疾而不立，今君受國於祖，而後父卒也。其一，祖早卒，父廢疾不立，今君受國於曾祖，而後父卒也。其一，父祖並廢疾不立，今君直受國於曾祖，而後父先卒也。君爲祖斬而臣從服期者，亦有三焉：其一，祖廢疾不立，父宜嗣曾祖之位而早卒，今君受國於曾祖，而後祖卒，鄭注所云者是也。其一，祖廢疾不立，父嘗嗣曾祖之位而先薨，今君受國其父，而後祖方卒也。其一，父祖並廢疾不立，今君直受國於曾祖，而後父先卒，而祖後卒也。若其祖先卒而父尚在，則蓋君爲祖服期，而臣不從服之。君之母及祖母，其夫嘗爲君，則俱爲先小君，臣爲之服期者，正服也。若其夫雖不爲君，而君承重服斬，則臣亦爲之期，是從服也。若君爲祖母期，則臣蓋亦不從服也。君若有高祖服，亦猶曾祖之例。

○《喪服傳》曰：「近臣，君服斯服矣。」鄭玄曰：「近臣，閽寺之屬。君，嗣君也。斯，此也。近臣從君喪服，無所降也。」賈公彦曰：「《周禮》天子宫有閽人、寺人。閽人掌守中門之禁，寺人掌外内之通，是皆近君之小臣，又與衆臣不同，無所降其服。」○《服問》云：「君之母非夫人，則群臣無服，唯近臣及僕、驂乘從服，唯君所服服也。」鄭玄曰：「妾，先君所不服也。禮，庶子爲後，爲其母緦。言『唯君所服』，伸君也。」孔穎達曰：「近臣謂閽寺之屬。僕，御車也。驂乘，車右也。君之母非夫人，貴臣乃不服，而此諸臣賤者，隨君之服也。君服緦，則此等之人亦服緦，故云『唯君所服服也。』」○《喪服小記》云：「爲君之父母、妻、長子，君既除喪而后聞喪，則不税。」鄭玄曰：「臣之恩輕也，謂卿大夫出聘問，以他故久留。」孔穎達曰：「此謂臣出聘不在，而君諸親喪，而臣後方聞其喪，時若君未除，則從爲服之。若君已除，則臣不税之。」《小記》又云：「近臣，君服斯服矣，其餘從而服，不從而税。」鄭玄曰：「謂君出朝覲，不時反而不知喪者。近臣，閽寺之屬。其餘，群介、行人、宰、史也。」孔穎達曰：「此明賤臣從君出朝覲在外，或遇險阻，不時反國，比反而君爲親喪，君自税之。而臣之卑近者，則從君服之，非税義也。其餘爲臣之貴者，群介、行人、宰、史之屬，若君親服限未除，而君既服之，則臣下亦從而服之也。若限已竟，而君税之，此臣不從君而税。」○《小記》又云：「君雖未知喪，臣服已。」鄭玄曰：「從服者，所從雖在外，自若服也。」孔穎達曰：「此謂君出而臣不隨君，而君之親於本國内喪，君雖未知，而在國之臣即服之也。若，如也，謂自如尋常，依限著服也。凡從服者，悉然也。」○《喪服記》云：「君之所爲兄弟服，室老降一等。」鄭玄曰：「公士大夫之君。」賈公彦曰：「天子、諸〔二〕絶旁期，今言爲兄弟服，明是公士大夫之君。於旁親降一等者，室老家相降一等，不言士，士邑宰遠臣，不從服。若然，室老似止君近臣，敬從君所服也。」○《不杖章》「爲夫之君」疏，賈公彦曰：「臣之妻皆稟命於君之夫人，不從服小君者，欲明夫人命亦由君來，故臣妻於夫人無服也。」愚按：臣妻爲小君且不服，則爲君之祖父母、父母、長子，凡夫所從君而服者，妻不陪從夫而服之可知矣。其内外宗五服婦女，蓋皆爲之從服焉。○晉有問者曰：「年在殤，爲世子，臣當有服不？」太常王冀云：「禮無從君服殤之文。夫臣從君而服，以其體尊承緒，非繼成人與殤也。」宋庾蔚之謂：「臣以義服，故所從極於三年。《經》舉重服必從，則輕〔三〕不從可知也。若從服世子之殤，亦可從服嫡婦，豈其然乎？唯小君非從，故與君同。」《通典》○臣爲幼君服義見諸王殤服。

〔二〕「諸」下，恐「侯」字脱。
〔三〕「輕」下，凡例有「服」字。

百卅三 諸侯、卿、大夫、士、庶人爲天子服及從服。

五等諸侯及王朝公卿、大夫、士並爲天子斬衰，爲皇后齊衰不杖期，其餘從服皆如士禮。○王朝庶人在官者及畿内平民並爲天子齊衰三月，俱無從服。

《周禮・司服》：「凡喪，爲天王斬衰，爲王后齊衰。」鄭玄曰：「王后，小君也。諸侯爲之不杖期。」賈公彦曰：「凡喪者，諸侯、諸臣皆爲天王斬衰，爲王后齊衰，故云『凡』以廣之。」又引《服問》云：「大夫之適子，爲君夫人、大子如士服。」注：「士爲國君斬，小君期。大子，君服斬，臣從服期。」止此。天子、卿、大夫適子亦當然，故云如士服也。愚按：大夫子行大夫禮，然則其父亦爲小君及長子服可知矣。卿大夫既然，則諸侯亦爲君長子服也。既爲小君長子服，則爲君祖父母、父母服，亦可推而知焉。凡自諸侯至士，爲天王斬者，其所從服皆然也。○《雜記》云：「大夫居廬，士居堊室。」孔穎達曰：「大夫位尊恩重，故居廬。士位卑恩輕，故居堊室也。」○《檀弓》云：「天子崩，三日祝先服，五日官長服，七日國中男女服，三月天下服。」鄭玄「祝先服」注云：「祝佐含斂先病。」其「官長服」注云：「官長，大夫士。」其「國中男女服」注云：「庶人。」其「天下服」注云：「諸侯之大夫。」孔穎達曰：「祝，大祝也。服，服杖也。是喪服之數，故呼杖爲服。祝佐含斂先病，故先杖也。官長，大夫士也，亦服杖也。國中男女，謂畿内民及庶人有官者服，謂齊衰三月而除之。必待七日者，天子七日而殯，殯後嗣王成服，故民得成服也。三月天下服者，謂諸侯之大夫爲王繐衰，既葬而除之也。近者亦不待三月，今據遠者爲言耳。」《白虎通》云：「王者崩，臣下服之有先後何？恩有深淺遠近，故制有日月。」《檀弓》又云：「公之喪，諸達官之長杖。」鄭玄曰：「謂君所命，雖有官職，不達於君，則不服斬。」孔穎達曰：「公者，五等諸侯也。諸者，非一之辭也。達官，謂國之卿、大夫、士被君命者也。若遭君喪，則備服衰杖。不達於君，謂府史之屬也。賤不被命，不服斬衰，但服齊衰三月耳。若其近臣閽寺之屬，雖無爵命，但嗣君服斬，則亦服斬也。」經《齊衰三月章》「庶人爲國君」，鄭玄曰：「不言民而言庶人，庶人或有在官者。天子畿内之民服天子亦如之。」賈公彦曰：「天子畿内之民服天子亦如之，即知畿外之民不服可知。」《繐衰章》疏。又曰：「庶人爲國君無小君，是恩淺也。」《三月章》疏。《白虎通》云：「禮，庶人國君服齊衰三月。王者崩，京師之民喪三月何？民賤而王貴，故三月而已。天子七月而葬，諸侯五月葬者，則民始哭素服，先葬三月成齊衰，期月以成禮，葬君也。愚按：成禮謂成祭禮。禮不下庶人，所以爲民制何？禮不下庶人者，尊卑制度也。服者，恩從内發，故爲之制也。」又經《齊衰三月章》「寄公」傳注，鄭玄曰：「諸侯五月而葬，而服齊衰三月者，三月而藏其服，至葬又反服之，既葬而除之。」愚按：二説異，鄭注似長。○晉尚書問：「天子崩，今臺省令史以上，爲皆服斬衰之服不？」博士卞權、應琳議：「禮，命士以上皆服斬。臺書令史，列職天朝，皆應服斬。」又曰：「禮，庶人爲國君齊衰。今則不服。然吏若郡官從事，有職司於喪庭者，宜依庶人在官義耳。」《通典》朱子曰：「禮，君之喪，諸達官之長杖。達官，謂得自通於君者，如内則公卿、宰執、六曹之長，九寺、五監之長，外則監司、郡守，皆自得通章奏於君者。凡此者皆杖。以次則不杖。如太常卿杖，太常少卿則不杖。若無太常卿，則少卿代之杖也。只不知王畿之内，公卿之有采地者，其民當何如服，當檢看。」

百卌四　諸侯卿大夫士妻子爲天子服及從服。庶人婦女服附。

諸侯夫人、公卿大夫命婦、士妻並爲天子齊衰不杖期，俱無從服，女子在室者亦如之。○諸侯世子不爲天子服。○諸侯衆子及王朝公卿大夫之子爲天子及從服，並與士同。詳見總論。○士之子女及庶人婦女爲天子並齊衰三月，俱無從服。

《服問》云：「君爲天子三年，夫人如外宗之爲君也。」鄭玄曰：「外宗，君外親之婦也。其夫與諸侯爲兄弟服斬，妻從服期。諸侯爲天子服斬，夫人亦從服期。」吳徐整問曰：「婦人爲夫君服期，諸侯夫人亦爲天子服此也。其聞喪之儀，衣麻之數，哭泣之位，變除之節，如期制將復有異耶？」射慈答曰：「其畿内諸侯夫人，有助祭之禮，則始喪之時，悉當到京師，復當還耳。其畿外諸侯聞喪，則當於路寢庭發喪，夫人當堂上也。變除之節，皆如期服之制也。」《通典》○愚按：公卿大夫士妻爲天子服，是爲夫之君者包得之。又按：内外宗女爲君及小君服，與男子同，而其服盡者，嫁於諸臣，則止爲夫之君從服期耳。是以知諸侯、卿、大夫之女子在室者服例，亦與婦人同。○《服問》云：「世子不爲天子服。」鄭玄曰：「遠嫌也。不服，與畿外之民同。」《服問》又云：「大夫之適子爲君夫人、大子如士服。」鄭玄曰：「大夫不世，子不嫌也。士爲國君斬，小君期。大子君服斬，臣從服期。」孔穎達曰「諸侯世子有繼世之道，所以遠嫌，不爲天子服也。大夫無繼世之道，其子無嫌，得爲君與夫人及君之大子著服如士服也。」賈公彦曰：「天子、卿、大夫適子亦當然，故云如士服也。」《司服》疏。愚按：大夫言適子者，明其異諸侯之世子，其實衆子之服亦同矣。諸侯之衆子，即公之昆弟也。凡喪服例，公昆弟、大夫、大夫子，其降殺並同。要之，諸侯、卿、大夫子未被爵命者，諸侯子用大夫禮，大夫子用士禮耳。獨諸侯世子有所遠嫌，故從畿外之民不服之。○經《齊衰三月章》「庶人爲國君」，注云：「不言民而言庶人，庶人或有在官者。天子畿内之民服天子亦如之。」《集説》云：「庶人此服，夫妻同之。畿内之民其服天子亦當如此。乃不著之者，則此經惟主爲侯國而作，益可見矣。」賈公彦曰：「卿大夫適子爲君夫人，亦與諸臣同。士之賤無服，當從庶人禮。」《司服》疏。愚按：《檀弓》云：「天子崩，七日國中男女服」，則畿内庶人之婦女並爲天子齊衰三月，而士之女子亦同之。黄氏《喪服圖》云：「士之子及庶人，爲君之夫人無服。」

百卅五 陪臣爲天子服。

諸侯之大夫得接見天子者，爲天子繐衰，既葬除之。馬融曰：「天子七月葬。不言七月者，言同時而除也。」

經《繐衰章》「諸侯之大夫爲天子」，傳曰：「何以繐衰也？諸侯之大夫，以時接見乎天子。」鄭玄曰：「接猶會也。諸侯之大夫，以時會見於天子而服之，則其士庶民不服可知。」賈公彦曰：「此經直云大夫，則大夫中有孤卿，以其小聘使下大夫，大聘或使孤，或使卿也。」又曰：「大夫不接見天子則無服，明士不接見亦無服可知。其士與卿大夫聘時作介者，雖亦得禮，介本副使，不得天子接見亦不服可知。」又曰：「『庶人爲國君』，注云：『天子畿内之民服，天子亦如之。』即知畿外之民不服可知。」○宋庾蔚之曰：「諸侯之士，不服天子及后，而亦不成禮。按：《曾子問》有天子王后、諸侯夫人之喪，則大夫士臨祭不成禮。止以君有天王及后之喪，以宜隨例哀致，故亦同廢祭耳。」《通典》

百卅六 秦漢以來大喪諸臣服制。

晉杜預曰：「秦燔書籍，率意而行，亢上抑下。漢祖草創，因而不革。乃至率天下皆終重服，旦夕哀臨，經罹寒暑，禁塞嫁娶飲酒食肉，制不稱情。是以孝文遺詔，斂畢便葬，葬畢則紅禫之文。」○漢文帝後七年夏六月，帝崩于未央宮。遺詔曰：「朕聞之，蓋天下萬物之萌生，靡不有死。死者天地之理，物之自然，奚可甚哀？當今之世，咸嘉生而惡死，厚葬以破業，重服以傷生，吾甚不取。且朕既不德，無以佐百姓；今崩，又使人重服久臨，以罹寒暑之數，哀人父子，傷長老之志，損其飲食，絶鬼神之祭祀，以重吾不德，謂天下何？朕獲保宗廟，以眇眇之身，託于天下君王之上，二十有餘年矣。賴天之靈，社稷之福，方内安寧，方，四方也。内，中也。猶云中外。靡有兵革。朕既不敏，常畏過行，以羞先帝之遺德；惟年之久長，懼于不終。今乃幸以天年得復供養于高廟，朕之不明與嘉之，其奚哀念之有！其令天下吏民，令到出臨三日，皆釋服。令，謂此詔文。無禁取婦、嫁女、祠祀、飲食、酒肉。自當給喪事服臨者，皆無踐。踐，剪也，謂無斬衰也。一曰踐，跣也。經帶無過三寸。無布車及兵器。無以布衣車及兵器也。無發民器臨宫殿中。殿中當臨者，皆以旦夕十五舉音，禮畢罷。非旦夕臨時，禁無得擅哭臨。以下，爲下棺也。服大紅十五日，小紅十四日，纖七日，釋服。紅與功同。纖，細布衣也。他不在令中者，皆以此令比類從事。布告天下，使明知朕意。」《通考》喪期之制，自後遵之不改。及平帝崩，王莽欲眩惑天下，示忠孝，使吏六百石已上皆服三年。《通典》○東漢光武中元二年二月戊戌，成帝崩于南宫前殿。遺詔曰：「朕無益百姓，皆如孝文帝制度，務從省約。刺史、二千石長史皆無離城郭，無遺吏及因郵奏。」《通考》○魏武帝遺詔：「百官當臨殿中者，十五舉音。葬畢便除。」文帝崩，國内服三日。蜀劉備，臣下發喪，滿三日除服，至葬復加禮。《通典》○晉文帝之喪，臣民皆從權制，三日除服。成帝咸康七年，皇后杜氏崩。詔外官五日一入臨，内官朝一入而已。《通考》宋庾蔚之曰：「文明皇后及武元楊后崩，天下將吏發哀三日止。」《通典》後魏文帝太和十四年，祖母文明馮太后崩。詔曰：「按禮，卒哭之後，將授服。於受日，庶人及小官皆令即吉。内職羽林中郎已下，虎賁郎已上，及外職五品已上，無衰服者，變從練禮。官三月除；諸王、三都尉及内職，至來年三月，朕之練也，除而即吉；侍臣，君服斯服，隨朕所降。此雖奪，奪式推情，有貴賤之差，遠近之別。」《通典》○《魏晉故事》云：「問：『諸二千石長史見在京城，皆應制服不？』博士卞權、楊雍、應琳等上云：『禮，臣爲君斬衰。自士以上見在官者，皆應制服。』」同上。○唐元陵遺制：「天下節度、觀察、團練使、刺史等，並不須赴哀。其天下人吏，敕到後，出臨三日，皆釋服。《通典》注引晉賀循云：「吏者，官長所署。」無禁婚娶、祠祀、酒肉。其宫殿中當臨者，朝夕各十五舉音。禮固從宜，喪不可久。皇帝宜三日聽政，十三日小祥，二十五日大祥，二十七日而釋服。」又云：「今百官並合准遺詔，二十七日釋服。其小祥内，百官並無假日，每日平明詣延英門，進名起居，不入正衙。至臨時赴西内，哭訖各歸。至小祥日，去首絰，著布冠。其日早集於西内哭。望日及大祥，又赴西内哭。大祥日除衰冠杖等，服慘公服，至山陵時，却服本衰服，事畢除之。」同上。○後唐莊宗同光三年七月，正簡皇太后崩。其月，太常禮院奏：「案故事，中書門下、翰林學士、在朝文武官、内諸司使供奉官以下，從成服三日，每日赴長壽宫朝臨，自後不臨。其服以日易月，十三日除。至小祥日令釋服。每至月朔月望，小祥大祥釋服日，未除服者衰服臨，已除服者則素服不臨。」又奏：「准故事，文武前資官及六品以下未升朝官，并士庶等，各於本家素服。禁衛諸軍使已下，各於本軍廳事素服一臨。僧尼道士，各於本寺觀一臨。外命婦，各於本家素服朝臨三日。諸道節度、觀察、防禦、團練、刺史及察佐等，聞哀後當日成服，三日改惨，十三日除。」從之。《通考》〇宋開寶九年十月，太祖崩，遺詔：「喪制，以日易月，皇帝三日而聽政，十三日小祥，二十七日大祥。諸道節度、觀察、防禦、團練使、刺史、知州等，不得輒離任赴闕。諸道州府臨三日釋服。」太宗奉遺詔即位，號泣以見群臣，服布四脚，直領布襴，腰絰。命婦布帕頭、裙、帔。皇弟子、文武二品以上，加布冠、斜巾、帽、首絰、大袖、裙袴、竹杖。士民縞素，婦人縵，諸軍就屯營三日哭云云。大祥，上服素紗輭脚折上巾，淺黄衫，緝皮黑銀帶。群臣及軍校以上，皆本色惨服、鐵帶，鞾、笏。諸王入内服衰，出則服惨。同上。嘉祐八年三月，仁宗崩。有司奏：「故事，皇帝群臣釋惨，常服。宗室出則常服，居則衰麻終喪。軍民至禫除，朝臣祔廟，許嫁娶，三京、諸路至卒哭，東京至祔廟，百官三年母聽樂。」每七日群臣朝臨，四十九日止。同上。南宋國恤喪禮舉臨，故事、未成服以前，行在文武百僚、諸司長吏以上及近臣列校，每日朝晡臨於宫庭；其餘職事官品於宫門外舉哀一十五音。自是朝晡臨，小祥後朝一臨，至外朝禫除止。每七日皆臨，至四十九日止。禫除後，山陵前，遇朔望日朝臨，值雨或霑濕，權免入臨，行在諸軍統制、統領就寨掛服，免入臨。其餘將副并部隊將官、隊使臣并散使臣、陞朝官以上，常服哭於本營，三日而止。諸路監司、州縣長吏以下，自聞報到日，服布幞頭、直領襴衫、上領下盤、腰絰以麻，臨三日而除。沿邊不用舉哀。皇太后崩，朝晡臨，至成服後三日而止。餘並同。皇后崩，發哀次日入臨，成服後三日而止。餘並同。其成服，中書門下、樞密使副使、宣徽三司使、翰林學士、節度使、金吾上將軍、文武二品已上，布斜巾、四脚頭冠、大袖襴衫、裙袴、腰絰、竹杖、絹襯服。自餘百官，並布幞頭、襴衫、腰絰。兩省五品，御史臺尚書省四品、諸司三品以上，見任前任防禦、團練使、刺史、内客省、宣政昭宣閤門使、前殿及入内都知、押班，服布頭冠、幞頭、大袖襴衫、裙袴、腰絰。詔都知同少府監依所定修製。又諸軍人、百姓白衫紙帽子，婦人素縵不花釵，三日哭而止。《通考》〇元豐八年九月四日，承議郎秘書正字范祖禹言："先王制禮，以君服同於父，皆斬衰三年，蓋恐爲人臣者，不以父事其君，此所以管乎人情也。自漢以來，不惟人臣無服，而人君遂亦不爲三年之喪。唯國朝自祖宗以來，外廷雖用易月之制，而宫中實行三年之喪。且易月之制，前世所以難改者，以人君自不爲服也。今君上之服已如古典，而臣下之禮猶依漢制，是以百官有司皆已復其故常，容貌衣冠無異於行路之人，豈人之性如此其薄哉？由上不爲之制禮也。今群臣易月，而人主實行喪，故十二日而小祥，期而又小祥，二十四日大祥，再期而又大祥。夫練祥不可以有二也，既以日爲之，又以月爲之，此禮之無據者也。古者再期而大祥，中月而禫，禫者祭之名也，非服之色也，今乃爲之黲服三日然後禫，此禮之不經者也。既除服，至葬而又服之，蓋不可以無服也。祔廟而後即吉，纔八月矣而遽純吉，無所不佩，此又禮之無漸者也。易月之制，因襲故事，已行之禮，不可追也。臣愚以爲宜令群臣朝服，止如今日而未除衰，至期而服之，漸除其重者，再期而又服之，乃釋衰，其餘則君服斯服可也。至於禫，不必爲之服，惟未純吉以至於祥，然後無所不佩，則三年之制略如古議。」《通解》淳熙十四年，高宗升遐，典故詔依紹興七年施行，乃聽群臣遵易月之制。及紹興甲寅，從臣羅點等建議：「乞令群臣於易月之後，未釋衰服朝會治事，權用公服黑帶。每遇七日及朔望時節朝臨奉慰，應于喪禮皆以衰服從事。山陵之後，期與再期，則又服之，至大祥而後除。至於燕服，亦當稍爲之制，去紅紫之飾，此於臣子行之非有甚難，可以略存三年之制。」當時臺諫集議，以爲點等所請，雖未純如古，亦略存遺意，可以扶持衰薄，補助名教。詔從之。《通考》朱子《君臣服議》曰：「斬衰三年，爲父爲君，如《儀禮》喪服之説而已。其服則布冠、直領大袖布衫、如布衰、辟領負版、掩衽、布襯衫、布裙、麻腰絰、麻首絰、麻帶、管屨、竹杖，自天子至於庶人，不以貴賤而有增損也。但《儀禮》之冠三梁，乃士禮。今天子通天冠二十四梁，當準之而去其半，以爲十二梁。群臣則如其本品進賢冠之數以爲等。大本既立，然後參度人情，以爲居處飲食之節，行之天下。凡諸吉凶之禮，有詭塋不經，如上領胡服之類者，一切革而去之，則亦庶乎一王之制，而無紛紛之惑矣。而前此議者，猶或慮其説之難行，雖以元祐之盛時，而不能行范祖禹之論。蓋不知自漢以來，所以不能復行君父三年之喪者，一則以人主自無孝愛之誠心，而不能力行以率於上；二則慮夫臣民之衆，冠婚祠享會聚之有期，而不欲以是奪之也。國家自祖宗以來，三年通喪實行於内，則其所以立極導民者，無所難矣。獨所以下爲臣民之慮者未有折衷，是以依違於此而未敢輕議，此亦慮之過矣。夫古之所謂方喪三年者，蓋曰比方於父母之喪云爾。蓋事親者，親死而致喪三年，情之至、義之盡者也。事師者，師死而心喪三年，謂其哀如父母而無服，情之至而義有所不得盡者也。事君者，君死而方喪三年，謂其服如父母而分有親疎，此義之至而情或有不至於其盡者也。然則所謂方喪者，豈曰必使天下之人寢苫枕塊、飲水食粥、泣血三年，真若居父母之喪哉？今臣民之服，如前所陳，則已有定説矣。獨庶人軍吏之貧者，則無責乎其全，雖以白紙爲冠，而但去紅紫華盛之飾，其亦可也。至如飲食起居之制，則前所謂參度人情者，正欲其斟酌古今之宜，分别貴賤親疏之等，以爲隆殺之節。且以婚姻一事言之，則宜自一月之外許軍民，三月之外許士吏，復土之後許選人，祔廟之後許承議即以下，小祥之後許朝請大夫以下，大祥之後許中大夫以下，各借吉三日。其大中大夫以上，則並須禫祭然後行吉禮焉。官卑而差遣職事高者從高，遷官者從新，貶官者從舊，如此則亦不悖於古，無害於今，庶乎其可行矣。」《文集》又《語録》曰：「向見孝宗爲高宗服，既葬，猶以白布衣冠視朝，此爲甚盛之德，破去千載之謬。前世但爲人君，自不爲服，故不能復行古禮。當時既是有此機會，而儒臣禮官不能有所建明，以爲一代之制，遂使君服於上而臣除於下，因陋踵訛，深可痛恨。竊謂當如孝宗所制之禮，君臣同服而略爲區別，以辨上下。十三月而服練以〔二〕，二十五月而服襴幞以禫，二十七月而服朝服以除。朝廷州縣皆用此□，燕居許服白絹巾、白涼衫、白帶，庶人吏卒不服紅紫三年。如此綿蕝，似亦允當，不知如何？」又《語類》曰：「至尊之服要好，初來三日用古冠服，上衣下裳；以後却用所制服，四脚幞頭等。自京官以上是一等服，京官以下是一等服，士人又一等服，庶人又一等服。如此等級分明也好。」或問：「有官人嫁娶在祔廟後。」曰：「只不可帶花用樂，少示其變。」又曰：「今士庶人，既無本國之君服，又無至尊服，則是無君，亦不可不示其變。如今涼衫亦不害，此亦只存得些影子。」又曰：「君之喪，士庶亦可聚哭，但不可設位。某在潭州時，亦多有民庶欲入衙來哭，某初不知，外面自被門子止約了。待兩三日方知，遂出榜告示。亦有來哭者。」又因說：「天子之喪，自太子宰執而下，漸降其服，至於四海，則盡三月服，謂凶服。訃所至，不問地之遠近，但盡於三月而止。天子初死，近地先聞，則盡三月；遠地或後聞之，亦止於三月之內也。」止此。愚按：自秦毀封建之制，使天下之人知唯以一人爲至尊，故天子崩，則天下士庶盡持重

〔二〕「以」字下，闕「祥」字。

服，與古者畿内之臣庶爲天子、列國各爲其君者異矣。漢文雖革其弊，而遺詔猶云：「其令天下吏民，令到出臨三日，皆釋服。」然其制既輕，故後世相襲不改之。先儒所議，亦皆欲因時制以存古典耳，不知果可使四海盡服三月否。其謂遠境後聞，止服殘月者，即諸侯之大夫爲天子繐衰，亦其聞喪有先後，而其除之也，一以既葬爲期之義也。輕喪從服不税，其義亦猶如是。

為皇太子服　齊武帝永明十一年，文惠太子薨，右僕射王晏等奏：「按《喪服》經，爲君之長子，同齊衰期，今至尊既不行三年之典，正服期制，群臣應降一等，便應大功九月。功衰是兄弟之服，不可以服至尊，臣等參議，謂宜重其衰裳，減其月數，並同服齊衰三月，至於太孫三年既申，南郡國臣宜備齊衰期，臨汝、曲江既非正適，不得稱先儲，二公國臣，並不得服。」詔依所議。《通典》

陪臣爲天子服　東晉簡文帝崩，鎮軍府問參佐綱紀服，邵戩答曰：「禮臣爲君服皆斬衰，大夫居廬，士居堊室。又禮君之喪，諸達官之長杖，先儒以爲非達官，謂官長所自除人在官者也。庶人在官服天子，與畿内之民同齊衰三月。按參佐無除者，宜用此禮。又禮諸侯之大夫會見天子者，爲天子服繐衰七日。按綱紀雖或被除敕，猶古諸侯之卿，命於天子比耳，見北面時君無二君之道，宜依繐衰之制，其無除敕又未嘗會見，則宜無服。」《通典》

百卌七 臣爲諸侯卿大夫服例。僕隸爲士服及倍臣爲諸侯服附。

愚按：古者諸侯五屬内外宗及卿、大夫、士與其妻子爲君夫人服，庶人男女爲國君服，並如天子禮。《喪服小記》云：「與諸侯爲兄弟者服斬。」鄭玄曰：「謂卿大夫以下也。與尊者爲親，不敢以輕服服之。言諸侯者，明雖在異國，猶來爲三年也。」孔穎達曰：「熊氏以爲謂諸侯死，凡與諸侯有五屬之親者，皆服也。以謂諸侯體尊，不可以本親輕服服之也。經云『與諸侯爲兄弟服斬』，恐彼此俱爲諸侯爲之服斬，故云『卿大夫以下』。若俱作諸侯，則各依本服。大抵曾在本國作卿、大夫，今來他國未仕，或與諸侯爲兄弟，雖在他國仕爲卿、大夫，皆爲舊君服斬也。」○魏《喪葬令》云：「王及群公侯之國者薨，其國相官屬長史及内史下令長丞尉，皆服斬衰，居倚廬。妃夫人服齊衰，朝晡詣喪庭臨。以喪服視事，葬訖除服。其非國下令長丞尉及不之國者相、内史及令長丞尉，其相内史吏皆素服三日哭臨。其雖非近官而親在喪庭執事者，亦宜制服。其相、内史及以列侯爲吏令長者無服，皆發哀三日。」《通典》魏尚書左丞王煛除陳相，未到國而王薨。議者或以爲宜齊衰，或以爲宜無服。王肅云：「曾子問曰：『娶女有吉日而女死，如之何？』孔子曰：『婿齊衰而吊，既葬而除之。夫死亦如之。』各以其服，如服斬衰，斬衰而吊，既葬而除之也。今煛爲王相，未入國而王薨，義與女未入門夫死同，則煛宜服斬衰，既葬而除之，此禮之明文也。《禮》曰『與諸侯爲親者服斬』，雖有親，爲臣則服斬衰。臣爲其君服之，或曰宜齊衰，不亦遠於禮乎？」詔如肅議。同上。

又魏令曰：「官長卒官者，吏皆齊衰，葬訖除之。」蜀譙周云：「大夫受畿内采邑，有家臣，雖又別典鄉遂之事，其下屬皆上相屬，其吏非臣也。秦漢無復采邑之家臣，郡縣吏權假斬衰，代至則除之。」晉喪葬令曰：「長吏卒官，吏皆齊衰，以喪服理事，若代者至，皆除之。」同上。魏河南尹丞劉綽問曰：「士孫德祖以樂陵太守被書遷陳留，已受印綬，發邁迎吏，雖未至，左右已達，未入境而亡。不知樂陵送故吏當持重乎？」河南尹司馬芝答曰：「德祖見陳留太守，故樂陵守耳。樂陵吏以舊君服，復何疑也？」劉綽難云：「雖去樂陵，其義未絶；陳留雖迎，其恩未加。今使恩未加而服重，恩未絶而服輕乎？《禮》：『娶女有吉日而女死，婿齊衰而吊，既葬除之。』謂樂陵宜三年矣。」芝答：「德祖已受帝命，君名已定，乃欲以已成名之君，比未成之婦，何耶？」宋庾蔚之謂：「爵位以受命爲判。德祖已受陳留之印，則於樂陵爲舊君矣，不俟迎至乃相見也。陳留君吏之名雖判，而恩實未接，同吉日之婦，於情爲安。今吏爲君齊衰以吊。」同上。經《斬衰章》「公士、大夫之衆臣，爲其君布帶、繩屨」，鄭玄曰：「士，卿士也。公卿大夫厭於天子、諸侯，故降其衆臣布帶繩屨，貴臣得伸，不奪其正。」賈公彦曰：「《燕禮》云：『若有諸公，則先卿獻之。』鄭注云：『諸公者，大國之孤也。』是以其孤爲公，言厭於天子、諸侯，故降其衆臣布帶、繩屨二事，其餘服杖、冠、絰則如常也。其布帶則與齊衰同，其繩屨則與大功等也。」傳曰：「公卿大夫室老、士，貴臣，其餘皆衆臣也。君，謂有地者也。衆臣杖，不以即位。近臣，君服斯服矣。繩屨者，繩菲也。」鄭玄曰：「室老，家相也。士，邑宰也。近臣，閽寺之屬。君，嗣君也。斯，此也。近臣從君喪服，無所降也。繩菲，今時不借也。」賈公彦曰：「士無臣，雖有地不得君稱，故僕隸等爲其喪吊服加麻，不服斬也。」《斬衰章》疏。《集説》云：「李徽之曰：以傳考之，疑『士』即『卿』字，傳寫誤也。」又云：「此亦以其異故著之，且明異者之止於是也。爲公卿大夫之服如此，則其於士又殺可知矣。」又云：「經惟言公、卿、大夫爾，而傳以有地者釋之，則無地者其服不如是乎？似失於固矣。」○漢《石渠禮》曰：「大夫之臣爲國君服何？聞人通漢對曰：『大夫之臣，陪臣也。未聞其爲國君也。』又問：『庶人尚有服，大夫臣食禄，及無服，何也？』聞人通漢對曰：『《記》云仕於家，出鄉不與士齒，是庶人在官也，當從庶人之爲國君三月。』」《通典》

百卌八 臣爲舊君服。爲未及仕君服及爲舊舉將服附。

臣老病致仕者，爲舊君及君母、妻並齊衰三月。○臣待放未去者，爲舊君齊衰三月。○臣已去而其妻子在故國者，妻子爲舊君齊衰三月。○今君與舊君尊卑同，則爲舊君服，不同則不服。○仕而未禄者，在朝則爲君服，若去國則不服。

經《齊衰三月章》「爲舊君、君之母、妻」，傳曰：「爲舊君者，孰謂也？仕焉而已者也。何以服齊衰三月也？言與民同也。君之母、妻，則小君也。」鄭玄曰：「仕焉而已者，謂老若有廢疾而致仕者也。爲小君服者，恩深於民。」雷次宗曰：「身既及昔，服亦同民，蓋謙遠之情，居身之道也。然恩紀内結，實異餘人，故爰及母妻也。」賈公彦曰：「庶人爲國君，無小君，是恩淺。此爲小君，是恩深於民也。」《集説》云：「此嘗仕矣，今又在國，其服宜異於民。乃亦齊衰三月者，蓋不在其位，則不宜服斬，以同於見爲臣者。而臣於君又無期服，故但齊衰三月而不嫌其與民同也。然又爲小君服，則亦異於民矣。」○前章經又云「舊君」，鄭玄曰：「大夫待放未去者。」傳曰：「大夫爲舊君，何以服齊衰三月也？大夫去，君埽其宗廟，故服齊衰三月也，言與民同也。何大夫之謂乎？言其以道去君而猶未絶也。」鄭玄曰：「以道去君，謂三諫不從，待放於郊。未絶者，言爵禄尚有列於朝，出入有詔於國，妻子自若民也。」晉崇氏問淳于睿曰：「凡大夫待於郊三月，君賜環則還，賜玦則去，不知此服已賜環玦未？」答曰：「其待放已三月，未得環玦，未適異國，而君埽其宗廟，故服齊衰三月。」《通典》賈公彦曰：「大夫去君，埽其宗廟，詔使宗族祭祀，爲此大夫雖去，猶爲舊君服。若然，君不使埽宗廟，爵禄已絶，則是得玦而去，則不服矣。此不言士者，此主爲待放未絶，大夫有此法。士雖有三諫不從，出國之時，案《曲禮》踰境，素服，乘髦馬，不蚤鬋，不御婦人，三月而後即向他國。無待放之法，是出國即不服舊君矣。若然，不言公卿及孤者，《詩》云『三事大夫』，則三公亦號大夫，則大夫中總兼之。」一説《集説》云此即在外之大夫爲之也。子思子曰「『古之君子進人以禮』云云，孟子曰『諫行言聽』云云，爲舊君之義，二説盡之。傳曰云云，『君埽其宗廟』，見猶望其復反之意，所謂『猶未絶』者此也。然則已絶者，其不爲此服乎？亦與經意異矣。」○前章經又云：「大夫在外，其妻、長子爲舊國君。」鄭玄曰：「在外，待放已去者。」傳曰：「何以服齊衰三月也？妻，言與民同也。長子，言未去也。」鄭玄曰：「妻雖從夫而出，古者大夫不外娶，婦人歸宗往來，猶民也。《春秋傳》曰：『大夫越境逆女，非禮。』君臣有合離之義，長子去，可以無服。」晉崇氏問曰：「齊衰三月，大夫在外其妻、長子爲舊君。大夫去適他國，便爲其所適國君服，於本國絶矣。妻從夫，當爲後君服，舊寧以爲民乎？以爲宜與長子未去者同耳。」淳于睿答：「若妻未去，自若民也，不爲舊君也。」《通典》一説《集説》云：「此承庶人之下，故但據其妻與長子言之。云舊國君，明妻子亦在外也。大夫於舊君恩深，故雖去國，而於己服之外，妻子又爲之服也。去國且若是，則在國可知。大夫在位，與其長子俱爲君服斬，妻服期。去位，則皆爲之齊衰三月而已。又爲君之母、妻，若去國，則不服其母、妻也。士之異於此者，長子無服。若去國，則夫妻亦不服之矣。傳曰：『何以』云云，其爲服之意若但如是而已，則士之在外者，妻與長子亦宜然也，何必大夫乎？傳似失之。」○《雜記》云：「違諸侯，之大夫，不反服。違大夫，之諸侯，不反服。」鄭玄曰：「其君尊卑異也。違，猶去也。」孔穎達曰：「去謂不便其君及辟仇也。之，往也。若所仕敵，則反服舊君，服齊衰三月。」晉武帝泰始中，尚書令史物本文姓闕。等是故少府鮑融故吏，假詣喪所行服，散騎常侍何遵駁以爲：「《禮》云『違大夫，之諸侯，不反服』，則之天子亦不反服矣。物等已登天朝，反服舊主，典禮相違。」荀顗表云：「禮，臣爲君斬衰三年，與子爲父同。以進登天朝，絶無舊君之心，廢反服之禮，非所以敦風崇教。今使仕者反服舊君，於義爲弘。」詔曰：「可重下禮官評考。」尚書吴奮議以爲皆不應服。尚書何禎議以爲：「禮爲貴臣貴妾緦服三月。夫貴之施賤，猶論恩紀以制服，况嘗爲臣吏，禮遇恩紀，優劣不同，焉可同之一例？今以爲辟舉正職之吏，宜依古爲舊君服不，論違適之異，皆齊衰三月。其餘郡吏，聞喪盡哀而已。」范汪議：「當今刺史郡守幕府，事任皆重，與古諸侯不異也。按漢魏名臣爲州郡吏者，雖違適不同，多爲舊君齊衰三月。」《通典》○《檀弓》云：「仕而未有禄者，違而君薨，弗爲服也。」鄭玄曰：「以其恩輕也。」孔穎達曰：「若已有禄，恩重者，雖放出仕他國，而所仕者敵，則猶反服。今此未得禄之臣，唯在朝時乃服，若放出他邦，而故君薨，所仕雖敵，亦不反服也。」○魏景元元年，傳玄舉將僕射陳公薨，以諮時賢。光禄鄭小同云：「宜准禮而以情義斷之，服吊服加麻可也，三月除之。」司徒鄭公云：「昔王司徒爲諫議大夫，遭舉將喪，雖有不反服。今不同古，便制齊衰三月。漢世名臣皆然。」宋庾蔚之謂：「白衣舉秀孝，既未爲吏，故不宜有舊君之朝。尊卑不同，則無正服，吊服加麻可也。今人爲守相刺史又無服，但身蒙舉達，恩深於常，謂宜如鄭小同吊服加麻爲允。今已違適爲異，與舊君不通議論，不奔吊故郡將喪。」《通典》

百卌九 寄公爲國君服。

經《齊衰三月章》「寄公爲所寓」，傳曰：「寄公者何也？失地之君也。何以爲所寓服齊衰三月也？言與民同也。」鄭注見上。賈公彦曰：「失地君者，謂若《禮記·射義》貢士不得其人，數有讓，黜爵削地盡，君則寄在他國。」

百四十 臣民私服公除例。

沈約《宋志》云：「漢文帝始革三年喪制。服大紅十五日，小紅十四日，纖七日而釋服，令無復三年之禮。宣帝地節四年，詔曰：『今百姓或遭衰絰凶灾，而吏徭事不得葬，傷孝子心。自今諸有大父母、父母喪者，勿徭事，得收斂送終，盡其子道。』至成帝時，丞相翟方進事後母孝謹，母終，既葬三十六日，除服視事。自以爲身備漢相，不敢踰國家典章。然而原涉行父喪三年，名顯天下。河間惠王行母喪三年，詔書褒稱，以爲宗室儀表。薛脩服母喪三年，而兄宣曰：『人少能行之。』遂兄弟不同，宣卒以此獲譏於世。是則喪禮見貴常存矣。」《文獻通考》云：

「孝文之詔，既不爲嗣君而設，亦未嘗以所謂三十六日者爲臣下居私喪之限制也。俗吏薄孝敬而耽榮禄，是以並緣此詔之語，遂立短喪之法，以便其私。至方進之時，遂指爲漢家之法耳。」○《宋志》云：「漢安帝初，長吏多避事棄官。乃令自非父母服，不得去職。是後吏又守職居官，不行三年喪服。其後又開長吏以下告寧，言事者或以爲刺史二千石宜同此制，帝從之。建元元年，尚書孟布奏宜復如建武、永平故事，謂光武、明帝時。絶刺史二千石告寧及父母喪服，又從之。至桓帝永興二年，復令刺史二千石行三年服。永壽二年，又使中常侍已下行三年服。至延熹元年，又皆絶之。」○吴孫權令諸有居任者，遭三年之喪，皆須交代，犯者定大辟之科。又使代未至不得告，告者抵罪。同上。○《晉志》云：「博士陳逵等議，以爲：『三年之喪，人子所以自盡，故聖人制禮，自上達下。是以今制，將吏諸遭父母喪，皆假寧二十五月。敦崇孝道，所以風化天下。』杜預云：『今將吏雖蒙同二十五月之事寧，至於大臣，亦奪其制。』」○《宋志》云：「太常丞朱膺之議：『凡云公除，非全除之稱。今朝臣私服，亦有公除，猶自窮其本制。』國子助教蘇瑋生議：『凡諸公除之設，蓋以王制奪禮。葬及祥除，皆宜反服。』」○後周天元帝宣政元年，令天下遭父母喪，許終制。《通典》○《隋志》云：「齊衰心喪已上，雖奪情，並終喪不吊不賀，不預宴。小功已下，假滿依例。」○唐《開元禮》云：「父卒母嫁，出妻之子爲母，及爲祖後，祖在爲祖母，雖周除，仍心喪三年。」愚按：《開元禮》公除之例，自斬齊二十七月至緦麻三月，並以日易月。○宋喪葬假寧格，非在職遭喪，期三十日，大功二十日，小功十五日，緦麻七日，降而絶服三日。無服之殤，期五日，大功三日，小功二日，緦麻一日。葬期五日，大功三日，小功二日，緦麻一日。除服期三日，大功二日，小功、緦麻一日。在職遭喪，期七日，大功五日，小功、緦麻三日，降而絶服之殤一日。本宗及同居無服之親之喪一日。改葬期以下親一日。私忌，在職非在職，祖父母、父母並一日，逮事高曾同。《性理補注》○曾子問曰：「大夫有私喪，可以除之矣。而有君服焉，其除之也如之何？」孔子曰：「有君喪服於身，不敢私服，又何除焉？於是乎有過時而弗除也。君之喪服除，而后殷祭，禮也。」鄭玄曰：「主人也，支子則否。」又引《喪服四制》曰：「門外之治，義斷恩。」

百四一 君爲臣吊服舉哀。

天子吊服，爲公卿錫衰，爲諸侯緦衰，爲大夫士疑衰。○諸侯吊服，爲卿大夫錫衰，爲同姓士緦衰，爲異姓士疑衰。○卿大夫爲貴臣貴妾緦麻，其吊服亦用錫衰。

《周禮·司服》：「王爲三公六卿錫衰，爲諸侯緦衰，爲大夫士疑衰，其首服皆弁絰。」蜀射慈《喪服圖》：「天子吊三公，弁絰錫衰；吊大夫士皆弁絰疑衰；吊畿内諸侯弁絰緦衰服。」《通典》○《服問》云：「公爲卿大夫錫衰以居，出亦如之，當事則弁絰。大夫相爲亦然。」鄭玄曰：「弁絰，如爵弁而素，加絰也。不當事則皮弁。《喪服》注云：「辟天子也。」《小記》云：「諸侯吊必皮弁錫衰。」」出，謂以他事不至喪所。」賈公彦引《文王世子》注云：「同姓之士緦衰，異姓之士疑衰。」以其卿大夫已用錫衰，故以二衰施於同姓、異姓之士也。○經《緦麻章》「貴臣、貴妾」，傳曰：「何以緦也？以其貴也。」鄭玄曰：「此謂公卿大夫之君也。貴臣，室老、士也。貴妾，姪娣也。」又曰：「卿大夫亦以錫衰爲吊服。」《喪服記》注。文見《服問》。○賈公彦曰：「凡吊服之除，案《雜記》云：『君於卿大夫，比葬不食肉，比卒哭不舉樂。』是知未吉，則凡吊服亦當依氣節而除，並與緦麻同三月除之矣。爲士雖比殯不舉樂，其服亦當既葬除矣。」《記》疏。○後漢明帝時，東海恭王薨，帝出幸津門亭發哀。《通典》○魏大司馬曹真薨，王肅爲舉哀表云：「在禮，大臣之喪，天子臨吊。諸侯之薨，又庭哭焉。同姓之臣，崇於異姓。自秦逮漢，多闕不脩。暨光武頗遵其禮，于時群臣莫不競勸。博士范升上疏稱揚以爲美。可依舊禮，爲位而哭之，敦睦宗族。」於是帝幸城東，張帳而哭之。及鍾太傅薨，又臨吊焉。同上。晉武帝咸寧二年詔：「諸王公大臣薨，應三朝發哀者，踰月舉樂；其一朝發哀者，三日不舉樂。」按摯虞《决疑注》云：「國家爲同姓王、公、妃、主發哀於東堂，爲異姓公、侯、都督發哀於朝堂。」同上。○東晉賀循答元帝曰：「按古者君臣義重，雖以至尊之義，降而無服，三月之内猶錫衰以居，不接吉事。故《春秋》晉大夫智悼子未葬，平公作樂，杜蕢譏之。咸寧詔書，宜爲定制。」同上。○《隋志》云：「皇帝本服大功以上親及外祖父母、皇父母、諸官正一品喪，皇帝不視事三日。皇帝本服五服内親及嬪、百官正二品已上喪，並一舉哀。太陽虧、國忌日，皇帝本服小功緦麻親、百官三品已上喪，皇帝皆不視事一日。」又云：「皇太后、皇后爲本服五服内諸親及嬪，一舉哀。」又云：「皇太子爲本服五服之内親及東宫三師、三少、宫臣三品已上，一舉哀。」○《唐志》云：「皇帝服：一品錫衰，三品以上緦衰，四品以下疑衰。服期者，三朝止；大功，朝晡止；小功以下，一舉哀止。晡，百官不集。」按《開元禮》：「皇帝爲内命婦、宗戚舉哀，與爲諸王妃主禮同。詳見前篇。其三夫人以上，其日仍晡哭而止。其九嬪以下，一舉哀而止，亦隨恩賜之深淺。爲貴臣與諸王禮同，其異者一舉哀而止。貴臣，謂職事二品以上、散官一品。其餘官則隨恩賜之深淺。爲蕃國主與爲貴臣禮同，其異者城外張帷幔爲次，向其國而哭之，五舉音而止。」又云：「太皇太后、皇太后、皇后爲内命婦宗戚等，並爲諸王妃主同。詳見前篇。其九嬪以下，一舉哀而止。」又云：「皇太子爲良娣舉哀，則於内别殿，三朝哭而止。爲良媛，一舉哀而止。師傅保與諸王同，宗戚與妃主同，宫臣與諸王同，詳見前篇。並一舉哀而止。宫臣通第三品以上，其餘官隨恩深淺。」○朱子曰：「古人君臣之際，如君臨臣喪，坐撫當心，要絰而踊。今日之事，至於死生之際，恝然不相關，不啻如路人，所謂君臣之義安在？祖宗時，於舊執政亦嘗親臨。自渡江以來，一向廢此。只秦檜之死，高宗臨之，後來不復舉云云。」○有言：「本朝於大臣之喪，待之甚厚。」因舉哲宗哀臨温公事。朱子曰：「温公固是如此。至於嘗爲執政，已告老而死，祖宗亦必爲之親臨罷樂。看古禮，君於大夫，小斂往焉，大斂往焉；於士，既殯往焉。何其誠愛之至！今乃恝然。古之君臣所以事事做得成，緣是親愛一體。」

百四二君爲宗族罪死者私喪。

《文王世子》云：「公族其有死罪，則磬于甸人。公三宥之，有司不對走出，致刑于甸人。公又使人追之，曰：『雖然，必赦之。』有司對曰：『無及也。』反命于公。公素服不舉，爲之變。如其倫之喪，無服。親哭之。公族之罪雖親，不以犯有司正術也，所以體百姓也。刑于隱者，不與國人慮兄弟也。弗吊，弗爲服，哭于吴姓之廟，爲忝祖，遠之也。素服居外，不聽樂，私喪之也，骨肉之親無絶也。」盧植曰：「變飲食，終其月，如其等之喪。」鄭玄曰：「不於市朝者，隱之也。甸人，掌郊野之官。縣縊殺之曰磬。素服，於凶事爲吉，於吉事爲凶，非喪服也。君雖不服臣，同姓則緦衰以吊之。今無服者，不往吊也。爲位哭之而已。」孔穎達曰：「衣裳皆素，不舉饌食，爲之變其常禮。」杜佑曰：「私喪，猶言心喪。」

師友服義

百四三 弟子爲師服。

弟子爲師吊服，加麻三月除之，心喪三年。

晉范甯問曰：「《奔喪禮》『師，哭於廟門外』，孔子曰『師吾哭之寢』，何耶？」徐邈答曰：「蓋殷周禮異也。」盧植《奔喪》注曰：「有父道，故於寢所哭之。」○《學記》云：「師無當於五服，五服不得不親。」鄭玄曰：「當猶主也。五服，斬衰至緦麻之親。」孔穎達曰：「師於弟子，不當五服之一也，而弟子之家，若無師誨，則五服之情，不相和親也，故云『弗得不親』，是師情有在三年之義，故亦與親爲類。」○《檀弓》又云：「事師無犯無隱，左右就養無方，服勤至死，心喪三年。」鄭玄曰：「心喪，慼容如喪父母而無服也。」○《檀弓》又云：「孔子之喪，門人疑所服。子貢曰：『昔者夫子之喪顔淵，若喪子而無服，喪子路亦然。請喪夫子若喪父而無服。』」鄭玄曰：「無服，不爲衰也，吊服而加麻，心喪三年。」□鄭稱曰：「凡吊服加麻者，三月除之。」晉賀循曰：「心喪三年，蓋師徒之恩重也。無服者，謂無正喪之服也。」孔穎達曰：「禮，喪師無服。門人疑者，以夫子聖人，與凡師不等，當應特加喪禮，故疑所服。注知爲師吊服加麻者，按《喪服》『朋友麻』，其師與朋友同，故知亦加麻也。麻謂絰與帶也，皆以麻爲之，故云『加麻』也。論云，爲師及朋友皆既葬除之。」詳見「朋友」條。○《檀弓》又云：「孔子之喪，二三子皆絰而出。群居則絰，出則否。」鄭玄曰：「尊師也。出，謂有所之適。然則凡弔服加麻者，出則變服。群謂七十二弟子，相爲朋友服。」晉賀循謂：「如朋友之禮異者，雖出行，猶絰，所以尊師也。」○宋庾蔚之謂：「今受業於先生者，皆不執弟子之禮。唯師氏之官，王命所置，故諸王之敬師，國子生之服祭酒，猶粗依古禮，弔服加麻，既葬除之，但不心喪三年耳。」《通典》程子曰：「師不立服，不可立也，當以情之厚薄、事之大小處之。如顏、閔於孔子，雖斬衰三年可也，其成己之功，與君父並。其次各有淺深，稱其情而已。下至曲藝，莫不有師，豈可一槩制服？」張子曰：「古不制師服，師無定體也。見彼之善而已效之亦師也。故有得其一言一義而如朋友者，有親炙如兄弟者，有成就已身而恩如天地父母者，此豈可以一槩服之？故聖人不製其服，心喪之可也。」明國子祭酒丘濬曰：「心喪者，身無衰麻之服而心有哀戚之情，三年之間不飲酒、不食肉、不御内，時至而哀，哀至而哭，充充瞿瞿，慨然廓然，無以異于倚廬之間、几筵之下、兆域之側也。夫是之謂心喪。古人謂弟子于師有君臣、父子、朋友之道，生則尊敬之，死則哀痛之，恩深義重，故爲之隆服焉。夫恩深義重者固當爲之隆其服矣，然恩有淺深、義有輕重，又當因其淺深輕重而處之，是亦所以稱情立文也。然則弟子于師之喪固服心喪矣，若夫弔奠之時、從葬之際服何服歟？

《儀禮》曰『朋友麻』，注云：『吊服加麻，其師與朋友同，既葬，除之。』宋儒黄幹喪其師朱熹，服加麻，制如深衣，用冠絰。王柏喪其師何基，服深衣加帶絰，冠加絲武。柏卒，其弟子金履祥喪之，則加絰于白巾，絰如緦服而小，帶用細苧。黄、王、金三子者，皆朱門之嫡傳，其所製之師服非無稽也。後世欲報其師之恩義者，宜準之以爲法。」《大學衍義補》

百四四 朋友相爲服。婦人吊服附。

朋友相爲各服其吊服，而加緦之絰帶，三月除之。

《檀弓》云：「師，吾哭諸寢。朋友，吾哭諸寢門之外。所知，吾哭諸野。」鄭玄曰：「朋友雖無親，有同道之恩，相爲服緦之絰帶。」《檀弓》曰：「『群居則絰，出則否。』其服，吊服也。《周禮》曰：凡吊，當事則弁絰。其服有三，錫衰也，緦衰也，疑衰也。王爲三公六卿錫衰，爲諸侯緦衰，爲大夫、士疑衰。諸侯及卿大夫亦以錫衰爲吊服，當事則弁絰，否則皮弁，辟天子也。士以緦衰爲喪服，其吊服則疑衰也。舊説以爲士吊服布上素下，或曰素委貌加朝服。《論語》曰：『緇衣羔裘。』又曰：『羔裘玄冠不以吊。』何朝服之有乎？然則二者皆有似也。此實疑衰也，其弁絰皮弁之時，則如卿大夫然。又改其裳以素，辟諸侯也。朋友之相爲，即士吊服疑衰素裳。庶人不爵弁，則其吊服素委貌。」漢戴德云：「以朋友同道之恩，加麻三月。」《通典》賈公彦曰：「案《禮記·禮運》云『人其父生而師教之』，朋友成之。《論語》云：『以文會友，以友輔仁。』以此而言，人須朋友而成也。故云朋友雖無親，有同道之恩，故爲之服。知緦之經帶者，以其緦是五服之輕，爲朋友之經帶約與之等，故云緦之經帶也。云『其服，吊服也』者，以其不在五服，五服之外惟有吊服，故引《周禮》吊服之等。證此朋友麻，實疑衰也。云當事則弁經者，天子常弁經，諸侯及卿大夫當大斂、小斂及殯時，乃弁經，非此時則皮弁，辟天子也。士吊服則疑衰，士卑無降服。既以緦爲喪服，不得復將緦爲吊服，故向下取疑衰爲吊服也。舊説言朝服，亦不合首加素委貌，又布上素下，近是天子之朝服，又不言首所加，故非之也。庶人不言其服，則白布深衣也，以白布深衣，庶人之常服，又尊卑未成服以前服之，故庶人得爲吊服也。凡吊服直云素弁環經，不言帶，或云有經無帶，但吊服既著衰，首有經，不可著吉時之大帶。案此經注服緦之經帶，則三衰經帶同有可知。」又《檀弓》疏孔穎達曰：「子游襲裘，帶經而入。鄭注云：『所吊者朋友。』是朋友相爲加帶。凡朋友相爲者，雖不當事，亦弁經，故下文云『群居則經』是也。」又《家語》子游曰：「吾聞諸夫子，喪朋友，居則經，出則否。喪所尊，雖經而出可也。」《集説》云：「是記，蓋主爲大夫以下言之。《服問》謂大夫相爲，錫衰以居，當事則弁經。以是推之，則大夫於士，若士於大夫，皆疑衰裳，雖當事亦素冠也。士庶相爲亦然，其服皆加麻，既葬乃已。若非朋友，則吊之時，其服皆與朋友同，所異者退則不服耳。疑衰者亦十五升而去其半，蓋布縷皆有事者也。布縷皆有事，則疑於吉；升數與緦錫同，則疑於凶，故因以名之。」○《喪服記》云：「朋友皆在他邦，袒免，歸則已。」鄭玄曰：「謂服無親者，當爲之主，每至袒時則袒，袒則去冠，代之以免。已猶止也。歸有主，則止也。主若幼少，則未止。《小記》曰：『大功者主人之喪，有三年者，則必爲之再祭，朋友虞祔而已。』」賈公彦曰：「再祭，謂練祥。彼鄭注以義推之。又云小功緦麻，爲之練祭可也。是親疏差降之法也。」魏田瓊曰：「虞，安神也。祔，以死者附於祖也。既朋友恩舊歡愛，固當安之祔之，然後義備也。但後日不常祭之耳。」《通典》○《檀弓》曾子曰：「朋友之墓，有宿草而不哭焉。」鄭玄曰：「宿草，謂陳根也。爲師心喪三年，於朋友期可也。」王肅曰：「謂過期不復哭。」○晉曹述初問：「有仁人義士，矜幼携養，積年，爲之制服，當無疑耶？」徐邈答曰：「禮緣情耳。同爨緦，又朋友麻。」《通典》○《服問》云：「公爲卿大夫錫衰以居，出亦如之，當事則弁絰。大夫相爲亦然。爲其妻，往則服之，出則否。」《喪服記》云：「大夫吊於命婦，錫衰。命婦吊於大夫，亦錫衰。」鄭玄曰：「凡婦人相吊，吉笄無首，素總。」賈公彦曰：「女子子爲父母卒哭，折吉笄之首，布總。男子吊服用素冠，故知婦人吊亦吉笄無首，素總也。」

百四五 同爨服。

《檀弓》云：「同爨緦。」鄭玄曰：「以同居生緦之親也。」

補

百四六 儀禮經傳續編喪服義。

凡禮之大體止具矣。體天地以定尊卑，法四時以爲往來，則陰陽以殊吉凶，順人情以爲隆殺。先王制禮，皆本於此。「吉凶異道」以下，專以喪禮言。四制，即恩、義、節、權之制也。其恩厚者止者也。舉父兼諸親恩服。門内之治止者也。門内主恩揜公義。父母之喪，三年不從政之類。門外主義絶私恩。有君服於身，不敢私服之類。此亦舉君，兼凡義服。三日而食止者也。祥，謂大祥。資於父以事母止尊也。父在，爲母齊衰杖期，已除心喪三年。杖者何也止者也。杖本爲扶病而設，但爵者有德，其恩必深，其病必重，故亦謂爲爵者而設也。擔，假也。無爵而杖者，尊其爲主假之杖也。庶子以下，非主而亦杖者，只是爲輔病故也。婦人，亦謂未成人者。王侯得極病，大夫、士不極病，庶人不許病，故其制各異。八者，以無爵者不應杖而杖，與婦人童子應杖而不杖爲一，餘七不待解矣。始死三日不怠止下也。君不言，所謂不言而事行者也。臣下必言而後事行，但不文其言詞耳。禮斬衰之喪止察焉。比，及也。仁、知、勇就執喪者而言。一説理，治也。上文以仁、義、禮、智爲四制之本，此獨言禮與義者，蓋恩亦兼義，權非悖禮也。○《喪服四制》○再期之喪止喪也。致祭，乃因時思親之禮。易服，乃隨時降殺之道。○《喪服小記》○三年之喪止也哉。人不能無群，群不可無別，立文以飾之，則親疏貴賤之等明矣。弗可損益者，以其中制也。凡生天地之間者止亂乎。患，猶害也。邪淫之害性，如疾痛之害身。將由夫脩飾之君子與止之矣。文理，即飾群之文。釋之，謂先王憂世立教之心遂也。然則何以三年也止喪也。焉，語辭，猶云所以也。期、九、五、三遞不及，恩之殺也。取象於天地者，三年象閏，期象一歲，九月象物之三時而成，五月象五行，三月象一時也。取則於人者，始生三月而剪髮，三年而免父母之懷也。人之所以相與群居，而情和禮一者，其理於喪服盡之矣。○《三年問》○滕定公薨止共之。定公，文公父也。然友，文公傳也。當時諸侯不行古喪禮，而文公以此爲問，故孟子善之。齊疏，兼斬齊而言。疏，謂麁布，飦糜也。然友反命止之也。父兄，同姓老臣也。魯滕不行三年之喪者，乃其後世之失，非周公之法本然也。志，記也。引志釋之，言其所以如此者，蓋上世以來，有所傳受，雖或不同，不可改也。然志所言，疑亦舊俗通行之法，非如後世失禮之甚者也。謂然友曰止大悅。諸侯五月而葬，未葬居倚廬也。居喪不言，故未有命令教戒也。可謂曰知，疑有闕誤，或曰皆謂世子之知禮也。○《孟子》○宰我問三年之喪止已矣。燧，取火之木也。四時各有其木，改火亦一年而周也。子曰食夫稻止母乎。夫子懼宰我真以爲可安而遂行之，故深探其本而斥之。三年之愛，謂父母之恩。○《論語》○齊宣王欲短喪止者也。王公之子，父在，爲所生母練冠麻衣，既葬除之。此王子既葬，未忍即除，故傅爲請數月之喪。時遇有此事，故丑以爲問。○《孟子》○喪父三年止疑也。君服與喪父同，示民知君之當尊無疑矣。○《坊記》○天子之與后止義也。爲父母服，恩也。爲王后服，義也。○《昏義》○君之喪止可乎。治辨，謂能使人有辨别也。文理，法理條貫也。情，忠誠也。貌，恭敬也。言人所施忠敬，無盡於君者。詩曰愷悌君子止乎哉。畢矣哉，言以三年報之，猶未畢也。曲備，謂兼飲食衣服。得之則治止之耳。文，謂法度也。治亂所繫，有法度之主也。情，謂忠厚。直，但也。〇《荀子》〇齊宣王曰禮爲舊君有服止之有。禮，以道去君而未絶者，服齊衰三月。先於其所往，稱其賢，欲其收用之也。窮之於其所往，如晉錮欒盈也。〇《孟子》〇親親尊尊止者也。説見九族服義。〇《小記》〇親親以三爲五止畢矣。同上。〇傳曰罪多而刑五止列也。罪重者附上刑，輕者附下刑。大功以上附于親，小功以下附于疏，等例相似也。〇《服問》〇服術有六止然也。説見九族服義。〇《大傳》〇有從輕而重止皇姑。公子，謂諸侯妾子。皇姑，謂公子之母。公子爲其母，父在練冠，父没大功。妻不論父存没，爲姑期。有從重而輕止父母。妻爲父母齊衰，夫從妻服緦麻。有從無服而有服止兄弟。公子被厭，不服己母之外家。妻猶從公子外祖父母、從母緦麻。凡小功以下稱兄弟。有從有服而無服止父母。説見上。〇《服問》。〇從服者止則已。從服，《大傳》所謂從服也。謂非親屬，而宜從此而服彼。其目有四焉：妾爲女君之黨，子從母服母之君母，妾子爲君母之黨，臣從君服君之黨。四從之中，惟妾雖女君没，猶服其黨，餘則所從既亡則不服。屬從者止也服。屬，謂血肉之親。屬從有三焉：子從母服母之黨，妻從夫服夫之黨，夫從妻服妻之黨。妾從女君而出止子服。妾，謂女君之姪娣。女君出，則亦從之出。子死，則母自服其子，而姪娣不服，義絶故也。〇《小記》〇庶子不爲長子斬，不繼祖與禰故也。長子非正統，故不斬。〇同上。〇庶子不得爲長子三年，不繼祖也。《大傳》〇爲父後者，爲出母無服。無服者，喪者不祭故也。重宗祀也。然雖不服，猶心喪自居，非爲後者，期而不禫。〇《小記》〇子上之母死止始也。污，猶殺也。伯魚、子上皆爲父後，禮當不服。孔子則處情，使伯魚喪之。子思則守禮，不使子上喪。以爲惟聖人爲能以道揆禮，而爲之隆殺，我則安能如是哉。○《檀弓》○喪服兄弟之子止之也。雖異出，恩在可親。嫂叔之無服止之也雖同居，義在可嫌。姑姊妹之薄也止者也。姑姊妹已嫁，則其夫受之而服杖期。○同上。○四世而緦止竭矣。《大傳》○絶族無移服止屬也。四從族屬絶無延及之服，有親各以屬爲服。○同上。○喪紀以服之輕重爲序止親之。服之輕重，本于親疏，天倫不可易奪也。五廟之孫止親也。諸侯五廟，始封之君爲太祖，百世不遷。此下親盡則遞遷。未毁，未遞遷也。刑于隱者止絶也。與，猶許也。刑于甸師隱僻處，是不許人見而謀度吾兄弟之過惡也。○《文王世子》○《白虎通義》曰弟子爲師服者止則否。○《哀公問》曰紳委章甫止然也。紳，大帶。委，端委，禮衣也。章甫，冠名。胡，何也。○《家語》○斬衰三升止者也。説見《冠衰升數圖》。煮治其紗縷而後織，織成則不洗治其布，而即以製緦服。○《間傳》○斬衰何以服苴止外也。苴，黎黑色。斬衰麻之有子者，以爲苴絰。竹杖亦曰苴杖。首者，摽表之義。○同上。○絰者，實也。言孝子有忠實之心。○《檀弓》○或問曰冠者不肉袒何也止至也。免而袒，袒而踊，先後之序也。有一疾則廢一禮。女子不踊，則惟擊胸。男子不踊，則稽顙觸地。或問曰免者以何爲也止服也。已冠者，爲喪變而去冠。然猶嫌于不冠，故加免也。禮曰童子不緦止杖矣。童子不緦，幼不能知疏遠之哀也。○《問喪》○男子冠而婦人笄止則髽。親始死，男以布爲冠，女則竹木爲笄。齊衰之喪，男子著免之時，婦人則髽其首，其義不過以此分別男女而已。○《小記》或問曰杖者何也止已矣。苴杖，圓而象天。削杖，方以象地。

又以桐爲同之義，言哀戚同於喪父也。服母喪之時，當在父之處，不敢以杖病之，且感尊者之情故也。堂上不趨，亦謂父在時也，急遽則或動父之情，故示以寬暇。○《問喪》○裘之裼也止飾也。裼衣上雖加他服，猶必開露見裼衣之美。○《玉藻》○《白虎通義》曰玄冠不以吊者止哀也。○凡見人無免絰止喪也。見人，往見於人也。絰重，故不可釋免。入公門，雖税齊衰，亦不免絰也。此謂不杖齊衰，若杖齊衰及斬衰，雖入公門，亦不税。奪，亦謂奪所重者。○《服問》○男子除乎首止輕者。小祥男子除首絰，婦人除帶。居重喪而遭輕喪，男子則易要絰，婦人則易首絰。易服者止者特。既虞卒哭，是受服時也。男子得著齊衰要帶，而兼包斬衰之帶，婦人反之。特者，單獨而無所兼之義，蓋卑可以兩施，而尊者不可貳。既練，遭大功之喪，麻葛重。既練，男子惟有要帶，婦人惟有首絰。今遇大功之喪，男子首著大功麻絰，又以大功麻帶，易練之葛帶，婦人反之，是重麻也。大功既虞卒哭，男子帶以練之，故帶，首著期之葛絰，婦人反之，是重葛也。葛絰，葛帶，雖謂之期，其實是大功之葛也，麁細與期同。齊衰之喪止服之。此據男子言之，以大功麻帶易齊衰之葛帶，而首猶服齊衰之葛絰。斬衰之葛止者也。同者，前喪既葬之葛，與後喪初死之麻，麁細無異也。兼服者，服後麻兼服前葛也。服重者易輕者，即上章輕者包重者特之説也。○《間傳》○不能三年之喪止知務。察，致詳也。問，講求之意。不知務，謂不急先務也。○《孟子》

家禮儀節考

［日本］新井白石　撰
周　磊　整理

《家禮儀節考》解題

[日]吾妻重二 撰　董伊莎 譯

《家禮儀節考》，八卷三册，寫本，早稻田大學中央圖書館有藏，圖書編號爲ロ12－2507－1～3。

著者新井白石（一六五七—一七二五），名君美，字在中或濟美，通稱與五郎等。白石是其號。他是江户時代中期的著名儒學者、政治家。

白石生於江户，其父爲上總國久留里藩（現千葉縣）領主土屋利直的家臣。白石幼時也曾侍奉土屋利直，後來成了浪人（脱離藩籍，流浪居無定所的武士，稱浪人）。貞享三年（一六八六）三十歲時成爲木下順庵的門人，漸露頭角。元禄六年（一六九三）三十七歲時經順庵推薦，成爲甲府藩主德川綱豐的侍講，進講經書和史書。寶永六年（一七〇九）綱豐以家宣之名就任第六代將軍，白石從此開始參與策劃幕政，又輔佐第七代將軍家繼，斷然實行「正德之治」，主導了武家諸法度改訂、貨幣改鑄、朝鮮通信使應接改革等工作。享保元年（一七一六）家繼死去，吉宗當上第八代將軍後，白石遭到罷免，從此埋頭著述與研究。白石與室鳩巢同爲順庵門下，兩人亦是好友。

白石以朱子學的立場爲基本，在歷史學、語言學和考證等方面發揮豐富多彩的才能，留下了很多著作。日本史相關的著作有《古史通》五卷、《古史通或問》三卷、《讀史餘論》三卷、《藩翰譜》二十卷，名物考證方面有《軍器考》十二卷，語言研究方面有《東雅》二十卷、《同文通考》四卷，西洋及外國的調查研究方面有《西洋紀聞》三卷、《采覽异言》五卷、《蝦夷志》一卷、《南島志》二卷，此外尚有晚年撰寫的著名自傳《折たく柴の記》三卷，這些均爲領先當時學術水平的高質量著作。大部分著作在當時以寫本流傳，後來其主要著述收録於《新井白石全集》全六册（國書刊行會，一九〇五—一九〇七）。

《家禮儀節考》的版本有早稻田大學中央圖書館的别本、静嘉堂文庫本、國立國會圖書館本等寫本流傳至今。比較各個版本，静嘉堂文庫本、早稻田大學中央圖書館本和國立國會圖書館本均爲一行二十字、半葉十二行，樣式一致，應該是保持現已失傳的原本（白石手稿本）的體裁。而其中静嘉堂文庫本多有錯字，國立國會圖書館本欠缺卷八，以早稻田大學藏本爲優。故此次整理即以早稻田大學藏本爲底本。

雖至今未見論及《家禮儀節考》的研究，但書目等均記載其爲白石自著，故作者應爲白石本人無誤。關於白石，最可信的書目是堤朝風的《白石先生著述書目》（《白石先生全集》第六册也有收録），其中享和三年（一八〇三）四月的「以下記所見聞」中記有「家禮儀節考附録共十卷」，可作爲證據。

此《家禮儀節考》是對明代丘濬《文公家禮儀節》中的難解語句加以詳細注記的力作，從卷首朱熹序的「名分」開始，到最終卷卷八的「云仍」「遣免」（《文公家禮儀節》和刻本的卷八、五十葉裏）結束，也就是説對《文公家禮儀節》通篇都加以詞句解釋。但是，前述《白石先生著述書目》中記有「附録共十卷」，所以是本應尚有另外兩卷附録。從現在的版本只有八卷來看，這兩卷附録應是遺失了。

白石撰寫本書時所依據的《文公家禮儀節》版本，應該不是中國刊本而是和刻本。理由是本書的卷八有關於「女有五不取」「婦有七去，有三不去」等的詞句解釋（本書五一二頁）——這些是嚴重歧視女性的記述——在正德年間本、萬曆三十七年刊本等《文公家禮儀節》的原本或相近的版本中並没有這些記述，只有用後來的版本作底本的、大和田氣求出版的和刻本才有記述（和刻本的卷八、九葉表之後）。這是説，白石精讀和刻本《文公家禮儀節》並對此加以詳細解釋。

白石撰寫本書的具體時間並不明確，但推測應該在其晚年。室鳩巢《朝散大夫築後守新井源公碑銘》（《後編鳩巢先生文集》卷十七）中有云：

正德中國家不幸，仍遇大喪，而公漸老，無意當世，乃杜門謝客，日夜以典籍爲樂，卒以此終。

據此，正德二年（一七一二）十月，將軍家宣死後，白石便以生病爲理由申請休養，室鳩巢甚至勸他隱退，但在學問方面仍「日夜以典籍爲樂」，傾盡精力繼續工作。這部《家禮儀節考》的特色之一在於引用了數量龐大的各種文獻。經書的注疏和正史自不待言，還有《萬姓統譜》《國語注》《事文類聚》《古今韵會舉要》《文獻通考》《禮記集説》《雲麓漫抄》，更有明代的陸深《金臺紀聞》、方以智《通雅》等。值得注意的是，連朝鮮曹好益的《家禮考證》也有引用，白石能調查如此大量的資料，應該是得益於他能以將軍輔佐的身份使用紅葉山文庫豐富的藏書吧。

大概白石是最大限度地使用了當時能用到的所有文獻，此書的詳細程度超過了曹好益的《家禮考證》。因此可以説此書是日本注釋《家禮》的著作中最爲實證的、資料最全面的著作，也是對《家禮》研究很有用的文獻。

作爲儒者，白石對禮制有深切的關注，親自設置祭祀祖先的祠堂、安置神主。此神主當然是效仿《家禮》製作的。

根據《新井白石日記》，其中頻頻可見正月元日「祠堂供春餅」等記録〔一〕，寶永二年（一七〇五）元日則有「薦春餅於神主如例」〔二〕。另外，元禄十二年（一六九九）正月朔日有「小屋かけ故、祠堂ノ奠なし」〔三〕，説明了因前年秋遭災而借住於小屋，故無法籌備供物祭祀祠堂。由此可知的是，如果是很小的構造，例如日式佛壇的大小，在臨時住所也是能祭祀祖先的，而在此出現無法祭祀的情況即表明了白石的祠堂相當大。這大概是説，白石修建了《家禮》風格的祠堂。

根據宫崎道生的報告，《家禮》式神主在新井家代代相傳〔四〕。神主爲圓頂平板型，一塊板分割爲前後兩部分，後側的板在中央向内側深挖（所謂陷中）。陷中和左右部分各記有如下文字，因而可見忠實於《家禮》的樣式〔五〕。

明曆三年丁酉二月十一日生於江都享保十年乙巳

新井築後之守從五位下源公諱君美字在中神主

〔一〕東京大學史料編纂所《新井白石日記》上（大日本古記録，岩波書店，一九五二年）五四頁、七四頁等。
〔二〕《新井白石日記》上，二三三頁。
〔三〕《新井白石日記》上，一〇〇頁。
〔四〕宫崎道生《新井白石》（人物叢書一九八，吉川弘文館）三〇四頁。
〔五〕前揭宫崎的論文中缺了陷中的「諱」字，也没有指出該神主效法了《家禮》。

五月十九日卒行年六十九葬於高龍山報恩寺中

此神主應該是依照白石的遺命製作的。白石在《鬼神論》中爲朱熹的祭祀理論辯護，還根據《家禮儀節考》深入研究《家禮》内容而製造此儒教式神主，可以説正是儒者白石風格的展現。根據宫崎的調查，新井家除白石夫婦外，白石的祖父勘解由夫妻和父親正濟夫妻，甚至其子孫的幾個神主也流傳至今。這也可説是白石圍繞《家禮》的實踐之一。

目録

家禮儀節考

序

名分 司馬温公曰：天子之職，莫大於禮。禮莫大於分，分莫大於名。何謂禮，紀綱是也。何謂分，君臣是也。何謂名，公、侯、卿、大夫是也。《資治通鑑》

儀章度數 陳氏曰：儀，威儀也。章，文章也。胡氏曰：度，制度也。數，數目也。許氏曰：文章是小目。數者，隆殺多寡之數也。《家禮考證》

常體 禮也者，猶體也。體不備，君子謂之不成人。《禮器》

紀綱 大曰綱，小曰紀。總之爲綱，周之爲紀。《古今韵會》

酌 《增韵》：取善而行曰酌。同上。

折衷衷，陟仲切。 折衷，平也。《史記》：「折衷于夫子。」折，斷也。衷，當也。同上。折衷，斷其中也。《字彙》

謹終 慎之爲謹，朱子避國諱。《考證》

黃幹　字直卿，閩縣人。父瑀，高宗時御史，以篤行直道著聞。幹師事朱熹，熹以女妻之。歷官知漢陽軍、安慶府，皆有善政。在位者忌其聲譽，群起擠之，幹遂歸里，弟子日盛。没謚文肅，所著有《經解》《文集》。《萬姓統譜》

聞諸先師　禮者云云。《論語集注》

天高地下　天高地下，萬物散殊，而禮制行矣。《樂記》

斟酌　《周語》：王斟酌焉。注：斟，取也。酌，行也。《國語注》

黃㽦規倫切。詳遵切。　庭堅姪孫，嘗從朱熹學，舉進士，累官知台州。謝良佐子孫居台州者，播越流落，㽦收而教之。在郡先勸後禁，訟牒消縮，郡稱治平，遷袁州。所著有《復齋集》。《萬姓統譜》

童行　按《續綱目集覽》：「行，合浪切，輩行也。」童行，猶童稚之行也，禪家稱年少有髮者謂之童行。《考證》

易簀　言人臨終曰易簀之際。《書言故事》曾子疾，病，童子隅坐而執燭，曰：「華而睆，大夫之簀歟？」曾子曰：「然，斯季孫之賜也，我未之能易也。元，起易簀。」舉扶而易之，反席未安而没。《檀弓》

陳淳　龍溪人。朱熹守漳時，淳從游郡齋。熹曰：「南來，吾道得一安卿。」安卿，淳字也。

淳無書不讀，無物不格，義理通貫，洞見條緒，學者稱北溪先生。《統譜》

嘉定辛未　宋寧宗嘉定四年。

季子敬之　朱在，字叔敬，文公子。以恩補承務郎，歷官至工部侍郎。侍經筵，日讀父《四書》，玉音訪問不已，因請黜楊雄，乞以二程、張載從祀，帝嘉納之。《統譜》〇按《朱子年譜》：朱在，字敬之，文公第三子。

倅郡　《宋會要》：通判，掌倅貳郡政。《職源》：倅乃副車，今以通判爲倅者，謂太守之副。《事文類聚》

李方子　字公晦，光澤人。朱熹高弟，端謹純篤，天資近道，自號果齋。嘉定中進士第三，累官國子録，通判辰州。所著有《禹貢解》《傳道精語》等書。《統譜》

乾道五年　宋孝宗己丑年。

祝令人　祝孺人，歙處士確之女，後贈碩人。《朱子年譜》命婦七階，淑人、碩人、令人、恭人、宜人、安人、孺人。《書言故事》

參酌　審擇度量也。《古今韵會》

武林應氏

紹熙甲寅　宋光宗紹熙五年。

孝宗光宗　孝宗名眘，太祖七世孫。高宗無子，立爲太子，受内禪，在位二十七年，傳位太子，號壽皇，壽六十八。改元者三，隆興、乾道、淳熙。光宗名惇，孝宗第三子，受内禪，在位六年，壽五十四。改元者一，紹熙。俱《宋史》。

張本　預爲後地曰張本。《左・隱五年傳》注：爲後晉張本。《書言故事》

元至正　元順帝年號。

祝穆　字和甫，景先三世孫。幼孤，與弟丙同從朱文公授業。性温行淳，刻意問學，下筆頃刻數百言，以儒學昌其家。所著有《事文類聚》《方輿勝覽》等書。《統譜》○按《祝公遺事》：「祝氏先曰景先，景先子確，乃祝孺人之父。確子莘，莘子康國，康國子穆。」據此則穆於文公實爲從母兄弟之子。

楊復　長溪人，受業朱子，與黄幹相友善。著《祭禮》十四卷、《儀禮圖》十四帙，又有《家禮集説》《附注》二説。《統譜》

高氏　閌字抑崇，四明人，紹興初爲禮官，有《送終禮》。《考證》

遺命治喪　慶元六年三月甲子以疾終于正寢。注：諸生入問疾，因請曰：「先生之疾革矣，萬一不諱，當用《書儀》乎？」曰：「疏略。」「然則當用《儀禮》乎？」乃頷之良久，恬然而逝，午初刻也。送終諸事，皆用遺訓焉。《朱子年譜》

愛禮存羊　子貢欲去告朔之餼羊，子曰：賜也，爾愛其羊，我愛其禮。《八佾》

周復　又稱上饒周氏。

並行而不悖　道並行而不相悖。《中庸》第三十章。

書不盡言　書不盡言，言不盡意。《上繫辭》

矛盾　今人謂言不相副曰「自相矛盾」。按《尸子》云：「楚人有鬻矛與盾者，譽之曰：『吾盾之堅，莫能陷也。』又譽其矛曰：『吾矛之利於物，無不陷也。』或曰：『以子之矛，陷子之盾，何如？』其人弗能應也。」今之稱「自相矛盾」本此。《説略》

潘時舉　字子善，天台人。所録有《癸丑以後問答》。

慶元庚申　宋寧宗慶元六年。

楊氏儀禮圖　《儀禮圖》十七卷。

趙彦肅　字子欽，建德人，留心聖賢之學。乾道初登第，官至寧海軍節度推官。所著有《易説》等書，學者稱爲復齋先生。《統譜》

南監本　勝國時郡縣俱有學田，其所入謂之學糧，以供師生廪餼，餘則刻書，以足一方之用。工大者糾數處爲之，以互易成帙。故讎校刻畫，頗有精者，初非圖鬻也。國朝下江南，郡縣悉收上國學，今南監《十七史》諸地里，歲月勘校，工役並存，可識也。《金臺紀聞》○按南，南京也。監，國子監也。又曰南雝。「雍」同。

黄瑞節　安福人，元季不仕。嘗輯濂洛關閩諸儒格言爲《朱子成書》行世。《元鑑》

秦火　秦始皇帝三十四年燔《詩》《書》百家語。《史記》

孟詵　汝州梁人，孟子三十一代孫，登進士第，累官鳳閣舍人，轉春官侍郎，拜同州刺史。神龍初致仕，詔河南春秋給羊酒，以終其身。《統譜》

韓琦　字稚圭，國華子，風骨秀異。天聖中弱冠舉進士，時方唱名，大史奏日下五色雲見。初授將作監丞，歷開封推官，爲陝西帥，朝廷倚以爲重。嘉祐中拜相，其後擁英立神。不動聲色，措天下于泰山之安。封魏國公，卒謚忠獻。同上。

温公　司馬光，字君實，寶元初進士，累官端明殿學士、知永興軍。上疏極言青苗助役法不便，出判(西)西京留臺，退居洛十五年。哲宗初立，召拜左僕射，罷青苗法。人謂元祐相業有旋乾轉坤之功。著述甚多，卒贈太師，封温國公，謚文正。同上。

程氏　頤字正叔，顥弟。少有高識，非禮不動。仁宗時上疏欲黜世俗之論，以王道爲心，大臣薦不起。哲宗時詔授西京國子教授，力辭。召見，擢崇政殿説書。文彦博稱爲真侍講。後入元祐黨籍。頤與兄顥倡明道學，出其門者最多，世稱伊川先生。同上。

張氏　載字子厚，郿人，舉進士，爲祈州司法，歷渭州簽判，召爲崇文殿校書、同知太常理院。爲人志氣不群，初喜談兵及釋老書，反而求之六經。既見二程子，盡棄異學而學焉。神宗立，召問治道，以漸復三代爲對，與執政不合，告歸，居横渠，關西之士，翕然宗之。所著有《東銘》《西銘》《正蒙》。同上。

耒耜 《説文》：耒，手耕曲木也。耜，臿也。《增韵》：耒端金爲耜。《古今韵會》

繩尺 矩，所以爲方。繩，所以爲直。《孟子集注》矩，今曲尺也。《大全》

土苴側下切，音鮓。 土苴，和糞草也。一曰糟魄。《增韵》：查滓也。《莊子》：「土苴以治天下。」一曰不真物也。或作苲。《古今韵會》〇今按《莊子·寓言篇》林注：上音揸，下知雅反。

甘心 《鄘風·伯兮》：甘心首疾。《傳》：厭也。《疏》：思之而厭足於心。《詩經注疏》

約束約，乙却切。束，輸玉切。 《增韵》：言語要結，戒令檢束，皆曰約束。又《周禮·司約》注：「約，言語之約束。」約，音於妙切。束，詩注切。《古今韵會》

呶呶泥交切。音鐃。 《説文》：讙聲也，从口，奴聲。又誼韓愈文：呶呶以害其生。

慎終追遠 《論語·學而篇》。

金根 始皇閱三代之禮，或曰殷瑞山車，金根之色。於是作金根車。注：殷曰桑根，秦改曰金根，以金爲飾。《後漢·輿服志》昌黎生者，韓杲吏部之子。名父子也。雖教有義方，而性頗闇劣。嘗爲集賢校理，史傳中有説金根車處，皆臆斷之曰：「豈其誤歟，必金銀車。」悉改「根」字爲「銀」字。《尚書故實》

文獻　文，典籍也。獻，賢也。《論語集注》

成化甲午　明憲宗成化十年。

丘濬　字仲深，瓊山人。景泰進士，改吉士，授修編，仕至少保、户部尚書、武英殿大學士。卒贈太傅，謚文莊。濬好論議上下千古，尤熟國家典故。政事可否，反復與大臣言諍是非，不肯婞附所説，能以辯博濟其説，對人語滚滚不休，人無敢難者。然性剛褊頗，不爲衆所與。《統譜》

引用書目

《儀禮》　漢鄭玄注，唐賈公彦疏。

《儀禮經傳通解》　二十三卷。朱熹輯。

《禮記》　漢鄭玄注，唐孔穎達疏。

《禮記大全》　明永樂中胡廣等奉敕撰。《經籍志》等。

《禮記纂言》　三十六卷。吴澄。同上。

《春秋左氏傳》　左丘明傳。

《春秋公羊傳》　公羊高傳。

《**白虎通**》六卷。班固等。同上。○《三國典略》：漢世諸儒集論經書，奏之白虎閣，名曰《白虎通》。

《**漢書**》班固著。

《**郭氏葬經**》《葬書》一卷，郭璞。《經籍志》○又有《葬經》八卷，不著撰人姓名。

《**開元禮**》百五十卷。蕭嵩等。同上。按：初命張説，説薨，蕭嵩繼之。

《**政和五禮**》二百四十卷。同上。○又有黄灝《政和冠昏葬祭禮》十五卷。

《**古今家祭禮**》二十卷。朱熹。同上。

《**温公書儀**》八卷。司馬光。同上。○《文獻通考》作四卷。

《**古今家祭式**》一卷。韓琦。同上。

《**三家禮**》黄瑞節曰：南軒張氏次司馬公、張子、程子三家之書，爲冠昏喪祭禮五卷。《性理大全》

《**吕汲公家祭儀**》一卷。陳氏曰：丞相吕大防微仲、正字大臨與叔撰。《文獻通考》吕大防，大忠弟，進士第。英宗時除監察御史裏行，論紀綱賞罰，及陳八事。哲宗，爲翰林學士，拜左僕射。《統譜》

《**宋文鑑**》百五十卷。吕祖謙。《經籍志》

《**程氏遺書**》二十五卷。同上。

《晁氏客語》一卷。陳氏曰：晁説之以道撰。《文獻通考》

《師友談記》一卷。陳氏曰：眉山李廌方叔撰。同上。

《高氏厚終禮》陳氏曰：禮部侍郎高開抑崇撰。同上。

《文公大全集》

《文公語類》一百三十八卷。《書説》十卷。莆田黄士毅。《續文獻通考》

《黄勉齋文集》十卷。黄幹。《經籍志》

《楊氏附注》楊復有《家禮集説》《附注》。《統譜》

《劉氏補注》

《劉氏增注》

《事物紀原》二十卷。〇《類集》十卷，高承撰。《經籍志》二十卷。陳氏曰：不著名氏。《中興書目》十卷，開封高承撰，元封中人。凡二百七十事。多十卷，且數百事，是後人廣之耳。《文獻通考》

《鶴林玉露》十六卷。羅大經。《經籍志》

《支言集》吴澄。有《支言集》。《統譜》

《家禮辨》

《鄭氏家儀》

《朱氏白雲稿》 按《經籍志》有朱右《白雲稿》八卷，疑此。

《御製孝慈録》 洪武七年十一月成。《皇明通紀》

《稽古定制》 洪武二十九年十一月詔須稽古定制，先是，命翰林儒臣取唐宋制度及國初以來所定禮制，參酌損益，編類成書。《憲章類編》

《性理大全書》 永樂十三年九月《性理大全書》成。同上。

《大明集禮》 洪武三年九月成。凡朝會、燕享、樂舞、升降、儀節、制度、名數，纖悉備具。通五十卷。同上。

家禮儀節考卷之一

通禮

祠堂　文翁終于蜀，吏民爲立祠堂。《前漢書·循吏傳》司馬温公曰：宋仁宗時，嘗聽太子少傅以上皆立家廟，而有司終不爲之定制度。惟文潞公立廟於西京，他人皆莫之立。故今但以影堂言之。○劉氏垓孫曰：伊川先生云：「古者庶人祭於寢，士大夫祭於廟，庶人無廟可立。」影堂，今文公先生乃曰祠堂者，蓋以伊川先生謂祭時不可用影，故改影堂曰祠堂。《朱子大全》

報本反始　《郊特牲》：郊之祭也，大報本反始也。陳氏曰：報者，酬之以禮。反者，追之以心。《禮記集説》

尊祖敬宗　《喪服傳》：尊祖故敬宗。孔氏曰：宗，是先祖正體，尊崇其祖，故敬宗子。所以敬宗子者，尊崇祖禰之義也。《儀禮疏》

爲四龕　按朱子曰：「某嘗欲立一家廟，小五架屋，以後架作一長龕堂，以板隔截作四龕堂。堂置位牌，堂外用簾子。」此「四堂」字，恐皆當作「室」字。蓋古者堂屋五架，中脊之架曰棟，次棟之架曰楣，後楣之下以南爲堂，以北爲室與房。今當以近北一架爲四龕室，以前四架爲堂。張子曰：「祭堂後作一室，都藏位版。如朔望薦新，只設於室，惟分至之祭設於堂。」此之謂也。《補注》《少牢》疏云：「大夫、士廟室皆兩下五架。」今按朱子家廟五架之制，架即桁也，即此兩下五架之制。而棟北一架通作室，以板隔截分作四室，每室置一代位牌，室外以簾垂之也。龕，按韵書及他訓義，皆曰塔下室也。又見《法華經》「佛以右指開寶塔户」，又禪書有「塔户自開」之説。蓋塔下有室亦有户，有時開閉也。杜子美詩曰：「長者自布（僉）〔金〕，禪龕只晏如。」蘇子瞻詩又曰：「只有彌勒爲同龕。」僧之居室，亦以名龕也。然羅先生有獨寐龕，朱子亦有「寒龕獨寢人」之句，是世俗亦通以名室矣。疑其制狹小、其狀類龕者以名之耳。勿軒熊氏賦滄州精舍有「小神龕」之句，王介甫詩亦曰「終日對書龕」，謂藏書之庋閣，以板爲之。《家禮考證》○按《儀節》及《家禮宗》並云「四龕，以一長卓共盛之」。則似謂龕亦爲客櫝之器也。《三體詩注》云：「龕，石窽穴也。」《品字箋》云：「釋氏以供佛及僧隻居小屋，皆謂之龕。」此則謂隔截狹小之處爲龕耳，固非蓋櫝之比。考諸本注文義甚明，竊恐《儀節》等書或有錯誤，因録本注于下，以備參考。○祠堂之内以近北一架爲四龕，每龕内置一卓，神主皆藏於櫝中，置於卓上，南向。龕外各垂小簾，簾外設香卓，於堂中置香爐、香合於其上。兩階之間又設香卓，亦如之。以上本注。

簾　編竹帷也。《玉篇》《禮》：天子外屏，諸侯内屏，大夫以簾，士以幃。《釋名》：簾，廉

也，自障蔽爲廉耻。《潛確類書》

旁親之無後者以其班祔 祔，附也，謂不得專享其祭，但附之于祖以受食而已。《中庸或問》云：自吾父祖曾高謂之正統，其伯叔父祖及衆子兄弟皆吾旁親，然此祔位，蓋指旁親之無後者言爾。若有後者，其子孫自祀之，此則不祔。○凡祔，昭祔昭，穆祔穆。如曾祖兄弟無後者，無昭穆可祔，不祭。若孫死而祖在，則祔何處？曰：按《禮記》，祔于曾祖龕，妻死夫之祖母在然。《家禮宗》鄭氏曰：班，次也。祔，猶屬也。賈氏曰：次者，謂昭穆之次第。祔，猶屬者。孫與祖昭穆同，故以孫連屬於祖而祭之也。《儀禮注疏》

殤 殤，傷也，男女未成人而死可哀傷也。若已冠笄嫁娶者，皆謂之成人。《宗》

椅 桌椅，桌几之高者。椅，人所倚坐者，此後世之借用，非古音義。桌凳高而可凭者爲几爲桌，低而可坐者爲椅爲凳。《諧聲品字箋》唐末小説有「倚桌」字。《通雅》○按本注作「倚」。

卓竹角切，音卓。 俗呼几案曰桌，舊注「高也」，誤。《正字通》一作「棹」，伊川先生指食前棹問康節是也。《考證》

牀 《説文》：安身之几。《通俗文》：八尺曰牀。《古今韻會》

席 《增韻》：藁秸曰薦，莞蒲曰席。《禮記》注：席制，三尺三寸三分寸之一。又曰：重曰筵，單曰席。同上。

香爐　鈩，薰器也，或作爐。《漢官典儀》曰：尚書即給女使執香爐。同上。古以蕭艾達神明而不焚香，故無香爐。今所謂香爐，皆以古人宗廟祭器爲之。爵爐則古之爵，狻猊爐則古踽足豆，香毬則古之鬵，其等不一，或有新鑄而象古爲之。惟博山爐乃漢太子宮所用者，香爐之制始于此。《洞天清録》

香合或作「盒」。　合子，盛物器。《匀會》香盒，用剔紅蔗⿴囗段錫胎者，以盛黄、黑香餅。法製香磁盒，用定窑或饒窑者，以盛芙蓉、萬春、甜香、縷香。《焚香七要》

香匙　匙筯，惟南都白銅製者適用，製佳。同上。

燭檠　檠，《增韵》：今俗作「燈檠」字，韓文有《短檠歌》。《匀會》〇今按，燈燭之具，燈曰檠，燭曰臺，當從《宗》作「燭臺」爲是。

茅沙盤　束茅聚沙於香案前及逐位前地上。本注。按香案前者，乃降神之茅沙，酒當傾盡。逐位前者，乃主人代神祭者，酒宜少傾。蓋古者飲食必祭，今以鬼神自不能祭，故代之。或問：「束茅聚沙，是聚沙於地擁住茅束否？」曰：「然。」曰：「用茅何義也？」曰：「程子曰：古者灌以降神，故以茅縮酌。《郊特牲》注云：縮酌用茅，謂醴濁用茅以泲之也。」曰：「今俗用茅三束盤載以酹，何歟？」曰：「程子謂降神酹酒必澆於地，《家禮》亦同，但與代祭澆酒多寡不同耳，未聞用盤也。至劉氏璋補注『祭初祖』條，始有茅盤，用甆匾盂，廣一尺，或黑漆小盤。截茅八寸，餘作束，束以紅立于盤内。劉必有考，但其不注於時祭各條，又恐止宜初祖，不敢據也。莫若降神則澆於地，代祭則澆於盤，未知可否。」曰：「茅用一束或用三束，何也？」曰：「按『初獻』條注：用酒三祭于茅束上。三祭者，滴三滴酒于茅上，非三束茅也，豈誤其數歟。近見他書每位一獻用酒三盞者，尤非也。」《家禮集説》按《書·禹貢》荆州「包匭菁茅」，蔡氏曰：「菁茅有刺而三脊，所以供祭祀縮酒之用。」《周禮·甸師》「供蕭茅」注：「鄭大夫曰：蕭字或爲茜，茜讀爲縮，束茅立之祭前，沃酒其上，酒滲下去，若神飲之，故謂之縮。縮，浚也。」《説文》：「縮，通作茜。禮，祭束茅加于祼圭而灌鬯酒，是爲茜，象神飲之也。」《春秋傳》注：「祭祀必束茅而灌之，以酒爲縮酒。」程子曰：「古者灌以神，故茅縮酌。」若然，則後世束茅酹酒取此義也。又按鄭康成曰：「縮酒，泲酒也，以茅覆藉而泲之也。」或問：「縮酒用茅，恐茅乃以酹。」朱子曰：「某亦疑。今人用茅酹酒，古人芻狗乃酹酒之物，則茅之縮酒，乃今人釃酒也。想古人不肯用絹帛，故以茅縮酒也。縮酒用茅之説，其不同如此。然而《士虞禮》刌茅五寸而束之，祭食于其上。《周禮》男巫掌望祀，用茅旁招以降其神。則古人之以茅交神明者亦尚矣，其束茅降神，抑亦其遺意歟？用沙之義無所考，然古人祭必酹酒，以酒沃地曰酹，而程子亦曰『酹酒澆在地上』。」又朱子曰：「古人祭酒於地，祭食於豆間，有飯盛之，然則古人之所以酹，直瀉之於地上而無所盛也。後世以沙代之者，即澆地之義。而其必取沙者，沙土一也，而沙能滲酒歟？」《考證》

祝版　祝版，稍高亦不妨，太小則字多恐不堪書也。《宗》國朝時亨四廟，祝版用梓木，長一尺二寸，闊九寸，厚一分，用楮紙冒之。《大明集禮》《頖宮禮樂疏》《闕里誌》皆同。○按祝版高厚與《家禮》不合。《集禮》又載元制攝祀祝版長二尺四寸，闊一尺二寸，則時制各異耳。

环珓　後世問卜于神，有器名盃珓者，以兩蚌殼投地，觀其俯仰，以斷休咎。後人或以竹，或以木，斲削如蛤形，而中分爲二，亦名盃珓，言蛤殼中空如盃也。珓本合爲教，言所神告教。今野廟止破厚竹根爲之。又我太祖起兵卜珓伽藍，得一俯一仰，後一筊卓立。俗字亦作筶，又作筊。與宋太祖入高辛廟卜竹杯筊，亦一俯一仰，爲聖筊事同。見《餘冬序録》。《强識略丁》後人見其質之爲木也，則書以爲「校」字，《義山雜纂》曰「殢人擲校」是也。校亦音珓也，至《廣韻》効部所收，則爲「珓」，其說曰：「珓者，盃珓也，以玉爲之。」《說文》《玉篇》皆無珓字。《頖宮禮樂疏》

酒注　元和初酌酒猶用樽杓，所以丞相高公有斟酌之譽，雖數十人一樽一杓挹酒而散，乃無遺滴。居無何，稍用注子，其形若罃而蓋嘴柄皆具。大和九年後，中貴人惡其名同鄭注，乃去柄安系，若茗瓶而小異，目之曰偏提，論者亦利其便，且言柄有礙而屢傾仄，今見行用。《資暇録》

盤盞　盤即盞之臺也。《考證》《周官》「司尊彝之職」曰：「六彝皆有舟。」鄭司農云：「舟，樽下臺，若今承盤。」蓋今世所用盤盞之象，其事已略見於漢世，則盤盞之起，亦法周人舟彝之

制，而爲後世承盤之遺事也。《事物紀原》

茶盞 茶色白宜黑盞，建安所造者，紺黑，紋如兔毫，其坯微厚，熁之久熱難冷，最爲要用。同上。

茶瓶 瓶要小者，易候湯，黄金爲上，人間以銀鐵或瓷石爲之。《茶録》

盞 爵也。夏曰琖，殷曰斝，周曰爵，亦作醆盞。《勺會》

托 始建中蜀相崔寧之女以茶杯無襯，病其熨指，取楪子承之，既啜而杯傾，乃以蠟環楪子之央，其杯遂定，即命匠以漆環代蠟，進於蜀相。相奇之，爲製名而話於賓親，人人爲便，用於代。是後傳者更環其底，愈新其製，以至百狀焉。貞元初，青鄆油繒爲荷葉形以襯茶椀，别爲一家之楪。今人多云托子始此，非也。蜀相即今昇平崔家，訊則知矣。《資暇録》

椀 盌，小盂也，亦作椀。《勺會》

楪子 黄帝時有寧封人爲陶正，此陶之始也。或言桀臣昆吾所作，非。今之曰碗、曰盆、曰碟，制雖不同，皆屬陶耳。《三才圖會》○楪、碟通用，按字書「楪，牖也」，又「床板碟，治皮也」，竝無碗盆之義，蓋亦後世之借用也。白樂天有「一楪膠牙餳」之句，則其由來尚矣。

匙 匕也。《勺會》古以扱醴及醢醬。《通雅》

箸 飯敧也，俗作筯。《勺會》

尊　酒器也，《周禮》：六尊。同上。

盥盤并架　《説文》：槃，「盤」同。承盤也。《禮記》：匜者，盥水洗手之器。《公食大夫禮》「小臣具盤匜」，鄭玄注云「君尊不就洗」，盥之棄水，必有洗以盛之，《禮圖》所謂「承盤洗弃水之器者」是也。惟以承弃水，故其形如盤，古人稱之有曰匜盤，而不謂之洗，蓋盤以言其形，洗以言其用也。《潜確類書》架，舉閣也，棚也。《勺會》

帨巾并架　帨，用以拭手者。巾，用以拭物也。《正字通》

火鈩　《周禮·天官》冢宰之屬：「宫人凡寢中共爐炭。」則爐亦三代之制，今之火爐是也。《潜確類書》

焚香　張子曰：祭用香茶，非古也。香必燔柴之意，茶用生人意事之。」朱子曰：温公《書儀》以香代爇蕭，温公降神一節，似僭禮，大夫無灌獻，亦無爇蕭，灌獻爇蕭乃天子諸侯禮。爇蕭欲以通陽氣，今太廟亦用之。或以爲焚香可當爇蕭，然焚香乃道家以此物氣味香而供養神明，非爇蕭之比也。」《考證》《尚書》「至于岱宗柴」又「柴望大告武成」，柴雖祭名，考之《禮》「焚柴泰壇」，《周禮》「升烟燔牲首」，則是祭前焚柴，升其烟，皆求神定義，因爲祭名。後世轉文，不焚柴而燒香，當于迎神之前用爐炭爇之。近人多崇什氏，蓋西方出香，什氏動輒燒香，取其清净，故作法事則焚香誦咒，道家亦燒香解穢，與吾教極不同。今人祀夫子宗社稷于迎神之後，奠幣之前，三上香，禮家無之，郡邑或用之。《雲麓漫抄》夫人神氣四體，誠不可不使潔清。孟子言「西子蒙不潔，人皆掩鼻而過之，故雖有惡人，齊戒沐浴，可以事上帝」，此非獨爲喻者設。佛氏言衆香國，而養生煉形，亦必以香爲主。故焚柴以事天，燔蕭以供祭祀，達神明而通幽隱，亦一道耳。

瞻禮　瞻者尊而仰之之謂，謂瞻仰而致禮也。《考證》

唱喏　揖，相傳曰唱喏，想古人相揖必作此聲，不默然於參會間也。唱喏者，引氣之聲也。宋人記《虜庭事實》云：「虜揖不作聲，名曰啞揖。不如是者，爲山野之人不知禮法，衆所嗤笑。契丹之人手於胸前，亦不作聲，是謂相揖。」宋人以爲怪，即宋以前人中國之揖作聲可知。今日承元之後，揖不作聲久矣，而其名唱喏獨存，官府升堂，公坐，輿皂，排衙獨引聲稱揖，豈非唱喏之謂歟？此固有本也。《餘冬序録》古人謂長揖爲唱喏。唱，聲之長。喏，辭之敬也。《品字箋》

正旦　漢高帝十月定秦，遂爲歲首。七年，長樂宫成，制群臣朝賀儀。武帝改用夏正建寅之朔，則元日之慶始自高祖。杜氏《通典》

冬至　《玉燭寶典》：「冬至，陰陽百物之始，日極南，影長，有履長之慶。」《漢雜事》曰：「冬至陽生，君子道長，故賀。」然則當是漢制也。《事物紀原》

朔望　《廣州記》：「朔望之儀，自尉佗始。佗立朝臺朔望外拜，後世遂至士庶亦相禮謁。」按禮，天子常朝則服皮弁，朔旦則服玄冕。諸侯常則服玄端，朔旦則服皮弁。《儀禮·喪禮》：

「大夫士朔望有奠。」孔子月朔朝服而朝。《漢書》宣帝令蘇武朝朔望，宣帝豈用佗禮者？朔望之禮，其來遠矣，佗亦聞而行之耳，非自佗始也。《考證》

新果　惠帝春游離宫，叔孫通曰：「古者有春嘗果，方今櫻桃熟，可獻，願陛下出，因取櫻桃獻宗廟。」上廼許之。諸果獻由此興。《史記》按《禮記》有「天子羞含桃，薦之寢廟」，又似周制，非始於通也。《事物紀原》朱子曰：諸家禮皆云薦新用朔，朔新如何得合，但有新即薦于廟。《大全》

望日不設酒　《士喪禮》「月半不殷奠」，鄭氏曰：自大夫以上月半又奠，士月半不復如朔盛奠，下尊者。賈氏曰：尊謂大夫也，士禮朔望之不同如此。《儀禮注疏》

殽　《廣韵》：凡非穀而食曰殽。《匀會》

酹魯外切。《廣韵》：以酒注地。同上。

點茶　抄茶一錢也。先注湯調極均，又添入環迴擊拂，湯上盞可四分則止。《茶録》

茶筅　茶筅，以觔竹老者爲之，身欲厚重，筅欲疏，勁本欲壯，而末必眇，當如劍脊之狀。《大觀茶論》〇按宋時團茶盛行，茶器悉備，其後元襲胡俗，民風一變，繼之以洪武之詔見于後，是以明世之人但知煎葉茶，已無復爲末爲團之事，遂併其器而亡之矣，故丘氏之言如此。惟我東方，文物典章一定不易，若彼茶事，亦尚存唐宋之舊迹，日多用煎茶，而末茶固未嘗廢也，採藏烹試之具，無一不備，所爲茶筅，至今爲人家日用之物，其爲體製，盡如《茶論》所云，詳見于圖。

末茶　春早摘其芽，火焙而杵碎，和膏作團餅，有龍團、鳳團之名，詳見《茶經》《茶録》。《考證》

謝宗可

此君　王徽之寄居空宅中，便令種竹，曰：「何可一日無此君耶。」《晉書》

蟹眼　候湯最難，未熟則沫浮，過則茶沉，前世謂之蟹眼者，過熟湯也。《茶録》

龍牙　黄魯直《揀芽咏》「赤囊歲上蒼龍璧」，注：「囊貢小團，惟揀芽則雙龍。」《山谷外集》

葉茶　洪武二十四年九月，詔建寧茶品爲上，其所進必碾而揉之，爲大小龍團，上以重勞民力，罷造團茶，惟採茶芽以進。《憲章類編》

蔡氏茶録　蔡襄字君謨，仙遊人。天聖中進士，累官知諫院。正色讜言，精于吏事，下不能欺，所至有聲。能文章，尤工於書，爲當時第一。官至端明殿學士，卒謚忠惠。《統譜》《茶録》一卷，蔡襄。《經籍志》

茶匙　茶匙要(用)〔重〕，擊拂有力，黄金爲上，人間以銀鐵爲之。竹者輕，建茶不取。《茶録》

元夕　漢家祠太乙，以昏時祠至明。今人正月望日夜遊觀燈，是其遺事。《太平御覽》道經以

正月十五日爲上元，天官降福之辰。七月十五日爲中元，地官救罪之辰。十月十日爲下元，水官備厄之辰。《考證》

清明　寒食第三日即清明節也。禁中前半月發宫人車馬朝陵墳享祀。凡新墳皆用此日拜掃，都人傾城出郊，四野如市。《東京夢華録》

重午　京師人以五月一日爲端一，二日爲端二，三日爲端三，四日爲端四，五日爲端五，亦謂之端午，又謂之端陽。《歲時記》五月五日，故曰重九。《學林》：午、五通用。《月令廣義》《提要録》：五月五日午時爲天中節。按重午者，取月午時午之義。《考證》

中元　中元日備素食以供養先祖，城外有墳，即往拜掃。禁中亦出車馬詣道院謁墳，本院官給祠部十道，設大會，焚錢山，祭軍陣亡殁，設孤魂道場。《夢華録》朱子曰：韓魏公家於七月十五日用浮屠設素饌以祭，某却不用。《大全》

重陽　魏文帝與鍾繇書曰：歲往月來，忽復九月九日，九爲陽數，而日月並應，俗宜其名，以爲宜於長久，故以燕享高會。《風土記》：九月九日，律中無射而數九。俗尚此日折茱萸房以插頭，言辟除惡氣而禦初寒。《事文類聚》

十月朔　拜墳，則十月一日拜之，感霜露也。《程氏遺書》《夢華録》：士庶皆出城享墳，禁中車馬出道院及西京朝陵，宗室車馬亦如寒食節。《南粤志》云：閩中風俗，十月一日皆作糯糍，

或作京飩，以祀先祖，告冬之意也。《事林廣記》

臘日　《風俗通》：臘者，獵也，因獵取獸以祭先祖。或曰：臘，接也，新故交接大祭以報功也。《説文》

《魏臺訪議》：王者各以其行，盛日爲祖，衰日爲臘。《事文類聚》冬至後三戌爲臘。

除夕　《風土記》：除夜祭先竣事，長幼聚飲，祝頌而散，謂之分歲。《月令通考》：吴中風俗，除日先報百神，奠祖懸遺像，夕送舊神，焚松柴，謂粈盆。《月令廣義》十二月三十日歲除礦曰除夕。《考證》

歲熟獻新　大夫士宗廟之祭，有田則祭，無田則薦。庶人春薦韭，夏薦麥，秋薦黍，冬薦稻。《禮·王制篇》

鄉俗所尚　食如角黍，凡其節之所尚者，薦以大盤，間以蔬果。本注。《鄴中記》：寒食二日爲醴酪，又煮糯米及麥爲酪，搗杏仁煮作粥。《玉燭寶典》：寒食煮大麥粥，研杏仁爲酪，别造餳沃之。《藝苑》：雌黄，寒食以麪爲蒸餅樣，團棗附之，名曰棗餻。《天寶遺事》：端午造粉團角黍。《風土記》：端午烹鶩，以菰葉裹粘米爲粽，謂之角黍。《歲時雜記》：端午作水團，又云重陽尚食餻，大率以棗爲之，或加以粟，亦有用肉者。《夢華録》：都人重九，各以粉麵蒸餻相遺。《考證》

祝文　按祝文者，饗神之辭也。劉勰所謂「祝史陳信，資乎文辭」者是也。考其大旨，實有六焉。一曰告，二曰脩，脩，常祀也。三曰祈，求也。四曰報，謝也。五曰辟，讀曰「弭」，禳也，見《郊特牲》。六曰謁。見也。用以饗其天地山川社稷宗廟五祀群神，而總謂之祝文。《文體明辨》

歲次　《增韵》：木星謂之歲星，以其一年行一次，十二次而周天，故曰歲星。此星行一次而四時功畢，故年謂之歲。《小補匀會》

干支　十干始于甲，終于癸。十二支始于子，而終于亥。宋邵雍曰：干，幹也。支，枝也。干十而支十二，陽數中有陰，陰數中有陽。《正字通》

越　發語辭，與「爰」同。《匀會》

追贈　自武王克商，追王大王、王季，故後代有追謚追尊之典。兩漢逮今，人臣亦有追贈之制。《漢書·張賀傳》：「及帝即位，追思賀，封恩德侯。」此則追封之始也。《事物紀原》

刷子　《博雅》謂之箆。字通。刷子，一名箆子，所用以刮紙者。《考證》

黄紙　唐高宗上元三年，以制勑施行既爲永式，用白紙多爲蟲蛀，自今已後，尚書省須下諸州諸縣，並用黄紙。勑用黄紙，自高宗始也。《事物紀原》

制書　制書，行大典、賞罰、授大官爵、釐革舊政、赦宥降虜則用之。《翰林志》拜免公王將相妃主曰制書。《談苑》

奠酒　問：既奠之酒，何以置之？程子曰：古者灌以降神，故以茅縮酌，謂求神於陰陽有

無之間，故酒必灌地。若謂奠酒，則安置在此。今人以澆在地上，甚非也。既獻，則撤去可也。《大全》

請告還鄉告音誥。《後漢書音義》：吏休假曰告。賜告者，病三月當免，天子優賜其告，使帶印綬，將官屬歸家養疾。○毛氏曰：告命、告假之告，去聲。《韵會》

舊銜 官吏階位曰銜。同上。官銜之名，當時選曹補綬，須存資歷，開奏之時，先具舊官名品于前，次書擬官于後，使新舊相銜不斷，故曰官銜，亦曰頭銜。如人口銜物，取其連續之意。如馬有銜以制其首，前馬已進，後馬續來，相次不絶，古人謂之銜尾相屬，即其義也。《談苑》○《封氏聞見記》同。

命書 古者有命無制。「有熊唐虞，同稱曰命。」《文心雕龍》

誥勅 今制命官不用制誥，至三載考績則用誥以褒美，五品以上官而贈封其親，及賜大臣勳階贈謚皆用之，六品以下則用勅命。《文體明辨》

生子見廟 按禮，諸侯、大夫、士有接子、名子之禮，無見廟之文，獨賈誼《新書》有天子立世子之文，《大戴禮·保傅篇》有「太子始生，見于南郊」之文，疑朱子取此義也。《考證》

生餘子孫 按丘氏餘子見廟之儀甚詳。然禮，諸侯、大夫、士，接子、名子、餘子則皆降一等，天子必世子，然後告廟、見廟，而此亦必曰嫡長子云。則丘氏之説，恐或未然。同上。

救祠堂　朱子謂祠堂乃報本反始之心，開業傳世之本。有難則竭力救護，不可以爲緩而忽之也。《宗》

聞官　凡人臣奏事于朝亦曰聞。《正字通》

典賣　典，猶言典當也。按九數，「一曰粟布，以御交質變易」。程氏曰：交，謂買賣。質，謂典約。變易，謂擅換。是典者相質定價之謂。杜詩：朝回日日典春衣。黄山谷：寧剪髻鬟不典書。《考證》

俠拜　按今制命婦朝賀皆爲男子拜，與士大夫相見亦然，竊意男子之禮，婦亦當男子拜。《宗》禮，婦人與丈夫爲禮則俠拜。俠者，夾也，謂男子一拜，婦人兩拜，夾男子拜。今婦人之拜不跪，則異於古所謂俠拜。江浙衣冠之家尚通行之，閭巷則否。江鄰幾《嘉祐雜誌》載司馬温公之語，乃謂陜府村野婦人皆夾拜，城郭則不然，南北之俗不同如此。《賓退録》據《家禮》而言，如祭禮主婦二拜而獻，退而又二拜。昏禮婦先二拜，夫答再拜，婦又二拜。是皆夾拜也。但主婦點茶及亞獻無先拜之文，則恐是一時四拜，而俠拜之名由此也。《考證》

幞頭　《二儀實録》曰：古以皂羅三尺裹頭，號頭巾。三代皆冠列品，黔首以皂絹裹髮，亦爲軍戎之服，後周武帝依周三尺裁爲幞頭，此得名之始也。至唐馬周交解爲之，用一尺八寸，左右三攝法三才，重繫前脚法二儀。《唐會要》曰：故事，全幅皂向後幞髮，俗謂之幞頭。周武帝建德中裁爲四脚，正觀中太宗謂侍臣曰：「幞頭起於周武，蓋取便於軍容。其巾子則自武德中始用。」按穆宗朝帝好擊鞠，而宣喚不以時，諸司供奉人急於應召，始爲硬裹裝於木圍之上，以侍倉卒。五代末梁高祖始布漆於紗鐵爲脚，作今様也。《筆談》曰：唐惟人主用硬脚，晚唐方鎮擅命使僭用之，宋朝有直脚等五等，惟直脚貴賤通脚也。《續事始》云：隋大業十年，牛弘請著巾子，以桐木爲之。武中初置平巾小様。又云武后内宴賜百寮絲葛巾子。《事物紀原》唐人幞頭初止以紗爲之，後以其軟，遂斫木作一山子在前襯起，名曰軍容頭。其先幞頭四角有脚，兩脚係向前，兩脚係向後，後來遂横兩脚，以鐵線張之。然惟人主得裹此。世所畫唐明皇已裹兩脚者，但比今甚短。後來藩鎮遂亦僭用，想得士大夫因此亦皆用之，但不知幾時展得如此長。桐木山子相承用，至本朝，遂易以藤織者，而以紗冒之。近時方易以漆紗。《朱子語録》

公服 《筆談》曰：中國衣冠自北齊已來，乃全用胡服，窄袖緋緑，唐武德、正觀時猶爾，開元之後稍裒博大。《通典》曰：宇文護始袍加下襴，遂爲後制，即今公服之制也，此蓋原矣。《事物紀原》今之上領公服，乃夷狄之戎服，自五胡之末流入中國，至隋煬帝時巡遊無度，乃令百官戎服從駕，而紫緋緑三色爲九品之列，遂爲不易之制。《朱子語録》

帶 《實録》曰：自古皆有革帶及插垂頭，至秦二世始名腰帶，唐高祖令向下插垂頭，取順下之義，名鉈尾。上元元年，自三品官至庶人，各有等制，以金石犀銀鍮鉐銅鐵爲飾，自十三銙至六銙。《筆談》曰：自北齊全用胡服，鞢䩞帶所垂，蓋欲以佩帶弓劍、紛帨、算囊、刀礪之類，後去鞢䩞，猶存環，環所銜以鞢䩞，如馬鞦銙，即今帶銙也。天子必以十三環爲節。唐開元之後，帶鈎尚穿帶本爲孔，本朝加順折也。《事物紀原》

靴　《釋名》曰：本胡服，趙武靈王所作。《實録》曰：胡，履也。趙武靈王好胡服，常短靿，以黄皮爲之，後漸以長靿，軍戎通服。唐馬周以麻爲之，殺其靿，加以靴氈。開元中裴叔通以羊爲之隱麋，加以帶子裝束。《筆談》曰：北齊全用胡服，長靿，靴也。《續事始》曰：故事，胡虜之服不許着入殿省，至馬周加飾，乃許也。同上。古有履舄屨而無靴，故靴字不見于經。《古今注》〇按「靴」，又作「□靿」，音「鏖麋」，音韵。東縛之義也。

笏　《唐會要》曰：笏，周制也。《周禮》諸侯象，大夫魚鬚，士以竹。晉宋以來，謂之手板。西魏以後，五品已上通用象牙。武德四年七月六日詔五品以上象笏，六品以下竹木笏。舊制，三品以上前挫後直，五品以上前挫後屈。武德以來，一例上圓下方也。《紀原》今官員執笏，最無道理。笏者，只在君前記事，恐事多須以紙粘笏上，記其頭緒。或在君前有不可以手指人物，便用笏指之，此笏常只插在腰間，不執在手中。《朱子語録》

進士　《摭言》曰：周諸侯貢賢於天子，升之大學，曰造士。大樂正論造士之秀者，以告於王，而升諸司馬，曰進士。其事見於《禮・王制》及《周官・樂正之職》，此蓋進士之始也。《摭言》又云：隋大業中始置進士之科，此蓋設科之始也。《紀原》唐每歲仲冬，郡縣館監課試。其成者，長史會僚屬，設賓主，陳俎豆，備管絃，行鄉飲酒禮，歌《鹿鳴》之詩，召耆艾，叙少長，而觀焉。既餞，與計偕而進於禮部，謂之進士。其不在館學而得者，謂之鄉貢進士，得第者謂之前進士。宋又因唐制，故謂應舉者爲進士。」《考證》

襴衫　《唐志》曰：「馬周以三代布深衣，因於其下着襴及裾，名襴衫，以爲上士之服。今舉子所衣者，襴衫之始也。《紀原》

處士　謂不官於朝而居家者曰處士。《通鑒綱目集覽》《史記》：「伊尹於湯，致於王道，曰伊尹處士，湯迎之，五反然後往。」此名處士之始也。宋朝有冲晦處士李退夫，在慶曆、皇祐之間也。《紀原》

皂衫　皂衫，猶言黑衫。鄭司農曰：「皂，柞栗之屬。」黄氏曰：「柞實，即橡也，其房可以染黑，故謂之皂斗，俗因謂黑爲皂也。」朱子曰：「涅黑土，染皂物也。」蓋二物皆可以染皂也。」按襴衫、皂衫，皆一時士大夫之常服，而以爲進士、處士之别，又後冠禮再加用皂衫，三加用襴衫，則其服之輕重，亦必有差矣。《考證》

帽子　《通典》曰：「上古衣毛帽皮。」則帽名之始也。周成王問周公曰：「舜之冠何如？」曰：「古之人，上有帽而領。」或云義取覆其首，本纚也。古者冠下有纚，以繒爲之，後世施幘於冠，因裁纚爲帽，上下通服之。《玄中記》：荀始作帽，漢棹舡者著黄帽，晉王濛破帽入市，則歷代皆有之，五代梁始漆爲今樣。吴處厚《青箱雜記》曰：天聖以前烏幘惟用光紗，自後始用南紗，迨熙寧中，復稍稍用光紗矣。《紀原》

衫　秦始皇以布開袴，名曰衫。《古今注》即皂衫也。《考證》

凉衫　《筆談》曰：近歲京師士人朝服乘馬，以黲衣蒙之，謂之凉衫，亦古遺法也。《儀禮》曰「朝服加景」，但不知古人制度何如耳。《紀原》朱子曰：「若紫衫、凉衫，便可懷袖間去見人，又費輕。如帽帶、皂衫，是多少費，窮秀才如何得許多錢。」然則凉衫服之簡便而費輕者。《考證》

假髻　燧人始爲髻，至周王后首服爲副編。鄭云：「三輔謂之假髻。」今時髻是其遺事也。《紀原》晉太元中，王公婦女必緩髻傾髻，以爲盛飾。用髮既多，不可恒戴，乃先于木及籠上裝之，名曰假髻。

大衣　商周之代，内外命婦服諸翟唐，則裙襦大袖爲禮衣。開元中，婦見舅姑，戴步摇、插翠釵，今大衣之制蓋起於此。《實録》：「大袖在背子下，身與衫子齊而袖大，以爲禮服。」疑即此也。《紀原》

長裙　《實録》曰：隋煬帝作長裙十二破，名仙裙。今大衣中有之，隋制也。同上。

冠子　《實録》曰：「爰自黄帝制爲冠冕，而婦人者之首飾服無文，至周始有，不過笄而已。

漢宮掖承恩者，始賜碧或緋芙蓉冠子，則其物自漢始矣。同上。

背子 又曰：秦二世詔衫子上朝服加背子，其制袖短於衫，身與衫齊而大袖。今又長與裙齊，而袖纔寬於衫，蓋自秦始也。同上。背子本婢妾之服，以行其行直主母之背，故名背子。後來習俗相承，遂爲男女辨貴賤之服。《蒼梧雜志》《實録》曰：「隋大業中，内官多服半臂除，即長袖也。唐高祖減其袖，謂之半臂，今背子也。江淮之間或曰綽子，士人競服。隋始制之也。」今俗名搭護，又名背心。《三才圖會》〇又按《圖會》別有褙子者，曰，即今之披風也。

擬 揣度以待也。《字通》

烏紗帽 成帝咸和中制聽尚書八座三省侍郎俱着烏紗帽。《晉書·輿服志》

盤領袍直領衣附。 朱子曰：「古今朝祭之服，皆用直領垂之，而皆未嘗上領也。」今按，直領之服蓋古制，其領直下，上衣下裳者。上領之服本胡服，其領上盤衣與裳相屬不殊者。朱子又釋上領之義曰：「聯綴斜帛，湊成盤曲之勢，以就正圓。」《考證》

皂靴 朱子曰：皂靴乃上馬鞋也。《語録》

生員 員，官數也。《匀會》廣學舍，增生員。《唐書·循吏傳》

生員服 洪武二十四年十月，定生員巾服之制，襴衫用玉色絹布爲之，寬袖，皂緣，皂縧，軟巾，革帶。《憲章類編》

儒巾　古者士衣逢掖之衣，冠章甫之冠。此今之士冠也。凡舉人未第者，皆服之。《三才圖(繪)〔會〕》

絲絛　以青絲絞，如帶中別綴一流蘸，即所謂儒紳大帶之遺制也。同上。

平定巾　方巾，即古所謂角巾也，制同雲巾，將少雲文。相傳國初服此，取四方平定之意。同上。今士庶所戴方頂大巾，相傳太祖皇帝召會稽楊維禎，維禎戴此以見上，問所戴何巾，維禎對曰：「四方平定巾。」上悦，遂令士庶依其製戴。或謂有司初進樣，方直其頂，上以手按偃落後，儼如民字形，遂爲定制。按當時巾制乃太祖自定，恐非緣維禎與手按也。《枝山前聞》洪武三年二月，命製四方平定巾。《憲章類編》

履　《世本》曰：于則作扉履。宋衷曰：黄帝臣，草曰扉，麻皮曰履。《實録》曰：三代皆以皮爲之，單底曰履，復底曰舄。以木置履下，乾腊不畏泥濕，履乃屨之不帶者。蓋祭服謂之舄，朝服謂之履。《周禮・屨人》有赤、黑二舄，素、葛、命、巧等四屨，亦通名耳。《續事始》曰：宋元嘉元年，始有鳳頭履，故今人亦有鳳頭鞋也。《紀原》

命婦　婦人受朝廷之誥命，是爲命婦。《書言故事》注。内命婦謂九嬪、世婦、女御。鄭司農云：外命婦，卿大夫之妻，王命其夫，后命其婦。玄謂士妻亦爲命婦。《周禮注疏》

霞帔　《實録》曰：三代無帔。秦有披帛，以縑帛爲之。漢即以羅。晉永嘉中制絳暈帔子，開元中令三妃以下通服之，是披帛始於秦，帔始於晉矣。今代帔有二等，霞帔非恩賜不得服，爲婦人之命服，而直帔通用於民間也。唐制，士庶女子在室搭披帛，書適披帔子，以別出處之義，今仕族亦有循用者。《紀原》

香茶帶 按香茶謂其色也。宋應星《天工開物》曰：茶褐色，蓮子殼煎水染，復用青礬水蓋。

稱孝 祭稱孝孫、孝子，以其義稱也。《禮·郊特牲篇》

封 《史》姚氏注：《楚漢春秋》，高祖封許負爲鳴雌亭侯，是知婦人亦有封邑。班《書》云：高后嘗以蕭相國夫人同爲酇侯。予謂呂后四年封呂嬃爲臨光侯，亦先封功臣妻矣。自許氏之封及酇侯夫，疑先漢婦人封邑之始。

謚 《說文》：行之跡也。《增韵》：誄行之號，以易名也。《匀會》周公旦、太公望開嗣王業，乃制謚，遂叙謚法。《史記正義·謚法解》○按本注有「官封謚則皆書」之言。男子稱官，婦人稱封也。與《考證》以封謚爲如某國某公之類者義異。

府君夫人 朱子曰：「無爵曰府君夫人，漢人碑已有，只是尊神之辭。府君如官府之君，或謂之明府。今人亦謂父爲家府。」按府君本漢人呼太守之稱，猶公侯之公轉爲男子之尊稱耳。○按夫人二字，在宋制亦非卑者之稱。如國夫人、郡夫人之類，必公卿之妻方得此封。但世俗通以爲婦人之尊稱，其來遠矣，自漢時已然。而朱子從之者，於理無害耳。且孺人之稱，在古禮

必大夫之妻，在今制亦非無官者之妻，何必捨先賢而從俗哉。《考證》

皇字　大德年間省部禁止，改爲顯字。○《曲禮》云：「生曰父母，死曰考妣。」考者，成也，言其德行之成。妣者，媲也，言其媲助于考也。《宗》父没稱皇考，于禮本無，見《王制》言天子五廟曰考廟、王考廟、皇考廟、顯考廟、祖考廟，則皇考者，曾祖之稱也。自屈原《離騷》稱「朕皇考曰伯庸」，則以皇考爲父。故晉司馬機爲燕王告謝廟文，稱敢昭告于皇考清惠亭侯，後世遂因不改。漢議宣帝父稱，蔡義初請謚爲悼，曰悼太子，魏相以爲宜稱尊號曰皇考。則皇考乃尊號之稱，非後世所得通用。然沿習已久，雖儒者亦不能自異也。《石林燕語》

故字　按故猶舊也，古也，古人於存亡通稱。如韓愈《河南府同官記》：故相國今太子賓客鄭公。朱子《考異》曰：故相，猶言今前宰相，非亡没之謂。以故字加於祖先之上，亦猶曰故人、前人云耳。或者以爲故如《漢書》物故之故，謂亡没也。嗚呼，孝子方致如在之誠，而豈忍遽以亡没爲稱哉。《考證》

孺人　天子之妃曰后，諸侯曰夫人，大夫曰孺人，士曰婦人，庶人曰妻。《禮·曲禮》七品曰孺人。《類書纂要》

宗廟　廟，貌也，所以彷彿先人之容貌。崔豹《古今注》室有東西廂曰廟，無東西廂有室曰寢。《爾雅》賈氏曰：必須寢者，祭在廟，薦在寢，故立之也。○大夫士廟室皆兩下五架，正中爲棟，棟之南兩架，北亦兩架。楝南一架名曰楣，前承檐以前名曰庪。楝北一架爲室，南壁而開户。《儀禮疏》《周禮》：建國之神位，左宗廟。則五廟皆當在公宫之東南矣。○家廟在東，此是人子不死其親之意。○家廟要就人住居，神依人，不可離外做廟。《朱子語録》

支子不祭 繼曾祖之小宗則不敢祭高祖，繼祖之小宗則不敢祭曾祖，繼禰之小宗則不敢祭祖，非嫡長子不敢祭其父，祭之則爲僭分。《宗》

介子 不言庶子者，庶子是賤者之稱，介則有副貳之義。《禮記注》

庶母不可入祠堂 朱子曰：就伊程子之言，凡士庶家若嫡母無子而庶母之子主祀，又能承宗祀幹蠱傳家，庶母之主亦可請入祠堂列祀之班，以享其祭也。此亦得從其禮之權，亦通。○按《喪服小記》云：妾祔于祖之妾，祖無妾則間曾祖而祔高祖之妾，若高祖又無妾，當易牲而祔於女君可也。注：女君，謂嫡室。易牲，如祖大夫孫爲士，孫死祔祭如祖大夫牲，士牲卑，不可祭于尊者也。○謂妾牲卑不可祭于嫡室，乃易牲。《家禮宗》

奠摯 奠摯見於君。《儀禮·士冠禮》

奠枕

神道尚右 生人陽，故尚左。鬼神陰，故尚右。○《士昏禮》：「主人筵于户西，西上，右几」，必以西爲客位者，以地道尊右故也。鄉射、燕禮之等設席皆東上，是統於人。今以神尊不統於人，取地道尊右之義。《儀禮疏》○按筵于户西者，即爲神布席也。

藍田吕氏　吕大臨，字與叔，大忠弟，學于程頤，與謝良佐、游酢、楊時在程門，號四先生。通六經，尤邃于禮。所著有《克己銘》諸篇。元祐中爲秘書正字。《萬姓統譜》

位版　《宋朝會要》曰：景德二年九月二日，上封者言郊立天地神位不嚴，望令重造，詔王欽若詳閲修製。十一月一日版位成，貯以漆匣，舁床，覆以黄縑帊。壇上四位以朱漆金字，第一神位黑漆金字，第二黑漆黄字，第三已降黑漆朱字。天地祖宗爲一匣，餘十二位爲一匣。即今之神位版也。○《事物紀原》《江都集禮》：晉荀勗《祠制》云，祭版皆正側，長一尺二分，博四寸五分，厚五分。以八分大書某人神座。不然，只楷書亦得。《朱子大全》

紙牓　牓又作榜，牌也。《韵會》

張魏公　名浚，字德遠，咸子。登進士，高宗時累官右僕射兼知樞密院事。嘗平苗劉之亂，攘却勍敵，招降劇盜，能使將師用命，始終不主和議，爲秦檜所惡。所著有《五經解》及《雜説》《文集》《奏議》，孝宗封魏國公，卒謚忠獻。《萬姓統譜》

俗節　俗節之祭，非古禮。然漢唐以來，士庶不能廢。朱子謂「韓魏公處得好，謂之節祠，殺於正祭，還依而行之」。其門人記朔旦家廟用酒菓，望旦用茶，重午、中元、九日之類皆名俗節。大祭時每位用四味，請出木主。俗節小祭只就家廟，只二味。朔旦及俗節酒止一上，斟一盃。晦菴所謂依韓公而行之者，大略其此類也歟？南軒廢俗節之祭，晦菴問：「於端午能不食粽乎？重陽能不飲茱萸之酒乎？不祭而自享，於汝安乎？」陳淳問：「行時祭則俗節如何？」曰：「某家且兩存之。」問：「莫簡於時祭否？」曰：「是要得不行，須是自家亦不飲酒，始得。」此晦菴不敢死其親之心也。他日，淳問：「先生除夜有祭否？」曰：「無祭。」春惟今人家歲除必宗族咸來宴會，或當房妻子上壽爲樂，其鄰里親識亦預有餽獻之儀，而祖先乃寂寂焉，其心亦烏能自安乎？淳嘗記先生依婺源舊俗，歲暮二十六日烹豕一祭家先，就中堂二鼓行禮，次日召諸生餕焉。又記先生以歲前二十六日夜祭，先生云是家間從來如此。則晦菴於歲除無祭，除夜豈得獨不飲酒、不爲樂哉？殆以前此已曾有祭故耳。我國朝太廟歲除行祫祀禮，今士庶家固不應無除夜祭也。《餘冬序録》

履端　元日賀人曰履端之慶。《書言故事》先王之正時也，履端於始。《左傳·文公元年》

族祖　今按曾祖兄弟爲族曾祖，族曾祖之子爲族祖，族祖之子爲族父，族父之子爲族兄弟。本文所謂則蓋所謂曾祖兄弟無後亦不祭者也。凡旁親無昭穆可謝則不祭。

上谷郡君　《伊川集·上谷郡君家傳》曰：先妣夫人姓侯氏，大原孟縣人。《二程全書》《伊川集·上谷郡行狀》：郡君得疾，未卒前一日，謂伊川曰：「今日是百五，爲我祀父母，明年不復祀矣。」晦菴嘗舉以告門人，以明年作明日，謂伊川亦曾祀其外家，然無禮經。春按：明年不復祀之言，是上谷臨終時語，外家之祀，必是止於上谷之身。伊川母卒，必廢此祀。今學者習聞朱語，而不考《程集》有以四時家祭，前一日祭其外家，爲伊川禮者，殊爲失之。《餘冬序録》

九拜　太祝辨九拜，一曰䭫音啓，本又作稽。首，二曰頓首，三曰空首，四曰振動，五曰吉拜，六曰凶拜，七曰奇拜，八曰褒拜，九曰肅拜，以享右祭祝。鄭氏曰：稽首，拜頭至地也。頓首，拜頭叩地也。空首，拜頭至手，所謂拜手也。賈氏曰：空首者，先以兩手拱至地，乃頭至手，是爲空首也。以其頭不至地，故名空首。頓首者，爲空首之時引頭至地，首頓地即舉，故名頓首。一曰稽首，其稽，稽留之字，頭至地多時，則爲稽首也。此三者，正拜也。稽首拜中最重，臣拜君之拜。二曰頓首者，平敵自相拜之拜。三曰空首拜者，君答臣下拜。〇賈氏又曰：稽首、頓首二種拜俱頭至地，但稽首至地多時，頓首至地則舉，故以叩地言之，謂若以首叩物然。《周禮注疏》

鄭注　鄭玄字康成，高密人。入關從馬融受學，後歸鄉里，學徒相隨者數百千人，國相孔融深敬之。玄嘗道遇黄巾賊數百萬人，見玄皆拜，相約不敢入縣境。袁紹帥冀州，大會賓客，競設異端，百家互起，玄隨方辨對，咸出問表，莫不歎服。《統譜》

撎音□，又壹計切。《説文》：舉手下手，其勢如今之揖，小別。《晉宋儀法》：賤人拜，貴人撎。《勻會》

婦拜扱地　賈氏曰：以手之至地謂之扱地，則首不至手，又與男子空首不同。云婦人扱

地，猶男子稽首者。婦人肅拜爲正，今云扱地，則婦人之重拜也。猶男子之稽首亦拜中之重，故以相況也。《儀禮疏》

爲尸坐　鄭氏曰：爲尸，爲祖姑之尸也。《士虞禮》曰：男，男尸。女，女尸。孔氏曰：尸坐，謂虞祭。若平常吉祭，以男子一人爲尸。《禮記注疏》

手拜　孔氏曰：手拜，則《周禮》空首。鄭注《周禮》空首拜頭至手，此云手至地。不同者，此手拜之法，先以手至地，而頭來至手。兩注不同，其實一也。《禮記疏》

稽顙　鄭氏曰：吉拜，拜而後稽顙，謂齊衰不杖以下者。言吉者，此殷之凶拜，周以其拜與頓首相近，故謂之吉拜云。凶拜，稽顙而後拜，謂三年服者。賈氏曰：稽顙，還是頓首，但觸地無容則謂之稽顙。《周禮注疏》

孔氏　孔穎達，彝州人，孔子三十二世孫。誦記日千餘言，及長，善屬文。隋末舉明經，後仕唐，累官國子司業，遷祭酒。撰《五經正義》。《統譜》○按穎達字仲達。

陳氏　按《禮記集説序》曰至治壬戌良月既望後學東滙澤陳皓序，餘無所見。至治壬戌，乃元英宗至治二年也。

三肅使者　晉侯與楚子、鄭伯戰于鄢陵，郤至三遇楚子之卒，見楚子必下，免冑而趨風。楚子使工尹襄老問之以弓，郤至見客，免冑承命曰：「君之外臣，從寡君之戎事，以君之靈，問蒙甲冑，不敢拜命。介者不拜。爲事之故，敢肅使者。」言君辱命來問，以有軍事不得答，故肅使者。肅，手至地，若今撎。三肅使者而退。《左·成十六年》

通鑑　《資治通鑑》□□□卷，司馬光。○《通鑑綱目》五十九卷，朱熹。《國史·經籍志》

周天元　周宣帝名贇，武帝長子，禪位太子闡，自稱天元皇帝，在位一年，壽二十二。改元者一，大成。《北史》天元傳位，驕侈彌甚，所居稱天臺，自比天帝。○天元將立五后，以問小宗伯辛彦之，對曰：「皇后與天子敵體，不宜有五。」博士何妥曰：「帝嚳四妃，虞舜二妃，先代之數，何常之有。」天元大悦，免彦之官，以陳氏爲天中太皇后，尉遲妃爲天左太皇后，造下帳五，使五后各居之。陳宗廟祭器，自讀祝版而祭之。又以五輅載婦人，自帥左右步從。又令命婦執笏拜天臺者，俯伏如男子。《通鑒綱目》

樂府　毛氏曰：《漢書》武帝立樂府。師古曰：樂府之名始此。按孝惠六年，使樂府備其簫管，是前世已有樂府之名矣。《勻會》樂府，古歌曲名。《續字彙補》

伸腰再拜跪　伸腰再拜跪，問客今安否。南北朝樂府詩。

跪　古者席地而坐，即今之跪也。故《禮記》稱跪皆曰坐。以愚意觀之，跪則兩膝用力，坐則臀近于膝。賓嬰行酒，故人避席，餘皆膝席。膝席者，兩膝跪而臀已起也。管寧坐久，惟兩膝着處穿，則久而著力者先斃，非膝席之謂也。《瑯琊代醉編》

程泰之　大昌字泰之，休寧人，十歲能屬文。紹興中進士，歷知數州，以龍圖閣直學士致仕。大昌篤學，于古今事靡不考究。所著有《禹貢論》《易原》《雍録》《易老通言》《考古編》《繁露》《北邊備對》，又爲山川地理圖，就經筵進呈。《統譜》

武后　名曌，武䕶之女，太宗才人，高宗立爲皇后。高宗崩，臨朝稱制，僭竊大位，改國號周，僭位二十一年，壽八十一。《唐書》

婦人之拜在古亦跪　太祖嘗問趙中令，禮何以男子跪拜而婦人不跪，趙不能對。遍訊禮官，皆無知者。王貽孫，祈公溥之子也，爲言古詩「長跪問故夫」，即婦人亦跪也，唐太后朝婦人始拜而不跪。趙問所出，因以太和中幽州從事張建章《渤海國記》所載爲證，趙大重之。事具《國史·王貽孫傳》及它雜説。葉氏《燕語》正舉此，且云天聖初明肅太后垂簾，欲被衮冕，親祠南郊，大臣争，莫能得。薛簡肅公：「即服衮冕，陛下當爲男子拜乎？」議遂格。九拜雖男子亦跪，貽孫之言蓋陋矣，簡肅亦不達，幸其言偶中，使當時有以貽孫所陳密啓者，則亦無及矣。汪聖錫端明作《燕語證誤》，又云《漢書·周昌傳》吕后見昌爲跪謝，周宣帝詔命婦皆執笏，其拜宗廟及天臺皆俯伏，則其時婦人已不跪矣，故時有是詔。云始于則天，非也。明肅乃謁太廟，非郊也。九拜有稽首，有頓首，非皆不跪也。不跪雖有之，蓋拜之輕者爾。余觀歐公所爲簡肅墓志及《湘山野録》，云后欲以衮冕謁太廟，謂親祠南郊，誠《燕語》之疑，宜汪氏引宋子京《謁廟賦》

以證。至程氏《考古篇》，又因貽孫之説考其詳，云：按後周天元静帝大象二年，詔曰命婦皆執笏，其拜宗廟及天臺，皆俯伏如男子。據此，詔特令於廟跪，則他拜不跪矣。張建章所著武后時婦拜始不跪，豈至此始并與廟朝跪禮而去之，而紀之不詳耶？周昌諫高帝，吕后見昌爲跪。《戰國策》蘇秦過洛，其嫂蛇行匍匐，四拜自跪而謝。《隋志》皇帝册后，后先拜後起。則唐以前婦拜皆跪伏也。又朱文公《語録》：「或問《禮》『婦人吉拜，雖君賜肅拜』，則古人于拜亦伏地。曰：古有女子伏拜者，乃太祖問范質之姪古者女子拜如何，遂舉古樂府云『長跪問故夫』，以爲古婦女皆伏拜。自則天欲爲自尊之計，始不用伏拜。看來此説不然。樂府只説『長跪問故夫』，不曾説伏拜。古人坐地是跪，一處云直身長跪。若拜時亦只俯手如揖，便是肅拜。故《禮》注云：『肅，俯手也。』蓋婦人首飾盛多，如副笄、六珈之類，自難以俯伏地上。古人所以有父母拜其子，亦有姑答拜者，只跪坐在地，拜時易，不曾相對。拜各有（問）〔向〕，當答拜亦然。太祝九拜，肅拜但俯下手，今時〔撎〕，《傳》云介者不拜，故肅使者而已。」文公舉貽孫之對爲范杲，當别有據。其論婦拜爲詳矣。《鶴林玉露》别記文公之説云：「古者男子拜，兩膝齊屈，如今之道拜是也。杜子春注《周禮》奇拜，以爲先屈一膝，如今之雅拜，即今拜也。古者婦女以肅拜爲正，謂兩膝齊跪，手至地而頭不下也，拜手亦然。南北朝有樂府詩説婦人曰『伸腰再拜跪，問客今安否』，伸腰亦是頭不下也。周宣帝令命婦相見皆跪，如男子之儀。不知婦人膝不跪地，變爲今之拜者，起于何時？程泰之以爲始于武后，不知是否。」而《項氏家説》則云鄭氏注《周禮》肅拜云若今婦人撎。安世按：古之拜如今之揖，折腰而已。介冑之士不拜，故以肅爲禮，以其不可折腰也。然則其儀特歛手回一作向。身，微爲曲勢爾。鄭氏之所謂撎蓋如此，正今時婦人揖禮也。據鄭氏説，則婦人之拜不過如此。或者乃謂自唐武氏始，尊婦人，不令拜伏，則妄誕之甚矣。周天元時，令婦人拜天臺作男子拜，則雖虜俗，婦人亦不作男子之拜也。况古者男子之拜但如今之揖，則婦人之拜安得已如今之伏。今之男子以古男子之拜爲揖，故其拜也，加之以跪伏，爲稽顙之容，今之婦人亦以古婦人之拜爲揖，故其拜也，加之以拳曲，作虚坐之勢，視古已加，不得謂之減矣。《禮》所謂女拜尚右手者，特言歛手向右，如孔子拱而尚右之尚，非若今用手按膝作跪也。男子之尚左亦然。古跪自是一禮，以拜與伏皆不相干。此論尤詳于諸書。疑跪拜之制後周始變後，唐初或因之，武后乃復其舊。王建《宫詞》云「射生宫女宿紅梅，請得新弓各自强。臨上馬時齊賜酒，男兒跪拜謝君王」「殿前鋪設兩邊樓，寒食宫人步打毬。一半走來争跪拜，上棚先謝得籌頭」等。建太和中爲陜州司馬，豈武后以後，婦拜猶跪禮，特行于宫掖。《復齋漫録》謂後周制令宫人廷拜爲男子拜，引建前一詩證之，唐《宫詞》無預後周故實也。

叉手　凡叉手之法，以左手緊把右手大拇指，其左手小指則向右手腕，右手四指皆直，以左手大指向上，如以右手掩其胸，手不可太着胸，須令稍去胸二三寸許，方爲叉手法。《事林廣記》

四拜　夫郊天祭地，止於再拜，其禮至重，尚不可加。今代婦謁姑嫜，其拜必四。予輒詳之，婦初再拜，次則跪獻；衣服文史，承其筐篚，則跪而受之，常於此際授受多誤，故四拜相屬。因爲疑。又婦拜夫家長老，長老答之，則又再拜，即其事也。士林威儀，豈可效諸下俚耶？謁拜姑嫜，宜修典故，再申插地，《周禮》：婦拜插地。拜儀可觀。

衣裳異制　《世本》：胡曹作衣，黄帝時人。又伯余爲裳。《爾雅疏》云：對文言之則上曰衣，下曰裳。散而言之則通。《小補韵會》衣者，隱也。裳者，障也。所以隱形自蔽障也。《白虎通》

紹興　宋高宗年號。

王普　紹興時爲國子監丞。見于《文獻通考》。

趙汝梅

牟中裴　《宗》作牟中斐。牟一作羊。

馮公亮

朱伯賢　按《萬姓統譜》：朱濬，壽州人，父伯賢。爲長史，有輔導功。蓋是人也。又有朱伯賢《論志》一篇，載于《續文章軌範》等書，後所謂白雲朱子，即此也。

白細布　《小爾雅》：麻紵葛謂之布。然此專指麻也。朱子曰：深衣用虔布，但而今虔布亦未依法。當先有事其縷，無事其布。方未經布時，先呀其縷，非織了後呀也。《考證》

度用指尺度，去聲。《考證》 度，謂尺寸之數。度用指尺者，蓋大指與食指兩步爲尺，中指中節一距爲寸。《補注》按此説亦自矛盾，凡人之手指雖各有長短，然今試以兩指兩步爲尺，而中指中節十寸相準，則兩步之長，尺有四寸矣。若用兩步之尺，則四尺四寸之長爲六尺一寸六分，不亦太長乎？本注既云中指中節，則不必更言兩指也。《考證》

鍼經 《靈樞》者，《内經》篇名。蓋《内經》爲總名，晉皇甫士安以《鍼經》名之。《靈樞發微》

同身寸 今人悉以中指一寸，遍身取之，烏得爲之同身，當曰同指。必其隨所處而取其穴道，故曰同身寸。《古今醫統》

踝 脛兩旁内外曰踝也。《字彙》

曲踞 用布一幅，如裳之長，交解裁之。如裳之制，但以廣頭向上，布邊向外，左掩其右，交映垂之，如燕尾狀。又稍裁其内旁大半之下，令漸如魚腹，而末如鳥喙，内向綴於裳之右旁。《禮記·深衣》：續衽鉤邊。鄭注：鉤邊，若今曲裾。本注。

裁衣 用布二幅，長四尺四寸，中屈之爲二尺二寸，下除寸餘爲腰縫，長二尺一寸，所以爲身之長。幅廣二尺二寸，四幅廣八尺八寸，除負繩之縫，與領旁之屈積各寸，及兩腋之餘前後各三寸許，約圍七尺二寸，所以爲衣之廣也。又按衣全四幅，如今之直領衫，但不裁破腋下，俗所謂對襟是也。《家禮儀節》從白雲朱氏之説，欲於身上加内外兩襟，左揜其右，今人又裁破腋下

而縫合之，綴小帶於右邊，如世常服之衣，非古制也。《補注》

下裳　古者布幅長四尺四寸，廣二尺二寸。深衣腰廣七尺二寸，若用布六幅，廣一丈三尺二寸，交解爲十二幅，則狹頭在上，每幅七寸三分有奇，十二幅共八尺八寸，廣頭在下，每幅一尺四寸六分有奇，十二幅共一丈七尺六寸。又除裳十二幅合縫及裳前襟反屈各寸，則要得七尺五寸，下得一丈六尺三寸，則上多三寸，下多一尺九寸，即截去之，上屬於衣。《補注》今按《補注》古者布幅長四尺四寸，不知何據。《前漢・食貨志》太公爲周立九府圜法，布帛廣二尺二寸爲幅，長四丈爲匹。《周禮・載師》注：「布參印書廣二尺，長二尺，以爲幣。」又《内宰》注：「純幅廣制匹長□丈八廣二尺四寸。」而無所謂四尺四寸者，豈別有所考歟？又曰長四尺四寸，除腰縫及下齊反屈各寸，則長四尺二寸者，尤無理。夫人身長短不齊，或有九尺、十尺者，概以四尺二寸爲裳，則不亦太短，而其長及踝者，果何義也。《考證》

袂　楊氏復曰：左右袂各用布一幅，屬於衣。又按：《深衣篇》云：「袂之長短，反屈之及肘。」夫袂之長短，以反屈及肘爲準，則不以一幅爲拘。《附注》袂，袖也。用布二幅，長四尺四寸，各中屈之爲二尺二寸，屬於衣之左右。兩腋之餘及袂皆反屈寸餘而合縫之。其本之廣如衣之長二尺二寸，而漸圓殺之，以至袂口，則其徑一尺二寸。兩腋之餘三寸，續以二尺二寸幅之袖，則二尺有五寸也。内除衣袂續處合縫及袂口反屈各寸許，則二尺二寸也。蓋袂之前後長四尺

二寸，廣二尺二寸，如月之半圓。合左右袂，如月之全圓也。《補注》

領　衣之兩肩上各裁入三寸，而反摺之，就綴於兩襟上，左右相會，其形自方，非別有所謂領也。蓋袂圓在外，領方在内，有錢圓含方之象。一説裁入反摺，即剪去之，別用布一條，自項後摺轉向前，綴兩襟上，左右齊反摺之長，表裏各二寸，除反屈。《禮記》所謂袷二寸是也。《補注》按《補注》前一説即丘氏所稱臆説無據者。《考證》

緣　緣用黑繒領，表裏各二寸，袂口裳邊表裏各一寸半，袂口布外別此緣之廣。本注。孔氏曰：《經》言純袂，是緣其袂口也，非是口外更有緣也。《禮記疏》

大帶　劉氏曰：深衣不帶之制，《王制》所言乃朝祭服之帶也。朱子：深衣帶，蓋亦彷彿《玉藻》之文，但禪複異耳。《禮記集説》古者深衣不綴小帶，當要中惟束以大帶而已。《補注》

再繚　鄭氏曰：士以練廣二寸再繚之。陳氏曰：士練帶惟廣二寸，而再繞腰一匝，則亦是四寸矣。今按：再繚之義，與《禮》注不同。謂一繚爲耳，再繚爲兩耳，蓋亦交結之義也。《考證》

武　秦人曰委，齊東曰武。《禮記注》冠卷曰武。《禮·玉藻》：縞冠玄武。陳氏曰：足在體之下曰武，緌在冠之下亦曰武。《字彙》

一長條廣四寸　又用一長條廣八寸許，長八寸許，上襞積以爲五梁，則廣四寸。《補注》○餘同丘説。

襞積　襞積，衣間蹴也。通作積，前相如賦襞積注：即今之帬襵。《勾會》○蹴，一作蹙。

笄　笄用齒骨，凡白物。《本注》《説文》：笄，簪也，其端刻雞形。而士以骨爲之，大夫以象爲之。綅以紘繫笄，順頤下而結之。《潛確類書》

⿰巾取子陟涉切，音輒。《説文》：領端也。徐曰：⿰巾取，猶摺也。《集韵》：或作襵。《勾會》襵同褶。舊注音摺，衣襵。不知褶、襵有疊折二音，分爲二字誤。《正字通》其作⿰巾取子也，就右邊屈處用指提起少許，摺向右，又提起少許，摺向左，兩相湊着，用線綴住，而空其中間以爲⿰巾取子。《補注》

黑履　劉氏垓孫曰：履之有絇，謂履頭以條爲鼻。或用繒一寸屈之爲絇，所以受繫穿貫者也。繶謂履中紃也，以白絲爲下緣，故謂之繶。純者，飾也，綦屬於跟，所以繫履者也。《大全》愚謂履之有鉤，用白絲條二條爲雙鼻，或用繒一寸爲屨頭，然後綴雙鼻於履頭，所以受綦穿貫也。《補注》

牙底　今按牙者，履面包跗處也。其字既出于孔疏，而字書無明訓。《勾會》：禓勺，牙，五駕切，車輮。《周禮·輪人》：牙也者，以爲固抱也。《注》：輪謂牙也。此名車輪外圍曰牙，則履面爲牙，蓋亦取固抱之義歟。○又按《注》：牙讀如訝，謂輪輮也。《疏》：訝，迎也。此車牙亦輮之使兩頭相迎，故讀從之。據此，則亦爲相迎之義歟。

樂平馬氏　端臨字貴與，廷鸞子。年十九，潛心學問，博極群書，以廕補承事郎。宋亡，隱居教授鄉里，遠近師之。與人言論，亹亹不倦。所著有《大學集傳》《多識録》《文獻通考》等書。《續文獻通考》

《統譜》《文獻通考》三百四十八卷，樂平馬貴與撰。

冕服　大夫以上冠也，古黄帝初作冕。《説文》衮冕九章，鷩冕七章，毳冕五章，希冕三章，玄冕一章。凡冕服，皆玄衣纁裳。《周禮疏》

天子服之云　有虞氏皇而祭，深衣而養老。《王制》諸侯夕深衣，祭牢肉。《玉藻》○方氏曰：深衣，燕居之服。由朝至夕，則可以燕矣。故夕深衣而燕食焉。《周官·膳夫》：王燕食則奉膳贊祭。王氏謂燕食有魚鳥之膳，非祭朝之餘，此言日中與夕則燕食爾。而曰祭牢肉者，由周以前質略故也。朝玄端，夕深衣。同上。○陳氏皓曰：前章言夕深衣、祭牢肉者，國君之禮也。此言朝玄端、夕深衣者，謂大夫士在私朝及家朝夕所服也。可以爲文，可以爲武，可以擯相，可以治軍旅。《深衣篇》○方氏曰：可以爲文，非若端冕可以視朝臨祭，特可贊禮而爲擯相而已。可以爲武，非若介胄可以臨難折衝也，特可以運籌而治軍旅而已。

戴記　漢戴德，字延君，兄之子戴聖，字次君，同受禮於后蒼。德删《禮記》爲八十五篇，號《大戴禮》。聖又删爲四十九篇，號《小戴禮》。《統譜》○今《禮記》是也。

其制雖具存　朱子曰：去古益遠，其冠服制度僅存而可見者，獨有此耳。然遠方士君子亦所罕見，往往人自爲制，詭異不經，近於服妖，甚可歎也。《語録》

康節　邵雍字堯夫，范陽人。年三十，從父古徙居河南。雍高明英邁，于書無所不讀，每尚友古人。及見李之才，聞性命之學，乃自探頤索隱，洞見天地運化，古今事變，萬物性情，遂衍宓羲先天之旨，著《皇極經世》諸書。程子稱爲振古之豪傑也。《統譜》○按宋哲宗元祐中賜謚康節。

今人不敢服古衣　司馬温公依《禮記》作深衣，簪幅巾縉帶，每出，朝服乘馬，用皮匣貯深衣隨其後，入獨樂園則衣之。嘗爲康節曰：「先生亦可有此乎？」康節曰：「某爲今人，當服今時之衣。」温公歎其言合理。《邵氏聞見録》

獨樂園　在洛陽府城南，宋司馬光判西京留臺，買宅尊賢坊，以是名，光自作《記》。《一統志》

吕滎公　希哲字原明，少從孫復、石介、胡瑗學，從從二程、張載游，聞見益廣，務躬行實踐。元祐中爲崇政殿説書，勸導人主以正心誠意爲本。徽宗朝歷知曹、相、邢三州。爲人樂易有至行，遠近皆師尊之，封滎陽公。《統譜》

衽當旁　鄭氏曰：衽謂裳幅所交裂也。凡衽或殺而下，或殺而止，是以小要取名焉。衽屬衣則垂而放之，屬裳則縫之以合，前後上下相變。孔氏曰：衽當旁者，衽謂裳之交接之處，當身之畔。○《正義》曰：衽謂裳幅所交裂也，裳幅下廣尺二寸，上闊六寸，挾頭嚮上，交裂一幅而爲之。云凡衽者或殺而下，或殺而止者，皇氏云言凡衽非一之辭，非獨深衣也。或殺而下，謂喪服之衽廣頭在上，狹頭在下。或殺而上，謂深衣之衽寬頭在下，狹頭在上。云是以小要取名焉者，謂深衣與喪服相對爲小要，兩旁皆有此衽。熊氏大意與皇氏同，或殺而下，謂朝祭之服耳。云衽屬衣則垂而放之者，謂喪服及熊氏朝祭之衽。云屬裳則縫之以合前後者，謂深衣之衽。云上下相變者，上體是陽，陽體舒散，故垂而下；下體是陰，陰主收斂，故縫而合之。今删定深衣之上，獨得衽名，不應假他餘服相對爲衽。何以知之，深衣衣下屬幅而下，裳下屬幅而上，相對爲衽。鄭注深衣鉤邊，今之曲裾則宜兩邊而有也。但此等無文言之，且從先儒之義。《禮記注疏》

袂可以回肘　鄭氏曰：二尺二寸之節。孔氏曰：上下廣二尺二寸，肘長尺二寸，故可以回肘。《禮記注疏》袂，袖之連衣者也。《禮記》陳注。

續衽鉤邊　鄭氏曰：續，猶屬也，衽在裳旁者也，屬連之不殊裳前後也。鉤，讀如鳥喙必鉤之鉤，鉤邊若今曲裾也。《正義》云：衽當旁者。凡深衣之裳十二幅皆寬頭在下，狹頭在上，皆似小要之衽，是前後左右皆有衽也。今云衽當旁者，謂所續之衽當身之一旁，非爲餘衽悉當旁也。云屬連之不殊裳前後也，若其喪服，其裳前三幅，後四幅，各自爲之，不相連也。今深衣裳一旁則連之相着，一旁則有曲裾掩之，與相連無異，故云屬連之不殊裳前後也。云鉤讀如鳥喙必鉤之鉤者，按《援神契》云：「象鼻必卷，長鳥喙必鉤。」鄭據此讀之也。云若今曲裾也，鄭以後漢之時裳有曲裾，故以續衽鉤邊似漢時曲裾，今時朱衣朝服從後漢明帝所爲，則鄭云今曲裾者，是今朝服之曲裾也。其深衣之衽已於《玉藻》釋，故今不復言也。《禮記注疏》〇楊慈湖説嚴陵方氏曰：衽，襟也。與裳相續，故謂之續。衽居裳之邊曲以鈎束焉，故曰鈎邊。《玉藻》所謂衽當旁是也。《禮記大全》按《禮記》楊氏注引《衣圖》云：既合縫了，又再覆縫，方便於着，以合縫爲續衽，覆縫爲鈎邊。本注蔡氏淵謂衽鈎邊者只是連續裳旁，無前後幅之縫，左右交鈎，昂爲鈎邊。愚按二説俱未甚明白。若深衣果裳十二幅，則其要與十二幅各合縫爲續衽，裳前兩襟及下齊反屈爲鈎邊，邊即純邊之邊也。後細思之，則《禮記》十二幅指深衣一身所用之布，屈裾另用布十二幅，斜裁爲四幅，廣頭在下，尖頭在上。續裳之兩旁，故謂之續衽。在裳之兩邊，故謂之鈎邊。《玉藻》所謂衽當旁是也。黄閏玉曰：古者朝祭衣短有裳，惟深衣長邃無裳。不知《禮記》明言要縫半下，既有要縫，豈得無裳。《補注》建安何氏曰：裳十二幅，外别添兩斜衽於旁縫屬於裳，謂之續衽，加緣於上，不欲緣侵裳之正幅也。鈎邊者，裳下圜其角如鈎，恐其垂下而不齊也。按此與諸説不同，以備一説。〇疏家惑於鳥喙曲裾之説，斜裁爲衽，如鳥喙狀，綴之裳旁，謂之曲裾，温公亦取載《書儀》。朱子晚年亦覺其非，而未及改修也。按續衽鈎邊四字，釋衽當旁之義，鄭注之意謂衽指裳旁前後兩衽相交接者，屬連前後兩衽，如裳之前後兩幅，蓋古人之服上衣下裳，裳七幅，前三幅，後四幅，其兩旁前後兩幅分開而不相屬。楊氏之説，深得鄭注之意，而發明朱子之説爲多。但又以合縫爲續衽，覆縫爲鈎邊者，何也？此不可曉。又按：衽當旁注，衽屬衣則垂而放之，屬裳則縫之以合前後，其合縫之説，或出於此。然屬連之云，非縫合之義，且朱子已有定論矣。愚嘗反覆思之，續衽之義既如鄭注，而鈎邊之説亦猶可疑。朱子以爲左右交鈎，亦似未盡。妄意以爲既兩衽分開，則兩衽之邊斜裁處必有反屈之縫，疑鈎邊二字，或指此也。或謂鈎邊則是矣，若今曲裾者，是何謂也。曰：曲，即屈曲之義。裾，《説文》：「衣邊也。」古人於衣邊必反屈以縫之，疑漢時指衣邊反屈以爲曲裾，故鄭以爲緶緝兩衽之邊，如今衣邊之反屈也，豈别有所謂裾哉？不敢自以爲然，姑書之以俟博古者。《考證》

蔡淵　字伯静，元定長子。淵既受學家廷，而又友黄幹、張浮諸賢，清修苦節，有父風。與沈躬耕，不仕。著《周易訓解》，發先儒所未發。號節齋。《統譜》

説文　《説文解字》十四篇，許慎。《經籍志》○《後漢》：許慎字叔重，汝南召陵人。

袼之高下可以運肘　劉氏曰：袼，袖與衣接，當腋下縫合處也。運，回轉也。《玉藻》云：袂可以回肘，是也。肘，臂中曲節。《禮記集説》

袂之長短反屈之及肘　劉氏曰：「反屈及肘」，則接袖，初不以一幅爲拘矣。凡《經》言「短毋見膚，長毋被土」。及「袼可運肘」「袂反及肘」，皆以人身爲度，而不言尺寸者，良以尺度布幅有古今之異，而人身亦有大小長短之殊故也。同上。

曲袷如矩　鄭氏曰：袷，交領也。古者方領，如今小兒衣領。孔氏曰：鄭以漢時領皆嚮下交垂，故云古者方領。如今擁咽。《禮記注疏》○按《考證》：擁咽，小兒領名。温公曰：方領，如今上領衣，但方裁之，須用結紐。按方領之説本鄭注誤矣，蓋方裁爲領，領之兩端有紐結之，其曰相掩自方者。朱子蓋改修之，如蔡氏淵所説。建安何氏曰：曲袷，交領也。今朝祭之服皆向下交垂也。○按丘氏有《新樣深衣圖》，但領之左端須用結紐，不然則分開而不着矣。《考證》吾子行云：深衣方領，正經云曲袷如矩，後世不識矩乃匠氏取方曲尺，强以斜領爲方，而疑其多添兩襟，制度遂失。若裁作方盤領，即應如矩之義。續衽乃所添兩襟也，更加鈎起紐于肩上，即鈎邊。若以斜爲方，豈聖人正心之意。朱子只作直領，而下裳背後六幅，正面六幅，分兩旁。若交其領，無乃後闊而前狹。又肋下兩縫向前。或剪圓裳旁曰鈎邊，尤爲可笑。只按《深衣》《玉藻》二篇，正經製法自見，但人自不考耳。《餘冬序録》。又見于《焦氏筆乘》。

純袂緣

以上深衣制度，漢唐以來諸家所説不同如此。蓋去古既久，遺制蕩盡，要皆後人揣摩之見耳。惟本朝冠服，猶存三代之制者不少矣。若夫深衣，亦以世人常服之衣即此古俗所謂吴服。推之，則其裁製之法可知已。衣凡六幅，身用二幅，袂用二幅，裁法悉如丘氏之説。別用一幅直裁作兩片，而于袂之兩旁各加一片，却從腋下漸漸殺成圓樣，袖口留一尺二寸。本經謂反屈之及肘，則袂非一幅明矣。楊氏、劉氏皆謂不以一幅爲拘，是也。又用一幅從旁量入二寸，直下裁開以爲領。其餘闊一尺六寸者，即此一尺八寸幅者。三分其長，從右邊上頭一分處斜裁去，至左邊下頭一分處分作兩片，今俗謂之鈎裁。以爲内外兩襟，尖頭向上，廣頭向下，内連於衣下，屬於裳。又衣之兩肩上各裁入三寸，斜剪去之，而加領於其上。領之長短，止於腰下，其形鈎曲，蓋所謂續衽、鈎邊也。白雲朱氏及《補注》後一説爲近之，又按本經所謂曲袷如矩者，亦恐謂鈎邊也歟。并裳六幅，裁法如丘説。以合十有二幅之數云。又按《補注》緇冠用廣八寸許，襞積爲四寸，如有理。但謂武圍兩旁，各廣三寸，則其中不可容四寸之梁，《補注》似不可用。○幅巾舊圖甚不可曉，故今别爲衣巾新圖，附于後。

巾　首飾。《儀禮》：二十成人，士冠，庶人巾。《釋名》：巾，謹也，當自謹修於四教。《匀會》古庶人服巾，士則冠矣。傅子曰：「漢末王公多委士服，以幅巾爲雅素。」則幅巾古賤者服也，漢末始爲士人之服。袁紹戰敗，幅巾渡河是也。《事物紀原》

幘　《隋·禮儀志》曰：幘，按董巴云：起於秦人，施於武將，初爲絳帕，以表貴賤。漢文時，加以高頂。孝元額有壯髮不欲人見，乃始進幘。又董偃緑幘。《東觀記》云：賜段熲赤幘。故知自上下通服之，皆烏也。厨人緑，馭人赤，輿輦人黄，駕五輅人逐車色，其承遠遊、進賢者，施以□導，謂之介幘。承武弁者，施以笄導，謂之平巾。同上。

黑幪　下刑墨幪。幪，巾也，使刑者不得冠飾也，或作幪。《匀會》

郭林宗折角巾　郭泰，字林宗，辟舉不應。性明知人，好奬訓士類。容貌魁偉，褒衣博帶，周游郡國。嘗於陳梁間行遇雨，巾一角墊，時人乃故折巾一角以爲林宗巾，見慕如此。《事文類聚》林宗巾以葛爲之，其形如帢，居士野人所服。《後漢書》注。

接羅　襄陽大堤曲有「倒著接羅花下迷」，蓋用白紗作巾。南朝雖帝王亦服白紗帽，沈攸之所謂「大事若克，白紗帽共著耳」。又別有白疊巾、白綸巾。後世惟凶服乃用白。《玉堂漫筆》

白葛巾　《博物志》：漢中興，士人皆冠葛巾。建安中。《語林》：諸葛武侯葛巾羽扇，指麾三軍，各隨其進止。《潛確類書》

刀衣　劒韜謂之衣。《初學記》

行戒　爲行戒者，謂低目不忘顧視也。《儀禮疏》

紃　《雜記》：紃以五采。注：紃，施諸縫中，若今時絛。《内則》疏：組紃俱爲絛也。皇氏云：組，綬也。然則薄闊爲組，似繩爲紃。絛，編絲爲之。《考證》

舄履　祭服謂之舄，朝服謂之履，燕服謂之屨。《古今注》

孟康　字公休，孟子十八代孫。魏明帝時，爲散騎侍郎，歷官至廣陵郡侯。嘗注《漢書》。《統譜》

顔師古　字籀，瑯琊臨沂人，顔子三十七世孫。性簡峭，視輩行傲然。唐初爲秘書監，校定經史，注班固《西漢書》，修《五禮》，進子爵、銀青光禄大夫、弘文館學士，時人稱顔秘書。同上。

行狀　劉勰曰：「狀者，皃也。禮皃本原，取其事實，先賢表謚，並有行狀，狀之大者也。」漢丞相倉曹傅胡幹始作《楊元伯行狀》，後世因之，蓋具死者世系、名字、爵里、行治、壽年之詳，或牒考巧太常使議謚，或牒史館請編録，或上作者乞墓志碑表之類皆用之，而其文多出於門生故吏親舊之手，以謂非此輩不能知也。《文體明辨》

先聖　唐太宗貞觀二年尊孔子爲先聖，高宗顯慶二年復尊孔子爲先聖。張朝瑞曰：至是始定孔子爲先聖。○《闕里誌》

考亭　紹熙三年二月，始築室于建陽之考亭。《朱子年譜》

硬　堅也，强也。《韵會》

客位榜　按《事文類聚》作客位咨目。《字彙》：榜，木片也。又標榜。○又按所謂舊京，指宋舊都汴也。

道服　按王鳳洲《觚不觚録》曰：「袴褶，戎服也。其短袖或無袖，而衣中斷，其下有横摺，而下復豎摺之，若袖長則爲曳撒，腰中間斷，以一線道横之，則謂之程子衣，無線道者，則謂之道袍。」又曰直綴云云。蓋所謂道袍者，即此也。

黄裳　坤六五。

檃括　《説文》：桰也。徐按：《尚書》有檃括之器。隱，審也。括，檢桰也。即正邪曲之器。《荀子》檃括之美，堅長曰隱。《品字箋》

上壽　顔師古曰：凡言爲壽者，謂進爵於尊者而獻無疆之壽也。如淳曰：上酒爲壽，非大行酒也。《漢書注》

昧爽　昧，晦；爽，明也。昧爽云者，欲明未明之時也。《書經集傳》

廳事　古者治官處謂之聽者，後語省直曰聽，加广作廳，通作聽。毛氏曰：聽事，言受事察訟於是。漢晉皆作聽，六朝以來乃始加广。《小補韵會》

五福　《洪範》：五福，一曰壽，二曰富，三曰康寧，四曰攸好德，五曰考終命。蔡氏曰：人有壽而後能享諸福，故壽先之。富者，有廪禄也。康寧者，無患難也。攸好德者，樂其道也。考終命者，順受其正也。《書經集傳》

酢　古作醋，今文作酢。《蒼頡篇》：主答客曰醻客，報主人曰酢。《韵會》

生旦　江南風俗，二親若在，每至生日，常有酒食之事。無教之徒，雖以孤露，其日皆爲供頓，酣暢聲樂，不知有所感傷。《顔氏家訓》○唐太宗謂長孫無忌曰：是朕生日，世俗皆爲歡樂，在朕翻爲感傷。《唐書》

初度　稱生日曰初度之辰。《離騷》：「皇覽揆余初度兮，肇錫余以嘉名。」初度之度，猶言時節也，言父觀我初度之時節，始賜其令善之名。《書言故事》

擺　開也，列也。《品字箋》

家廟　士大夫家廟自唐以後不復講。慶曆元年郊祀赦，聽文武官皆立廟，然朝廷未嘗討論立爲制度，無所遵守，故久之不克行。皇祐二年，初祀明堂，宋莒公爲相，乃始請下禮官定議，于是請平章事以上立四廟，東宫少保以上立三廟，而其詳皆不盡見。文潞公爲平章事，首請立廟于洛，終無所考據，不敢輕作。至和初知長安，因得唐杜佑舊廟于曲江，猶是當時舊制，一堂四室，旁爲兩翼。嘉祐初，遂倣爲之。兩廡之前，又加以門，以其東廡藏祭器，西廡藏家牒。祊在中門之右，省牲展饌滌濯等在中門之左。别爲外門，置庖厨于中門外之東南。堂中分四室，用晉荀安昌公故事，作神板而不爲主。唐周元陽《祀録》以元日、寒食、秋分、冬至爲四時祭之節。前祭皆一日致齋，在洛則以是祭，或在他處則奉神板自隨，倣古諸侯載遷主之義。公元豐間始致仕歸洛，前此在洛無幾，則廟不免爲虚設，乃知古今異制，終不可盡行也。《石林燕語》

宗法　君適長爲世子，繼先君正統，自母弟以下，皆不得爲宗。其次適爲别子，不得稱其父，又不可宗嗣君，又不可無統屬，故死後立爲太宗之祖，所謂别子爲祖也。其適子繼之，則爲太宗，直下相傳百世不遷。别子若有庶子，又不敢稱别子，死後立爲小世之祖，其長子繼之，則爲小宗，五世則遷。别子爲祖者，謂此别子子孫爲卿大夫，立此别子爲始祖也。五世則遷者，上從高祖下至玄孫之子，高祖廟毁，不復相宗，又别立宗也。魯季友乃桓公别子所自出，故爲一族之太宗。滕文之昭，武王爲天子，以次則周公爲長，故滕謂魯爲宗國。又有有大宗而無小宗者，有適則不立小宗也。有有小宗而無大宗者，無適則不立大宗也。今法，長子死，則主父喪用次子，不用姪。若宗子法立，則用長子之子。《朱子大全》○按《考證》曰：季友爲桓公別子者，杜氏以爲季友，莊公之母弟也；慶父，莊公之庶兄；叔牙，慶父之同母弟也。所自出三字，疑衍文也。不然，則友作氏字爲是。蓋莊公使公子友爲宗，領仲叔庶昆弟也。朱子曰：宗子只得立嫡，雖庶長，立不得。若世子死，則立世子之親弟，亦是次嫡也。是庶子不得立者也。又曰：若無嫡子，則亦立庶子。世子，謂嫡子也。《家禮宗》

別子　朱子曰：讀爲分別之別。同上。此別子以本國別子言也。又有異姓公子來自他國者，別於在本國不來者，故稱別子。又有庶姓之起於是邦爲卿大夫者，別於不仕者，故亦稱別子。凡稱別子者有三，而其繼別爲宗則同也。《考證》

同堂兄弟　叔伯兄弟爲同堂者，以祖坐于堂上，孫列階前，叔伯昆弟同聚一室，故謂同堂。《品字箋》

阼階　阼階，主階也。《説文》鄭氏曰：阼，猶酢也，所以答酢賓客也。《儀禮注》

重行西上　按本注重行西上、重行東上，謂之重行者，若伯父與叔父、伯母與叔母、諸兄與諸弟、諸嫂與諸弟婦、子輩兄弟、孫輩兄弟是也。謂之西上者，以西爲上，若伯父在叔父之左、諸兄在諸弟之左是也。謂之東上者，以東爲上，若伯母在叔母之右、諸嫂在諸弟婦之右是也。至於大祭祀，則出主於堂於正寢，并祔位神主亦有重列者，若太伯叔祖祔于曾祖、伯叔祖祔于祖之類是也。祔正位者考以東爲上，若太伯祖父在曾祖考之左、太叔祖父在曾祖考之右是。妣以西爲上，若太伯祖母在曾祖妣之右、太叔祖母在曾祖妣之左是也。祔側位者以北爲上，若伯祖父在祖考之上、叔祖父在祖考之下、伯祖母在祖妣之上、叔祖母在祖妣之下是也。但神主位次則男西女東，子孫位次則男東女西，此陰陽之別也。《補注》

浦江鄭氏　鄭文嗣，字紹卿，浦江人。十世同居，凡二百四十餘年，一錢尺帛不敢私，至大間表其門。文嗣歿，從弟太和繼主家，事益嚴而有恩，家庭中凜然如公府。歲時太和坐堂上，群從子皆衣冠雁行，立左序下，以次拜跪，捧觴上壽。畢，肅容拱手，自右趨出，足武相銜，無敢參差。見者嗟慕，謂有三代遺風。狀聞，復其家。部使者余闕，爲書「東浙第一家」。《統譜》

祠堂位次　或問廟主自西而列。朱子曰：此也不是古禮。〇諸家廟制，太祖居北而南向，昭廟二，在其東南，穆廟二，在其西南，皆南北相重。不知當時每廟一室，或共一室各爲位也。曰：古廟制，自太祖而下各各是一室，陸農師《禮象圖》可考。西漢時高祖廟、文帝顧成廟各在一處，但無法度，不同一處。至東漢明帝謙讓，不敢自當立廟，祔於光武廟，其後遂以爲例。至若太廟及群臣家廟，悉如今制，以西爲上也。至禰處謂之東廟，今太廟之制亦然。《朱子大全》祠堂並列四龕，高祖居中東第一龕，曾祖居中西第一龕，祖居近東壁一龕，禰居近西壁一龕。按

《大明會典·祠堂圖》下云：朱子祠堂神主位次，以西爲上，自西遞列而東。豈不知左昭右穆之義哉？而朱子明謂非古禮，特以其時宋太廟皆然，嘗欲獻議而未果。《家禮》之作，姑從前制。故我聖祖太廟之制出自獨斷，不沿於舊，可謂酌古準今，得人心之正者矣。故今品官士庶，祭祀遵用時制，奉高祖居廟中第一龕，曾祖而下則以次而列主位次于右。《宗》〇按設位之次，詳見于《祭禮》劉氏補注。

古者廟制　《王制》：天子七廟，諸侯五廟，大夫三廟，士一廟，庶人祭於寢。《祭法》：天子立七廟，諸侯立五廟，大夫立三廟，適士二廟，官師一廟，庶士庶人無廟。陳氏曰：適士，上士也。天子上中下之士及諸侯之上士，皆得立二廟。官師者，諸侯之中士、下士，爲一官之長者，得立一廟。《禮記集説》

祭四代　問：今人不祭高祖，如何？程子曰：高祖自有服，不祭甚非，某家却祭高祖。又曰：自天子至於庶人，五服未嘗有異，皆至高祖服。既如是，祭祀亦須如是，其疏數未存可考，但其理必如此。雖二廟一廟以至祭寢，亦及高祖。若止祭禰，只爲知母而不知父，禽獸道也。祭禰而不及高祖，非人道也。又曰：雖庶人祭及高祖，比至天子諸侯，止有疏數耳。《程子遺書》朱子曰：程子之言疑此，最爲得祭禮之本意。今以《祭法》考之，雖未見祭必及高祖之文，然有月祭享嘗之别，則古者祭祀以遠近爲疏數，亦可見矣。禮家又言大夫有事省於其君，于祫及其高祖，此則可爲立三廟而祭及高祖之驗。《大全》○今按朱子曰：而今祭四代已爲僭。又曰：德厚者流光，德薄者流卑，故古者大夫以下極於三廟，而于祫及其高祖。今用先儒之説，通祭高祖，已爲過矣。此説與《家禮》不合，蓋前後所見不同耳。然而朱子又謂此古禮所無，創自伊川，所以使人盡孝敬追遠之義，則亦不以祭四代爲罪也。

猶有可諉者　《前漢·賈誼傳》：猶有可諉者。蔡謨曰：託言也。《韵會》

行唐縣知縣胡秉中

神主式　《禮記·曲禮》曰：措之廟，立之主曰帝。《五經異義》曰：主者，神象也。孝子既葬，心無所依，所以虞而立主以事之。《春秋左氏傳》曰：凡君薨，祔而作主。《公羊》曰：虞主用桑，練主用栗。何休曰：主狀正方，穿中央，達四方。天子長尺二寸，諸侯長一尺，皆刻而謚之。衛次仲曰：右主八寸，左主七寸，廣厚三寸。右主，父也。左主，母也。漢儀：帝之主九寸，前方後圓，一尺。后主七寸，圍九寸，木用栗。《後漢·禮儀志》：桑木主尺二寸，不書謚。晉武帝太康中制，廟主尺二寸，后主一尺，木以栗。唐制，長尺二寸，上頂徑一寸八分，四廂各剡一寸，上下四方通孔，徑九分，玄漆匱趺，其匱底蓋俱方。底自下而上，蓋自上而下，與底齊。趺方一尺，厚三寸，皆用古尺，以光漆題謚號於其背。宋承唐制，凡題主享前一日，質明，太祝以香湯浴栗主，拭以羅巾，題栗主官，捧就褥，題神主墨書訖，以光漆重模之。元制，世祖至元元年，命劉太保制太廟八室神主，其制並同唐宋，設祏室以安置。六年添作木質金表牌位，置祏室前金椅上，後皆易以金主。《大明集禮》朱子曰：伊川制，士庶不用主，只用牌子。看來牌子當如古制，只不消二片相合，及竅其旁以通中。且如今人未仕只用牌子，到仕後不中換了。若是仕人只用主，亦無大利害。主式乃伊川先生所制，初非朝廷立法，固無官品之限。萬一繼世無官，亦難遽易，但繼此不當作耳。牌子亦無定制，竊意亦須似主之大小高下，但不爲判合陷中可乎。凡此皆是後賢義起之制，今復以意斟酌，於古禮未有考也。《大全》

作主用栗　主者曷用？虞主用桑，練主用栗，用栗者藏主也。何氏曰：用桑者取其名，與其麤觕，所以副孝子之心。期年練祭，埋虞主於兩階之間，易用栗也。夏后氏以松，殷人以柏，周人以栗。松，猶容也，想見其容皃而事之，主人正之意也。柏，猶迫也，親而不遠，主地正之意也。栗，猶戰栗謹敬也，主天正之意也。《公羊傳·文二年》

勒　《增韵》：刻也。《韵會》

秀才　漢氏取士，又有孝廉、秀才二等。隋唐之代，其科最上。自唐及今，雖進士猶以秀才爲號。《事物紀原》元封五年，詔令州郡察吏民有茂材異等者。應劭曰：苗言秀才，避光武諱，稱茂材也。《前漢書·武帝紀》

主祀　高氏曰：觀木主之制，旁題主祀之名，而知宗子之法不可廢也。宗子承家主祭，有君之道，諸子不得而抗焉。若宗子死稱名不稱孝，蓋古人重宗如此。自宗子之法壞，而人不知所自來，以至流轉四方，往往親未絶而有不相識者，是豈教人尊祖敦族之道哉。《朱子大全》

司馬家二尺式 程先生木主之制，取象甚精，可以爲萬世法。然用其制者多失其真，往往不考周尺之長短故也。蓋周尺當今省七寸五分弱，而《程氏文集》與温公《書儀》多誤注爲五寸五分弱，而所謂省尺者，亦莫知其爲何尺。時舉舊嘗質之晦翁先生，答曰：「省尺乃是京尺，温公有圖子，所謂三司布帛尺者是也。」繼從會稽司馬侍郎家求得此圖，其間有古尺數等，周尺居其右三，司布帛居其左。以周尺挍之，布帛尺正是七寸五分弱，於是造主之制始定。今不敢自隱，因圖主式及二尺長短，而著伊川之説於其旁，庶幾用其制者可以曉然無惑也。嘉定癸酉季秋乙卯，臨海潘時舉仲善父識。《家禮圖》

三司布帛尺 《文獻通考》等書載其名，而尺式長短無所考。

鄭霖

貨泉錢 王莽天鳳元年作貨泉錢，徑一寸，重五銖，文右曰貨，左曰泉。《前漢書·食貨志》

南軒 張栻字敬夫，浚子，穎悟夙成，以古聖賢自期。仕爲直秘閣，後開府治戎。栻内贊密謀，外參庶務，間以軍事入奏，孝宗異其對，召爲吏部侍郎，每召對皆修身力學、畏天恤民等事。後知江陵府，卒謚宣。所著《論》《孟》《太極》諸書，學者稱爲南軒先生。《統譜》

宣學禮器圖

寶鈔　鈔，楮貨名。《宋史》：紹興二十四年，女真以銅少，循宋交子法造鈔，引一貫、二貫、三貫、五貫、十貫五等，謂之大鈔；一百、二百、三百、五百、七百五等，謂之小鈔，與錢並用。以七年爲限，納舊易新。諸路置交鈔庫官受之，每貫取工墨錢十五文，公私便焉。明丘濬曰：元以來鈔制始此，宋之交會，其制無考。《金史》：交鈔之制，外爲闌，作花紋，其衡書貫，例外書禁條，闌下備書經由交换之法及印章、花押。元承其舊沿用之，中雖小異，大槩實同也。宋交會，猶與錢相爲輕重而有稱提之法。此後則錢自錢，鈔自鈔，各與物相爲輕重矣。《正字通》○太祖洪武八年，令中書省造大明寶鈔，取桑穰爲鈔料，其制方高一尺，闊六寸許，以青色爲質，外爲龍文花欄，横題其額曰「大明通行寶鈔」。《續文獻通考》

宋朝諱玄　宋真宗大中祥符五年冬十月，帝語輔臣曰：朕夢神人傳玉皇之命云，先令汝祖趙玄朗，授汝天書，今令再見汝。《續通鑒綱目》天下置天慶觀，諱聖祖，名玄朗。《十八史略》

斗帳　小帳曰斗帳，形如覆斗也。《釋名》

韜藉　按《書儀》云：「版下有趺，韜之以囊，藉之以褥。府君夫人共爲一匣。」而無其式，今以見於司馬家廟者圖之。○韜式如斗帳，合縫居後之中，稍留其末，頂用薄板，自上而下韜之，與主身齊。○藉，方闊與櫝内同，疊布加厚，裹之以帛，考紫妣緋囊亦如之。《家禮圖》

敖繼翁 字君壽，元福州人，寓居湖州，邃通經術，動循禮法，元趙孟頫師事之。平章高顯卿薦于朝，授信州教授，命下而卒。所著有《儀禮圖》。《統譜》○敖繼公，字君善。《集説序》

吴草廬 澄字幼清，崇安人。自幼知用力聖賢之學，著述有《易》《春秋》《禮記》《尚書纂言》、《學基》《統》、《私録》、《支言集》、《易外翼》、《孝經章句》諸書，又校正《皇極經世書》并大、小《戴記》、《老子》、《莊子》、《太玄經》、《樂律》及《八陣圖》、郭璞《葬書》，仕至翰林學士，學者稱草廬先生，封臨川郡公，謚文正。同上。

梁冠 進賢冠，古緇布冠之遺象也。董巴以爲文儒之服，《漢官》曰：平帝元始五年，令公卿列侯冠三梁，二千石兩梁，千石以下一梁。梁别貴賤，自漢始也。《事物紀原》

玄端素積 《士冠禮》：玄冠朝服。又曰：玄端玄裳。又曰：皮弁服素積。鄭氏曰：玄冠，委貌也。朝服者，十五升布衣而素裳。衣不言色者，衣與冠同也。又曰：玄端，即朝服之衣。又曰：積，猶辟，以素爲裳，辟蹙其中。賈氏曰：《論語》云「端章甫」，鄭云「端，諸侯視朝之服耳，皆以十五升布爲緇色，正幅爲之，同名也」。又曰：皮弁之服用白布，衣與冠同色，故不言衣也。《經典》云，素者有三義，若以衣裳言，素者謂白繒也，即此文之等是也。畫績言素者，謂白色，即《論語》云繪事後素之等是也。器物無飾亦曰素，則《檀弓》云奠以素器之等是也。《儀禮注疏》

屨順裳色　屨者，順裳色。玄端黑屨，以玄裳爲正也。《儀禮注》

鶻突　不明曉其事，即糊塗也。《類書纂要》

俞穴　俞背穴也。《素問》：俞氣化薄。《續字彙補》

家禮儀節考卷之二

冠禮冠，去聲。

冠　冠，帣也，所以帣持髮。人之成禮有修飾文章，故制冠以飾者，別成人也。《白虎通》今按《儀禮》所存者，惟《士冠禮》。自士以上有大夫、諸侯、天子冠禮，見于《家語·冠頌》《大戴·公冠》與《禮記·特牲》《玉藻》者，雖遺文斷缺不全，而大槩亦可考。如趙文子冠，則大夫禮也。魯襄公、邾、隱公冠，則諸侯禮也。周成王冠，則天子禮也。大夫無冠禮，古者五十而後爵，何大夫冠禮之有？其冠也，則服士服、行士禮而已。始冠，緇布冠，自諸侯下達，諸侯始加緇布冠繢緌，其服玄端，再加皮弁，三加玄冕。天子始冠加玄冠朱組纓，再加皮弁，三加衮冕。又君冠必以祼享之禮行之，以金石之樂節之，以先君之後處之。又諸侯禮賓以三獻之禮，其酹賓則束帛乘馬。其詳見于《儀禮經傳通解》。《補注》

筮日　《士冠禮》：筮于廟門。鄭氏曰：筮者，以蓍問日吉凶於《易》也。冠必筮日於廟門者，重以成人之禮，成子孫也。賈氏曰：不筮月者，《夏小正》曰「二月綏多士女」，冠子娶妻時

也。既有常月，故不筮也。《儀禮注疏》按此則古人二月冠子，而今《家禮》用正月者，疑取首月之義也。《考證》

儐　亦作擯，出接賓曰擯，入詔禮曰相。儐相，一也，因事而異其名也，蓋贊主人之禮者。同上。

贊　佐賓爲冠事者。《儀禮注》賓自擇其子弟親戚習禮者爲贊。本注。

帷帳　《周禮》：幂人掌帷幂、幄帟之事。注云：帷幂以布，幄帟以繒。帷幂是大帳，幄帟爲小帳，或云帟，平帳也，承塵也。《説文》：障圍在旁曰帷，在上曰幕，幕在地，轉陳于上。四合象宮室曰幄，小幕曰帟。皆王所居帳也。《潛確類書》蓋在旁施之象土壁者爲帷，在上張之象舍屋者爲幕。幄則□之内設之，以象宮室。帟者在幄之内，坐上承塵者也。帳，幄之總名。《考證》

灰　即石灰也。本注用堊，堊，白土也。

櫛　梳篦附。《説文》曰：櫛，梳枇總名也。《釋名》曰：梳，言其齒疏也。枇，言其細相比也。禮，男女不同巾櫛。是枇因梳而制也，今作笓。《事物紀原》《實録》曰：赫胥氏造梳，以木造之，二十四齒，取疏通之義。《三才圖會》○按笓，方迷反，《字彙》與篦同，去髮坊者。

頭繩帤　《二儀實録》曰：燧人時爲髻，但以髮相纏而無物繫縛。至女媧之女，以羊毛爲繩，向後繫之，後世易之以絲及彩絹，名頭帤繩之遺狀也。《事物紀原》

掠　耆舊言士子國初皆頂鹿皮冠，弁遺制也，更無頭巾。掠子必帶篦，所以裹帽，則必用篦子約髮。客至，即言容梳裹，乃去皮冠，梳髮角，加後以入幞頭巾子中，篦約髮乃出。客去復如是。其後方有絲絹作掠子，掠起髮，頂帽出入不敢使尊者見。既歸，于門背取下掠子，篦約髮訖，乃敢入，恐尊者令免帽，見之爲大不謹。米芾《畫史》

網巾　古無是制，國初初定天下，改易胡風，乃以絲結網以束其髮，名曰網巾，識者有法束中原四方平定之語。《海涵萬象録》曰：太祖微行至神樂觀，見一道士結網巾，召取之，遂爲定制。《三才圖會》古人幘之上加巾冠，想亦因髮不齊之故，今之網巾是其遺意。但以布絹爲之，又加屋其上，故亦可以代冠，如董偃緑幘、孫堅赤罽幘之類，即今俗名腦包者也。網巾以馬鬃或線爲之，功雖省，而巾冠不可無矣。北地苦寒，亦有以絹布爲網巾者，然無屋，終不可見人。《五雜組》

直身　按直身即此直領衣也。

鞋　古者草謂之屨，皮謂之履。《實録》曰：鞵，夏商皆以草爲之，周以麻，晉永嘉中以絲。或云馬周始以麻爲之，名鞋也。《事物紀原》

襪　《古今注》：《文子》曰「文王伐崇，襪繫解」，則其物已見于商代。《實録》曰：自三代有之，謂之角襪，前後兩隻相承，中心繫帶，至魏文帝吴妃始裁縫以綾羅細絹爲之。《潛確類書》

前期三日　空二日也。《儀禮注》

戒賓　戒者，警也，告也。賓，主人之僚友。古者有吉事則樂與賢者歡成之，有凶事則欲與賢者哀戚之，今將冠子，故就告僚友使來。同上。

古禮筮賓　鄭氏曰：筮賓，筮其可使冠子者。賢者恒吉。筮日筮賓，所以敬冠事也。賈氏曰：前所戒賓之中，筮取吉者爲加冠之正賓。《儀禮注疏》朱子曰：前已廣戒衆賓，此又擇其賢者筮之，吉則宿之以爲正賓，不吉則仍爲衆賓，不嫌於預戒也。《經傳通解》○按此古禮戒賓、筮賓各爲一事，《家禮》從簡，但預擇其可使冠子者自往，請之以爲戒賓也。

僚友　同官爲僚，同志爲友。《儀禮疏》

加布　謂初加緇布冠也。同《注》。○本注作加冠。

吾子　吾子，相親之辭。吾，我也；子，男子之美稱。同上。

無似　無似猶言不肖。《禮記注》

以病　病，猶辱也。《儀禮注》

宿賓　宿，進也。宿者必先戒，戒不必宿，其不宿者爲衆賓，或悉來，或否。同《疏》。宿賓者，是隔宿，戒之上。戒賓是親往此，宿賓是遣子弟，俗言爲覆請也。《補注》

房　崔氏云：宮室之制，中央爲正室，正室左右爲房。《禮記疏》司馬温公曰：廳事無兩階，

則分其中央，以東者爲阼階，西者爲賓階。無室，無房，則暫以帟幕截其北爲室，其東西爲房。此皆據廳堂南向者言耳。《大全》

按畫　按，據也。《韵會》

笥　《説文》：飯及衣之器，从竹，司聲。徐按：《書》惟衣裳在笥。《廣韵》竹器，圓曰簞，方曰笥。同上。

帕　帊，《説文》：帛三幅曰帊。《正譌》：帊，衣樸也。一曰帳也，誤。帊省作帕，義通。《正字通》今之袱也。《考證》

紒　髻，束髮也，或作結，本作紒。《韵會》

刀環　何時刀頭環。注：刀頭有環，何時當還也。○古樂府。數數自循其刀環。《前漢書·李陵傳》

玉篇　三十一卷。顧野王。《經籍志》○野王字希馮，仕陳，爲黄門侍郎、光禄卿。

廣韵　五卷。晁氏曰：隋陸法言撰，其後唐孫緬加字。《文獻通考》○《經籍志》：《廣韵》五卷，張參。

車服志　按歷朝之史並有《輿服》《車服》等志，但本文所云不知指何史也。

史炤釋文　史炤，眉山人，父清卿，蘊軾兄弟以師事之。炤博古能文，嘗作《通鑒釋文》三十卷。《統譜》

李廌　李廌，華州人，幼孤，能奮立。嘗以文謁蘇軾于黃州，軾謂其筆墨瀾翻有飛沙走石之勢，嘗閲其所著，曰張耒、秦觀之流也。鄉舉試禮部，軾典貢，失之，賦詩以自責。同上。

義襴　《容齋四筆》載人物以義爲名甚多，器物在首曰義髻，在衣曰義襴、義領，奇矣。予觀《樂書》有義嘴笛，謂笛外更安嘴也，抑又奇矣。《丹鉛録》

缺骻衫　《輿服志》曰：馬周上議「《禮》無服衫之文，三代有深衣，請襴衫褾襈爲士人上服，開骻名缺骻衫，庶人服之」，即今四袴衫也，蓋自馬周始云。《事物紀原》○按《通雅》：四揆，上馬衣分裾也。

高承

作揖　凡作揖時用稍闊其足，立則穩。揖時須直其膝、曲其身、低其頭，以眼看自己鞋頭爲準，威儀方美。使手只可至膝畔，不得入膝内。尊長前作揖，手須過膝下，喏畢則手隨時起，而叉於胸前。揖時須全出手，不得只出一拇指在袖外，謂之鮮禮，非見尊長之禮也。《事林廣記》

揖遜　《説文》：揖，讓也。《廣韻》：遜，伏也，恭也。《匀會》

孟懿子　名何忌，魯大夫，孟僖子之子。見于《左傳》。

賓詣盥洗所　若宗子自冠，則賓揖之就席，賓降盥畢，主人不降，餘並同。本注。

始加祝辭　令、吉，皆善也。元，首也。爾，女也。既冠爲成德。祺，祥也。介、景，皆大也。

因冠而戒且勸之，女如是則有壽考之祥，大女之大福也。《儀禮疏》

冠者出房 以上俱是禮生唱。《宗》復出房南面者，一加禮成，觀衆以容體。

繫鞋 按初加用履，再加用鞋，今考訓義兩字皆通釋，恐其制未必相遠也。然而其用有初加、再加之異者，蓋履無系而鞋有系，則疑有綦有絇以寓戒之之意，故爲重也。又按綦屨注，朱子曰：「綦，鞋口帶也。」是屨即鞋也。《考證》

大帽 《通典》曰：大帽，野老之服也。今重戴，是本野夫巖叟之服，唐以皂縠爲之，以隔風塵。李氏《資暇録》曰：大裁帽也。《談苑》曰：後魏孝文帝自雲中徙代以賜百寮，五代以來唯御史服之。本朝淳化初，宰相、學士、御史、北省官、尚書省五品以上皆令服之，今唯郎中、臺諫服之，自後魏始。《事物紀原》嘗見稗官云國初高皇幸學，見諸生班烈日中，因賜遮陰帽，此其制也。今起家科貢者別用之。《三才圖會》

小帽 帽者，冒也，用帛六瓣縫成之，其制類古皮弁，特縫間少玉飾耳。此爲齊民之服。《三才圖會》頃年島夷之變，天朝遣兵來救，觀其所著帽子，如國俗所謂笠子者，謂之大帽子；有桶頂無檐，如國俗所着在笠子裏者，謂之小帽子，皆以毛爲之。以此推之，則丘說可知。《考證》

環衛 楚潘崇掌環列之尹。杜氏曰：環列之尹，宮衛之官，列兵而環王宮。《左・文元年》

再加祝辭 辰，子丑也。申，重也。胡，猶遐也，遠也，遠無窮。古文眉作麋。《儀禮注》東齊謂老曰眉。郭璞注：秀眉也。《揚子方言》眉之所處甚高，故祈高壽者曰眉壽。《品字箋》○按《正字通》麋同眉，古假借字，後人眉壽皆作麋，亦泥。《儀禮》《書儀》：再加賓盥如初。《附注》

即官而後冠　按宋時朝官或郊祀覃恩，或遺表恩澤子孫，雖在繈褓而得以授官，故有既官而冠者。今丘説如此，則是今聖朝無此恩例也。《考證》

三加祝辭　正，猶善也。咸，皆也。皆加女之三服，謂緇布冠、皮弁、爵弁也。黄，黄髮也。耇，凍黎也。皆壽徵也。彊，竟也。賈氏曰：《爾雅》云耇老壽也，此云耇凍黎者，以其面似凍黎之色故也。《儀禮注疏》○按棃通作黎。《儀禮》《書儀》：三加賓盥如初。《附注》

乃醮祝辭　嘉，善也。嘉薦，謂脯醢。芳，香也。不忘，長有令名。《儀禮注》

賓復位東向立答　冠者南向拜，賓東向拜者，明成人與爲禮，異於答主人。同上。按凡拜在門外，則賓主東西相向。拜在堂上，則賓主皆北面拜。《考證》

冠者不答　按賓不答猶或可行，冠者不答拜此賓有未安者，擬冠者拜時賓即東向回答，如啐酒後所行可也。《宗》

席前席末　《鄉飲酒義》：啐酒，成禮也，於席末。言是席之正，非專爲飲食也，爲行禮也。孔氏曰：於席末謂席西頭也，若此席專爲飲食，應於席中啐酒。今乃席末啐酒，此席之設本不爲飲食，是主人敬重於賓而設席耳。祭薦，祭酒，嚌肺，敬主人之初，故在席中。啐酒入於己，故在席末。《禮記疏》按禮席南向北向者，以西爲上。然鄉飲酒禮賓南向而以西爲下者，注以爲統於主人也。是則醮子之席，雖曰南向，而當以西爲下也。禮升由下，降由上，冠者就席右，再拜，升席，受盞，是升由下也。席前者，以向背言也。席末者，以上下言也。知然者，《鄉飲酒禮》：主人自席前適阼階。注：啐酒席末，因從席北頭降，由便也。西向東向之席，以南爲上，則北爲下，是席末者指下也。《考證》

啐酒 啐，嘗也。入口爲嘗。《禮疏》

字 古人生子三月而名，故對人宜稱名，不可稱字，以棄父命。年二十加冠於首，始字之。字之，尊其名也。《宗》已冠而字，成人之道也。《禮記·冠義篇》

告字祝辭 昭，明也。爰，於也。孔，甚也。髦，俊也。攸，所也。于，猶爲也。假，大也。宜之是爲大矣。伯、仲、叔、季，長幼之稱。甫是丈夫之美稱，或作父。《儀禮注》○按《檀弓》：「幼名，冠字，五十以伯仲。」似有小異也。蓋《檀弓》所云指其自稱也。

同居有尊長 或請尊長，就堂中拜可也。《宗》

進饌 《説文》：具，食也。《勻會》

俎 薦牲几也，又禮器。同上。

鄉先生 鄉之年德俱高者，或致仕之人也。《禮記集説》

父之執友　《曲禮》：見父之執，不謂之進不敢進，不謂之退不敢退，不問不敢對，此孝子之行也。又曰：執友稱其仁。陳氏曰：執友，同志者。同上。

倉卒　倉猝匆遽之皃。《平帝紀》：倉卒時横賦斂者償其直。注：卒讀爲猝。《韵會》

許嫁笄　笄，簪也。婦不冠，以簪固髻而已。《補注》賀瑒曰：十五許嫁而笄，則主婦及女賓爲笄禮。主婦爲之着笄，而女賓以醴禮之也。未許而笄，則婦人禮之，無女賓，不備禮也。《宗》

親姻　親，謂己之親。姻，謂夫之親。《爾雅》：婿之黨爲姻兄弟。《考證》

妝次　稱婦人曰妝次，又曰簾下。《類書纂要》

閑　習也。《詩》：既閑且馳。《匀會》

加冠笄　今按笄禮而曰冠笄，婦人不冠，不知冠字何義。或曰冠如冠禮，謂所冠之笄，然文義未穩。愚謂婦人亦有所着者，如副次謂之冠蓋，冠而笄之也。《考證》〇按此據朱子婦人不戴冠之説而言也，如古禮婦人不冠，亦有副次之類，况又後世既有花冠、珠冠之制，烏得不隨俗而用之哉。且本注所云，蓋指假髻爲冠耳。又按盛服條下謂女在室則冠子，則冠子亦似可用。

女眷　眷，眷屬也，亦作婘。《史・樊噲傳》：諸呂婘屬。《匀會》

合紒　按《内則》：男女羈。注：夾囟曰角，午達曰羈。此謂子生三月前髮爲鬌者。《詩・氓篇》：總角之宴。疏孔氏曰：總角，結其髮爲兩角也。然則既長而髻，男女皆作雙髻歟。

《考證》

女士　女有士行也。《詩注疏》

觶　《説文》：實曰觴，虚曰觶。《詩注疏》引《韓詩説》：三升曰觶。《韵會》

醴　《説文注》：甜酒也。《周禮注》：汁滓相將。同上。

古用醴或用酒　《冠禮》：若不醴，則醮用酒。鄭氏曰：謂國有舊俗可行，聖人用焉不改者也。賈氏曰：用醴，周法也。醮用酒，夏殷法也。醴亦無酬酢，而不名醮者，但醴太古之物，自然質無酬酢。此醮用酒，酒本有酬酢，故無酬酢得名醮也。盡爵曰醮，取醮盡之之義。《儀禮注疏》○按朱子曰國有舊俗，謂當時國俗不同，有如此者，非謂夏殷也。恐疏義非。

一獻三獻三獻之獻，《大全》作醮。　疏：醴重而醮輕。醴是古之酒，故爲重。醮用酒後代之法，故爲輕。所以三加之後，總一醴之，每一加而行爲一醮也。今謂一獻者，總一醴之三醮者，一加一醮。○酒宜三醮，而但用一獻，所以從簡。《考證》

門外更衣處　鄭氏曰：必帷幙簟席爲之。賈氏曰：帷幕皆以布爲之。士卑，或以簟席爲之。《儀禮注疏》

束帛儷皮　庖犧氏始制嫁娶，以儷皮爲禮。《史記》束帛十端，禮之通例。凡言束者，皆以十爲數。十個爲束，貴成數也。按禮有幣，則有庭實。束帛，幣也。儷皮，庭實也。如聘禮私覿使

用乘焉，介用儷皮，是儷皮庭實之輕者。《考證》

有薦有俎　享有體薦。半解其體而薦之。宴有折俎。體解節折升之俎。○《左傳集解・宣十六年》

冠而敝之　既用即敝弃之可矣。《禮記集説》

家語　《孔子家語》者，皆當時公卿士大夫及七十二弟子之所諮訪交相對問言語也。時弟子取其正實而切事者，別出爲《論語》，其餘則都集録之，名之曰《孔子家語》。王肅《後序》。邾隱公既即位，將冠，使大夫因孟懿子問禮於孔子。《家語・冠頌解》

皮弁　委貌冠、皮弁冠同制，長七寸，高四寸，制如覆杯，前高廣，後卑鋭，所謂夏之毋追，殷之章甫者也。委貌以皂絹爲之，皮弁以鹿皮爲之。《後漢書・輿服志》

爵弁　弁如兩手相合抃時也，以爵□爲之謂之爵弁，以鹿皮爲之謂之皮弁，以靺韋爲之謂之韋弁。《釋名》

世本　十五篇，古史官記黄帝以來訖春秋時諸侯大夫。《前漢書・藝文志》

旃　《周禮》：通帛爲旃。《爾雅》：因章爲旃。郭璞曰：以帛練爲旃，因其文章不復畫也。《世本》：黄帝作旃。《勻會》

冕　《説文》：大夫以上冠也。邃延、垂瑬、纊紞。古黄帝初作冕。徐曰：冕，上加之也，長六寸，前狹圓，上廣方，朱緑塗之，前後邃延，斿其前，垂珠也，俯仰逶迤，如水之流。同上。冕之爲體，《周禮》無文，叔孫通作漢禮器制度，取法於周，凡冕以板廣八寸、長尺六寸，上玄下朱覆之，乃以五采繅繩貫五采玉垂於延前後，謂之邃延。冕前低一寸得冕名，冕則俯也。《尚書旁通》

魯襄公十二而冠　公送晉侯，以公宴于河上，問公年。季武子對曰：「會于沙隨之歲，寡君以生。」曰：「十二年矣。是謂一終，一星終也。國君十五而生子。冠而生子，禮也。君可以冠矣。大夫蓋爲冠具？」武子對曰：「云云。今寡君在行，未可具也，請及兄弟之國而假備焉。」晉侯曰：「諾。」公還及衛，冠于成公之廟。《左傳·襄九年》〇襄公名午，成公之子。

家禮儀節考卷之三

昏禮

昏　鄭氏曰：士娶妻之禮，以昏爲期，因而名焉。必以昏者，陽往陰來，日入三商爲昏。疏：三商者，商謂商量，是漏刻之名。譙周曰：太昊制嫁，以儷皮爲禮，是昏禮所起也。朱子曰：今按《周禮·媒氏》：凡男女自成名以上，皆書年月日名焉。令男三十而娶，女二十而嫁。而又按孔氏曰：霜降逆女，冰泮殺止。《媒氏》又言仲春之月，令會男女。此昏禮之大期也。《左傳》云：國君十五而生子。是人君早娶，所以重繼嗣也。《考證》

六禮　納采者，昏禮貴男先下女，媒妁之言既達，則女氏許之矣。男氏猶不敢必也，故納幣擇之禮以求之。采，擇也。問名者問女氏之名，將歸而加諸卜筮也。納吉者，歸卜於廟，得吉兆，復遣使者往女氏納之。昏姻之事，於是乎定也。納幣，一名納徵。徵，成也，證也，納幣帛以成昏禮，且以證也。請期者，請畢昏之期也。親迎者，親往迎婦至家成禮，亦男先於女之義也。《宗》

議昏　陳止齋曰：《詩序》以《摽有梅》爲男女及時。是說也，聖人之慮天下也，血氣既動，

難盡自檢，情竇既開，奚顧禮義。故昏欲及時者，所以全節行於未破之日也。《宗》

媒氏往來通言 《大明律》云：凡男女定昏之初，若有殘疾老幼庶出過房乞養者，務要兩家明白通知，各從所願，寫立婚書，依禮聘嫁。故今之議昏者，必先使媒氏往來通言，有草帖、定帖，以爲證據。雖欲負約，不可得矣。同上。媒氏主合婚姻之官，媒之言謀也，謀合異姓，使爲伉儷也。《周禮注》

牋紙 《桓玄僞事》曰：玄令平准作青赤縹桃花，又石季龍寫詔用五色，蓋牋紙之制也。《事物紀原》

國朝定制 國制定制，庶民昏禮，納采、問名、納吉總一次行禮，紵絲綾錦，並不許僭用顔色，不許用玄黄紫。

上户	中户	下户

定禮

紅絹四匹	二匹	一匹細布隨用。
羊一牽	猪一隻	鵝一隻

酒八瓶	四瓶	二瓶
茶四袋	二袋	同
餅八十個	四十個	二十四個
花隨用	同	同
果二盤	同	同
麵二十袋	十二袋	八袋

納徵

漆紗慶雲冠一頂用銀首飾。	同	同
桃紅絹大袖衫二領	同	同
緑絹褙子一領	同	同
藍青素霞帔一領	同	同
顏色布絹襖子長裙二套。	同	同
銀釧一對	不用	同

銀鐲一對	同	同
胭脂花粉隨用	同	同
顏色絹八匹	六匹或四匹。	二匹
顏色紗或六匹，或四匹。	四匹或二匹。	不用
羊二牽	一牽	不用
猪二隻	一隻	不用
鵞六隻	四隻	二隻
酒二十四瓶	十二瓶	八瓶或四瓶。
茶八袋	四袋	二袋
餅一百二十個	八十個	四十個或二十個。
麵二十四袋	十二袋	八袋或四袋。

親迎

紅絹或紅布一匹	隨用	隨用

或問：國朝定昏禮，所以辯上下而防奢僭也。自公侯品官至於庶民，各有等級，上得兼下，下不得僭上，力雖有餘，不許過分。故品官一品至四品彩段各不過八匹，五品至九品四匹二匹而已。今之富民，誇奢鬪靡，僭侈過度，踰於品官，甘心破産傾家，不畏重罹刑憲。爲父母者，但欲索取滿意，豈慮嫁娶失時，致謗生乖，遺患莫測，當如之何？曰：宦達君子，諒皆知戒。深僻之人，未必家喻定制也。懼法君子，欽仰國朝制度，儉約如此，縱未能無纖芥之或違，亦不可極奢侈之妄作。然亦不當爲財之寡以誤男女大事也。《家禮集説》

落漠　按漠、魄音同，當作落魄之義。《小補匀會》：落魄，失業無次皃，一曰志行衰惡皃，又曰不得志皃。

令愛　稱人女曰令愛。玉又曰令愛。《類書纂要》

先人　今人稱先子、先君、先人爲父，不獨父也，祖宗皆可。《宜齋野乘》

爲誰氏出　鄭氏曰：誰氏者，謙也，不必其主人之女也。賈氏曰：問名者，問女之姓氏，不問三月之名。名有二種，一者是名字之名，三月之名是也；一者是名號之名，若以姓氏爲名是也。婦人不可名行，故不問三月之名也。謙不敢必其主人之女者，或是所收養外人之女也。《儀禮注疏》

伉儷　不能庇其伉儷，杜注：伉，敵也；儷，偶也。《左・成十一年》○賀人娶妻曰榮諧伉儷。《類書纂要》

令嗣　稱人子曰令子，又曰令嗣、令郎。《類書纂要》

弱息　自稱女曰弱息，同上。父呼子、女皆曰息。《正字通》

惷愚　惷，騃昏也。《匀會》若許嫁者於主人爲姑姊，則不云惷愚又弗能教，餘辭並同。本注。

幣用色繒　《昏禮》：納徵，玄纁、束帛、儷皮。鄭氏曰：用玄纁者，象陰陽備也。束帛，十端也。《周禮》曰：凡嫁子娶妻，入幣緇布，無過五兩。賈氏曰：鄭注《周禮》曰：「納幣用緇，婦人陰也。凡於娶禮，必用其類。五兩，十端也。必言兩者，欲得其配合之名。十者，象五行十日成也。」彼據庶人空用緇色，無纁，故鄭云用緇婦人陰，此玄纁俱有，故云象陰陽備也。玄纁束帛者，合言之則陽奇而陰偶，三玄而二纁也。《儀禮注疏》按《禮·雜記》曰：納幣一束，束五兩，兩五尋。注云：此謂昏禮納徵也。一束，一卷也。八尺曰尋，每五尋爲匹。兩端卷之中，則五匹爲五個兩卷矣，故曰束五兩。鄭氏曰：四十尺謂之匹，猶匹偶之匹，言古人每匹作兩個卷子。《補注》鄭氏鍔曰：《記》言男女無幣，不交不親。昏禮可必用幣？幣以將厚意，亦禮之所寓也。緇帛五兩，富者無過乎此，貧者亦可以及焉，禮之中制也。問：古人納幣五兩，只五匹耳，恐太簡難行否？朱子曰：計繁簡則是以利言矣，且吾儕無望於復古，則風俗更教誰變？曰：温公用鹿皮，如何？曰：大節是了，小小不能皆然，亦没緊要。○按此少不過兩，謂二匹，非五兩之兩，多不踰十，謂十匹，非十端之十，然必言兩、必言十者，亦取此義也。《考證》

釵　《古今注》：釵子，蓋古笄之遺象也。至秦穆公以象牙爲之，敬王以玳瑁爲之，始皇以金銀爲鳳頭，以玳瑁爲脚，號曰鳳釵。隋煬帝，宮人插鈿頭釵子，常以端午日，賜百寮玳瑁釵。《潜確類書》《實録》曰：燧人始爲髻，女媧之女以荆梭及竹爲笄，以貫髮。至堯以銅爲之，且横貫焉。舜雜以象牙、玳瑁，此釵之始也。《紀原》

釧　《通俗文》曰：環臂謂之釧。《後漢》：孫程十九人立順帝，有功，各賜金釧、指環。則釧之起，漢已有之也。同上。

納幣書式　按《翰墨全書》，納幣書式，或用七五提頭劄子，或四六聘啓，復以幣帛酒果之屬另箋書之，謂之禮物狀，與聘啓各爲圓封，凡二個，以紅緑絨並綴之，謂之鴛絨。

禮物狀

忝眷某謹備

某物若干

某物若干

逐件細開

右專狀馳

上少充男某納幣

之儀伏惟

親慈特賜

容納謹狀

某年月日忝眷某狀以上《家禮集説》。

涓吉日 《魏都賦》：涓吉日，升中壇。銑曰：涓，擇也。《文選》

委禽 鄭徐吾犯之妹美，公孫楚聘之矣，公孫黑又使强委禽焉。杜注：禽，雁也。納采用雁。《左傳·昭元年》

別行請期一節 楊氏復曰：《家禮》略去問名、納吉，止用納采、納幣，以從簡便。但親迎以前更有請期一節，有不可得而略者。今以例推之，請期，具書，遣使如女氏。女氏受書，復書，禮賓，使者復命，並同納采之儀。使者致辭曰：吾子有賜命，某既申受命矣，使某也請吉日。主人曰：某既前受命矣，惟命是聽。賓曰：某命某聽命於吾子。主人曰：某固惟命是聽。賓曰：某受命，吾子許，某敢不告期，曰某日。主人曰：某敢不謹領。餘並同。附注。

催補。 《大明會典》親王納妃有催一節，今俗有謂開面、試面者，其節此也。而亦有直稱妝者，於親迎前期二三日，備禮物具一狀，遣使者同媒氏往女氏家催之。禮貴隨宜，若當日行之，於名猶稱。《宗》○按此一節《儀節》亦不載。

親迎迎，去聲。　程子曰：先儒説親迎甚可笑，且如秦君娶於楚，豈可越國親迎耶？所謂親迎者，迎於館耳。《全書》若遠，或就婦家近處設一館，却從婦家迎至館行禮。或婦家就婿家近處設館，婿從館中迎回家成禮。《宗》

氊　周官掌皮供毳衣爲氊，則周制也。或曰：黄帝作旃。旃，古氊字也。《紀原》

褥　《黄帝内傳》曰：王母爲帝敷華茸浄光之褥。此其起爾。同上。蔡邕《協初賦》：茵褥調良。《釋文》：褥，人所坐褻辱之也。○《潛確類書》

幃　單帳也。《匀會》

篋　隋方曰篋。《儀禮注》

合卺杯　卺音謹，以小匏一判而兩之。本注。都下有高郵守揚君家藏合卺玉杯一器，此杯形製奇怪，以兩杯對峙，中通一道，使酒相過。兩杯之間，承以威鳳，鳳立於蹲獸之上，高不過三寸許耳。其玉温潤而多古色，至碾琢之工，無毫髮遺恨，蓋漢器之奇絶者也。《甲乙剩言》

花勝　《續漢書·輿服志》：太后入廟戴花勝，上爲鳳凰爵，以翡翠爲毛羽。下有玉珠，垂黄金鑷。左右各一横簪之。《大人賦》：西王母白首戴勝。師古曰：勝，婦人首飾也。漢代謂之花勝。勝名花勝，言人形容正等，一人着之則勝也。○《潛確類書》人日剪彩爲花勝。《荆楚歲時記》

醮席　按舊禮，設主人座於東序西向，設婿席于西序南向。今制親王昏禮醮皆北面，拜聽

訓戒。竊意士庶當遵行之，故更之如右云。前有圖。《宗》

醮子訓戒　相，助也。宗事，宗廟之事。勗，勉也。若，猶女也。勉帥婦道，以敬其爲先妣之嗣。女之行則當有常。《儀禮注》○按《儀禮》本文「勉」作「勗」，「以敬」之下有「先妣之嗣」四字。

婿出乘馬　又如水鄉則乘舟。《宗》

姆　婦人年五十無子，出而不復嫁，能以婦道教人者。《儀禮注》

公婆　《爾雅》：婦謂舅曰公。婆，老女稱。《匀會》婦稱夫之父曰舅，又曰公。稱夫之母曰姑，又曰婆。《類書纂要》

冠帔　《禮》：母施衿結帨。程子曰：今謂之整冠飾、帔裙也。胡德輝《蒼梧雜志》：婦人禮服有横帔、直帔者，是陳魏之間謂裙爲帔。《考證》○按本文蓋指冠子霞帔而言也。《考證》以帔爲裙，恐未必然。

閨門　女稱閨秀所居，亦曰閨。《正字通》

諸母　《禮》：作庶母。注：父之妾也。《考證》

爺娘　《增韻》：俗謂父曰耶，或作爺。母稱曰娘，通作孃。杜詩：爺孃妻子走相送。《匀會》

左首以生色繒交絡之　《曲禮》：執禽者左首。孔氏曰：左，陽也。首，亦陽也。左首，謂横捧之也。○《曲禮》又曰：飾羔雁者以繢。鄭氏曰：繢，畫也。孔氏曰：飾，覆也。畫布爲雲氣，以覆羔雁爲飾，以相見也。《禮記注疏》《士相見禮》：大夫相見以雁，飾之以布，維之以索。鄭氏曰：飾之以布，謂裁縫衣其身也。維，謂繫聯其足。《儀禮注》生如所謂生絹之生，生色繒，未熟而染之者。必用生者，贄生之義。必用色者，疑亦以繢之義，即所謂攝盛者。不言其色者，皆可用也。《補注》：首作手、生作五者，非是。《考證》

蹼屬　《爾雅》：鳧雁醜其足蹼。郭氏曰：脚指間有幕蹼屬相著。邢氏曰：蹼猶蹼屬相着之謂也。跟間有幕蹼屬相著。《爾雅注疏》

姆奉女登車　女蒙頭出中門，婿降自西階，主人不降，擯使各退大門外。母爲女整冠而命之，庶母及門内申以父母之命，婿遂出，女從之。婿舉簷簾以俟，女乃登簷。《宗》○按此條儀節，《家禮宗》所録與今本不同，備載于後。婿揖新人行。俟新人行至階，舉手三揖，遜讓新人，請行，新人三揖而辭，乃先降自西階行。婿御婦車。新人隨婿後，同姆，到車前端拱立。婿授綏，姆辭不受。注曰：婿御車者親而下之也。綏，所挽上車之索。授姆，而姆不受者，亦謙也。婿少避，俟姆，姆致辭曰。未教不足以爲禮，請升車。女登車隨婿馬而行。○按古禮用方丈竹簟以蔽車蓋，婦人亦乘車，故《家禮》每以車言。今俗男易以馬，女易以簷，故曰舉簾以俟女云。

轎　古吊切，嬌去聲，僋輿也。漢淮南王安《諫擊閩越》：輿轎踰嶺。注：今竹輿。《嚴助傳》注服虔曰：隘路車也。又《蕭韵》音橋，與橋通，即今之轎也。《河渠書》：山行即轎。《史記》作橋。蓋今之肩輿，謂其手如橋也。《集韵》作轎。《六書故》曰：當从車作轎。又宋制百官乘馬，徽宗政和三年以雪濘，許乘轎。又高宗駐蹕維揚，以博滑，許百官乘轎。轎皆去聲。《漢書》薛瓚、服虔注皆平聲，則漢以前之音也。《正字通》《舊唐書·輿服志》曰：開成末定制宰相、三公、諸司及致仕官疾病許乘擔子，如漢魏載輿之制。按唐乾元以來始用兜籠代車輿，疑自此又爲擔子之制也。兜籠，巴蜀婦人所用。乾元以來，蕃將多著勳於朝，兜籠易於擔負，京都先用車轝，後亦以兜籠代之，即今之兜子。《事物紀原》古稱肩輿、腰輿、版輿、兜子，即今轎也。《圖會》

先婦車　車隨婿馬，不可隔遠。《宗》

至其家　婿至家，立于廳事，以俟婦車。請下車婦車至，婿請婦下車。云云。○或謂本注及《禮經》，女出中門至家俱有婿揖之禮，何也？馮氏曰：揖者，手着胸也，恐非所謂唱喏。女嫁，有物蔽其面，此時婿豈宜遽然先揖？況剛柔之義，正始之道，不可苟也。按《儀注》國朝駙馬親迎公主皆無揖禮，况常人乎？以上並《宗》。

婿婦交拜　按《昏禮》注云：婿爲婦舉蒙頭，男女東西相向交拜，婦當如男子拜。○古者男再拜，女四拜，謂之俠拜，凡相見皆然。今日若行之，則爲男受女之禮矣。《大明會典》云婿婦皆再拜，宜從《會典》，或皆四拜亦可。同上。或問昏禮，温公儀，婦先拜夫；程子儀，夫先拜婦。或以爲妻者齊也，當齊拜。不知何者爲是？朱子曰：古者婦人與男子爲禮，皆俠拜，每拜以二爲禮。昏禮，婦先二拜，夫答一拜；婦又二拜，夫又答一拜。今按疑亦齊拜之義也。《考證》

從者　夫婦始接，情有廉耻，媵御交導其志。《儀禮注》司馬温公曰：從者皆以其家女僕爲之。《大全》

婦東婿西　司馬温公曰：古者同牢之禮，婿在西東面，婦在東西面。蓋古人尚右，故婿在西，尊之也。今人既尚左，且從俗。《大全》

祭酒舉殽　朱子曰：古人飲食，每種各出少許置之豆間之地，古人席地而坐，置豆於地，故置祭物於豆間之地。然有版以盛之，酒則直傾之於地也。以祭先代始爲飲食之人，不忘本也。〇今按：舉如《禮》舉肺之舉，謂舉而祭之也。殽，解其骨肉使可食者，《春秋傳》「宴有折俎」是也。《禮》：三飯，卒食。贊洗爵，酳主人，主人拜受，贊答拜。酳婦亦如之。皆祭。又曰：贊以肝從，皆振祭。嚌肝，卒爵，皆拜。今《家禮》去三飯之文，從簡也。祭酒即所謂拜受皆祭者是也，舉殽即所謂以肝從皆振祭者是也。獨嚌肝卒爵一條，《家禮》無舉飲之文，蓋文不具也。或曰丘氏《儀節》亦無此條，疑奠爵不舉者非是。《考證》

請飲　《昏禮》：再酳如初，無從三酳。用巹亦如之。《儀禮》〇《考證》曰：無從，無肴也。按本注亦兩言舉飲不祭無殽。

婿揖婦婦起答拜 按《禮》，則婿婦受爵，皆與贊者相拜，無婿婦自相拜飲之文。程子曰：《禮》亦曰贊者進爵，姆助婦舉而已。今《家禮》婿揖婦者，導飲之義耳，婦起答拜者恐非。

《考證》

合卺 《昏義》：婦至，婿揖婦以入，共牢而食，合卺而酳，所以合體同尊卑，以親之也。孔氏曰：卺謂牢瓢，以一瓢爲兩瓢謂之卺，婿之與婦各執一片以酳。又曰：共牢而食，同食一牲，不異牲也。《禮記疏》○按《儀禮注》，酳，漱也。酳之言演也，安也。漱所以潔口且演安其所食也。方氏曰：共牢則不異牲，合卺則不異爵。合卺有合體之義，共牢有同尊卑之義。體合則尊卑同，同尊卑則相親而不相離矣。《禮記集説》《郊特牲》曰：器用陶匏。尚禮然也。注：此謂太古之禮器。疏曰：共牢之時，俎以外，但用陶匏而已。三王作牢用陶匏，言太古無共牢之禮。三王之世作之而用太古之器，重夫婦之始也。唐虞以上曰太古。程氏復心曰：半用爲瓢，全用爲匏。

《考證》

餕餘 亦陰陽交接之義也。《儀禮疏》食人之餘曰餕。《匀會》

主人禮賓 賓則從者。《補注》

饗送者送，一作從。 古禮明日饗從者。今亦從俗無害。《宗》《昏禮》：舅饗送者以一獻之禮，酬以束錦。姑饗婦人送者，酬以束錦。鄭氏曰：送者，女家有司也。婦人送者，隸子弟之妻妾。賈氏曰：大夫遣臣送之，士無臣，故有司送之。《左傳》云：士有隸子弟。士卑無臣，故自以其子弟爲僕隸。但尊無送卑，故知婦人送者是隸子弟之妻妾也。《儀禮注疏》〇《考證》曰：有司，主人之吏所自辟除府史以下也。〇又按本注，主人禮賓下分注曰：男賓於外廳，女賓於中堂。古禮明日饗從者，今從俗。據此，則禮賓與饗從者惟是一事，故補注亦云賓則從者。而丘氏分爲兩節，其所謂禮賓者，蓋是日內外親屬畢聚，故於昏儀既成之後，饗以酒饌，猶冠禮禮賓之儀也歟。

婦見舅姑按《家禮宗》此條移在復入脱服燭出之前。　舊禮親迎之明日行之，今移在此，删去「明日夙興」四字。婿婦同見，儀節隨宜。〇《禮》無子婦同見廟、同見舅姑之文，今時俗如此行，若太拘於古禮，則有未可。以人情論之，子婦同拜，亦何害？且父母爲之娶妻，不拜父母，其子之心安乎？蓋祭祀祖考妣尚有主人主婦同饋奠之禮，禮本人情，若新昏子婦同拜廟拜親未爲過也。〇馮氏曰：是日親族皆在而中堂又在禮賓，婿婦豈宜散衣出燭如就寢者？當從鄉俗，合巹畢，婿婦出行禮可也。固知昏禮上以事宗廟，下以繼後世爲重，故未成婦不可見舅姑。愚以爲入門即是成婦矣，禮故不可循俗，亦不可泥古，若按舊禮行之，則男女昏姻而子無拜父母之時，何歟？《宗》

贄幣　贄幣量婦家貧富，或絹帛或鞋襪或手帕隨宜，不拘多少。〇婿婦奠幣幣畢，舅命侍者酌酒賜之，婿婦跪受，姑亦然，隨意訓戒之，使之知禮，自此以後昏定晨省不可驕縱，所謂教婦初來。新增注。按男女之贄不同，何氏曰：《禮》，婦見舅以棗栗爲贄，見姑以腶脩爲贄。棗栗取其早自謹敬，腶脩取其斷斷自脩，然則婦人之贄，其取義亦深。而《家禮》用幣，非古人之意，恐或從俗而然也。《考證》

東西相向　按《禮》舅席在阼西面，姑席在房户之西南面，今《家禮》舅姑東西相向，非古也。同上。

獻贄幣　舅尊，直撫之而已，姑則親舉之。《儀禮注》○本注亦云舅撫之，姑舉以授侍者。《士昏禮》：婦見于舅，進拜奠贄，舅答拜。婦還，又拜見于姑，進拜奠贄，姑舉以與拜云云。其下無婦又拜之文，婦人與丈夫爲禮則俠拜，婦人之於婦人，雖姑之尊，亦再拜而止也。今《家禮》於舅姑皆俠拜，蓋古人以爲男女相與之禮，而後世遂以爲婦人之定禮歟？○丘氏拜例，男子亦四拜，恐非《家禮》意耳。《考證》

見於諸尊長　婚期云：來日，婦於庭拜舅姑，次謁夫之長屬，中外故舊，皆當婦禮，即通謂之客，故有拜客之名。今代非親非舊，皆列坐而覲婦容，豈其宜哉？李氏《刊誤》。

小姑小郎　婦稱夫之女妹曰小姑。《品字箋》按《晉書》，王澄，衍之弟也。衍妻郭性貪鄙，欲令婢路上擔糞。澄年十四，諫郭以爲不可。郭大怒，謂澄曰：「昔夫人臨終，以小郎屬新婦，不以新婦屬小郎。」因捉衣裾，將杖之。又晉《列女傳》謝道蘊，王凝之之妻也。凝之弟獻之嘗與賓客談議，詞理將屈，道蘊遣婢白獻之曰：「欲爲小郎解圍。」衍妻謂衍弟澄爲小郎，王凝之妻謂凝之弟獻之爲小郎，是小郎者夫之弟也。《玉臺新咏》焦仲卿詩：「新婦初來時，小姑如我長。」又李太白《去婦詞》：「回頭語小姑，莫嫁如兄夫。」謂夫小姑之兄，是小姑者夫之妹也。《考證》

饋於舅姑　饋者，婦道既成，成以孝養也。《儀禮注》若婦家貧及不曉此禮者，婿家自備。○若非冢婦則婦家不饋，今親王昏禮第三日妃詣帝君前捧膳，不云冢婦、介婦也，且子婦新昏，正要使之知事親敬長之禮，何有冢婦、介婦之别乎？若介婦不饋，適足以長其驕慢之氣。此不可泥古，但於饋時使弟奉酒于兄，介婦奉酒于冢婦，以此爲别可也。《宗》

饅頭　小説云，昔諸葛武侯之征孟獲也，人曰蠻地多邪術，須禱於神，假陰兵一以助之。然蠻俗必殺人以其首祭之神，則嚮之爲出兵也。武侯不從，因雜用羊豕之肉以包之以麪，像人頭以祠神，亦嚮焉而出兵。後人由此爲饅頭。至晉盧諶祭法春祠用饅頭，始列於祭祀之品。而束皙《餅賦》亦有其説，則饅頭疑自武侯始也。《紀原》

餕餘　婦就餕姑之餘，婦從者餕舅之餘，婿從者又餕婦之餘。本注。不餕舅餘者，以舅尊，嫌相褻也。《儀禮疏》○言婦惟餕姑餘。

廟見按《家禮宗》此條移在婿婦交拜之前。　朱子曰：人著書，只是自入些己意，便做病。司馬與伊川定昏禮，都依《儀禮》，只略改一處，便不是古人意。司馬云：「親迎，奠雁，見主昏者即〔出〕。」伊川都教拜了，又入堂拜大男小女，伊川非是。伊川云：「婦至，次日見舅姑，三月廟見。」司馬却説，婦入門即拜影堂，司馬非是。蓋親迎不見妻父母者，婦未見舅姑也。入門不見舅姑者，未成婦也。今親迎用温公，入門以後用伊川，三月廟見改爲三日云。《朱子大全》古者三月而後廟見，今以其太遠，改用三日。既爲婦，便當廟見，必待三月之久，何耶？朱子曰：「三月而後事定。三月以前恐有可去等事，至三月不可去，則爲婦定矣。故三月而後廟見。」按《大明會典》天子納后，親王納妃，俱先謁廟然後行合巹禮，而士庶人之禮獨無之。愚意先拜祠堂，爲是移日。《宗》

壻見婦之父母　《昏禮》：婦人三月，然後壻見。一時天氣變，婦道成，故見于外舅姑。《儀禮疏》《鄭氏家禮》：壻婦同往婦家行謁見之禮，雖非古禮，頗合人情，宜從之。○既見婦之父母，婦先歸，壻獨留見婦黨諸親。補注。○按此下儀節，《家禮宗》所録文有小異，故撮而載之。廟見，婦父引壻至祠堂前，婦父拜祝于祖。下同。○俯伏，興，平身，復作階之位立。新壻立，壻立兩階間。鞠躬，拜，興，拜，興，拜，興，拜，興，平身。拜畢，復西階之位立，婦之父復。鞠躬，拜，興，拜，興，平身，辭神，禮畢。下同。○見尊長，婦之父既引壻廟見，畢，即反廳事。有所宜見尊長，亦依親疏尊卑，就所居先後見之，無幣。至其廳事。鞠躬，拜，興，拜，興，拜，興，拜，興，平身，禮畢。其尊長之家有卑幼出見，壻皆再拜。或答或跪而扶之，隨婦父所命。次見婦黨諸親，尊長上行前輩年高者，此云諸親，則是婦之伯叔及兄弟之行，俱再拜，有卑幼見禮如前。禮婿，婦父其日預設酒席，如時俗儀。婦父曰。下同。○婿酢酒，婿降階、洗盞、斟酒，以奉婦父，婦父亦受而揖之，又遍揖在席者。跪，婿跪兩階之中，婦父以一手扶之，飲訖。興。婿待主人飲畢而興，婦父以盞置酒案，深揖婿。下同。○進饌，如時俗儀。諸卑幼或尊長各少勸酬而酢畢，婿避席。婿拜謝。下同。○答婿幣，或巾服幣帛之類隨宜，婿受之以授從者，婿復拜辭。下同。

今令文　按本注作今世人男年十五、女年十三以上，並聽昏（婚）〔姻〕。而餘注所引「男年」之下脱「十五女年」四字矣。一本作男年十六、女年十四者，誤。若使令文已如其説，則所謂令爲此説者果何謂耶？又按：本注「世人」二字恐傳寫之訛，《考證》亦云令文指當時法令之文，則當作令文爲是。

昏姻　男曰昏，女曰姻者，義取婿昏時而往娶，女則因之而來。及其親則女氏稱昏，男氏稱姻，義取送女者昏時往男家，因得見之故也。《考證》

襁褓　《齊世家》：成王少，在强葆。《索隱》曰：强葆即襁褓，古字少，假借用之。《正義》曰：强，闊八寸，長八尺，用約小兒而負之行；葆，小兒被也。顏師古曰：即小兒繃。《史記》

指腹爲昏　兩家方孕子而預約，或生男生女，則當與爲昏也。《考證》

無賴　江淮間謂小兒多詐狡獪爲亡賴。《勻會》

連獄致訟　《周禮注》：訟謂以賄貨相告者，獄謂相告以罪名者。是其對文例也。散則通也。同上。

先祖太尉 按温公世系，公曾祖名政，長子曰炳，炳二子浩、沂，沂生里，里生宏，宏生林。次子曰炫，炫生池，池生光。又按温公《葬説》云：昔者吾諸祖之葬也，家甚貧，不能具棺槨，自太尉公以下姑有棺槨云云。則先祖太尉云者，疑指政而言也。《考證》

文中子 王通，字仲淹，龍門人。幼篤學，慨然有濟蒼生之志。詣長安，奏《太平十二策》。不見用，退居河汾教授，倣古作《經》。又爲《中説》，以擬《論語》。大業初，徵不至。及卒，門人謚曰文中子。《統譜》

夷虜 夷，東方之人也。从大从〔弓〕。《説文》北狄曰虜，以其習尚虜掠也。《勻會》

駔儈 師古曰：儈者，合會二家交易者也。駔者，其首率也。駔音子郎反，儈音工外反。

奠雁 問：《昏禮》婿執雁，或謂取其不再偶，或謂取其陰陽往來之義。朱子曰：《士昏禮》謂之攝盛，蓋以士而服大夫之服，乘大夫之車，則當取大夫之贄，前説恐附會。《語類》親迎執雁，先儒謂取不再偶之義，竊恐未然。蓋古人重冠昏，皆以士而用大夫車服，不以爲僭。士宜執鳧雞，執大夫之雁，其攝盛也。若謂親迎之始，遂期其將來如孤雁矢不再偶，可謂祥乎？冠禮三加幞頭，服公服，革帶，納鞾，執笏，與此同義。《焦氏筆乘》〇按順陰陽往來之説，本於鄭注。

古者執贄 以禽作六摯，孤執皮帛，卿執羔，大夫執雁，士執雉，庶人執鶩，工商執雞。《周

禮》鄭玄曰："贄之言至，所以自致。"通作摯。《匀會》

攝盛　《昏禮·士昏禮》："迎，主人爵弁，乘墨車。"鄭氏曰："爵弁，玄冕之次。士而乘墨車，攝盛也。"賈氏曰："《周禮·巾車》大夫乘墨車，士乘棧車。注：'墨車，革鞔而漆之；棧車但漆而已。'"《儀禮注疏》

古詩　蘓子卿詩"結髮爲夫妻，恩愛兩不疑"云云。向曰："此詩意者武將使匈奴之時，留别妻也。"《文選》

結髪之禮　按《韵府續編》今世昏禮有結髮一事，取夫與婦髮合而結之，古無有也。伊川程氏曰："昏禮結髮甚無意義，欲去久矣。"不知言結髮爲夫婦，只是少年也，如結髮事，李廣結髮與匈奴戰，豈謂合髮？然伊川既言非義，欲訂正之，而至今未能革，豈非習俗之久未易遽革之歟？《補注》

李廣　成紀人，其先李言，秦代爲將軍。廣世受封，文帝時擊匈奴，以功爲散騎常侍。數從獵格殺猛獸，文帝曰："惜廣不逢時，當高祖，萬户侯，何足道哉？"歷上谷、隴西、北地、雁門、雲中太守。武帝時爲北平太守。匈奴畏之，號飛將軍。《統譜》

禮婿　愚謂婿往婦家後，若富家，當有會親一節。婿家主人先一日致書于婦父，至家以禮款之，男屬親皆至。主婦先一日致書于婦母，至家以禮款之，女屬親皆至。如俗，稱爲坐筵。斯

時昏禮已畢，用樂可也。婦家不必行。《補注》

六禮皆用鴈　昏禮有六，五禮用鴈，唯納幣不用鴈，以其自有幣帛可執故也。《考證》

筵几于廟　《士昏禮》：主人筵于户西，西上，右几。鄭氏曰：筵，爲神布席也。户西者，尊處。席西上，右設几，神不統於人。《儀禮注》

不舉樂　程子曰：「昏禮不用樂，幽陰之義。」此説非是。昏禮豈是幽陰，但古人重此大禮，嚴肅其事，不用樂也。「昏禮不賀，人之序也。」此説却是。婦質明而見舅姑，成婦也；一日而後宴樂，禮畢也；宴不以夜，禮也。《朱子大全》

裴嘉昏會而樂　裴嘉有婚會，薛方士預焉。酒中而樂作，方士非之而出。子聞之曰：薛方士知禮矣。《文中子》

鄭公子忽云云　杜氏曰：鍼子，陳大夫。禮，逆婦必先告祖廟而後行。故楚公子圍稱告莊、共之廟。鄭忽先逆婦而後告廟，故曰：先配而後祖。《左傳·隱公八年》注。○鄭忽，莊公之子。

公子圍告莊共之廟　楚公子圍聘于鄭，且娶於公孫段氏，既聘，將以衆逆。兵衆也。子産患之，使子羽辭。令尹命太宰伯州黎對曰：君辱貺寡大夫圍，謂圍將使豐氏公孫段撫有而室。圍布几筵，告於莊、共之廟而來。莊王圍之祖，共王圍之父。○《左傳·昭元年》

拘忌陰陽家書　陰陽家者流，蓋出於羲和之官。及拘者爲之，則牽於禁忌，泥於小數。《前

漢書・藝文志》

李涪刊誤　《刊誤》二卷，陳氏曰：唐國子祭酒李涪撰。《文獻通考》

鵞　《爾雅》：舒雁，鵝，一名鴚鵝。長脰善鳴，峩首似傲，故曰鵞。《禮記注疏》：野曰雁，家曰鵞。《匀會》

家禮儀節考卷之四

喪禮

疾病遷居正寢　疾甚曰病。《禮記注》古之堂屋三間五架，中架以南通長爲堂，以北三間用板隔斷，以東西二間爲房，中間爲室，即正寢也。室之南北有牖，病居北牖下，君視之則遷於南牖下。《補注》温公曰：「君子慎終，不得不爾。然必病者心正而理，則方能如是。若子孫自遷，能不傷其心乎？舉扶摇動，或致奄絶，能無所憾乎？」所以温公獨稱孫宣公一人世不多見也。《增注》

角柶　按《周禮》：角柶用於醴，木柶用於鉶，長尺攡，博三寸，則柶亦匙類，用以抄醴齊鉶羹者也。今以死者揳齒，其形相類，故亦名角柶，蓋此同名異制耳。

哭擗無數　蓋生死異而永訣，正於此也。《宗》拊心曰擗。《禮記注》

死者之上衣　上服謂有官則公服，無官則襴衫、深衣，婦人大袖背子。本注。

升屋招呼某人復　《士喪禮》：升自前東榮、中屋，北面招以衣，曰：「臯某復！」三，降衣于前。鄭氏曰：皋，長聲也。某，死者之名也。《儀禮注》賈氏曰：《襍記》云復者升屋北面而西上，則皆依命數。天子十二人，公九人，侯伯七人，子男五人，大夫士亦依命數，人執一領西上。《疏》鄭氏曰：三號者，一號於上，冀魂自天而來；一號於下，冀魂自地而來；一號於中，冀魂自天地四方之間而來。孔氏曰：復聲必三者，禮成於三也。《禮記注疏》温公曰：今升屋而號，慮其驚衆，但就寢庭之南，男子稱名，婦人稱字，或稱官封，或依常時所稱。○高氏曰：今淮南風俗，民有暴死，則使人升其居屋及於路傍遍呼之，亦有蘇活者，豈復之餘意歟。《大全》

復畢哭擗　蓋爲死者不復生，今之見者不復見，感傷悲悼，所謂哭而哀非爲生也。○李東谷《管見》曰：父母□死，人子幾不欲生之時，今人反以送死爲緩，惟以□親爲急。父母死，未即入棺，乃禁家人舉哀，棄親喪之禮而講合巹之儀，寬括髮之戚而□結髮之好，此夷狄禽獸所不忍爲而世俗樂爲之，雖詩禮之家亦相率而行，竟不知怪，悲夫！今之君子鑒而改之可也。《宗》

珥　《說文》：瑱也。徐曰：瑱之狀，首直而末鋭，以塞耳。《匀會》

立喪主　按立字義至司貨上。《考證》衆子雖多，不主。《宗》

能幹　幹，能事也。《匀會》

處分　區處分别。○處，制也；分，所當然也。《類書纂要》

司貨　置三曆，其一書吊客姓名。《宗》

油杉　《集解》郭璞注《爾雅》云：煔似松，生江南，可以爲船及棺材。作柱，埋之不腐。又人家常用作桶板，甚堪水。宗奭曰：入藥須用油杉，及臭者良。時珍曰：杉木葉硬，微扁如刺，結實如楓實。江南人以驚蟄前後取枝插種，出倭國者謂之倭木，並不及蜀、黔諸峒所産者尤良。其木有赤、白二種，赤杉實而多油，白杉虚而乾燥。有斑紋如雉者謂之野雉斑，作棺尤貴。其木不産白蟻，燒炭最發火藥。《本草綱目》

柏　陸氏曰：柏性堅致有脂。程子論柏木之堅曰：聞有人伐東漢時墓，柏棺尚在。又有因城圮得柏木，皆堅潤如新。諺有松千柏萬之説，於是知柏最可以久。人求堅莫如柏，欲完莫如漆。《禮》：天子用柏。《考證》

土杉　《長箋》：土樧謂之樧，油樧謂之杉，亦未詳。俗呼樧爲杉木，非油樧專得杉名，《箋》説非。《正字通》

桐油　罌子桐。《釋名》：油桐荏油。《集解》：《頌》曰南人作油者，乃岡桐也，有子大如梧子。宗奭曰：荏桐，早春先開淡紅花，狀如鼓子花，成筒子，子可作桐油。《本草綱目》

麻油　藏器曰：麻子早春種爲春麻子，小而有毒，晚春種爲秋麻子，入藥佳，壓油可以油物。時珍曰：大麻即今火麻，亦曰黄麻，實大如胡荽子，可取油，剥其皮爲麻。同上。

漆　《説文》：木汁，可以髤物。《本草》：漆樹高二丈餘，皮白，葉似椿樗，花似槐，子若牛

奈，木心黄。六月刻取滋汁。《匀會》

瀝青　高氏曰：伊川先生謂棺之合縫以松脂塗之，則縫固而木堅。注云：松脂與木性相入而又利水，蓋今人所謂瀝青者是也。須以蚌粉、黄蠟、清油合煎之乃可用，不然則裂矣。其棺槨之間，亦宜以此灌之。〇胡氏咏曰：松脂塗縫之説未然，先生葬時蔡氏兄弟主用松脂，嘗問用黄蠟、麻油否。答云：用油蠟則松脂不得全其性矣。此言有理，但彭止堂作《訓蒙》云：灌以松脂，宜於北方；江南用之，適爲蟻房。彭必有考，更詳之。《大全》

蚌粉　時珍曰：蚌類甚繁，今處處江湖中有之，惟洞庭漢沔獨多。大者長七寸，狀如牡蠣輩；小者長三四寸，狀如石決明輩。其肉可食，其殼可爲粉，湖沔人皆印成錠市之，謂之蚌粉，亦曰蛤粉，古人謂之蜃灰，以飾墻壁，闉墓壙，如今用石灰也。《本草綱目》

黄蠟　蜜滓也。陸佃云：蜂之化蜜，必取匽猪之水，注之蠟房而後成蜜，故謂之蠟者，蜜之蹠也。《匀會》

清油　即麻油也。

糯米　稉稻之粘者。或作穤。《匀會》

麻穰　穰，《廣韵》：禾莖也。同上。

七星板　先作木匡尸床如棺底大，足高三四寸，面上不用木條，用板一片嵌床上，木匡内板

穿北斗七星穴。《集説》

床簀 《説文》：床，棧也，又謂之笫。《匀會》牀，齊魯之間謂之簀，陳楚之間或謂之笫。《方言》

盆 盎也。《爾雅》：盆謂之缶。《匀會》

瓶 汲水器。同上。

幅巾 劉氏璋曰：古者人死不冠，但以帛裹其首，謂之掩。《士喪禮》：掩，練帛，廣終幅，五尺，析其末。注：掩，裹首也。析其末，爲綏結於頤下，又還結於項中。蓋以襲斂主於保庇肌體，貴於軟柔緊實，冠則磊嵬難安，況今幞頭以鐵爲脚，長三四尺，帽用漆紗爲之，上有虛檐，置於棺中，何由妥帖？莫若襲以常服，上加幅巾、深衣、大帶及履，既合於古，又便於事。幅巾所以當掩也，其制如今之暖帽；深衣、帶、履自有制度，若無深衣、帶、履，止用衫勒帛鞋亦可。其幞頭腰帶靴笏，俟葬時安於棺上可也。《大全》

暖帽 大帽子，至魏文帝詔百官，常以立冬日貴賤通戴，謂之温帽。《中華古今注》

充耳 《喪禮》：瑱用白纊。賈氏曰：《記》云瑱，塞耳。《詩》云充耳，即塞耳也。生時人君用玉，臣用象，今死者直用纊塞耳而已。《儀禮疏》

幎目巾 今人死以方帛覆面者。《呂氏春秋》曰：夫差誅子胥，數年越報吳，殘其國，夫差

將死，曰：死者如其有知也，吾何面目以見子胥於地下？乃爲幎以冒面而死。此其始也。《事物紀原》

明衣裳　三代以來襲有明衣，唐改用生絹單衣，今但新衣而已。段成式《酉陽雜俎》曰：明衣起於左伯桃也。同上。

袍　按《後漢・禮儀志》：三老五更皆服都紵大袍單衣，皂緣領袖中衣。又《輿服志》：袍，單衣，皂緣領袖中衣，爲朝服。又按《喪大記》：袍必有表。注：袍，衣之有著者，乃褻衣也。朱子亦曰：袍，有著者。蓋漢時單衣名袍，而後世所謂綠袍之類，亦皆單衣也。然則袍之名於單復俱有，而此與襖并稱，則指有著者明矣。《考證》○按在古稱袍者有二，《後漢書》：袍者，周公抱成王宴居，故施袍。《增韵》：所謂袍，今朝服是也。《詩》云與子同袍，言有著者也。知是一名而爲二物耳。蓋朝服之袍則單衣，而褻服之袍則是有著也。秦漢之世猶爲朝服，至于後世服制屢變，唯以袍爲褻服之名，而不知單衣之爲朝服矣，故本文所云亦指常服而言也。惟我東方冠服之制，舊章具存，公卿大夫朝祭之服皆有袍以爲上衣，猶周秦之制云。

襖　《舊唐書・輿服志》曰：讌服，古褻服也，亦謂之常服。江南以巾褐裙襦，北朝雜以戎夷之制，至北齊有長帽、短靴、合袴、襖子，朱紫玄黃，各任所好，若非元正大會，一切通用，蓋取於便事。則今代襖子之始，自北齊起也。《事物紀原》橫渠先生解襦袴義曰：袴則今之袴也，襦

則今之襖子也，是今之襖即古之襦，襦有著者，亦褻衣也。《考證》

汗衫　蓋三代之襯衣也。《禮》曰中單。漢高祖與楚交戰，歸帳中，汗透，遂改名汗衫。至今亦有中單，但不緶而不開。《中華古今注》中單，祭服，其内明衣，加以丹朱刺綉，文以樞領。丹者，取其赤心奉神也。《三才圖會》

袴　蓋古之裳也。周武王以布爲之，名曰褶；敬王以繒爲之，名曰袴，但不縫口而已，庶人衣服也。至漢章帝以綾爲之，加下緣，名曰口。《中華古今注》

勒帛裹肚　綉袍肚即勒帛腰圍也。〇宋大卿監以下不給錦袍者，加以黄綾綉袍肚，即包肚也，勒帛者，以帛勒腰也。《通雅》

衾　大被也。《説文》衾，广音儼。也。其下廣大，如广受人也。《釋名》

箱　竹器，籠器。《玉篇》

棉布　木棉，樹名。有花如綿作布。《字彙》

燭臺　《喪大記》：君堂上二燭、下二燭；大夫堂上一燭、下二燭；士堂上一燭、下一燭。鄭氏曰：燭所以照饌也，滅燎而設。孔氏曰：有表則於中庭終夜設燎，至曉滅燎而日光未明，故須燭以照祭饌也。《禮記注疏》

有子麻枲麻　枲是雄麻，苴是麻之有蕡實者。《周禮注》

交椅　《風俗通》曰：漢靈帝好胡服，京師作胡床，此蓋其始也。今交椅是。《事物紀原》胡床施轉關以交足，穿便條以容坐，轉縮須臾，重不數斤。《清異録》

衣架　《爾雅》：竿謂之箷，一曰衣架。《勻會》

靸鞋　《古今注》：靸鞋，蓋古之履也。秦始皇靸望仙鞋，衣藂雲短褐，以對隱逸、求神仙。《潛確類書》《説文》：靸，小兒履也。《增韵》：又草屧。《韵會》

竹竿　襲後懸銘旌者。《宗》

木跗　狀如傘架，乃置銘旌者。同上。

黄土　《藏器》曰：張司空言三尺以上曰糞，三尺以下曰土，凡用，當去上惡水而令入客水。《本草綱目》

戈盾　《説文》：戈，平頭戟也。徐曰：謂戟小支上向則爲戟，平之則爲戈。一曰戟編距爲戈。《禮記注疏》：鈎子戟，如戟而横安刃，但頭嚮上爲鈎也。《周禮》：戈長六尺四寸，廣二寸。又疏云：戈兩刃，長六尺六寸。○《説文》：盾，瞂也。所以蔽身扞目。《增韵》：兵器干櫓之屬。《韵會》

面具　謂壯面也。○《前志》：象人可罷。注：今之着假面。○《清波雜志》：言于狄似處，見其五世祖狄襄公收儂智高所帶銅面具，謂面甲，如面具也。《通雅》

道士 《大霄良書經》：人行大道，號曰道士。士者何？理也，事也，身心順理，惟道是從，從道爲事，故稱道士。《書言故事》

斧 《廣韵》：神農作陶冶斤斧。《書》注：斧重八斤，一名天鉞。《禮記·檀弓》注：斧形旁殺刃而長。《韵會》《釋名》曰：斧，甫始也，凡將制器，始以斧伐木已，乃制之也，其柄名柯。樵斧狹而厚，桑斧闊而薄，蓋隨所宜而制也。《三才圖會》

鋤 立耨所用也。《説文》櫌鉏，古云斫斸，一名定櫌，爲鉏柄也。賈誼云秦人借父櫌鉏，即此也。《釋名》：鋤，助也，去穢助苗也。《三才圖會》

鋸 鋸，解截木也。《古史考》曰：孟莊子作鋸。《説文》曰：鋸，槍唐也。同上。

畚 以葦索爲之。《左傳注》

杵 《説文》：舂杵也。徐曰：午杵也。午者直舂之意。《匀會》

治棺 劉氏璋曰：凡送死之道，唯棺與槨爲親身之物，孝子所宜盡之。毋事高大以圖美觀，惟棺周於棺足矣，棺内外皆用布裹漆，務令堅實。《大全》虚檐高足。疑虚檐旁飾高足，施之棺下者，蓋當時世俗之制如此。《考證》

訃 告喪也，通作赴。《匀會》言赴，取急疾之意。《儀禮疏》

喪稱哀子哀孫祭稱孝子孝孫 《禮·雜記篇》文。

堂室　《曲禮》：孤子當室，冠衣不純(素)〔采〕。鄭氏曰：三十以下無父稱孤。《禮記注》

設幃及牀　按古之幃堂者，以尸未襲斂，不欲人褻之，故幃之也。既小斂則徹幃。今人徹于入棺之後，以内外既□，故徹。○疏曰：尸，陳也。人死未殯，斂陳之于床，故曰尸。《釋名》曰：舒也，骨節舒解，不復能自斂也。《宗》牀謂襲床，禮，始死廢床而置尸於地，及復而不生，則尸復登床。《補注》

施簟設席枕　《説文》：簟，竹席也。《内則》注：席之親身也。《韵會》《禮》「襢第」注：襢，袒也。袒簀去席，盝水便也。盝音禄，亦作漉，歷也，竭也。《喪大記》亦曰：設牀襢第，有枕。此使冰之寒得通，然舉席安尸于簟，皆有爲也。疑《家禮》席字，衍字也。襢，之善反，袒露也。○《考證》

澡　《廣韵》：澡，洗也。《韵會》

襲　襲，復衣也。向去其衣，復着之，故謂之襲。《宗》

祝盥洗　祝以親戚爲之。本注。

藉藁　按《禮注》：編藁曰苫，此不編者，故但曰藁而已。藉以席薦者，或薦或席，以服之輕重而不同也。《考證》

飯含　所以飯含者，《檀弓》曰：不忍其口之虚，故用此美潔之物以實之。《宗》今俗以珠銀之屑置其口，其餘意歟？《補注》

覆面　按《禮・雜記》：鑿巾以飯。蓋大夫以上貴，使賓爲其親含，恐尸爲賓所憎穢，故以巾覆尸面而當口處鑿穿之，令含全得以入口。士賤不得使賓，子自含，無憎穢之心，故不以巾覆面。本注又言以幎巾入覆面，未詳是否。《補注》鄭氏曰：設巾覆面，爲飯之遺落米也。賈氏曰：士之子親含，發其巾不嫌穢惡，今設巾覆面者，爲飯時恐有遺落米在面上，故覆之也。《儀禮注疏》朱子曰：未殯以前，如何恁地得一一子細？如飯含一節，教人從那裏轉？那裏安頓？一一各有定所，須是有人相，方得。《語録》

由足　《禮》：由足而西。鄭氏曰：不肯從首前也。《儀禮注》

抄米　抄與鈔通，以匕抄取粒物也。杜甫詩：飯抄雲子白。《正字通》

實以一錢　《禮》：盥于盆上，洗貝，執以入。今《家禮》但曰執箱以入，無洗錢之文。錢乃轉貨之物，豈可不洗？恐文不具也。《考證》

卒襲　卒襲復哭位。〇或問：襲斂而無婦人禮儀，何也？曰：可以類推，先襲以常服，裏以綿物；次加禮服、大帶及履。凡備用大物不用寶環首飾，所以杜盜心、免發掘之禍也。《宗》

覆衾　按喪衿有三，此時覆尸用裌者，小斂衾即此衾；大斂時衾用單者，棺中擀尸衾用綿者。同上。

茶甌　今俗謂盌深者爲甌。《字彙》許慎《説文》曰：瓫，音賄。小甌。楊雄《方言》曰：甌，

甋。音適。雄、慎皆漢人，則凡所記非戰國即秦制度，蓋三代飯燕之具、俎豆之類故也。《三才圖會》

魂帛　用白絹一匹，爲兩端相向，交互穿結，上繫其首，旁出兩耳，下垂其餘爲兩足，以肖人形。俗畫像，先儒以爲非禮，本朝楊少師治命靈座前從俗設畫像，蓋小孫未識禮也。《宗》司馬温公曰：古者鑿木爲重，以主其神，今令式亦有之，然士民之家未嘗識也，故用束帛依神，謂之魂帛，亦古禮之遺意也。世俗皆畫影，置於魂帛之後。男子生時有畫像，用之猶無所用，至於婦人生時深居閨門，出則乘輜軿擁蔽其面，既死，豈可使畫工直入深室，揭掩面之帛，執筆訾相，畫其容貌？此殊爲非禮。又世俗或用冠帽衣履裝飾如人狀，此尤鄙俚，不可從也。本注。楊氏復曰：《禮》大夫無主者，束帛依神。司馬公用魂帛，蓋取束帛依神之意。高氏曰：古人遺衣裳必置於靈座，既而藏於廟中。恐當從此説，以遺衣裳置於靈座，而加魂帛於其上可也。附注。按注疏，則大夫士無木主，以幣帛依神。程子曰：有廟即當有主。張子亦曰：士大夫得有重，廟當有主。夫大夫士既得有重，重主道也，又得有廟，廟無虚主，故兩先生疑之而有此説。《考證》○按《儀禮》鄭注：士之皇祖於卒哭，亦反其廟，無主則反廟之禮未聞。賈疏：大夫無木主，祭而反之，故云無主則反廟之禮未聞。賈氏又曰：大夫士無木主，以幣主其神。束帛依神之説，蓋本于此。

同心結　蘓小小歌：何處結同心，西陵松柏下。古樂府。○蘓小小，南齊時人。○文帝陳夫人姿

皃無雙，太子賜夫人金合，中有同心結五枚。《隋書》

銘旌　妣曰明故某封某母某氏之柩，無官則隨其生時所稱，男去某官、女某封二字。○按絳者，紅色。喪具皆用素，惟此用紅者，容書故也。《宗》《喪服小記》曰：復與書銘，自天子達於士，其辭一也。男子稱名，婦人書姓與伯仲。注：此殷禮也。周之禮，天子崩，復曰皋天子復，諸侯薨，復曰皋某甫復，其餘及書銘則同。按《荀子》：書其名，置于重，則名不見而柩獨明矣。注：謂見所書置于重，則名已無而但知其柩也。按銘皆有名，此云無，蓋後世禮變，今猶然。然則銘之不名亦自周末已然矣。《考證》

不作佛事　温公曰：喪家不宜作樂宴客，以陷俗弊。《宗》

入哭　宜淺淡素色，今人必以白色往哭者，非也。○温公曰：賓與亡者爲執友，則入吊。婦人非親戚并與其子爲執友常升堂拜母者，則不入吊。同上。

贈死不及尸　贈死不及尸，吊生不及哀，豫凶事，非禮也。《左傳·隱元年》

小斂　斂者，包裹斂藏之也。《禮記注》襲與斂之别者，襲以衣尸爲義，斂以收藏其尸爲義。謂之大小斂者，以衣衾之數有多少也。人死斯惡之，斂之者，所以使人之弗惡也。《宗》毛氏曰：親在，所備衣衾或不足，或有餘，子婦在適其中宜盡其厚，不使有後日之悔也。新增注。

有絞衾　高氏曰：小斂衣尚少，但用全幅細布，析其末而用之。凡斂欲方，半在尸下，半在尸上，故散衣有倒者，惟祭服不倒。凡鋪斂衣，皆以絞紟爲先。小斂美者在內，故次布散衣，後布祭服。大斂美者在外，故次布祭服，後布散衣也。○斂以衣爲主，小斂之衣必以十九稱，大斂之衣多至五十稱。夫既襲之後，而斂衣若此之多，故非絞以束之，則不能以堅實矣。凡物束斂緊急，則細小而堅實，夫然故衣衾足以掩肉，而形體深秘，可以使人之勿惡也。今之喪者，衣斂既薄，絞冒不施，懼夫形體之露也，遽納之於棺，乃以入棺爲小斂，蓋棺爲大斂。入棺既在始襲之時，蓋棺又在成服之日，則是小斂、大斂之禮皆廢矣。《大全》毛氏曰：衣服既備，宜絞束入棺，今之葬者不以布絞，未久遷喪，骸骨散亂，則曰地風所吹，豈有此理也哉？新增注。上衣即祭服也，以後世言之，則公服是也。《考證》

墊其首　舒，伸也。《方言》：凡展物謂之舒。絹，縑也。叠衣，衣之摺叠者，藉首以代枕也。兩端指衣之領及裔也。《考證》○按字書，墊，溺也，下也。此用爲藉布之義也。

左衽不紐　衽，衣襟也。生向右，左手解抽帶，便也。死襟向左，示不復解也。結絞不紐者，生時帶並爲屈紐，使易抽解。死時無復解義，故絞束畢結之，不爲紐也。

憑尸　凡子於父母憑之，父母於子、夫於妻執之，婦於舅姑奉之，舅姑於婦撫之，於昆弟執之。凡憑尸，父母先，妻子後。本注。○此即《喪大記》文，其間脱「妻於夫拘之」一句。憑之者，身俯而憑之；執之者，執持其衣；奉之者，捧持其衣；撫之者，撫按之也；拘者，微牽引其衣也。皆當

尸之心胸處也。謂尸之父母妻子尊者先憑，卑者後憑。《禮記集説》

袒括髮免髽 皆袒開上衣，用布纏頭，或用白布巾，加環絰，至成服日去之。服仍舊，腰絰、絞帶，齊衰以下巾同，但不加環絰。婦人皆退如別室，帶白假髻，加削竹簪腰絰。《宗》劉氏問喪注曰：已冠者爲喪變而去冠，則必着免。蓋雖去冠，猶嫌於不冠，故加免也。童子初未冠，則雖爲喪，亦不免，以其未冠，故不嫌於不冠也。若爲童子而當室，則雖童子亦免，以其爲喪主，而當成人之禮也。蓋問喪亦指齊衰以下者言也。《補注》

代哭 代哭者，以孝子不食、疲倦，難以哭，使家人親屬與之更相代哭，晝夜不斷聲，至成服而止。惟寡婦不夜哭，蓋遠嫌之道，不得不然。《宗》

大斂 司馬温公曰：古者死之明日小斂，又明日大斂，顛倒衣裳使之正，方束以絞紟，韜以衾冒，皆所以保其肌體也。今世俗有襲而無大小斂，所闕多矣。然古者士襲衣三稱，大夫五稱，諸侯七稱，公九稱。小斂尊卑通用十九稱，大斂士三十稱，大夫五十稱，君百稱，此非貧者所辦也。今從簡易，襲用衣一稱，小大斂則據死者所有之衣及親友所襚之衣，隨宜用之。若衣多，不必盡用也。高氏曰：《禮》士襲衣三稱，而子羔之襲也衣三稱。孔子之喪，公西赤掌殯葬焉，襲衣十一稱，加朝服一。《雜記》曰士襲九稱。蓋襲數之不同如此，大抵衣衾惟欲其厚耳。衣衾之所以厚者，豈徒以設飾哉？蓋人死斯惡之矣，聖人不忍言也，但制爲典禮，使厚其衣衾而已。今世之襲者不知此意，或止用單袷一稱，雖富貴之家衣衾畢備，皆不以襲斂，又不能謹藏。古人遺衣必置於靈座，既而藏於廟中。乃或相與分之，甚至輒計直貿易以充喪費，徒加功于無用，損財于無謂，而所以附其身者曾不之慮，嗚呼！又孰若用以襲斂，而使亡者獲厚芘於九泉之下哉！○楊氏復曰：按高氏一用禮經，而襲斂用衣之多，故襲有冒，小斂有布絞，大斂有布絞、布紟，所以保其肌體者固矣。司馬公欲從簡易，而襲斂用衣之少，故小斂雖有布絞，而襲則無冒，大斂則無絞紟，此爲疏略。先生初述《家禮》，皆取司馬公《書儀》，後與學者論禮，以高氏《喪禮》爲最善，遺命治喪俾用《儀禮》，此可以見其去取折衷之意矣。况夫古者襲斂用衣之多，故古有襚禮。衣服曰襚。《士喪禮》：親者襚，庶兄弟襚，朋友襚，又君使人襚。今世俗有襲而無大小斂，故襚禮亦從而廢，惜哉。然欲悉從高氏之説，則誠非貧者所能辦，有如司馬公之所慮者，但當量其力之所及可也。愚故於襲、小斂、大斂之下悉述《儀禮》并高氏之説，以備參考。《大全》古有大小斂之法，今皆廢之。吴南溪云：斂能固尸，不特禦行路動摇而已。昔聞魏莊渠遷葬，啓棺見親骸宛然，斂之力也。《王氏葬度》

舉棺入置　按古禮殯棺於西階下，《家禮》設棺于堂中少西，惟靈座設堂中。今人以棺爲主，設棺于堂中，設魂帛於棺之旁，非也。若拘古禮，似不合時，今擬並設堂棺近北，靈座設于棺前，庶爲盡。○按《禮》，尸未入棺祀尸，尸入棺魂依于帛，則祀魂帛，既葬神依于主，則祀主，棺

非所重者也。《宗》

實齒髮 《喪大記》：君大夫鬊爪實于角中，士埋之。鄭氏曰：生時積而不棄，令死爲小囊盛之，而實于棺内之四隅，故曰角中。士則以物盛而埋之耳。《禮記注》○按鬊，輪閏切，亂髮也。《説文》：鬊，髮也。士埋之者，蓋古禮耳。

蓋棺 《檀弓》：棺束縮二横三。衽每束一。陳氏曰：古者棺不用釘，惟以皮條直束之二道，横束之三道。衽形如今之銀則子，兩端大而中小，漢時呼爲小要，不言何物爲之，其亦木乎？衣合縫處曰衽，以小要連合棺與蓋之際，故亦名衽。先鑿木置衽，然後束以皮，每束處必用一衽，故衽每束也。《禮記集説》棺靳容身，不宜大，藴匠製若經匣樣，底蓋不用鐵丁，用柏或藴木作錠笲。底蓋對墻合處每邊鑿二孔，笲作錠樣，分三片，先插左右二片入孔分開，中一片釘下錠凹處，到劄住矣，且免鐵銹壞版。《王氏葬度》

屏風 《周禮·掌次》：設皇邸。鄭司農云：邸，後板也。康成謂後板，屏風。《禮·明堂位》曰：天子負斧扆而立。陸法言云：今屏風，扆遺象也。《三禮圖》曰：屏風之名出於漢世，故班固之書多言其物，徐堅爲《初學記》，亦載漢劉安、羊勝等賦，然則漢制屏風，蓋起於周皇邸斧扆之事也。《紀原》

樸陋 樸，木素也，又質也。《勺會》《禮》：居倚廬。鄭氏曰：倚木爲廬，在中門外東方北户。賈氏曰：北户者，以倚東壁爲廬，一頭在北，北户向陰，至既虞之後，柱楣剪屏，乃西向開户。《儀禮注疏》《喪大記》：居倚廬，不塗。孔氏曰：於中門之外東墻下倚木爲廬也。不塗者，但以草夾障，不以泥塗飾之。《禮記疏》

寢苫枕塊　鄭氏曰：苫，編藁。塊，塩也。賈氏曰：孝子寢卧之時，寢於苫，以塊枕頭。必寢苫者，哀親之在草；枕塊者，哀親之在土。按《爾雅》白蓋謂之苫。郭公曰：茅苫也，彼取潔白之義，此不取潔白，故鄭因時人用藁爲苫而言。《儀禮注疏》

不與人坐　有喪者專席而坐。《禮記·曲禮篇》

孔子葬鯉　子曰：鯉也死有棺而無槨，我不徒行，以爲之槨。《論語·先進篇》

還葬而無槨　子路曰：傷哉貧也！生無以爲養，死無以爲禮也。孔子曰：啜菽飲水，盡其歡，斯之謂孝。斂首足形，還葬而無槨，稱其財，斯之謂禮。《禮記·檀弓篇》〇還葬之義見于後。

松脂入地　松脂入地，千年爲茯苓，又千年爲琥珀，又千年爲瑿。《博物志》

浮屠　梵語佛陀或云浮屠，或云部多，或云母馱，或云没陀，皆是五天竺語。梵夏並譯爲覺，今略稱之佛也。《瑯琊代醉篇》

七七日百日　眉山劉氏曰：求之傳注，謂天子九虞，以九日爲節；諸侯七虞，以七日爲節；大夫五，士三。自春秋末世，大夫僭用諸侯七虞之禮矣。後代循習，莫究其義，而世俗遂以親亡以後，每七日必供佛供僧，以爲是日當於地府見某王者。吁！古人七虞之設，乃如是哉！故世之治喪者，未葬則當朝夕奠，朔望殷奠，既葬則作主虞祭，不必惑於浮屠齋七之說，庶乎可謂祭之以禮矣。〇朱子曰：《開元禮》以百日爲卒哭，以今人葬或不能如期，故爲此權制。王公以下皆以百日爲斷，殊失禮意。今按百日而齋，亦因百日卒哭之義也。《考證》今之初生以七日爲臘，人之初死以七日爲忌，一臘而一魄成，故七七四十九日而七魄具矣；一忌而一魂散，故七七四十九日而七魂泯矣。《易》曰精氣爲物，遊魂爲變，故知鬼神之情狀。《玉笑零音》按《大明會典》皇妃親王公侯之死，其七七百日皆有御祭，而士夫家于每七日或用牲醴祭之。夫既不供佛飯僧，又不致祭，恐人子於是日心有不安。古禮未葬不祭，恐難太拘，今擬于七七百日各隨貧富盡禮致祭，若與朔日同期，則廢朔奠。《宗》

設道場　佛入菩提道場，始成正覺。《華嚴經》隋大業中改天下寺爲道場，至唐爲寺。《僧史》佛家謂法會處爲道場，設之者，立壇宇、聚四衆是也。《考證》

水陸大會　金山龍游寺舊名澤心，梁武帝天監四年親臨澤心寺，設水陸會。《圖經》

塔廟　積土成佛廟，乃至童子戲，聚沙爲佛塔，如是諸人等，皆已成佛道。《法花經》塔廟者，廟之爲言貌也，塔中安佛形貌。《金剛經注》

天堂地獄　天堂地獄之事，雖是浮屠設以誘愚民爲善去惡之意，而實非中國有此陰府之事，尤見浮屠之僞也。蓋嘗考之，佛之國在極西之境，其所居謂之天堂，猶後世天朝、天闕之稱，其犯法者皆掘地爲居室而處之，謂之地獄。如南宋王子業因其諸王爲地牢，亦此類耳。其法如剉燒舂磨之刑，如《書》所載九黎、三苗之爲也。閻羅則後世之刑官也，金剛則後世之衛士也。皆其蕃國處生人之制，而學佛者不察，謂施已死者，則世相傳流，本非佛氏真教也。所謂夜叉羅刹鬼國者，皆其西方之土名，其地去中國既遠，風化不及，故其所生亦多異狀，無後人類。如史所謂狗國羅施鬼國者，可考也。此雖其初學佛者不察本非中國之所有者，而流傳之久，後之異教者亦以爲真，愚民亦不覺其爲僞，而水陸道場、寫經、造像、修建塔廟者皆懼此苦楚之□，以求快樂之福，何異教中之僞以陷愚民之不知如此耶？嗚呼哀乎！《異端辨正論》○按剉，細切斫也。

波吒　有罪者入寒冰地獄，波波吒吒羅羅，注：忍寒聲。《楞嚴經》

李舟　舟有文學，俊辨，高志氣。以尚書郎使危難反側者亦再，不辱命。其道大顯。被讒妬，出爲刺史，廢痼卒。柳子厚《先友記》。李舟嘗與妹書曰：釋迦生中國，設教如周孔；周孔生西方，設教如釋迦。天堂無則已，有則君子登；地獄無則已，有則小人入。李肇《國史補》。○按《唐書》舟字公度，隴西人。

十王　一曰秦廣，二曰初江，三曰宋帝，四曰五官，五曰閻羅，六曰變成，七曰泰山，八曰平等，九曰都市，十曰轉輪。《十王經》

累墼古歷切。**塗之**　墼，磚之未燒者。○朱子殯長子熟，就寒泉菴西向殯。掘地深二尺，闊三四尺，内以大磚鋪砌，用石灰重重遍塗之棺末，及外用土磚夾砌。將下棺，以食五味奠亡人。次子以下皆哭拜，諸客拜奠，次子代亡人荅拜。蓋兄死子幼，禮然也。《考證》

綴足用燕几　綴，猶拘也。《禮記注》○按即拘止之義。《既夕禮》：綴足用燕几，校在南，御者坐持之。鄭氏曰：校，脛也。尸南首，几脛在南以拘足，則不得辟戾矣。賈氏曰：古者几兩頭各施兩足，今則竪用之，一頭以夾兩足也。南首，足向北，故以几角向南以夾足。恐几竪而傾側，故使生存侍御者一人坐持夾之，使足不辟戾，可以着屨也。燕几者，燕，安也，當在燕寢之内常憑之以安體也。《儀禮注疏》

奔喪凡喪云云　與賓客爲禮，宜使尊者。《禮記注》妾死則君主其喪，其祔祭亦君自主，若二祥之祭，則使其子主之，君則吊服與祭。其殯與祭皆不以正室。妾不敢稱夫，故稱君。○死者之子幼不能主喪，妻又不可爲主，則兄弟主之。至於終喪，其子〔幼〕，則以衰抱之，人爲之拜。○同父母之兄弟死而無子孫者，推兄弟中長者爲主，無親兄弟則由從親兄弟推之，主者與死者雖疏，亦當爲之畢虞祔之祭。○《禮》，婦人死而無夫與子，夫之兄弟主之，無兄弟則夫之族人主之，無族人當鄰里主之，妻黨雖親勿主，蓋女已適人者，于本親皆降服，明其爲外人也。觀此則異親不得繼子明矣。《宗》陳氏謂「親同長者主之」謂父母之喪長子爲主，此説可疑。此所謂主

喪專爲與賓客爲禮者耳。父母之喪，長子爲主，豈與賓客爲禮者？蓋陳氏之意，并指饋奠而言耳。《考證》

商祝　祝習商禮者，商人教之以敬於接神。《儀禮注》

司徒敬子　陳氏曰：司徒，以官爲氏也。《禮記集説》

蘧伯玉　蘧瑗，字伯玉，衛大夫。見于《左傳》。

紼綍通作紼。　鄭氏曰：在棺曰綍，行道曰引。孔氏曰：屬棺曰紼，屬車曰引。《禮記注疏》

原壤　周文王第十六子原伯之後。《四書人物考》

沐槨　沐，治也。《字彙》

公明儀　南武城人，子張門人，甚尊其師。《四書人物考》

爲志　孔子之喪，公西赤以飾棺榮夫子，故爲盛禮，備三王之制，以章明志識焉。《禮記疏》

孔子之喪，公西赤掌殯葬焉。《家語》

削約　謂削之使約小也。《儀禮疏》

重　《士喪禮》：重木刊鑿之。甸人置重于中庭，三分庭，一在南。夏祝鬻餘飯，用二鬲于西墻。冪用疏布，久之，繫用靲，縣于重。冪用葦席，北面，左衽。帶用靲，賀之，結于後。鄭氏曰：木也，縣物焉曰重。刊，斲治。鑿之爲縣，簪孔也。士重木長三尺。夏祝，祝習夏禮者也。

以飯含餘米爲鬻也。鬲，瓦器也。久讀爲灸，謂以蓋塞鬲口也。軨，竹箈也，以席覆重，辟屈，而反兩端交於後。左衽，西端在上。賀，加也。賈氏曰：重者，以其木有物懸於下，相重累，故得重名。懸，鐕孔者。下云繫用軨，用軨納此孔中，謂之鐕者，若冠之鐕使冠連屬於紒，此鐕亦相連屬於木之名也。士重三尺，大夫五尺，諸侯七尺，天子九尺。灸，塞義，謂直用疏布蓋鬲口爲塞也。箈，竹之青可以繫者，據人北面以席先於重北面掩之，然後以東端爲下向西，西端爲上向東，是爲辟屈。而反兩端交于後，然後以箈加束之結于後也。《儀禮注疏》方氏曰：始死而未葬，則有柩矣。有柩而又設重，取以名重也。《禮記集説》

虞而埋 虞祭畢，埋於祖廟門外之東。《禮記注》《檀弓》：殷主綴重焉，周主重撤焉。陳氏曰：殷禮始殯時置重于殯廟之庭，暨成虞主，則綴此重而懸新死者所殯之廟。周人虞而作主，則徹重而埋之也。方氏曰：殷不忍弃之也，周不敢瀆之也。《禮記集説》

縣子 名瑣，魯人名，知禮。見于《禮記集説》。

六十歲制 六十歲制，七十時制，八十月制，九十日修。唯絞紟衾冒，死而後制。《王制篇》

國君即位而爲椑毗亦切。《檀弓》：君即位而爲椑，歲一漆之，藏焉。孔氏曰：椑，地棺也，漆之堅强，甓甓然也。人君無論少長，而體尊備物，故亦即位，而造爲此棺也。歲一漆之者，雖爲尊得造，□未供用，故不欲即成，但每年一漆，示如未成也。《禮記疏》或問：親老，子孫欲爲預制，則恐傷其心；不制，又恐倉卒難備，當如何？曰：古人六十歲制，七十時制，八十月制，九十日制，蓋慮夫倉卒之變也。人子雖嫌不以久生期其親，然親壽既高，亦當密蓄其木，量時而制，弗使其知，以傷其心可也。《宗》

用器　用器，弓、矢、耒耜、兩敦、兩杅、槃、匜。《儀禮·既夕》

還葬縣棺而封　還葬謂斂畢即葬，不殯而待月日之期也。縣棺謂以手縣繩而下之，不設碑綍也。《禮記集説》

殯于西階　《禮·檀弓》曰：飯於牖下，小斂於户内，大斂於阼，殯於客位，祖於庭，葬於墓，所以即遠也。注：飯於牖下者，尸沐浴之後，以米及貝實尸之口中也，時尸在西室牖下南首也。小斂在户之内，大斂出在東階，未忍離其爲主之位也。主人奉尸斂于棺，則在西階矣。掘肂於西階之上，肂，陳也，謂陳尸於坎也。置棺於肂中而塗之謂之殯。及啓而將葬，則設祖奠於祖廟之中庭。而後行自牖下，而户内，而阼階，而客位，而庭，而墓，皆一節遠於一節。《荀子》曰：喪禮之凡，變而飾，動而遠，久而平。故死之爲道也，不飾則惡，惡則不哀，邇則玩，玩則厭，厭則忘，忘則不敬。《補注》

尸俠　俠之言尸也。《儀禮注》

辯拜　《禮》，當大斂、小斂及啓殯之時，君來吊則輟事而出拜之，若它賓客至則不輟事，待

事畢乃即堂下之位而徧拜之，故特舉此三節言之。若士於大夫當事而大夫至，則亦出拜之也。《禮記集説》

喪服變除 一卷，戴德。○一卷，葛洪。《經籍志》

孝巾 服親之喪亦謂之孝。《品字箋》

父爲嫡子 問：周制有大宗之禮，立嫡以爲後，故父爲長子三年。今大宗之禮廢，無主嫡之法，而子各得以爲後，則長子少子不異，庶子不得爲長子。三年不必然也。父爲長子三年，亦不可以嫡庶論也。朱子曰：宗法雖未能立，然服制自當從古，是亦愛禮存羊之意，不可妄有改易也。如漢時宗子法已廢，然其詔令猶云賜民當爲父後者爵一級，是此禮猶在也，豈可謂宗法廢而庶子皆得爲父後者乎？○黄氏瑞節曰：先生長子熟卒，以繼體服斬衰，禮謂之加服，俗謂之報服也。《大全》

慈母 喪慈母，自魯昭公始也。《禮記·曾子問篇》

過房與人

同爨朋友 楊氏復曰：按《通典》漢戴德云，以朋友有同道之恩，故加麻三月。又按《儀禮》補服條同爨謂以同居生於禮，可許。既同爨而食，合有緦麻之親。《附注》

成服之日 大功以下者，歸宿門外三月而復寢。○按三年之喪者，特加隆于父母已爾，以二十七月歷三年，故謂之三□。且以象天地之間與子生三年，始免父母之懷之義也。期年者，象天地之一歲也。九月者，象物之三等而成也。五月者，象五行也。三月者，象一時也。○何燕泉曰：武官父母喪，不持服，不解，不知始何世。夫金革軍旅之事，無遯也者，爲其不以家難避國難也。爲此制者，恐武官臨難得以推避故耳。天下無無父母之人，父母之喪，無貴賤一也，而文武可異道乎？今武官當太平之際，列藩衛之間者，有父母喪而不少異於平日，豈謂真不得已者哉？《宗》《既夕禮》注，成服日絞要絰之散垂者，按絞垂一節當在此時也。○小功當添女爲姊妹之子，緦麻當添甥爲舅之妻。《考證》

喪服制度　凡喪服雖破不補，雖淺不接。又喪禮衣服逐時換去，如葬後換葛衫，小祥後換練布之類。《宗》

領　古者衣服吉凶異制，故衰服領與吉服領不同，而其制如此也。注又云：凡用布一丈四寸者，衣身八尺八寸，衣領一尺六寸，合爲一丈四寸也。此是用布正數。又當少寬其布以爲針縫之用。然此即衣身與衣領之數，若負衰帶下及兩衽又在此數之外矣。但領必有袷，此布何從出乎？曰：衣領用布闊八寸而長一尺六寸，古者布幅闊二尺二寸，除衣領用布闊八寸之外，更餘闊一尺四寸，而長一尺六寸，可以分作三條施於袷而適足，無餘欠也。《附注》

帶下尺　又按《喪服記》云衣帶下尺。緣古者上衣下裳，分别上下，不相侵越。衣身二尺二寸，僅至腰而止，無以掩裳上際。故於衣帶之下用縱布一尺，上屬於衣，横繞於腰，則以腰之闊狹爲準，所以掩裳上際，而後綴兩衽於其旁也。同上。

衣繫 用帶四條，二繫左腋下内衿，二繫右外衿，上交掩對結之，則具服如朝祭，衰正當心矣。衰在心中，負版在背中也。《宗》

對衿衣

裳制 每幅作三輒，與幅巾横輒少異。幅巾横輒是屈其兩邊，相湊在裏。衰裳三輒是屈其兩邊，相湊在上也。《補注》

褙厚紙 裱，表；褙，背也。凡糊物者必兩層，以有書繪者向外謂之裱，以無染素紙托其背爲褙也。《品字箋》

彄子 《説文》：弓弩耑絃所居也。又環屬。《西京雜記》：漢戚姬以百鍊金爲彄環，照見指骨。《正字通》

斬衰杖屨 劉氏璋曰：按《三家禮》云，斬衰，苴杖，竹也。爲父所以杖用竹者，父是子之天，竹圓亦象天，内外有節，象子爲父亦有内外之痛。又貫四時不變，子之爲父，亦經寒温而不改，故用之也。菅屨謂以菅草爲屨，《毛傳》云野菅也，已漚爲菅。又云菅菲外納，則周公時謂之屨子，夏時謂菲。外納者，外其飾，向外編之也。《大全》〇按苴竹，自死之竹也。所以用杖者，孝心喪親，哭泣無數，服勤三年，身體病羸，以杖扶之也。長與心齊者，孝子哀戚病從心而起也。○按《禮記注》云：苴，惡皃也。又是黎黑色，至痛色慘也。○按持杖用右手，拜則兩手分拘地而跪首至於地，既畢，右手持杖而起。今有兩手並舉杖而拜如頓首者，非也。

短衫　《實録》曰：女子之衣與裳連，如披衫，短長與裙相似，秦始皇方令短作衫子，長袖猶至於膝。宜衫裙之分自秦始也。又云陳宮中尚窄衫子，纔用八尺，當是今制也。《事物紀原》

蓋頭　《清波雜志》：士大夫馬上披凉衫，婦女步通衢，以方幅紫羅障蔽半身，俗謂之蓋頭。蓋唐帷帽之制也。貴與曰重戴。《通雅》

冪䍦　古者女子出門必擁蔽其面，後世宮人騎馬多著冪䍦，全身障之，猶是古意。又首有圍帽，謂之席帽，垂絲網之，施以珠翠。至煬帝淫侈，欲見女子之容，詔去席帽，戴皂羅巾幗，而以席帽油御雨云。唐永徽中皆用帷帽，施裙到頸，漸爲淺露。開元初宮人馬上著胡帽，靚妝露面，古制蕩盡矣。今山西蒲州婦人出以錦帕覆面，至老猶然，雲南大理婦女戴次工大帽，亦古意之遺焉。

幃帽　《唐·車服志》曰：幃帽創於隋代，永徽中始用之，施裙及頸。今世士人往往用皂紗若青全幅連綴於油帽或氈笠之前，以障風塵，爲遠行之服，蓋本此。又有面衣，前後全用紫羅爲幅，下垂雜他色爲四帶垂於背，爲女子遠行乘馬之用，亦曰面帽。按《西京雜記》：趙飛燕爲皇

后，女弟昭儀上襚三十五條，有金花紫羅面衣。則漢已有面衣也。《事物紀原》

布頭繻竹釵 女子子在室爲父，布總，箭笄，髽，衰，三年。傳曰：總六升，長六寸，前笄長尺，吉笄尺二寸。《儀禮·喪服》《檀弓》：榛以爲笄，長尺，而總八寸。陳氏曰：吉笄尺二寸，喪笄一尺，束髮謂之總，以布爲之，既束其本末而總之餘者，垂於髻後，其長八寸也。《禮記集説》

皆非古制 楊氏曰：今考《家禮》，則男子衰服，純用古制，而婦人不用古制。此則未詳。《儀禮》婦人有絰帶。絰，首絰也。帶，腰帶也。圍之大小無明文，大約與男子同。卒哭，大夫去麻帶，服葛帶，而首絰不變。婦人以葛爲首絰，而麻帶不變。既練，男子除絰，婦人除帶，其謹於絰帶變除之節若此。《家禮》婦人並無絰帶之文，當以禮經爲正。《大全》

搭 附也，掛也。《正字通》

齊衰杖屨 劉氏璋曰：齊衰，削杖桐也，爲母。按《三家禮》云：桐者言同也，取内心悲痛同於父也。以外無節，象家無二尊。外屈於天，削之使下方者，取母象于地也。疏屨者，粗屨也。疏讀如不熟之疏，草也。斬衰重而言菅，以見草體，舉其惡貌；齊衰輕而言疏，舉草之總稱也。不杖章言麻屨，齊衰三月與大功同繩屨，小功緦麻輕又没其屨，號麻屨，注云：不用草。《大全》

緶 交枲縫衣也。《玉篇》

莩　葭中白皮也。《韵會》

大搹　搹，把也，又抗也。《儀禮》：苴絰大搹。注：盈手曰大搹，扼也。中人之手扼圍九寸。《品字箋》○按搹又作鬲，《士喪禮》注：鬲，搤也。

菲　《釋名》：草履曰扉，通作菲。同上。周謂之屨，夏謂之扉。《字彙》

用粗麻　或用粗麻則同於小祥，非也。《宗》

藨蒯　《爾雅》：藨，藨莓也。《廣韵》：可爲席。《增韵》：可爲屨。蒯草名蒯，與菅皆茗也。黄華者俗名黄芒，即蒯也。《匀會》

賈疏　《儀禮疏》五十卷，晁氏曰：唐賈公彦撰。公彦，洛州人，永徽中仕至太學博士。《文獻通考》

家禮儀節考卷之五

喪禮

朝夕奠 奠謂斟酒置卓上，非酹於地也，至虞祭然後酹。新增注。

盡用素器 《檀弓》：奠以素器者，以生者有哀素之心也。鄭氏曰：凡物無飾曰素。《禮記注》

朔日設饌 高氏曰：若遇朔望節序，則具盛饌。其品物比朝夕奠差衆。《禮疏》曰：士則月望不盛奠，惟朔奠而已。○楊氏復曰：按初喪立喪主，凡主人謂長子，無則長孫承重，以奉饋奠。今乃謂父在父爲主，父在子無主喪之禮。二説不同，何也？蓋長子主喪，以奉饋奠，以子爲母喪，恩重服重故也。朔奠則父爲主者，朔設奠以尊者爲主也。《喪服小記》曰：「婦之喪，虞，卒哭，其夫若子主之。」虞、卒哭，皆是殷祭，故其夫主之，亦謂父在父爲主也。朔祭父爲主，義與虞、卒哭同耳。《大全》

國恤

如何不淑本注作：奄忽傾背。 若亡者官尊，即云薨逝；稍尊，即云捐館；生者官尊，則云奄棄榮養」，存亡俱無官，即云色養。若尊長拜賓禮亦同此，惟其拜各如啓狀之式。本注。

狀　狀之爲言陳也，狀用儷語。《文體明弁》

酹酒　高氏曰：既謂之奠而乃燒香、酹酒，則非奠矣，世俗承習久矣，非禮也。○楊氏復曰：按程子、張子與朱先生後來之説，奠謂安置也。奠酒則安置於神座前，既獻則徹去。奠而有酹者，初酌酒，則傾少酒于茅，代神祭也。今人直以奠爲酹，而盡傾之於地，非也。高氏之説亦然，與此條所謂入酹、跪酹似相牴牾，蓋《家禮》乃初年本，當以後來已定之説爲正。詳見「祭禮降神」條。《大全》

賓主答拜　高氏曰：喪禮賓不答拜，凡非吊喪，無不答拜者。胡先生《書儀》曰：若吊人是平交，則落一膝，展手策之，以表半答。若孝子尊吊人卑，則側身避位，俟孝子伏次，卑者即跪。還須詳緩去就，無令跪伏與孝子齊。○楊氏復曰：按吊禮主人拜賓，賓不答拜，此何義也？蓋吊，賓來有哭拜或奠禮，主人拜賓以謝之，此賓所以不答拜也。故高氏書有半答跪還之禮。凡禮必有義，不可苟也。《書儀》《家禮》從俗有賓答拜之文，亦是主人拜賓，賓不敢當，乃答拜。今世俗吊賓來，見几筵哭拜，主人亦拜，謂代亡者答拜，非禮也。既而賓吊主人，又相與交拜，亦非禮也。同上。

清酌庶羞　酒曰清酌。《曲禮》羞出於牲及禽獸，以備滋味，謂之庶羞。《周禮注》○又見于後。

賻奠狀式　封皮狀上某官靈筵，具位姓某謹封。○劉氏璋曰：司馬公《書儀》云：亡者官尊，其儀乃如此。若平交及降等即狀内無年，封皮上用面簽，題曰某人靈筵，下云狀謹封。○謝狀，三年之喪未卒哭，只令子姪發謝書。具位姓某，某物若干，右伏蒙尊慈，以某發書者名。某親違世，大官云薨没。特賜賻儀。襚奠隨宜。下誠平交不用此二字。不任哀感之至，謹具狀上謝。謹狀。餘並同前，但封皮不用靈筵二字。○劉氏璋曰：司馬公云，此與所尊敬之儀，如平交，則狀内改尊慈爲仁私，賜爲貺，去下誠字，後云謹奉狀陳謝，謹狀，無年。封皮上用面簽，題云某人，下云狀謹封。《大全》

兀子

之墓哭拜　已成服者亦然，但不變服。《宗》

若不奔喪　愚謂今在官者聞齊衰、大、小功喪不得奔喪，三日中可委政於同僚，朝夕爲位會哭於僧舍，四日成服亦如之。以日易月，齊衰二十五日，大功九日，小功五日，畢仍吉服聽政。每月朔變服爲位會哭，月數既滿即除。至於緦麻、小功，則會哭成服俱不必行，但哭之盡哀爲可也。《補注》

自經于溝瀆　豈若匹夫匹婦之爲諒也，自經於溝瀆而莫之知也。注：經，縊也。《論語·先進篇》

立巖墻下　是故知命者不立乎岩墻之下。注：岩墻，墻之將覆者。《孟子・盡心上篇》

不舟而游　道而不徑，舟而不游。《禮記・祭義篇》

曾子問孔子曰云云　曾子問曰：三年之喪，吊乎？孔子曰：三年之喪，練，不群立，不旅行。君子禮以飾情，三年之喪而吊哭，不亦虚乎。謂重喪雖至練祥不與人群，不與人群立旅行，恐或言及他事即爲忘哀。若吊哭于人，哀彼則忘吾親，哀在親則吊爲詐僞矣。此所以爲虚也。○己所知識之人已葬而後往吊，則先哭于其家而後之墓，蓋情雖由于死者，而禮則施于生者故也。《宗》

賻喪　按衣被曰襚，助死者之襲斂也。貨財曰賻，車馬曰帽，奉助生者之送死也。牲醴曰祭，香燭果酒曰奠。《禮》曰：吊喪不能賻，不問其所資，以口惠而實不至，爲可愧也。同上。

舊館人之喪　舊館人，舊時舍館之主人也。解脱驂馬以爲之賻，客行無他財貨故也。《禮記集説》

凡民有喪　《邶・谷風篇》注：匍匐，手足並行，急遽之甚也。《詩注集傳》

莫不爲之致力　有襚者，則將命云云。朋友親襚如初儀。《士喪禮》敬吊臨賻賵，睦友之道也。《文王世子》○三日不舉火，故鄰里爲之糜粥以飲食之。《問喪》○天子諸侯之喪，斬衰者奠。大夫，齊衰者奠。士則朋友奠。《曾子問》○孔子之喪，公西赤爲志焉。子張之喪，公明儀爲志焉。又原壤其母死，夫子助之沐槨焉。《檀弓》○四十者執綍。《雜記》孔子曰：昔者吾從老聃助葬於巷黨，及堩，日有食之，老聃曰：丘！止柩就道右，止哭以聽變。既明反，而後行，曰：禮也。《曾子問》○又按《曲禮》助葬必執紼，《檀弓》從柩及壙皆執紼。○鄉人五十者從反哭，四十者待盈坎。《雜記》○商祝御柩乃祖云云。有司請葬期，公賵玄纁束、馬兩。又兄弟賵奠可也，所知則賵而不奠，知死者贈，知生者賻。《既夕》○即《士喪禮》下篇。○杜橋之母之喪，宮中無相。又司徒敬子之喪，夫子相。《檀弓》○適有喪者曰比。《少儀》公吊之，必有拜者，雖朋友州里舍人可也。吊曰：寡君承事。《檀弓》吊者即位，客曰：寡君使某，又曰：寡君命某「毋敢視賓客」。《雜記》○凡非吊喪，非見國君，無不答拜者。《曲禮》

有事則奠之　司馬温公曰：東漢徐穉每爲諸公所辟，雖不就，有死喪，負笈赴吊。嘗於家豫炙雞一隻，以一兩綿絮漬酒，中曝乾以裹雞，徑到所赴冢隧外，以水漬絮，使有酒氣汁，米飯白茅爲藉，以雞置前，醊酒畢，留謁則去，不見喪主。然則奠貴哀誠，酒食不必豐腆者也。《大全》

紙幣　即楮錢也。解見于後。

供帳　謂陳設燕饗之具也。

醵錢其遽、求於二反，又極虐反。《説文》：會飲酒也，合錢飲酒也。又作䣊。《韵會》

舉債　《周禮・小宰》「稱責」注，疏謂貸錢而生子。同上。○今按舉猶稱也，債通作責，舉債即稱責也。負人財物謂之舉債也。

有祖塋則祔葬其次按《家禮宗》有族葬圖説，附見于此。　按趙季明曰：墓之葬，以造塋爲始祖。注：謂從他國遷于此没則子孫始造塋而葬者，其墓居塋之中央北首，妻没則祔其右，有繼室則妻居左而繼居右，以下則左右以次而祔焉。〇子孫不别適庶，皆以年齒列昭穆，尊尊也。〇曾玄而下左右祔以其班也，昭尚左，穆尚右，貴近尊也，北首詣幽冥也。〇妻繼室無所出，合祔其夫，崇正體也。妾從祔母，以子貴也。降女君比妻穴退葬尺許，明貴賤也。與夫同封，示繫一人也。其出與嫁，雖宗子之母，不合葬，義絶也。〇男子長殤及殤已娶，皆居成人之□，十有六爲父之道也。中下之殤，葬祖後，示未成人也。序不以齒，不期天也。如弟先葬，不留兄之穴預期兄矣。〇男女異位，法陰陽也。男葬祖北之左，女葬祖北之右。〇祖北不墓，避其正也。葬後者皆南首，惡其趾之向尊也。〇嫁女還家，以殤穴處之，如在室也。〇妾無子猶陪葬，以恩終也。如祖妾陪葬祖之西稍北南首，子之妾與諸女相直在祖妾之北，孫之妾與孫女相直在子妾之南，先葬者居東，後葬者西，不以年齒爲序。〇族葬者，所以尊遠祖，辨昭穆，親逖屬，宗法之遺意也。爲子孫而葬其親，苟非貧乏途遠，不祔于祖與祔而不以其倫，則視死者爲不物矣。其如焚尸沈骨、委之烏鳶，就不可忍也，尚何望其能事祖與宗人哉？嗚呼！去順效逆，葬不以禮，繩以《春秋》誅心之法，其亦難免矣夫！《宗》

婣婭　婭即婣亞之亞字，俗加女旁，亞亦次也。次壻自稱曰亞長壻，謙稱亦曰亞，故相爲亞也。《小雅》：瑣瑣婣婭。《品字箋》

合葬墓左

灰隔　問：槨外可用灰雜沙土否？朱子曰：只純用炭末置之槨外，槨内實以和沙石灰。或曰：可純用灰否？曰：純灰恐不實，須雜以篩過細沙，久之灰沙相雜入，其堅如石。槨外四圍上下，一切實以炭末，約厚七八寸許，既辟濕氣，免水患，又截樹根，遇炭皆生轉去，以此見炭灰之妙。蓋炭是死物，無情，故樹根不入也。《抱朴子》曰：炭入地，千年不變。問：范家用黄泥拌石炭槨外，如何？曰：不可。黄泥久之亦能引樹根。又問：古人用瀝青，恐地氣蒸熱，瀝青鎔化，棺有偏陷，都不便。曰：不曾親見瀝青利害。但書傳間多言用者，不知如何。○禮，壙中用生體之屬，久之必潰爛，却引蟲蟻，非所以爲亡者慮久遠也。古人壙中置物甚多，以某觀之，禮文之意大備，則防患之意反不足。要之只當防慮久遠，毋使土親膚而已，其他禮文皆可略也。又如古者棺不釘，不用漆粘，而今灰漆如此堅密，猶自蟻子入去，何況不使釘漆，此皆不可行。○楊氏復曰：先生答廖子晦曰，所問葬法，後來講究木槨、瀝青，似亦無益，但於穴底先鋪炭屑，築之厚一寸許，下與先所鋪者相接。築之既平，然後安石槨於其上，四傍又下三物如前。槨底及棺四傍上面，復用沙灰實之。俟滿，加蓋，復布沙灰，而加炭屑於其上，然後以土築之，盈坎而止。蓋沙灰以隔螻蟻，愈厚愈佳。頃嘗見籍溪先生説嘗見用灰葬者，後因遷葬，則見灰已化爲石矣。炭屑則以隔木根之自外至者，亦里人改葬所親見。故須令常在沙灰之外，四面周密，都無縫罅，然後可以爲固。但法中不許用石槨，故不敢用全石，只以數片合，或庶幾不用法意耳。《大全》分人但實沙灰於槨外，槨内空虚，久必貯水不便。慎之！莫聽俗言而誤大事。○或問：槨内外皆實灰沙，則以朱子之言爲據。椁又加底，亦有據乎？曰：頃葬先人，慮地有水，繆出意見，椁乃加底，用油灰麻筋，召船匠艌其縫，薄鎔瀝青塗其外，用以載柩。椁之内外如前法各實以沙灰，既平椁口，再加外蓋。用直板合成，艌其縫不用横者，仍用油灰批縫密釘之，再鎔瀝青塗其上，更下灰沙，盈坎乃止。又問：椁内外既皆實(似)〔以〕灰沙，何必又用(不)〔木〕椁在内？曰：灰沙須發熱過乃堅，若不用椁隔之，則天雨地泉，浸濕灰沙，不能堅結。故用椁隔之，則椁外灰沙縱然浸濕不結，而椁内者自能發熱堅固。及椁朽腐，而内灰沙已(灰沙已)皆堅結久矣。所以椁加底蓋，非無謂也。又問：木椁作兩三套做如何？曰：雖便舉動，縫内漏水入去，却不便，必作一個做方穩當。《家禮集説》

篩拌令匀 簁，山皆切，佳匀；又支，紙匀。竹器。簁，蘿也。或作篩。○籭，山□切，支匀。《説文》：竹器也。可以除粗取細。今文借作篩。《集韵》：或作簛簁。○篩，竹名。《韵增》舊注竹器，亦作籭簁，誤。《匀會》拌本拌弃之拌字，俗作調拌。《品字箋》匀，《廣韵》：遍也，齊也。《匀會》

誌石　昔吳季札之喪，孔子銘其墓。唐開元時人有有耕地得比于墓誌，刻其文以銅盤，則墓之有誌，其來遠矣。《事物紀原》按誌者，誌也。銘者，名也。古之人有德善功烈可名於世，没則後人爲之鑄器以銘而使傳於無窮，若《蔡中郎集》所載朱公叔鼎銘是已。至漢，杜子夏始勒文埋墓側，遂有墓誌，後人因之。蓋於葬時述其人世系、名字、爵里、行治、壽年、卒葬日月與其子孫之大略，勒石加蓋，埋于壙前三尺之地，以爲異時陵谷變遷之防，而謂之誌銘。其用意深遠，而於古意無害。《文體明弁》有爵者宜稱冢，無爵者稱墓。有爵及尊貴者稱公，無爵者咸稱君。宋晁邁《紀談録》凡書官銜，倶常從實。如廉訪使、總管之類，若曰監司、太守，是亂其官制，久遠〔莫〕可考矣。又篆蓋二字(二字)止可施諸壙石，若於碑，須曰篆額爲是。《輟耕録・五・碑志書法》

明器　此孝子不忍死其親之意。不曰神明之器而特曰明器者，以神之幽不可不明故也。《宗》

泥塑　塐以土肖像也。又雕塐不爲雕工爲塐。又土木皆可稱塐，土謂之增塐，不謂之滅塐。塑同上。《品字箋》

下帳　帳猶供帳之帳，凡鋪陳器物，總謂之供帳。故此牀席、倚卓之類，以一帳字包之。下字，上下之下。《考證》

苞　劉氏璋曰：《既夕禮》：苞二，所以裹奠羊豕之肉。注云：用便易者。謂茅長雜用，裁取三尺一道編之。《大全》按《儀禮注》，苞，草也。古稱苞苴是也。《曲禮》注：苞者，苞（苞）裹魚肉之屬。苴者，以草藉器而則物也。《補注》今人遺禮別有盤皿盛之，多不用此。《宗

筲　司馬温公曰：今但以小甕貯五穀各五升可也。劉氏璋曰：《既夕禮》：筲三，容與簋同，盛黍稷麥，其實瀹。注云：皆湛之以湯，神之所享，大用食道，所以爲敬。《大全》按《儀禮注》：筲、箱通，飯器，容與簋同。《論語》：筲，竹器，容斗二升。《補注》許慎曰：陳留以飯帚爲箱，今人亦呼飯箕爲梢箕。慎既漢人，所記疑皆秦漢時事，今之飯籮，亦飯帚之類耳。

五穀　禾、麻、粟、麥、豆。《周禮》「疾醫」注，五穀，麻、黍、稷、麥、豆，即月令五時所食。《匀會》

甖　儋，都監切。貯米器也。《漢書·楊雄》：無儋石之儲。晉劉毅家無儋石之儲，應邵曰：齊人名甖，受二斛。《三才圖會》今喪家棺斂柩中必置糧甖者，《禮·檀弓》曰：重，主道也。《三禮圖》曰：重起於商代，以飯含餘粥以鬲盛之，名曰重。設之於庭，恐神依之以食。今之糧甖，即古重之遺意也。《事物紀原》〇按甖罌甍罃皆同，《玉篇》云瓦器總名，則大小皆可謂之甖。葬時所置，以供盛酒醯之用。則不可若此之大，蓋亦瓷瓶之小者也。

甆器　今俗語窑器，謂之磁器者，蓋河南磁州窑最多，故相沿名之。如銀稱朱提、墨稱隃麋之類也。《五雜組》

竹格　以竹爲之，以彩結之，上如撮蕉亭，施帷幔，四角垂流蘓而已。然亦不可太高，恐多罣礙，不須太華，徒爲觀美。若道路遠，決不可爲此虛飾，但多用油單裹柩，以防雨水而已。本注。

遷于廳事　大歛在堂中少西，所以古殯于西階之意。遷柩在斫事正中，亦所以放古啓殯之意也。《補注》

豕曰剛鬣羊曰柔毛　《禮記·曲禮篇》。

祖奠　將行而飲酒曰祖。祖，始也。還柩鄉外爲行，始可以爲之奠，是之謂祖奠。《儀禮注》明日□□□□□日人之死别莫此爲甚，所以世俗人家俱殺猪羊，具盛饌，男女長幼皆哭辭拜别離，非古禮，亦合人心，但用樂或宴客則不可。新增注。○有名曰堂祭者，謂祭于堂之中設饌。《宗》

祖道　祖，徂也，今人謂餞行曰祖道。《風俗通》

遣奠　陳設牲醴以遣送奠者，謂之遣奠。《宗》

輀　喪者車也。《玉篇》

發引　發柩前索也。《宗》引，所以引柩車，在軸輴曰紼。《補注》

哭步從　若墓遠，或孝子有病不堪步者，皆許出槨乘馬去塋三百步乃止。《宗》

白幕　按幃以白布爲之，高七尺，每八尺則夾以竹柱，每人執一柱而行，不拘多少，夾障婦人在内步行，使外不見也。若路遠，則乘肩輿，不用此。同上。○按此乃古之步障也。

方相　世人死者有作伎樂，名爲樂喪。魌頭，所以存亡者之魂氣也。一名蘸，衣被蘸蘸如也，一曰狂阻，一曰觸壙。四目曰方相，兩目曰欺。據費長房識李娥藥丸，謂之方相腦，則方相或鬼物也，前聖設官象之。○《周禮》方相氏歐罔象，罔象好食亡者肝而畏虎與柏，墓上樹柏，路口致石虎，爲此也。《酉陽雜俎》《軒轅本紀》曰：帝周游時，元妣嫘祖死於道，令次妃嫫姆監護，因置方相，亦曰防喪，此蓋其始也，俗號險道神，抑由此故耳。《紀原》馮氏曰：以戈擊壙，何讀也？蓋即鄉人儺，孔子朝服立於阼階之義。人臣不敢備方相，乃立其像於墓側。若説其人死便無魂氣，似亦難。必若説去登天堂，入地獄，此則決無衛而安也歟，不然何用此？《家禮集説》也。

乃窆　窆，下棺也。按《檀弓》曰：葬于北方，北首，三代之達禮也，北幽之地也。注：北方，國之北也。殯猶南首，不忍以鬼神待其親也。葬則終死事矣，故葬而北首，三代通用此禮也。南方昭明，北方幽暗之地，釋所以北首之義。《周禮》：冢人掌公墓之地。先王之葬居中，以昭穆爲左右。王氏曰：昭穆之序，非特施於宗廟而已，葬亦有焉。此上下尊卑之分而以嚴而不可亂。張子曰：安穴之次，設如尊穴南向北首，陪葬者前爲兩列，亦須北首，各於其穴安。

《補注》

兜　按兜爲懸下之義，字書無明訓，但《字箋》攬字注：挽，攬也，總擘也。兜，收也。據此，則兜籃、兜零之兜並有兜收之義也。

柩衣　按本注云：大斂，召匠加蓋，下釘，徹床，覆柩以衣。蓋此《儀禮》拂柩用功布幠用俠衾之意也。丘氏《儀節》大斂條下無之者，文脱而已。

膒合膒音慇，又音忽。　膒合，渾然相合而無縫罅也。《莊子口義》無際皃。《韵會》

祠后土　爲父母形體在此，故禮其神以安之。《宗》

藏明器等　此亦虛器，不用爲便。新增注。

復實以土　今世人有竢實土將平壙，鋪魂帛於地而埋之者，禮於初虞後擇家之屏處埋之，其實人家屏處難得，况此時神已移於主，魂帛同柩而埋之可也。埋魂帛見初虞後。《宗》

題主　或問：無官□則書處士、秀才，而可書府君否？曰：按祠堂章有事則告條下注云：有官者皆封謚，無官者則以生時行第稱號，加于府君之上。是則庶民皆可稱其先爲府君也。又問：今人又於神主陷中兩旁增書生於何年月日、卒於何年月日、享年幾歲、葬某處，如何？曰：亦自詳備，宜從之也。○或問：本注其下左旁題奉祀之名，近見他書反以上右爲下左者，當何從？曰：凡言右皆是上文，言左皆是下文，注觀《大學》右傳十章與别爲序次如左，則左爲下文，不待辨説自明矣。曰：據子之言，左誠爲下文矣。然則祠堂遽列神主以西爲上，如子所言，豈不奉祀之名反在西而居上，祖宗之名反在東而居下乎？曰：西上之制，起於漢明帝，漢之前論昭穆無此也。蓋旁題乃爲宗子承家主祭而設，初不以所書前後較尊卑也。即如被以上文爲上，而今陽道皆尚左，凡臣子上書於君親皆具名於前，亦豈嫌其名居前而爲僭乎？《圖書編》

窀穸　楚共王寢病，告諸大夫曰：獲保首領以葬地，唯是春秋窀穸之事。杜氏曰：窀，張倫。反厚也。穸，音夕。夜也。蓋厚夜猶長夜，謂葬埋也。《左傳·襄十三年》

祝奉神主　今俗人人自抱神主於懷，乘轎而反，蓋使神魂相依近，似有理，從之。《宗》即靈車也。《補注》

監視實土　《雜記》「論吊者」注云：五十者隨主人反哭，四十者待土盈坎乃去。○愚謂主人必須親視實土成墳然後反哭，又何遲乎？況「虞祭」注云：若墓遠或不出是日，或行於所館。是反哭亦未嘗必于速也。《宗》

墳　問墳與墓何别？朱子曰：墓想是塋域，墳即封土隆起者。《光武紀》云：爲墳但取其稍高，四邊能走水足矣。古人墳極高大，壙中容得人行，也没意思。今法令，一品以上墳得高一丈二尺，亦自儘高矣。《大全》天子墳高三仞，樹以松；諸侯半之，樹以柏；大夫八尺，樹以欒；士四尺，樹以槐；庶人無墳，樹以楊柳。《白虎通》

石碑　《管子》曰：無懷氏封太山，刻石紀功。秦漢以來始謂刻石曰碑，蓋因喪禮豐碑之制也。刻石當以無懷爲始，而名始自秦漢也。陸龜蒙《書目》云：碑，悲也。古者懸而窆用木書之，以表其功德，因留之不忍去，碑之名由是而得。自秦漢以降，生有功德政事者，亦碑之，而又易之以石，失其稱矣。此又德政有碑之起也。陸法言《廣韵》曰：碑碣李斯造，疑始于嶧山之刻。《爾·釋名》曰：未葬時所設，臣子追述君父之功以載其上也。《三才圖會》《荀子》曰：葬埋，敬葬其形也。祭禮，敬事其神也。其銘、詩、係世，敬傳其名也。《補注》

至家哭　吴俗反哭之際，家人執火於大門外，主人以下皆燎衣而入。□即者祓除之意。新增注。

哭于廳事　朱子曰：反哭升堂，反諸其所作也。主婦入于室，反諸其所養也。須知這意思，則所謂踐其位、行其禮等事行之自安，方見得繼志述事之事。○楊氏復曰：先生此言，蓋謂古者反哭于廟，反諸其所作謂親所行禮之處，反諸其所養謂親所饋食之處，皆指反哭于廟而言也。先生《家禮》反哭于廳事，婦人先入哭于堂，又與古異者。後世廟制不立祠堂狹隘，所謂廳事者，乃祭祀之地，主婦饋食亦在此堂也。《大全》

有吊者　凡五服内男子及親友之厚者，既歸待反哭，各分先後而復吊。《宗》反哭之吊也，哀之至也，反而亡焉，失之矣，於是爲甚。《禮記·檀弓篇》嚴陵方氏曰：人之始死也，則哀其死；既葬也，則哀其亡。亡則哀爲甚矣。故反哭之時，有吊禮焉。《問喪》曰：「入門而弗見也，上堂又弗見也，入室又弗見也，亡矣，喪矣，不可復見矣，故哭泣擗踊，盡哀而止矣。」《大宗伯》以喪禮哀死亡。蓋死亡之別如此。《補注》

天子七月云云　天子七月而葬，同軌畢至；諸侯五月，同盟矣；大夫三月，同位至；士踰月，外姻至。《左傳・隱元年》

所扣　扣，穿也。《韵會》

廉范　按《漢書》：廉范，字叔度，杜陵人。父遭亂，客死於蜀，范時年十五，往迎父柩，船沈俱溺，以救得免。明帝時范舉茂才，遷雲中太守，匈奴不敢犯，後徙蜀郡，民歌其政。《性理大全集覽》

郭平　按《漢書・孝義傳》：郭平，家貧力學，親死不能送葬，遂賣身於富家爲傭，覓錢營墓，鄉邦稱之，既而舉孝廉，累官至朝散大夫。同上。

未葬不變服　久而不葬者，唯主喪者不除。《禮記・喪服小記》

食稻衣錦　食夫稻，衣夫錦，於汝安乎？《論語・陽貨篇》

焚柩收燼　自釋氏火化之説起，於是死而焚尸者所在皆然，固有炎暑之際，畏其穢泄，斂不終日，肉未及寒而就爇者矣。魯夏父弗忌獻逆祀之議，展禽曰：「必有殃，雖壽而殁，不爲無殃。」既其葬也，焚煙徹於上，謂已葬而火焚其棺椁也。吳伐楚，其師居麇，楚司馬子期將焚之，令尹子西曰：「父兄親暴骨焉，不能收，又焚之，不可。」謂前年楚人與吳戰，多死麇中，不可并焚也。衛人掘褚師定子之墓，焚之於平莊之上。燕騎刼圍齊即墨，掘人冢墓，燒死人，齊人望見涕泣，怒自十倍。王莽作焚如之刑，燒陳良等。則是古人以焚尸爲大僇也。列子曰：「楚之南有炎人之國，其親戚死，剐其肉而弃之，然後埋其骨；秦之西有儀渠之國，其親戚死，聚柴積而焚之，燻則煙上，謂之登遐，然後爲孝子。此上以爲風，下以爲俗，而未足爲異也。」蓋是時風未行於中國，故列子以儀渠爲異，至與剐肉者同言之。《容齋隨筆》○按剐音寡，與咼同，割也。焚尸出於釋氏，然釋氏之説曰：「世尊之死，金棺銀椁。」其自奉也蓋如此，而顧以焚弃之事待世人乎？《秘閣閒談》有鄭民張福詮者，貴糴，爲雷所撲，其妻焚之中道。忽而言曰：「福詮震死，亦倍苦矣，而又見焚，不已甚乎！」以是知焚尸之爲死者苦也甚矣，可不戒之？《瑯琊代醉篇》浙右鄉風俗：人死，雖富有力者，不辦蕞爾之土以安厝，亦致焚如。僧寺利有所得，鑿方尺之地，積涔蹄之水，以浸枯骨。男女骸骼，殽雜無辨，旋即填塞不能容，深夜乃取出，散弃荒野外。人家不悟，逢節序仍□飯設奠于池邊，實爲酸楚，而官府初無禁約也。范忠宣公帥太原，河東地狹，民惜地不葬其親。公使僚收無主燼骨，刻男女，異穴以葬。又檄諸郡倣此，不下數萬計。仍自作記，凡數百言，曲折致意，規變薄俗。時元祐六年也。淳熙間，臣僚亦嘗建議：樞寄僧寺歲久無主者，官爲

掩瘞。行之不力，今柩寄僧寺者固自若也。《清波雜志》

延陵季子　延陵季子適齊，於其反也，其長子死，葬於嬴博之間。孔子曰：「延陵季子，吴之習於禮者也。」往而觀其葬焉。其坎深不至於泉，其斂以時服，既而封，廣輪揜坎，其高可隱也。既封，左袒，右還其封，且號者三，曰：「骨肉歸復于土，命也。若魂氣則無不之也，無不之也。」而遂行。孔子曰：「延陵季子之於禮，其合乎。」《禮記·檀弓篇》王壽夢有子四人，長曰諸樊，次曰餘祭，次曰餘昧，次曰季札。季札封於延陵，故號曰延陵季子。《史記·吴世家》

葬于其地　苟有力焉，自宜遷葬，不忘本也。《檀弓》曰：太公封于營丘，比及五世，皆反葬于周，葬于其地，不得已也。《宗》

安厝　卜其宅兆而安厝之。《孝經》〇厝與措同。

窑本作窯，又作窰。　燒瓦竈也。《玉篇》

天子得爲隧道　闕地通路曰隧。天子之葬，棺重禮大，尤須謹慎，去壙遠而闕地通路，從遠處而漸邪下之。諸侯以下棺輕禮小，臨壙上而直縣下之。故隧爲王之葬禮，諸侯皆縣棺而下，故不得用隧。《左傳·僖二十五年》

宜狹而深　朱子曰：人家墓壙棺槨切不可太大，當使壙僅能容槨，槨僅能容棺，乃善。去年此間陳家墳墓遭發掘者，皆緣壙中太闊，其不能發者，皆是壙中狹小無着脚手處，此不可不知也。此間墳墓山脚低卸，故盗易入。○李守約曰：墳墓所以遭發掘者，亦陰陽家之説有以啓之。蓋凡發掘者，皆以葬淺之故，若深一二丈自無此患，古禮葬亦許深。曰：不然。深葬有水。嘗見興化、漳泉間墳墓甚高，問之則曰棺只浮在土上，深者僅有一半入地，半在地上，所以不得不高其封。後來見福州人舉移舊墓稍深者無不有水，方知興化、漳泉淺葬者蓋防水爾。北方地上深厚，深葬不妨，豈可同也。《大全》

虞主用桑 作僖公主者何爲？僖公作主也。主者曷用？虞主用桑，練主用栗。用栗者，藏主也。《公羊傳·文二年》

其反如疑 其往送也望望然汲汲然如有追而弗及也，其反哭也皇皇然若有求而弗得也，故其往送也如慕，其反也如疑，求而無所得之也。《禮記·問喪篇》

晉成帝 名衍，明帝子。五歲即位，太后臨朝，王導輔政，在位十七年，壽二十二，改元者咸和、咸康。《東晉書》

張説 字道濟，洛陽人，永泰中策賢良方正第一，授校書郎，遷左輔闕，累官同平章事，後爲中書令，封燕國公。朝廷大述作多出其手，相州刺史，河北道觀察使，勤恤民隱，有惠政。《萬姓統譜》

丹朱 《别録》曰：丹砂生符陵山谷，采無時。光色如雲母，可拆者良。作末名真朱。弘景

曰：即今朱砂也。《本草綱目》

雄黄　普曰：雄黄生山之陽，是丹之雄，所以名雄黄也。恭曰：出石門者，名石黄，亦是雄黄，而通名黄金石，石門者爲劣爾。惡者名熏黄。權曰：雄黄，金之苗也。時珍曰：雄黄入點化黄金用，故名黄金石，非金苗也。同上。

礜石　時珍曰：礜，義不解。許氏《説文》云：礜，毒石也。《西山經》云：皋塗之山，有白石，其名白礜，可以毒鼠。郭璞注云：鼠食則死，蠶食則肥。則鼠鄉之意以此。同上。

圉人　養馬者，在左右曰夾。《儀禮注》

乘車道車稾車　鄭氏曰：士乘棧車、道車，朝夕及燕出入之車。稾，猶散也，散車以田以鄙之車。賈氏曰：云朝夕者，士家朝朝暮夕當家私朝之車也。《儀禮注疏》

功布　《喪大記》云：士葬用國車。國音船，示專反，或作團，又誤作國。二綍無碑，比出宮，用功布。注云：比出宮用功布，則出宮而止，至壙〔無〕矣。《舊圖》云：功布，謂以大功之布長三尺以御柩，居前，爲行者之節度。又《□義》云：羽葆功布等，其象皆如麾，則旌旗無旒者，周謂之大麾。《既夕禮》云：商祝執功布以御柩，執披。賈釋云：謂以葬時乘人，故有柩車前執引者。及在柩車傍執披者，皆御治之。又注云：居柩車之前。若道有低仰傾虧，則以布爲抑揚左右之節，使執引者執披者知之也。道有低，謂下阪時也；道有仰，謂上阪時也；傾虧，謂道之兩邊在柩車左右轍有高下也。若道有低，則抑〔下〕其布，使執引者知其下阪也。若道有仰，則揚舉其布，使執引者知其上阪也。若柩車左邊右邊或高下傾虧，亦左右〔其〕布，使知道有傾虧也。假令車之東邊下，則抑下其布向東，使西邊執披者持之。若車之西邊下，則抑下其布向西，使東邊執披者持之。所以然者，使車不傾虧也。大夫御柩以茅，諸侯以羽葆，天子以纛指引。前後左右，皆如功布之施爲也。又《既夕禮》：將葬谷殡也，商祝免〔袒〕〔袒〕，執功布入，〔升〕自西階。注云：功布，灰治之布也。執之，以接神爲爲有所拂扐。賈釋云：拂扐，猶言拂拭也。故下經云商祝拂柩用功布，是拂拭去塵也。此始告神而用功布拂拭，謂拂拭去凶邪之炁也。聶崇義《三禮圖》

地虱 按《本草綱目》時珍曰：沙虱在水中，色赤，大不過蟣，所謂地虱者，疑此物也。

郭子葬經 郭璞，字景純，晉聞喜人也。博學高才，工詞賦。時有郭公者精卜筮，璞從之遊，得青囊中書，由是洞知五行卜筮之術，占驗甚多。撰《洞林》《新林》《卜韵》《爾雅注》數十篇，又注《三蒼》《方言》《山海經》《楚辭》詩賦數十萬言。避地過江，元帝重之，以爲著作郎。《萬姓統譜》璞注釋《爾雅》音義、圖譜，注《三蒼》《方言》《葬書》《穆天子傳》云云。《列仙傳》

乘生氣 愚謂人之死也，其魂氣雖散而體魄猶存，故及其未甚腐敗葬之于地，則可以復其魂氣而有靈。擇地之法，惟在識乎丘壠之骨，岡阜之支。高地曰丘，高山曰壠，大丘曰阜，大壠曰岡。丘即阜之所分，壠即岡之所出，支即來自大阜、降自大岡者也。金華胡氏潮曰：察乎陰陽之理，審乎流峙之形，辨順逆，究分合，別明暗，定淺深，崇不傷乎急，卑不失乎緩，折而歸之中，若璞之所謂乘生氣者，宜於是得之。《補注》

重糈　糈，《博雅》：饊也。《廣韻》：祭神米。《匀會》

一抔之土　《張釋之傳》：假令愚民取長陵一抔土。師古曰：抔音步侯反，謂手掬之也。《前漢書》注。

蔡季通　蔡元定，字季通，建陽人，父發。元定八歲能詩，日記數千百言。及長，登西山絶頂，忍飢啖薺，于書無所不讀。聞朱熹名，往師之，熹扣其學，大驚曰：此吾老友也，不當在弟子列。韓侂胄禁僞學，謫道州，卒，後賜謚文節，所著有《律吕新書》《八陣圖説》等書。《萬姓統譜》

預卜藏穴　朱子墓地名龍居後塘，與蔡元定所卜，風吹蘿帶形。《朱子實紀》

穀則異室　《王風·大車》詩：穀則異室，死則同穴。謂予不信，有如皦日。注：穀，生。穴，壙。皦，白也。《詩經集傳》

地道以右爲尊　必以西爲客位者，以地道尊右故也。《儀禮疏》

劉夫人　劉氏，追封碩人，白水草堂先生劉勉之致中。之女，草堂即韋齋先生所囑以從學者也。《朱子行狀》

一品螭頭云云　唐葬令五品以上螭首、龜趺。降五品爲碣，方趺，圓首，其高四尺。《事文類聚》螭如龍，無角而黄，或作彲。○天禄，獸名，漢有天禄閣，因獸立名。○辟邪，獸名，《西域傳》：烏代山離國有桃拔，一名符拔，似鹿，長尾，一角者爲天鹿，兩角者爲辟邪。《匀會》○辟音避。鄧州南陽縣北宗資碑旁有兩石獸鐫其膊，一曰天禄，一曰辟邪。《後漢書》注。○據此則古止用作石獸耳，後世因以爲碑首之飾也。

石人石獸望柱　炙轂子曰：秦漢以來，帝王陵寢有石麟、辟邪、兕馬之屬；人臣墓有石人、羊、虎、柱之類，皆表飾墳隴，如生前儀衛。《風俗通》：罔象畏虎與柏，故墳上栽柏，路前立虎也。《事物紀原》古之葬者棺椁淺薄，往往有猛獸所傷，謂猛獸畏麟，故爲石麟以辟之，後復設辟邪之類。後人謂石麟、辟邪，帝王陵寢所用，改用石羊、石虎，失其制矣。《漂栗手牘》

令甲　漢令甲、令乙、令丙乃篇次也。宣帝詔，令甲：死者不可生。《江充傳》注：令乙：騎乘車馬行馳道中。章帝詔曰：令丙：箠長有數。當時各分篇次，在甲言甲，在乙言乙，在丙言丙，今例以法律爲令甲，非也。《鼠璞》

季康子　名肥，魯大夫季桓子之子。見于《左傳》。

公肩假

公室視豐碑　凡言視者，比擬之辭。豐，大也。《禮記疏》古碑皆有圓孔，蓋碑者，悲也。本墟墓間者，每墓有四。初葬穿繩於孔以下棺，乃古懸窆之禮。《禮》曰：公室視豐碑，三家視桓楹。因紀其德，遂有碑表。後世德政碑亦設圓孔，不知根本甚矣。《尚書故實》碑者施於墓則下棺，施於廟則繫牲，古人因刻文其上。今佛寺揭大石、鏤文，士大夫皆題曰碑銘，何耶？吾所未曉。

鹿盧　轒轤，井上汲水木，一作轆轤，一作樚櫨。《廣韵》：圓轉木也。通作鹿盧。《韵會》

神道碑　古之葬有豐碑以窆。秦漢以來，死有功業、生有德政者皆碑之。稍改用石，因總謂之碑。晉宋之世，始又有神道碑，天子及諸侯皆有之，其刻文止曰某帝或某官神道之碑，今世尚有宋文帝神道碑墨本也。其初由立之於葬兆之東南也，地理家言以東南爲神道，故以名碑爾。按《後漢》：中山簡王焉，詔大爲修冢塋，開神道。注云：墓前開道，建石柱以爲標，謂之神道。是則神道之名，在漢已有之也。晉宋之後，易以碑刻云。《事物紀原》《能改齋漫録》：葬者，墓各稱神道，自漢已然。《襄陽耆舊傳》：光武立蘇嶺祠，刻二石鹿，挾神道。楊震碑首題大尉楊公神道碑銘爲證。予按《漢書·高惠文功臣表》云：戚圉侯李信成，坐爲太常縱丞相侵神道，爲隸臣。又《霍光傳》：光薨，夫人侈大其塋制，起三幽闕，築神道。此二事皆在前，當以爲據，蓋不始於後漢。但表所謂神道，疑宗廟之路也。

墓碣　按潘尼作潘黃門碣，則碣之作自晉始也。唐碣制方趺圓首，五品以下官用之。而近世復有高廣之等，則其制益密矣。古者碑之與碣本相通用，後世乃以官階之故而别其名，其實無大異也。其爲文與碑相類，而有銘無銘惟人所爲，故其題有曰碣銘，有曰碣，有曰碣頌并序，《唐文粹》載陳子昂作昭夷子趙氏碣頌并序是也。皆碣體也。《文體明弁》披列事功而載之金石曰碑，揭示操行而立之墓隧曰碣。《正字通》唐碑碣之制，五品七品以上立碑，若隱淪道素，孝義著聞，雖不（不）仕亦立碣。《推蓬寤語》

墓表 按墓表自東漢始，安帝元初元年立謁者景君墓表，厥後因之，其文體與碑碣同。有官無官皆可用，非若碑碣之有等級限制也。以其樹于神道，故又稱神道表。《文體明弁》

勒銘鐘鼎 鼎有銘，銘者，自名也。衛孔悝之鼎銘曰云云。《禮記·祭統篇》克潞之役，秦來圖敗晉功，魏顆以其身却退秦師於輔氏，親止杜回，其勳銘於景鐘。景公之鐘。○《國語》魏文賜鍾繇書，衛之孔悝，晉之魏顆，並以功德勒名鐘鼎。《事文類聚》

元嘉 宋文帝年號。

顏延之 字延年，臨沂人，文章冠絶當時。仕宋，官至太常。延之與謝靈運齊名，時稱爲顏謝。《萬姓統譜》

王球 字倩玉，惠從父弟，少與惠齊名，簡貴不喜交游。武帝〔時〕受命爲諮議參軍，文帝時王弘兄弟貴重朝廷，球終日端坐，未嘗相往來，弘亦雅敬，歷位尚書。時中書舍人徐爰有寵於上，上嘗命球與之相知，球辭曰：「士庶區別，國之章也。臣不敢奉詔。」上改容謝之，卒贈光祿大夫。同上。

誄　太祝作六辭，六曰誄。鄭氏曰：謂積累生時德行以錫之。《周禮注》魯莊公及宋人戰于乘丘縣，賁父卜國死之，公曰非其罪也，遂誄之。士之有誄，自此始也。《禮記·檀弓篇》

前人有言云云　其先祖無美而稱之，是誣也。有善而弗知，不明也。知而弗傳，不仁也。《禮記·祭統篇》司馬溫公曰：古人有大勳德勒名鐘鼎，藏之宗廟，其葬則有豐碑以下官耳。秦漢以來始命文士褒贊功德，刻之於石，亦謂之碑。降及南朝復有銘誌，埋之墓中。使其人果大賢耶，則名聞昭顯，衆所稱頌，流播千古，不可掩蔽，豈待碑銘始爲人知？若其不賢也，雖以巧言麗辭，强加采飾，功侔吕望，德比仲尼，徒取譏笑，其誰肯信？碑猶立於墓道，人得見之，誌乃藏於壙中，自非開發，莫之睹也。隋文帝子秦王俊薨，府僚請立碑，帝曰：「欲求名，一卷書史足矣，何用碑爲？徒與人爲鎮石耳。」此實語也。今既不能免，依其誌文，但可直叙鄉里、世家、官秩、始終而已。季札墓前有石，世稱孔子所篆，云：「嗚呼，有吴延陵季子之墓。」豈在多言，然後人知其賢也。今但刻姓名於墓前，自知之耳。《大全》溫公論碑誌，蓋公深疾諛墓而云然。嘗思藏誌於壙，恐古人亦有深意。韓魏公四代祖葬於趙州，五代祖葬於博野，子孫避地，遂忘所在。魏公既貴，物色得之，而疑信相半，乃命儀公祭而開壙，各得誌銘，然後韓氏翕然取信，重加封植。

蓋墓道之碑易致移徙，使韓氏當時不納誌於壙，則終無自而知矣。故藉誌以諛墓不可，若止書其姓名、官職、鄉里，系以卒葬歲月，而納諸壙，觀韓公之事，亦未可廢也。《梁溪漫志》

公孫夏 齊人。《左傳·哀十一年》

歌虞殯 謂啓殯將虞之歌，今謂之挽歌。《左傳疏》

杜預 字元凱，畿孫。博學，時號杜武庫。武帝時爲河南尹，荆州都督，羊祜舉預自代，拜征南將軍，以平吴功封當陽侯。嘗作《春秋左傳集解》。《萬姓統譜》

挽歌 挽歌者，葬家之樂，執紼者相和聲也。有《薤露》《蒿里》二章，漢田横門人作。横自殺，傷之，悲歌言，人如薤上露，易晞滅；亦謂人死，精魂歸於蒿里。《搜神記》漢高帝時齊王田横自殺，故吏不敢哭泣，但隨柩叙哀，後代相承以爲挽歌，名《薤露》《蒿里》。後李延年分爲二，《薤露》送王公貴人，《蒿里》送士庶人。杜氏《通典》。

李延年 中山人，身及父母兄弟皆故倡也。延年坐法腐刑，給事狗監，女弟得幸於上。延年善歌，爲新變聲。爲協律都尉。《前漢書·佞幸傳》

晉新禮 晉初以荀顗、鄭冲典禮，參考今古，更其節文，羊祜、任愷、庾峻、應貞並加刪集，成百六十五篇。後摯虞、傅咸纘續未成，屬中原覆没，今漢之《决疑注》，是其遺文也。《通典》

摯虞 字仲治，京兆人，才學通博，舉賢良。武帝詔賢良會東堂策問，虞對畢，擢太子舍人。

以漢末喪亂，譜傳多失，乃撰《族姓昭穆》十卷奏之。歷任光禄勳、太常卿。《萬姓統譜》

君子作歌　《詩・小雅・小旻之什・四月篇》。

紼□之生　按《莊子》今本無載。

半面之識　曾相識曰半面識。《書言故事》應奉詣彭城相袁賀，賀時出行閉門，造車匠開扇出半面視奉，後數十年，於路見車匠，識而問之。《後漢書》注。

一日之雅　故舊平常曰雅素。《韵會》

伏免　輿下當横軸之處亦曰伏免。同上。

枘鑿　枘，刻木端所以入鑿。鑿，穿木也。宋玉《九辨》：圓枘而方鑿兮，吾固知鉏鋙而難入。同上。

扎縛　紮，纏束也。通作扎。同上。

遠行轝　加以短杠，中間除去兩長柱不用，兩頭各施兩短柱，中加一長杠，杠兩頭釘以鐵環，貫索於中，以懸方床四隅。雖傾側之處，棺柩俱平，無有高下欹斜，此尤宜於行遠。《宗》

家禮儀節考卷之六

喪禮

虞祭　《士虞禮》：始虞用柔日。鄭氏曰：葬之日，日中虞，欲安之。柔日陰，取其静。《儀禮注》朱子曰：未葬時奠而不祭，但酌酒陳饌。再拜虞始用祭禮卒哭，謂之吉祭。《大全》

日中而虞　朝葬日中而虞，君子舉事必用辰正也。再虞、三虞皆質明。《儀禮注》

蓬蓽　蓽門，以荆竹織門也。蓬户，編蓬爲户也。《禮記疏》

醋　醶也，本作酢。《匀會》○按醶，酢漿也。

侑食　宫伯以樂侑食。鄭氏曰：勸食也。《周禮注》

粢盛　黍稷曰粢，在器曰盛。《左傳注》

祫事　始虞謂之祫事者，主欲祫先祖也，以與先祖合爲安。《儀禮注》

覆墓《宗》祝朝夕奠之後有此一節。　古禮三日覆墓。○按三日覆墓，古未之聞，但楚俗行之久矣，亦有思慕之情在焉，無害於理，從之可也。《宗》

再虞　《士虞禮》：皆如初。鄭氏曰：丁日葬則己日再虞。《儀禮注》

三虞　《士虞禮》：三虞、卒哭、他，用剛日。鄭氏曰：當祔於祖廟，爲神安於此。後虞改用剛日。剛日，陽也。陽取其動也。同上。

卒哭　速葬不可速卒哭。○人有家貧或以他故不待三月而即葬者，太速葬宜速虞，但卒哭必俟三月。蓋虞以安神，非可緩者。卒哭則節哀、變食、易寢處焉，不三月則於禮爲不及矣。《宗》

井花水　平旦第一汲爲井花水。《本草綱目》○玄酒解見于「祭禮」下。

讀祝　朱子曰：温公以虞祭讀祝於主人之右，卒哭讀于主人之左，蓋得禮意。《大全》

祝文　舊禮告祖考，今改爲顯考者，説見後「祔祭」下。《宗》

祔　朱子曰：古者廟有昭穆之次，昭常爲昭，穆常爲穆。故祔新死者于其祖父之廟，則爲告其祖父以當遷他廟，而告新死者以當入此廟之漸也。今公私之廟皆爲同堂異室，以西爲上之制，而無復左昭右穆之次，一有遞遷，則群室皆遷，而新死者當入于其禰之故室矣。此乃禮之大節，與古不同，而爲禮者猶執祔于祖父之文，似無意義，然欲遂變而祔于禰廟，則又非愛禮存羊也。○高氏曰：若父在而祔妣，則不可遞遷祖妣，宜別立室以藏其主，待考同祔。○胡氏泳曰：高氏別室藏主之説恐未然，先生内子之喪主只祔在祖妣之旁，此當爲據。楊氏復曰：父在祔妣則父爲主，乃是夫祔妻於祖妣。三年喪畢，未遷，尚祔於祖妣，待父他日三年喪畢遞遷祖考妣，始考妣同遷也。高氏父在不可遞遷祖妣之説亦是，但别室藏主之説則非也。《大全》愚謂今太廟之制，左昭右穆，與古制同，則告祔當如古禮，告祖品官庶人祠堂之制，四龕並列，一有遞遷則祧其高祖，而曾祖入高祖之故室，祖入曾祖之故室，禰入祖之故室，空其禰之故室以俟新者。當從朱子之意告禰爲是，故禮文改爲顯考見卒哭。《宗》

主人以下哭 按此謂繼祖宗子之喪。其世嫡當爲後者主喪，乃用此禮。若喪主非宗子，則皆以亡者繼祖之宗主此祔祭。○《禮注》云：祔于祖廟，宜使尊者主之。同上。

請主就座 若非宗子，就家設位以祭，祭訖則除之。同上。

序立 若喪主非宗子，則宗子主祭，其奉迎新主推喪主及喪主婦行之。序立之時，宗子宗婦分立于兩階下，喪主立宗子之右，喪主婦立宗婦之左，尊則少前，卑則少後。禮分三次行，宗子行初獻讀祝文，喪主行亞獻，宗婦行終獻，俱不讀祝文。中隨宗子，所謂宗子若于凶者爲尊長則不拜新主。還靈座時，喪主哭而先行，宗子亦哭送之，哀盡則止。若宗子自爲喪主，則主婦爲亞獻，親賓爲終獻。若喪主與宗子異居，則宗子爲告于祖，就家以紙爲位而祭，祭畢焚之。同上。

奉主還故處 程子曰：喪須三年而祔，若卒哭而祔，則三年却都無事。禮卒哭猶存朝夕哭，無主在寢，哭於何處？○楊氏復曰：司馬公禮、《家禮》並是既祔之後，主復于寢，所謂奉主各還故處也。《大全》按藍田吕氏曰：主人未除喪，主未遷於新廟，故以其主祔藏于祖廟，有祭即而祭之。此説非也。主人未除喪，以主祔祭于祖廟，祭畢復奉還靈座，猶存朝夕哭，既除喪而後主遷于新廟。若母喪父在，既除喪則祔藏于祖廟，有祭即而祭之，待父他日三年喪畢，始考妣同遷者也。《補注》

醴齊　酒正辨五齊之名，二曰醴齊。鄭氏曰：醴者，體也，上下一體，滓汁相將也。齊者，每有祭祀，以度量節作之。《周禮注》《少儀》：凡齊。鄭氏曰：謂食羹醬飲有齊和者。《禮記注》

小祥　鄭氏曰：祥，吉也。此日以練服爲冠服，又謂之練祭。古者卜日而祭，今始用初忌，以從簡易。初忌謂親亡之日也。有故久不葬者，當祭不祭，詳見「大祥」後。《宗》問妻喪踰期主祭。朱子曰：此未有考，但司馬氏大小祥祭已除服者皆與祭，則主祭者雖已除服，亦何害於與祭乎？但不可純用吉服，須如吊服及忌日之服可也。《大全》

受服　楊氏復曰：按古者既虞、卒哭有受服，練、祥、禫皆有受服。蓋服以表哀，哀漸殺則服漸輕，然受服數更近於文繁。今世俗無受服，自始死至大祥，其哀無變，非古也。《書儀》《家禮》從俗而不泥古，所以從簡。同上。

常事　祝辭之異者。言常者，期而祭，禮也。古文常爲祥。《儀禮注》

大祥　孝子或有事故，過期不葬其親者，中間練祥日期，以尸柩尚存，不可行祭。除服至葬畢虞祭卒哭祔後，始舉練祥一祭，然須兩次行之，不可同在一時，如此月練祭則次月祥祭。自期以下者皆如制除之，猶必收藏其服，至葬時服之以送，及虞而除。《宗》問：子爲母大祥，及禫，夫已無服，其祭當如何？朱子曰：今禮，凡喪必三年而除，則小祥、大祥之祭皆夫主之，但小祥之後夫既即除服，大祥之祭夫亦恐須素服如巾服可也，但改其祝詞，不必言爲子而祭也。《大全》

鵞黄　黄蘗煎水，染靛水蓋上。《天工開物》

祧　《説文》：遷廟也。《祭法》：遠廟爲祧。《勻會》

厥明行事　上告祠堂告祖考，當過他廟也。此告靈座告新主，當入此廟也。《補注》

祥事　變言祥事，亦是常事也。《儀禮注》

埋主　問祧主。朱子曰：天子諸侯有太廟夾室，則祧主藏于其中。今士人家無此，祧主無可置處。《禮記》説藏于兩階間（間），今不得已，只埋于墓所。《大全》蓋立祠堂於始祖之基，所以藏始祖之祧主而祭之也，餘主則埋之。或問：祧主當遷何地？朱子曰：漢唐人多瘞于兩階之間，以其人跡不踏，取其潔耳。又曰：唐人亦有瘞于寢園者，但今人墳墓又有太遠者，恐難用耳。又曰：古者始祖之廟有夾室，今士庶之家不敢僭立始祖之廟，故祧主無安頓處，只得如伊川説，埋於兩階之間而已，某家廟中亦如此。今人家廟亦安有所謂兩階者？但擇潔處埋之可也。思之無若埋于始祖墓邊，緣無個始祖廟，所以難處只得如此。又曰：古者階間人不甚行，

今則混雜，亦難埋於此，看來只得埋於墓所。按朱子所以處祧主之義，曲折備盡，今詳載于此，欲令後人得以備考。《考證》

合祭　李繼善問曰：納主之儀，《禮經》未見，《書儀》但言遷祠版匣於影堂，别無祭告之禮。周舜弼以爲昧然歸匣，恐未爲得。先生前云諸侯三年喪畢皆有祭，但其禮亡，而大夫以下又不可考。然則今當何所據耶？曰：横渠説三年後祫祭於太廟，因其告祭畢還主之時，遂奉祧主歸於夾室，遷主新主皆歸于其廟。此似爲得禮。鄭氏《周禮注》大宗伯享先王處，似亦有此章。而舜弼所疑與熹所疑三年喪畢有祭者，似亦暗與之合。但既祥而徹几筵，其主且當祔于祖父之廟，俟祫祭畢然後遷耳。○楊氏復曰：《家禮》祔與遷皆祥祭一時之事。前期一日以酒果告訖，改題遞遷而西，虚東一龕，以俟新主。厥明祥祭畢，奉神主入于祠堂。又按先生與學者書，則祔與遷是兩項事。既祥而徹几筵，其主且當祔于祖父之廟，俟三年喪畢合祭而後遷。蓋世次遞遷昭穆序，其事至重，豈可無祭告禮，但以酒果告，遽行迭遷乎？在禮，喪三年不祭。故横渠説三年喪畢，祫祭於太廟，因其祭畢還主之時，迭遷神主，用意宛轉，此爲得禮，而先生從之。或者又以大祥除喪而新主未得祔廟爲疑，竊嘗思之，新主所以未遷廟者，正爲體亡者尊敬祖考之意。祖考未有祭告，豈敢遽遷也？況禮辨昭穆，孫必附祖，凡合祭時孫常祔祖，今以新主且祔於祖父之廟，有何所疑？當俟告祭前一夕以薦告，遷主畢，乃題神主。厥明合祭畢，奉神主埋於墓所，奉遷主新主各歸于廟。故並述其説，以俟參考。《大全》按本條下李繼善、楊氏復注，則上文告遷于祠堂猶未祧未遷，但改題神主，厥明行事猶未入新廟，且祔藏于祖廟，待禫祭畢，又卜日祫祭，然後祧後遷後入也。

禫 司馬温公曰：《士虞禮》：中月而禫。鄭注云：中猶間，禫，祭名也。自喪至此凡二十七月。按魯人有朝祥而暮歌者，子路笑之，夫子曰：踰月則善也。孔子既祥五日，彈琴而不成聲，十日而成笙歌。《檀弓》曰：祥而縞。注：縞冠，冠素紕也。又曰：禫徙月樂。《三年問》曰：三年之喪，二十五月而畢。然則所謂中月而禫者，蓋禫祭在祥月之中也。歷代從鄭説，今律三年之喪皆二十七月而除，不可違也。○朱子曰：二十五月祥後便禫，看來當如王肅之説，於是禫徙月樂之説爲順，而今從鄭氏之説雖是禮宜從厚，然未爲當。《大全》三年之喪，天下之通喪，何以二十七個月從吉？周氏曰：謂周喪制將死比生，所以定二十七個月，如人於子年十二月三日生，至丑年正月一日便是兩歲，至十二月三日方是周年，便稱所生兒二歲，實數止十三個月爲二歲也。如人于子年十二月三日死，則丑年正月一日是徑二年也，至十二月三日死之初周是死十三個月，爲小祥，至寅年正月一日經三歲至十二月三日爲大祥，實二十五月服除而猶服兩月者，是未盡孝子之義，故服二十七個月也。孔子曰喪不過三年，此之謂也。《宗》愚謂禫祭不設次陳服者，蓋小祥祭即易練服，大祥祭即易禫服，禫祭宜易吉服。吉服，《禮記·間傳》所謂禫

而纖無所不佩是也。厥明又卜日始祭，遷主，於禮畢矣。《補注》

庶羞　羞出於牲及禽獸，以備滋味，謂之庶羞。《周禮注》

飲酒　問：居喪爲尊長强之以酒，當如何？朱子曰：若不得辭則勉徇其意，亦無意，但不可至於醉。飡已復初可也。問：坐客有歌唱者，如之何？曰：當起避也。

禮中月而禫云云

大祥居復寢云云

鄭氏曰云云　鄭氏曰：虞，安也。或謂虞度其神氣之返，而祭以安之也。《宗》

李晦叔

唐會要　一百卷，宋王溥撰。《經籍志》

旁注施於所尊　蓋祖父則寫，妻子不必書也。《補注》

並有喪　父喪未滿而遭母喪，則當除父喪之時服，除喪之服以行大祥之禮，行事畢，即服母喪之服。若母喪未葬而值父之大祥，則不得服祥服。居母喪遭父喪者亦然。服除服而後返遭服者，以示前後之有終也。祥，吉禮也。禮，未葬爲凶，卒哭後始漸入于吉。有殯而不服祥服，不忍于凶時行吉禮也。○若父母之喪未除而遭兄弟之喪，其同國者雖緦麻之輕亦當往哭。成服日制其服而哭之，月朔設位于別室，服其服而哭之。既畢，皆返重服。其除之也，亦服輕服。

若除重喪而輕服未除，則服其服以終餘日。其遠在他國者，聞喪時亦於别室哭之，至次日則於朝奠後，服新死者未成服之服，而即昨日别室所哭之位哭之。既畢，返重服。成服月朔皆與前同。餘人以類推之。○凡居妻子之喪而遭兄弟之喪，雖緦麻之輕者亦吊服而往，不以妻子之服臨之。餘人亦以此類推之。○父母之喪，將行小祥或大祥之祭，適有異居期功緦麻之喪，則待殯訖乃祭。若同居之喪，雖卑賤者亦待葬後乃祭，蓋以吉凶不可相干也。《宗》

曾擇之

改葬緦　楊氏復曰：按《通典》戴德曰：制緦麻，具而葬，葬而除，謂子爲父、妻妾爲夫、臣爲君、孫爲祖後者也。其餘親皆吊服。魏王肅曰：非父母無服，無服則吊服加麻。《大全》

返葬　或游或仕，千里之外。子幼妻悍，因葬其地。今有力返葬故鄉，不忘本也。《宗》舜禹不返葬。劉公原曰：大江之南，前代要服，舜禹崩巡，不返葬。禹非不尊於舜也，啓非不孝於父也。□在乎廟貌，魂氣則無所不之也。秦漢以下，祟在墓祭，違經弃禮，遠事丘墳，難以語乎理矣。《鈎玄》

十里長亭　漢家因秦，大率十里一亭。亭，留也，蓋行旅宿會之所館。《風俗通》十里一長亭，五里一短亭。《六韜》

油單

家禮儀節考卷之七

祭禮

時祭　《祭統》曰：凡治人之道莫急於禮，禮有五經，莫重於祭。祭，猶言察也。察者，至也。言人事至於神也。○吴徵曰：天道四月一小變而爲一時，一歲有四時，故君子之祭取法于天道而爲一時一祭也。《宗》

或丁或亥　郊天用辛，新也。釋奠于夫子用丁，文明之方也。不用丙，丙乃陽干之終，丁乃陰干之始也。如祭祀用戊，戊乃陽土故也。《禮》大祥後卜祭日不丁，即云亥，取陰干之始，陽干之終，事死道也。

歲事　士祭曰歲事。《儀禮注》

爵　禮器也。象爵之形，中有鬯酒，〔又〕持之也，所以飲。器象爵者，其鳴節節足足也。《説文》崔豹《古今注》曰：九月雀入水，不則多淫佚，酒善使人淫佚，故一升曰爵，所以戒也。《埤雅》爵制：兩柱，三足，隻耳，侈口。今郡縣或以木刻雀置杯於背以承酒，殊非也。《闕里誌》

鍾 酒器也。《説文》

醬 《説文》：醢也。又豉醬，又菜葅，亦謂之醬。《匀會》○按《字書》謂醢，肉醬也。則肉曰醢，菜曰醬也。

麪 《説文》：麥末，或作麵。同上。

柴 大者可折謂之柴，小者合束謂之薪。薪施炊爨，柴以給燎。《禮記疏》

參差 不齊也。《韵會》

葷 《爾雅翼》云：西方以大蒜、小蒜、興渠、慈葱、茖葱爲五葷，道家以韭、蒜、芸薹、胡荽、薤爲五葷。同上。《莊子·人間世》云：仲尼曰：齋。顔回曰：回之家貧，唯不飲酒不茹葷者數月矣，若此則可以爲齋？子曰：祭祀之齋，非心齋也（也）。成玄英疏曰：葷，辛菜也。按《説文》：葷，臭菜也。鍇曰：通謂芸薹、韭、蒜、葱、阿魏之屬，氣不潔也。《荀子·哀公篇》：孔子曰：夫端衣玄裳而垂輅者，志不在于食葷。注云：葷菜，葱韭之屬。《論語》：齋必變食。《周禮·膳夫》：王齋，日三舉。鄭注云：齋必變食也。疏云：齋必變食，故加牲體至三太牢。牛羊豕共爲一牢。胡明仲論梁武曰：祭祀之齋，居必遷坐，□必變服，齋必變食，食爲盛饌。一其心志，潔其氣體，以與神明交，未嘗不飲酒不茹葷也。晦菴釋齋必變食，亦取《莊子》，而黄氏亦兼取之。朱又謂葷是五辛，又曰今致齋有酒，非也，然《禮》中有飲不至醉之説，何耶？《東坡年譜》

載程、蘇當致齋，厨稟造食葷素，蘇令辦葷，程令辦素。蘇謂致齋在心，豈拘葷素。爲劉者左袒，時館中附蘇者令辦葷，附程者令辦素。予謂不然，齋之禁葷，見於法令，乃禁五辛，慮耗散人之氣，間其精誠，與禁飲酒、聽樂、嗜慾、悲哀一同，欲其致一之妙通於神明耳。二公未免以葷爲魚肉，徒有是非之辨。《莊子》載顔回不飲酒不茹葷，謂祭祀之齋，是也。

設位　高祖考妣位於堂之中東，曾祖考妣位于堂之中西，祖考妣位於高祖東，考妣位于曾祖西，俱考左妣右。〇按《祭圖》，須祠堂寬敞者可行，狹者奉神主出就正寢而祭，如未立祠堂者，可隨時用紙書高曾祖考并祔位之主，就本家正所致祭，行禮畢，焚之，亦不必拘。無祠堂而廢奉先之禮，有不立主之家。《宗》〇繼高祖宗子，則祭高祖以下考妣，繼曾祖宗子，則祭曾祖以下考妣，繼祖宗子，則祭祖以下考妣，繼禰宗子則祭考妣二位而已。〇按本注設位之次，愚未敢以爲然。蓋神主在四龕中，則以西爲上，先高祖考妣，次曾祖考妣，次祖考妣，次考妣，以東西分昭穆也。至於大祭祀，出主在堂，或於正寢，唯高祖考在西，高祖妣在東南向，其餘曾祖考、祖考與考皆西旁東向，曾祖妣、祖妣與妣皆東旁西向。而祔祭神主，高祖兄弟則祔于高祖左右，亦南向，曾祖考、祖考與考兄弟則祔于曾祖考、祖考與考上下，皆東向。其妣祔于高祖妣左右，亦南向，祔則曾祖妣、祖妣與妣上下皆西向。卑幼男女祔位，則在兩序，以上下分昭穆也。至於子孫叙立，惟宗子在東，宗婦在西北向，其餘男在宗子之右，女在宗婦之左，皆北向。先大伯叔祖，次

伯叔祖，次伯叔，次兄弟，在宗子、宗婦之前，次子姪，次執事，在宗子、宗婦之後，以前後分昭穆也。蓋繼高宗子則爲高廟，故高祖考妣得居正位，繼曾宗子則爲曾廟，故曾祖考妣得居正位，繼祖宗子則爲祖廟，故祖考妣得居正位，繼禰宗子則爲禰廟，故考妣得居正位，非正位者當在側。而祔祭者亦世爲一列，當祔正位者亦正位，當祔側位者亦側位，如天子諸侯太廟祫祭，惟太祖東向自如，其餘在南北牖下，亦南北向，此自然之理也。張子曰：雖一人數娶，猶不妨東方虚其位以應廟□之數，其世次則復對西方之配也。《補注》

省牲 若用猪羊，前期一日午後設香案于堂兩階間，令執事者牽牲于案前，主人監牲以盞酒，各澆過，宰之。○朱子曰：《大全》作高氏曰。有牲曰祭，無牲曰薦。大夫牲用羔。士牲特豚，猪也。庶人無常牲。春薦韭以卵，夏薦麥以魚，秋薦黍以豚，冬薦稻以雁，取其物之相宜。凡庶饈不踰牲，若祭以羊，則不以牛爲羞也。今人鮮用牲，惟設庶饈而已。《宗》

飣 置食也。《唐書》：飣坐梨。韓文《南山》詩：肴核分飣餖。《勺會》

參神 北溪陳氏曰：廖子晦廣州所刊本，降神在參神之前，不若臨漳傳本降神在參神之後，爲得之。蓋既奉主於其位，則不可虚視其主，而必拜而肅之，故參神宜居於前。至灌，則又所以爲將獻而親享其神之始也，故降神宜居於後。然始祖、先祖之祭，只設虚位而無主，則又當先降而後參，亦不容以是爲拘也。《大全》

亞獻　朱子曰：祭禮，主人作初獻，未有主婦則弟得爲亞獻，弟婦爲終獻。○楊氏復曰：按亞獻如初儀，潮州所刊《家禮》云惟不祭酒于茅，潮本所云不祭酒于茅，是乎？曰：所謂祭酒于茅者，爲神祭也。古者飲食必祭，及祭祖考，祭外神，亦爲神祭。《少牢饋食禮》：主人初獻尸，尸祭酒而后啐酒卒爵，主婦亞獻尸，尸祭酒而后卒爵，賓長三獻尸，尸祭酒而后卒爵。《士虞》《特牲》亦然。凡三獻尸，皆祭酒爲神祭也。鄉射大射獲者獻侯，先右個，次中，次左個，皆祭酒爲侯祭也。以此觀之，三獻皆當祭酒于茅，潮本蓋或者以意改之，故與他本不同，失之矣。同上。

飲福受胙　劉氏璋曰：韓魏公《家祭》云：凡祭飲福受胙之禮久已不行，今但以祭餘酒饌，命親屬長幼分飲食之可也。《大全》《宋朝會要》云：乾德元年十一月，以南郊禮畢，大宴於廣德殿，自後凡大禮畢皆設宴。如此例曰飲福宴。《事物紀原》

嘏辭　受福曰嘏，嘏，長也，大也，尸授之以長大之福也。承，猶傳也。來讀曰釐，釐，賜也。勿，猶無也。替，廢也。引，長也。言無廢止時，長如此也。《儀禮注》善其事曰工。《詩經注》爲尸致福于主人之辭也。《補注》

告利成　祝傳尸意，告利成於主人也。成，畢也。《詩經注》

祭神儀注

餕　朱子曰：夫祭有餕。餕者，祭之末也，不可不知也。是故古人有言曰：善終者如始。

餕之禮是也。○劉彝曰：祭畢而餕餘，是祭之終事也，必謹夫餕之禮者，慎始慎終也。○楊氏復曰：司馬公《書儀》曰：禮，祭祀既畢，兄弟及賓迭相獻酬，有無筭爵，所以因其接會，使之交恩定〔好〕，優勸之。今亦取此儀。《宗》

稱家之有無 王氏曰：薦享之味，貴乎新潔，稱家有無，太豐則近乎僭侈，太儉則近乎迫隘，皆君子所不取。惟豐儉適中，可以常守禮。有力則或一羊，或一豕，前期一日宰之，如儀致祭。（則）〔無〕力則庶羞，否則市肆售之亦可。人之貧富不同，富者易爲，貧者難辦，若必拘牲牢品物，亦因此廢孝祀之禮，甚不可也。切不可厚自奉而薄其祖考，戒之戒之！《宗》

初祖設位 設於墓所，以義推之，只恐當設初祖考一位而已，而妣不在其内，世遠在所略也，祭先祖亦然。《補注》

釜 鬴。《説文》：鍑屬，或作釜。《古史考》：黄帝始作釜。《勻會》有足曰錡，無足曰釜。《詩經注》

鼎 三足兩耳，和五味之器也。《説文》鼎絶大謂之鼐，圓弇上謂之鼒，附耳在外謂之釴，空足謂之鬲，舉鼎具謂之鉉。《爾雅》

杅 《博古圖》：周有（委）〔季〕姜杅，形圓而鋭其底，非執不能定，兩耳各長二寸二分，容二斗五升。漢有挈杅，形如罌，純素無紋，連貫以提梁，便于持挈，容六升，皆銅爲之。《正字通》○

杅，《家禮宗》皆作盂。按：杅本浴器，《字通》所言亦似非用盛羹飯之器矣。盂，《説文》：飯器也。《方言》：宋楚之間或謂之盌，乃甌碟之類耳。當從《宗》作盂爲是。○又按《公羊傳・宣十二年》：杅不穿。何休注：杅，飲水器。又《禮・既夕》注：杅亦作枠，盛湯漿器也。據此則作杅亦可。

毛血爲一盤　《國語》：毛以示物，血以告殺，接誠拔取以獻具，爲齋也。韋氏注云：接誠於神也。拔毛取血，獻其備物也。齋，潔也。《補注》

蒿　《説文》：萩，蕭也。蕭，艾蒿也。陸璣曰：今人謂之萩蒿，或云牛尾蒿，似白蒿，有香，故祭祀以脂爇之。許慎以爲艾蒿，非也。又嚴粲曰：蒿，惣名也。蕭，蒿香者也。《正字通》

胖　《説文》：半體肉。《周禮注》：禮家以胖爲半體，胖之爲言片也，析肉意。《匀會》

就位　按家衆叙立之儀，在小宗家之祭四親廟，則男在主人之右，女在主婦之左，世爲一列，前爲昭而後爲穆也。在大宗家之祭始、先祖，則一世居左，二世居右，三世居左，四世居右，左爲昭而右爲穆也。而女不在内者，蓋祭四親廟則四親之子孫皆在，世近屬親，男女會於一堂，自不爲嫌；若祭始祖、先祖，則自始祖、先祖以下，子孫皆在，世遠屬疏，又人數衆多，故女不得在内列者，莫非自然之理也。《補注》

湇乞及切。　肉汁也。《匀會》

大羹鉶羹　本注：肉湇不和者即大羹，肉湇以菜者即鉶羹。《補注》鄭司農曰：大羹不致五味也，鉶羹加鹽菜矣。賈氏曰：大羹，肉湆盛於登，謂大古之羹，不調以鹽菜五味。鉶羹者，皆是陪鼎膷臐膮，牛用藿，羊用苦，豕用薇，調以五味，盛之於鉶器，即謂之鉶羹。若盛之於豆，即謂之庶羞也。《周禮注疏》○按《勻會》：鉶羹，和羹器。《史記》：堯舜啜土鉶。注：瓦器也。大羹湆，煮肉汁也。不和，貴其質，設之所以敬尸也。《儀禮注》

徹餕 祭畢而餕，設大席于堂東西二向，東向爲昭，西向爲穆，世爲一席，各以齒而坐，所以會宗族而篤恩義也。《補注》

先祖 大宗之家，其第二世以下祖親盡，及小宗之家高祖親盡，所謂先祖也。同上。一峰羅氏曰：初祖之祭，古未有。自程子爲禮以義起者也。朱子廢焉，以擬於禘也。爲義而起者，重本也，厚天下之大經也；爲疑而廢者，明分也，正天下之大法也。二子之意，並行而不相悖也。《記》云：禮從宜。宜者何？從程子也。今夫鑿井之氓，始爲宮室者祀之，始爲稼穡者祀之，始爲飲食者祀之，凡有功於生民者皆祀之，不忘其始也，況吾之身之所始乎？又曰：初祖而下，高祖而上，簡其有功德古所謂鄉先生者，配之群祖，則祭於墓而已。高祖而下，則各祭於小宗之家。○義門鄭氏以始遷祖初生之辰遷神主，行一獻禮。今之家以有功德之祖嫡長子孫百世祀之，似亦可行。新增注。

禰 父廟曰禰。禰，近也。《宗》朱子曰：某家舊時時祭，外有冬至、立春、季秋三祭，後以冬

至、立春二祭似僭，覺得不安，遂已之。季秋依舊祭禰，而用某生日祭之，適值某生日在季秋。《大全》

忌日　忌日，親之死日也。○如父之忌日，止設父一位。母之忌日，止設母一位。祖以上及旁親之忌日，皆倣此。《宗》或有問於張横渠，曰：忌日有薦，可乎？曰：在古則無之，今時有之，於人情自亦不害。《宗》

變服　問：忌日何服？朱子曰：某只着白絹凉衫、黲巾。問：黲巾以何爲之？曰：紗、絹皆可，某以紗。又問黲巾之制，曰：如帕腹相似，有四隻帶，若當幞頭然。○楊氏復曰：先生母夫人忌日，着黲黑布衫，其巾亦然。問：今日服色何謂？曰：豈不聞「君子有終身之喪」？《大全》有官用烏紗帽、墨角帶、素衣、白靴，無官者頭巾、素衣履，旁親及餘皆□華飾之服。《宗》

祝文　若妻忌則祝文云：維年月日夫具官某，兹以亡妻孺人某氏忌日之臨，不勝悲悼，特以清酌庶羞，祭于正寢，靈其不昧，來格我誠，尚饗。若父在則云：夫某遵奉父命，以亡妻忌日之臨云云。行□禮，使子孫哭拜。○祭卑幼可以類推。○若高曾祖忌日則不哭。新增注。

不飲酒不食肉　此所以不餕也。

生忌《家禮宗》、新增注并有「生忌」一條。　伏覩國朝須降胡秉中《祀先圖》，凡例有生日之祭，當以此爲據，蓋親存生辰既有慶禮，歿遇此日能不感慕？如死忌之祭，祭之可也。○儀節並同祭禰，但告辭云：今以某親某官府君或孺人降生之辰，敢請神主，出就正寢，恭伸追慕云云。餘並同。○維某年歲次月朔日辰，孝子某或曾孫、玄孫某，敢昭告于某親某官府君，歲序遷易，生辰復臨。□□有慶，歿寧敢。○後並同忌祭之儀。《宗》義門鄭氏祭始祖用生日。○祝文云：歲月推遷，生辰復遇。存既有慶，没豈敢忘。追遠感時，昊天罔極。謹以清酌庶羞，恭伸追慕，敬奉顯妣孺人某氏配尚饗。妣同。新增注。○馮氏曰：考妣生日也。

墓祭　《開元禮》：宗子去在他國，庶子無廟。孔子許望墓，以時祭祀。唐禮每新改，命釋褐結綬，皆往墓見。開元二十二年，勅寒食上墓，《禮經》無文，近代相傳，浸以成俗。士庶有不合廟享者，何以表其孝思，宜許上墓，編入《五禮》。按《漢官儀》曰：古不（慕）〔墓〕祭。秦始皇起寢墓側，漢因不改，四時上飯。《後漢·光武紀》云：建武十年八月，幸長安，有事十一陵。蓋躬祭於墓也。即今上墳拜掃，蓋起於此。《明帝紀》：永平元年正月，帝率公卿朝原陵，如《元會儀》。劉昭補注《後漢·禮儀志》亦有上陵儀。謝承書曰：建寧五年正月，車駕上原陵。蔡邕曰：明帝至孝，光武即世，帝嗣位，群臣朝正，感先帝不復聞見此禮，乃率百僚就原陵創焉。然則上墳之禮，疑自是以來，民間視上所行，因習以爲俗也。《事物紀元》伊川曰：嘉禮不野合。故生不野合，則死不墓祭。蓋燕享祭祀，乃宫室中事。後世習俗廢禮，故墓亦有祭。如禮望墓爲壇，并家人爲墓祭之尸，亦有時爲之，非經禮也。南軒曰：墓祭非古也，然考之《周禮》，則有冢人之官，凡祭於墓爲尸，是則成周盛時，固亦有祭於其墓者。雖非制禮之本經，而出於人情之所不忍，而其義理不至於其害，則先王亦從而許之。其必立之尸者，乃亦所以致其精神而示享之者，非體魄之謂，其爲義亦精矣。《補注》朱子曰：祭儀以墓祭、節祠爲不可，然先正皆言墓祭不害義理，又節物所尚，古人未有，故止於時祭。今人時節隨俗宴飲，各以其物，祖考生存之日，蓋嘗用之。今子孫不慶此，而能恝然於祖宗乎？○劉氏璋曰：夫人死之後葬形於原野之中，與世隔絶，孝子追慕之心何有限極，當寒暑變移之際益用增感，是宜省謁墳(慕)〔墓〕以寓時思之敬。今寒食上(慕)〔墓〕之祭，雖《禮經》無文，世代相傳，寖以成俗。上自萬乘，有上陵之禮；下達庶人，有上墓之祭。田野道路，士女遍滿，皂隸庸丐之徒，皆得登父母丘隴；馬醫、夏畦之鬼，無不受子孫追養。凡祭祀品味，亦稱人家貧富，不貴豐腆，貴在修潔，罄極誠慤而已。事亡如事存，祭祀之時此心致敬，常在乎祖宗，而祖宗洋洋如在，安得不格我之誠而歆我之祀乎。《大全》吴文正公曰：墓焉而體魄安，廟焉而神魂聚，人子之所以孝其親者，兩端而已。葬之後，迎精而返於家。蓋於其不可見而疑於有知者，謹求之而如或見其存。方其迎精而返於家也，一旬五祭而不爲數，唯恐其未(發)〔聚〕也。及其除喪而遷於廟也，一歲四祭而不敢疏，唯恐其或散也。家有廟，廟有主，野有墓，墓有塚，禮之宜也。《宗》

三月上旬　俗用寒食或清明及十月朔日祭墓。新增注。三月上旬擇吉，或就用寒食日亦可。○守墳者及地主一作墳鄰。各以一有祭字。物須賜。《宗》劉氏璋曰：若拜掃非寒食，則先期卜日，或有憑依，不卜日耳。今或羈官寓於他邦，不及此時拜掃松檟，則寒食在家亦可祠祭。《大全》

遂祭后土　或問：祠后土如何不在墓祭之前？曰：今爲吾親來薦歲事，專誠在墓土，神自宜後祭，蓋有吾親方有是神也。○按《白虎通》曰：王者所以有社者何？爲天下求福報功也。又曰：王者自親祭社者何？以社者土地之神也，土生萬物，天下之所生也，尊重之，故自祭也。《禮》：「王者二社，爲天下立社曰大社，自立其社曰王社。大社爲天下報功，王社爲京師報功。」祖宗之體魄藏於山林，固當祀其主以報之。至於祖宗之神棲於廟祔，亦必有主之者，而獨不知所以報之，可乎？四時之祀土地，亦爲吾祖宗報功焉爾，豈比於諂耶？《宗》

蘋藻雖微　苟有明信，蘋蘩蘊藻之菜，筐筥錡釜之器，可薦于鬼神，可羞于王公。《左傳·隱三年》

祀竈　竈，五祀之一也，夏所祀也。○按《月令》曰：孟夏之月其祀竈。《白虎通》云：竈者火之主，人所以自養也。夏月主長養萬物，故祭之。國朝乃令庶人於歲暮祀竈者，何也？蓋古有五祀，獨大夫以上得祭之，故必順時以祭于夏也。今庶人惟許祭竈，必俟成功而報之，故於歲暮祭之也。然則布席陳饌于厨所爲宜。蔡邕曰：祀竈之禮，在廟門外之東，先席于門奥，面東設主于竈也。○何燕泉曰：《禮》：竈者，老婦之祭也。盛於盆，尊於瓶。注：老婦，先炊□也。祭竈以祭先炊也。今俗祭竈必辟婦女，不知何故。范至能祭竈祠，男兒獻爵女兒避，蓋昔人已如此。鄭玄曰：竈神祝融是老婦。按祝融主火，化莫大於□祀，祝融爲竈神則宜，胡有老婦之謂？《宗》

五祀　《月令》：孟春之月，其祀户。孟夏祀竈。中央祀中霤。孟秋祀門。孟冬祀行。鄭氏曰：春陽氣出，祀之，户内陽也。夏陽氣盛熱於外，祀之於竈，從熱類也。中霤猶中室也。土主中央而神在室，古者複穴，是以名室爲霤。秋陰氣出，祀之於門外，陰也。冬陰盛寒於外，祀之於行，從辟除之類也。《禮記注》《曲禮》：大夫祭五祀。○《王制》：天子祭天地，諸侯祭社稷，大夫祭五祀。陳氏曰：《左傳》《家語》以爲重、該、脩、熙、句龍之五官，《月令》以爲門、行、户、竈、中霤。○《祭法》：王爲群姓立七祀：曰司命，曰中霤，曰國門，曰國行，曰泰厲，曰户，曰竈。諸侯爲國立五祀：曰司命，曰中霤，曰國門，曰國行，曰公厲。大夫立三祀：曰族厲，曰門，曰行適。士立二祀：曰門，曰行。庶士、庶人立一祀，或立户，或立竈。陳氏曰：五祀之文散見經傳者非一，此言七祀、五祀、三祀、一祀之説，殊爲可疑。《曲禮》注言殷禮，《王制》注謂有地之大夫，皆未可詳。《禮記集説》

淫祀　非其所祭而祭之，名曰淫祀。淫祀無福。《禮記·曲禮》

附于卷末

何休　字邵公，任城樊人。質朴吶口而雅有心思，精研六經，世儒無及者。嘗作《公羊墨守》《左氏膏肓》《穀梁廢疾》。除北新城長，大作講舍，聚生徒數百，朝夕往勸講，儒化大行。《萬姓統譜》

楚語云云　觀射父曰：古者先王日祭、月享、時類、歲祀，諸侯舍音捨。日，卿大夫舍月，士庶人舍時。《國語》

忌日必哀　忌日必哀，又曰不樂。今或其日匿訃不聞哀，停喪不成服，不面親戚，不留尺題，抑有前一日晚便絶賓客，未知出於何典也。代説云，前輩人忌日唯不飲酒作樂，近之矣。然加以不出齋閤，飯不葷□□，晨受親戚慰。早見不唯别異外賓，抑容晝得議事。暮當賓朕弱。不必黄昏，客遠者回也。其晝也，尺題留而不復，親戚來而不拒，言不近娱，志不離戚，斯可謂中禮矣。若乃送客挾彈，訪人辭酒，立時之輩，攝祭之流，固無足言者。至如子就三日之不飡，叔治七歲之至性，豈唯不樂，必哀所可折制耶？或聞近代有其日焚紙錢，既非典禮所載，余未之信。○《資暇録》

臭陰臭陽　司馬温公曰：古之祭者不知神之所在，故灌用鬱鬯，臭陰達于淵泉；蕭合黍稷，臭陽達于墻屋，所以廣求神也。今此禮既難行于士民之家，故但焚香酹酒以代之。《大全》

古無今世之香　秦漢以前，二廣未通中國，中國無今沈腦等香。宗廟焫蕭灌獻尚鬱，食品貴椒。至荀卿氏，方言椒蘭。漢雖已得南粤，其尚臭之極者椒房，郎官以雞舌奏事而已，較之沈腦，其等級之甚下，不類也。惟《西京雜記》載長安巧工丁緩作被下香爐，頗疑已有今香。然劉向銘博山爐，亦止曰：中有蘭錡，青火朱煙。《玉臺新咏》説博山爐亦曰：朱火然其中，青煙颺其間。香風難久居，空令蕙草殘。二文所賦，皆焚蘭蕙，而非沈腦。是漢雖通南越，亦未見越香也。《漢武内傳》載西王母降熱嬰香等，品多名異，然疑後人爲之。漢武奉仙，窮極宫室帷帳器用之麗，《漢》《史》備記不遺。若曾創有古來未有之香，安得不記？《演繁露》《述異記》：海南有香木，土人資之以爲衣食。有香市及採香户，蓋舊百越之地。《考證》

蘭芷蕭艾芷、茝通，香草也。　天子祭以鬯，諸侯以薰，卿大夫以茝蘭，士以蕭，庶人以艾。《廣雅》

明水　玄酒明水之尚，貴五味之本也。《禮記·郊特牲篇》司烜氏，掌以夫遂取明火於日，以鑒取明水於月，以共祭祀之明齍、明燭，共明水。鄭氏曰：夫遂，陽燧也。鑒，鏡屬。取水者，世謂之方諸。取日之火，月之水，欲得陰陽之潔氣也。明燭饌陳，明水以爲玄酒。賈氏曰：鬱鬯五齊以明水配，三酒以玄酒配。玄酒，井水也。玄酒與明水别，而云明水以爲玄酒者，對則異，散文通謂之玄酒。是以《禮運》云玄酒在堂，亦謂明水爲玄酒也。《周禮注疏》

膾　牛與羊魚之腥，聶而切之爲膾。麋鹿爲菹，野豕爲軒。《禮記·少儀篇》《説文》：細切肉

也。《論語》：膾不厭細。又：肉腥細者爲膾，大者爲軒。《匀會》

炙 《說文》：炙，炮肉也。《詩》注：炕火曰炙。孔疏：炕，舉也。以物貫之，舉於火上以炙之。同上。

羹 《說文》：五味和鬻也。《釋名》：汪也，汁汪郎也。《廣韵》：羹謂之湆，又肉謂之羹。同上。

殽 《禮記》：左殽右胾。注：骨體曰殽，切肉曰胾。同上。

軒 切肉如藿葉也。《禮記・內則》注：細切爲膾，大切爲軒。謂藿葉切之。同上。

脯 《說文》：乾肉也。《禮記》：牛脩鹿脯。《周禮・腊人》注：薄折曰脯，捶之而施薑桂曰鍛脩。《禮記・曲禮》脯脩注：脯訓始，始作即成。脩亦脯，訓治，脩治乃成。《釋名》云：搏也，乾燎相搏着也。同上。

醢 《說文》：肉醬。《周禮・醢人》注：肉汁，用肉作醢，多汁。其無汁者，自以所用之肉魚□爲名。《詩》：醓醢以薦。注毛曰：以肉。疏云：凡作醢者，必先膊乾其肉，莝之，雜以粱麵及鹽，漬以美酒，塗置甀中，百日即成。同上。

薄餅 卷煎餅與薄餅同，餡用猪肉二斤，猪脂一斤，或雞肉亦可，大槩如饅頭餡，須多用葱白或笋乾之類，裝在餅內，卷作一條，兩頭以麵糊粘住，浮油煎令紅焦色，或只熯熟，五辣醋供。

素餡同法。《遵生八牋》

油餅　肉油餅方白麵一斤，熟油一兩，羊猪脂各一兩，切如小豆大。酒二盞，與麵搜和，分作十劑，捍開裹精肉，入爐内熑熟。又素油餅方白麵一斤，真麻油一兩，搜和成劑，隨意加沙糖餡，印脱花様，爐内炕熟。同上。

棗餻　寒食以麵爲蒸餅様，團棗蒸之，名曰棗餻。《藝苑雌黄》

餺飩　束晳《餅賦》：朝事之籩，煮麥爲麵。則麵之名自此而出也。魏世食湯餅，晉以來有不托之號，意不托之作，緣湯餅而務簡矣。今訛爲餺飩，亦直曰麵也。《事物紀原》《歸田録》：湯餅，唐人謂之不托，今世俗謂之餺飩。《青箱雜記》：湯餅，温麵也。凡以麵爲食煮之，皆謂之湯餅。《書言故事》不托，言舊未有刀機之時，皆掌托烹之，刀機既有，乃云不托。今俗字有餺飩，乖之且甚。《資暇録》

餈餻　《周禮·籩人》：之實，糗餌粉餈。鄭康成曰：二物皆粉稻黍米所爲，合蒸曰餌，餅之曰餈。蓋餌即餻也。《玉燭寶典》云：秋食餌者，其時黍秫並收，因以粘米佳味，觸類嘗新，遂成積習。《禮·月令》有嘗新之事，疑周制也。《西京雜記》曰：戚夫人侍兒賈佩蘭説在宫内時，九月九日食餌，令人長壽，故今人以爲俗。《方言》曰：餌，餻。或謂之餈。《續事始》引干寶注曰：糗餌者或屑而蒸之，以棗豆之味同食。《事物紀原》

團　天寶宮中端午造粉團、角黍貯盤中，以小角弓射之，中者得食。都中盛行此戲。《開天遺事》

粽　一名角黍，《風土記》曰：仲夏端午，端，初也，以菰葉裹粘米，以栗棗灰汁煮之，令熟，節日啖，取陰陽尚包裹之象。一曰因屈原也。《齊諧記》曰：今世人五月五日作粽，汨羅之遺風也。《異苑》曰：粽，屈原姊所作。《事物紀原》

餳徐盈切，又陽韵。餹亦作餳，徒郎切。《説文》：飴，和饊者也。《方言》：餳謂之餦餭，或云滑餹。凡飴謂之餳。《匀會》元日食膠牙餳，取膠固之義。《荆楚歲時記》

孟氏家祭儀　陳氏曰：唐侍御史平昌孟詵撰，曰《正祭》《節祠》《薦新》《義例》，凡四卷。《文獻通考》

籩豆　籩，《説文》：竹豆也。面徑尺柄尺，其實容四升。〇豆，《説文》：古食肉器也。《周禮》：旊人爲簋，實一觳，崇尺，厚半寸。豆實三而成觳。又，一豆酒當一升。一豆肉、一豆酒，中人之食。又，四升曰豆。《周禮·醢人》注：實容四升。《詩》：于豆于登。注毛曰：木曰豆，瓦曰登。豆薦葅醢，登大羹也。或作梪，亦作豋。《匀會》

簠簋　簠，《説文》：黍稷圜器也。《周禮注》：方簠圓簋。疏云：内圓外方、受斗二升曰簠，内方外圓曰簋。《詩》：有饛簋飧。注毛云：飧，熟食，謂黍稷。孔疏云：簠盛黍稷，簋盛稻梁。〇簠，《説文》：黍稷方器也。徐曰：皂皮逼切，米粒也。《考工記》：旊人爲簠，受斗二升。同上。

從宜　洪武元年有司請製太廟祭器。上曰：今之不可爲古，猶古之不能爲今，禮順人情，可以義起，所貴斟酌得宜，必有損益。近世泥古，好用古籩豆之屬，以祭其先。生既不用之，似亦無謂。孔子曰：事死如事生，事亡如事存。其製宗廟器御，皆如生之儀。《餘冬序録》

晁氏　晁説之，字以道，文元公玄孫。少日激昂刻意，慕司馬文正爲人，自號景遷。登進士，年未三十，蘓子瞻以文章典麗，可備著述科，又薦公於朝，以爲自得之學，不踐陳迹。元符中以黨籍放斥，不許入國門，後終於徽猷閣待制。公博極群書，通《六經》，尤精於《易傳》，所著有《客語》等書，行於世。《萬姓統譜》

紙錢　今楮鏹也。《唐書・王璵傳》云：玄宗時璵爲祠祭使，專以祠解中帝意，有所禳祓，大抵類巫覡。漢以來葬者皆有瘞錢，後世里俗稍以紙寓錢爲鬼事，至是璵乃用之。則是喪祭之焚紙錢起於漢世之瘞錢也。其禱神而用寓錢，則自王璵始耳。今巫家有焚奏禳謝之事，亦自此也。注云，漢葬者昏寓錢，謂昏晚埋錢於塘中，爲死者之用。至唐王璵乃於喪祭焚紙錢以代之也。《法苑珠林》云：紙錢起於殷長史。《事物紀原》〇《事林廣記》同。《事林廣記》考論寓錢之始云云，按此則里俗以紙寓錢，璵始用之，非創于璵矣。朱文公曰：紙錢起玄宗時王璵，蓋古人以玉幣，後來易以錢。玄宗惑于王璵之術，而鬼神事繁，無許多錢來埋得，璵作紙錢易之。文字便是難理會。且如唐《禮書》載范傳正言，唯顔魯公、張司業家祭不用紙錢，故衣冠效之。而國初言禮者錯看，遂作紙衣冠，而不用紙錢，不知衣冠紙錢有何間别？近世戴氏《鼠璞》云云，是説雖異，亦有文公紙衣冠何别之□。吕南公有《錢□公不燒楮鏹頌》，有云：古用幣以禮神祇，後之罪士爲多，則假之以請禳禱祈，假之不已，則黝楮代焉而弗支，是故罪者滿世，而莫救其非。大抵深惡夫寓錢以徼福者也。予觀洪慶善《杜詩辨證》載《文宗備問》云：南齊廢帝東昏侯好鬼神之術，剪紙爲錢，以代束帛，至唐盛行其事，云有益幽冥。又牛僧孺云：楮錢，唐初剪紙爲之。此足以補《事林廣記》之未及。《愛日齋叢抄》○按《鼠璞》所云與晁氏同，故略而不載。康節先生春秋祭祀，約古今禮行之，亦焚楮錢。程伊川怪問之，曰：冥器之義也，脱有益，非孝子順孫之心乎？徽廟朝高峰、廖用中奏乞禁焚紙錢，有云嘗怪世俗鑿紙爲錢，焚之以徼福於鬼神者，不知何所據依？非無荒唐不經之説，要皆下俚之所傳耳。使鬼神而有知，謂之慢神欺鬼可也。李珂《松窻百記》云：世既是妄人，死而爲鬼，其妄又可知。無身心耳目口鼻之實，而六習常不斷，顛倒沈迷，豈復覺悟。方其具酒殽、列冥器、鑿楮象錢、印繪車馬而焚之，以妄塞妄也。蓋嘗原其本，初恐瘞錢爲死者之禍，及世艱得錢，易以紙錢，自後沿襲至唐而焚之，其來久且遠，而廖、高峰遽欲絶之，以塞妄費。且夫子謂死，葬之以禮，又曰敬鬼神而遠之，是夫子不欲遽絶，而以有無之中言之。惟邵康節云：脱有益非孝子順孫之心，最爲通儀。《就日録》，元耐得翁。

殷長史　殷浩，陳郡人，字深源。羨子。識度清遠，三府辟皆不就。謝尚輩嘗伺其出處，以卜江左興亡。後徵爲揚州刺史，陳讓，至五月始受命。仕至中軍將軍。《萬姓統譜》殷中軍爲庾公長史。注。按《庾亮僚屬名》及《中興書》，浩爲亮司馬，非爲長史也。《世説新語補》

王璵　方慶六世孫，少爲禮家學。玄宗擢太常博士、侍御史，爲祠祭使。肅宗立，累遷太常卿，又以祠禱見寵。乾元三年，拜蒲、同、絳等州節度使，俄以中書侍郎、同中書門下平章事。卒贈開府儀同三司，謚曰簡懷。《唐書·本傳》

禘祫　禘祭也。《周禮》：五歲一禘。禘者，祭其祖之所自出，以其祖配之。審諦昭穆，而配於太祖。禘異於祫者，毁廟之主，陳於太祖廟，與祫同；未毁廟之主，各就其廟祭，此其異也。《樂書》注：禘以諦昭穆之尊卑，必於四月，以陽上陰下，有尊卑之義。祫以群祖，必於十月，以萬物歸根，有合本之義。〇祫，大合祭先祖親疎遠近也。《周禮》：三歲一祫。《公羊傳》：大祫者何？合祭也。毁廟之主陳于太祖，未毁廟之主皆升合食于太祖。《禮記》：三歲一祫，五歲一禘。禘以四月，祫以十月。冬五穀成，故骨肉合飲食於太祖，謂之殷祭。《説文》

墨衰　晉人及姜戎敗秦師于殽。子墨衰絰。杜氏曰：晉文公未葬，故襄公稱子。以凶服從戎，故墨之。林氏曰：墨染其衰而加絰。《左傳·僖三十三年》

杜預之説 《傳》：凡君薨，卒哭而祔，祔而作主。特祀於主，烝嘗禘於廟。杜氏曰：既葬，反虞則免喪，故曰卒哭，哭止也。以新死者之神祔之於祖，尸柩既遠，孝子思慕，故造木主，立几筵焉。特用喪禮祭祀於寢，不同之於宗廟。言凡鬼者，謂諸侯以上不通於卿大夫。冬祭曰烝，秋祭曰嘗。新主既特祀於寢，則宗廟四時常祀自如舊也。三年禮畢，又大禘，乃皆同於吉。《左傳·僖三十三年》

祝文當在淫祀之次。 疾病祀竈祝文：神之爲德，尊居五祀，家之休戚，實所關繫。茲以某親，百乖調理，匪叩神明，曷蠲灾戾。蘋藻至微，敢將誠意，端丐鑒歆，俯垂佑庇。化難迎恩，調元順氣，早拜安痊，詎忘恩賜。謹告。○疾病叩宗先祝文：茲惟某親，近沾某病，藥石無功，深懷憂惕。仰叩宗先，俯伸寸臆，薄祭具陳，乞垂鑒庇。端賴恩扶，俾臻康泰，灾戾消除，壽年增益。果副懇祈，感戴無極。謹告。○病安酹謝宗祖文：曩因沾病，懇叩宗先。果蒙庇佑，幸獲安痊。銘心鏤骨，感念拳拳。涓茲吉日，奉祭惟虔。特酹盟於既往，仍徼福於來茲。伏惟歆鑒，誕敷深恩，迎祥聚慶，益壽延年。謹告。《宗

家禮儀節考卷之八

雜儀

分之以職　倉，穀藏也。廩，米藏也。厩，養馬之閑也。庫，貯物之舍也。庖，宰殺之所。厨，烹飪之所。舍、業，別野、別業也。樹果木曰園。或曰舍，邸舍。《考證》

所幹　能事也。《易》：幹父之蠱。《韵會》

咨稟　咨，請問也。稟，白也。《小學章句》

家人有嚴君　《家人・彖傳》。〇朱子曰：所尊嚴之君長也。《周易本義》

俸禄　徐氏元瑞曰：錢帛曰俸，米粟曰禄。《考證》

佩帨茝蘭　吴氏曰：佩如佩用之佩。帨，帨巾也。茝、蘭，皆香草也。《小學章句》

請其故句**賜而後與之**　故者即前者所獻之物，而舅姑不受者，雖藏於私室，今必請於尊者，既許然後取以與之也。《禮記集説》

賈誼　洛陽人，文帝時河南守吴公薦之，召爲博士，時年二十餘歲，中超遷至大中大夫。誼請改正朔、興禮樂，絳、灌等毀之，出爲長沙王太傅。帝後思誼，召見宣室，因問鬼神事，至夜半，帝不覺前席。拜梁王太傅，上《治安策》。《萬姓統譜》

借父耰鉏云云　師古曰：耰，摩田器也。言以耰及粗借與其父而容色自矜爲恩德也。張晏曰：誶，責讓也。《漢書·本傳》注。古少康作箕帚。《説文》○按《禮》，凡爲長者糞之禮，必加帚於箕上。箕，歛取糞穢者。箒，鬣也。皆物之至輕者，甚言其俗之偷也。《考證》○耰鉏見五卷注。

天欲明　按《内則》「子事父母」「婦事舅姑」下皆云：雞初鳴，未冠笄者昧爽而朝。注：後成人也。此子婦至天欲明而起，昧爽而省問，與禮意不同，豈雞初鳴太早，恐其難行歟？○馬永卿問：《内則》雞鳴而起，適父母之所，不亦太早乎？元城先生正色曰：禮，事父與君一體。父召無諾，君命召無諾，父前子名，君前臣名。今朝謁者必以雞鳴而起，適君之所，而人不以爲勞，蓋刑驅其後也。世俗薄惡，故事父母之禮，得已而已焉。若士人畏義如刑，則今人可爲古人矣。某聞其言，至今愧之。《考證》

萬福　萬福，問親夜來平安之意。古人於書疏多用萬福字，韓愈《答孟簡書》亦然，即保安之辭，而□所祝之意也。同上。

不安節　謂有疾不能脩其起居飲食之節也。《禮記集説》

晨省　省問其安否何如也。《禮記注》

藥物　此非必有疾而然，蓋平時奉養之際，察親氣力之何如，虚則補之，乏則益之，使不至於成疾也。《考證》

撿數　朱子曰：點撿數過也。同上。

點心　今以早飯前及飯後午前晡前小食爲點心。《唐史》：鄭傪爲江淮留後，家人備夫人晨饌，夫人顧其弟曰：治妝未畢，我未及餐，爾且可點心。則此語唐時已然。《輟畊録》按《韵書》：白地小黑曰點。點心，謂暫食少味，以點空心，點與煎茶點水之點同。《考證》

在中饋　《家人》六二：無攸遂，在中饋，貞吉。程子曰：婦人居中而主饋，故曰中饋。《周易程傳》

酒食是議　《小雅・斯干篇》：無非無儀，惟酒食是議，毋父母貽罹。朱子曰：儀，善也。罹，憂也。女子以順爲正，無非足矣。有善，則非其吉祥可願之事也。唯酒食是議，而無遺父母之憂，則可矣。《詩經集傳》

刀匕　杜蕢曰：蕢也，宰夫也，刀匕是供。《禮記・檀弓篇》

安置　猶言安穩。《廣韵》云：置，安置也，置字亦有安義，蓋欲親安穩過夜之意。《考證》

昏定　定安其床衽也。《禮記注》丈夫唱喏，婦人道萬福，安、置蓋互文耳。且按丘氏《儀節》「出入必告」下注：男子唱喏，婦人立拜。是婦人無唱喏之禮。柳西厓曰：某少時赴燕京，親質

於中原人，以爲作揖之時，口道萬福安置，故謂之唱喏。又看誰言其作揖而聲者謂之啞揖，是萬福安置在唱喏中也。《考證》

籍記而佩之　籍，簿也。佩，謂服於身。《小學句讀》

出告反面　楊氏復曰：告，工毒反。告與面同。反言面者，從外來，宜知顔之顔色安否。爲人親者無一念而忘其子，故有倚閭倚門之望。爲人子者無一念而忘其親，故有出告反面之禮。生則出告反面，没則告行飲至，事亡若事存也。《大全》

書院　開元十二年置麗正書院，聚文學之士。或修書，或侍講，以張説爲書院使。《唐書》士大夫家私建垣屋於宅側，教子弟其間，謂之書院。如五代時竇諫議禹鈞嘗於宅南建一書院四十間，聚書數千卷，禮文行之儒延置師席。無問識與不識，有志於學者，聽其自至，故其子見聞益博。又如富韓公之父謂吕文穆公曰：某兒十許歲，欲令入書院，事廷評太祝。是也。《考證》

不繇東階　東階，阼階也，皆避尊者。同上。

藥餌　徐氏曰：攻疾之物曰藥，可以服食曰餌。

顔氏家訓　顔之推，字介，協之子。博識才辨，嘗待詔文林館，遷散騎侍郎。齊亡入周，爲御史上士，開皇中召爲文學，深見禮重，尋以疾終。有《文集》三十卷，《家訓》二十篇，並傳于世。《萬姓統譜》

子放婦出　放逐其子，出棄其婦。《禮記集説》

鈴下蒼頭　都督閤内置鈴架，以警防不虞。《通鑒綱目集覽》漢謂奴爲蒼頭者，服純黑以别於良人也。《前漢書注》鈴下，蓋懸鈴以代傳呼，如翰苑之爲者。《晉·羊祜傳》：鈴閤之下侍衛十餘人。《楊方傳》：初爲郡鈴下威儀。鈴下蒼頭，蓋小豎通内外之令者。《考證》

凡拜數　按程子曰：今人事生以四拜爲再拜之禮者，中間有問安之事故也。蓋經宿以上則再拜者，卑幼見尊長之禮然也。五宿以上四拜者，加問安一節。正至六拜者，比朔望加賀一節。朔望四拜者，特以旦望，故比平時加再拜。同上。

扶謂搊策　少俯首接之曰扶，搊策二字不見他書，亦恐是俗語，謂以手拘執而扶策以起，不敢安然受拜而辭之之義。〇《涑水記聞》：种放以處士召見，特恩驕倨。王嗣宗知長安，放至，通判以下群謁，放少俯垂手接之而已。嗣宗内不平。放召姪出拜嗣宗，嗣宗坐受之。放怒，嗣宗曰：向者通判以下拜君，君扶之而已。按：此則跪而扶之者，跪而少俯垂手接之，蓋不敢受拜而半答之也。同上。《博雅》：搊，拘也。《集韵》：手搊也。策者，束勒行者扶持使進也。《韵會》

古有胎教　古者胎教之道，王后腹之七月，而就宴室，太師持銅而御户左，太宰持升而御户右，太卜持蓍龜而御堂下，諸官皆以其職御於門内。比三月，若王后所求聲音非禮樂，則太師撫樂而稱不習，所求滋味者非正味，則太宰荷升不敢煎調，而曰：不敢以侍王太子。《大戴禮》○賈誼《新書》同，升作斗。古者婦人妊子，寢不側，坐不邊，立不蹕，不食邪味，割不正不食，席不正不坐，目不視邪色，耳不聽淫聲，夜則令瞽誦《詩》道正事，如此則生子形容端正，才過人矣。《列女傳》婦人妊身，不欲令見醜惡物異類鳥獸，食當避其異常味，不欲令見熊羆虎豹御及射鳥、射雉，食牛心、白犬、肉鯉、魚頭。席不正不坐，割不正不食，聽誦《詩》《書》諷咏之音，不聽淫聲，不視邪色，以此産子，必賢明端正壽考，所謂父母胎教之法。故古者婦人妊娠必慎所感，感于善則善，感于惡則惡矣。妊娠者不可啖兔肉，又不可見兔，令兒唇缺。又不可啖生薑，令兒多指。《博物志》

孔子曰云云　《大戴禮·保傅篇》。又見賈誼《疏》中。但《大戴》無天字，如自然作之爲常。

嬰孩　人始生曰嬰，嬰，胸前也，投之胸前乳養，故曰嬰。《釋名》孩，小兒笑聲也。《説文》

杜漸　防微杜漸。《唐書·兵志》杜，塞也。事之由來曰漸。《考證》

孺子　《説文》：乳子也。程氏曰：親慕之意，小兒親慕父母，謂之孺子。《書》：孺子，幼少之稱。《韵會》

列女傳　十五卷，漢劉向撰，曹大家注。《經籍志》

女戒　一卷，曹大家作。同上。

曹大家《漢書注》家讀爲姑。　扶風曹世叔妻者，同郡班彪之女也。名昭，字惠班，一名姬。博學高才，世叔早卒，有節行法度。兄固著《漢書》，其八《表》及《天文志》未及竟而卒。和帝詔昭踵而成之。數召入宮，令皇后諸貴人師事焉，號曰大家。作《女誡》七篇，有助内訓。年七十餘卒，皇太后素服舉哀，使者監護喪事。所著賦、頌、銘、誄、問、注、哀辭、書、論、上疏、遺令，凡十六篇，子婦丁氏爲撰集之，又作《大家讚》焉。《古今列女傳》

外傅　外傅，教學之師也。《禮記注》

婉娩聽從　婉，謂言語柔順。娩，謂容貌柔順。聽，謂有所愛。從，謂無所違。此皆教以女德也。《小學句讀》

女工之大者　蠶桑，養蠶以桑，故曰蠶桑。織，《爾雅》：經緯相成曰織。績，《詩詁》：緝麻也。裁，《説文》：制衣也。縫，《説文》：以鍼紩衣也。纂，顔師古曰：赤組也。《説文》似組而□，《漢書》所謂錦繡纂組害女工，是也。《考證》

僕妾　給事者男曰僕，女曰妾。又男女之通稱。《説文》

紉縫　以線貫針曰紉。《字彙》

骨肉　謂兄弟也。《文選六臣注》稱至親爲骨肉者，言其休戚相關，如骨肉之不雜也。《品字箋》

柳開 開，字仲塗，大名人。父名承翰，仕周世宗，官至監察御史。開仕宋太宗，官至郡守。《萬姓統譜》

及日 猶言終日。《小學句讀》

五不取 真氏曰：孔子五不取，即擇婦之法也。婦人深居閨閫，美不外著，賢否未易知，亦觀其家如此爾。同上。

真氏 真德秀，字景元，浦城人。四歲受書，過目成誦。慶元中第進士，累官至參知政事，世稱西山先生。謚文忠。德秀之學以朱文公爲宗，所著有《大學衍義》《讀書記》《文章正宗》。《萬姓統譜》

七去三不去以上三節並《大戴禮·本命篇》文。 古者女有七去，今謂之七出。議者謂無子、惡疾乃其不幸，非其罪也，出之太過，宜改爲五出。王忠文《七出議》辨之詳矣。近見陳聲伯《兩山墨談》又云：夫婦，人倫之一也，婦以夫爲天，不矜其不幸而棄之，豈天理哉！在律，惡疾、無子之列於去，疑非聖人之意。愚以爲此正聖人之意也。夫娶妻本爲繼嗣也，女子以順爲正，世之女子忌刻已多，既無子，又不容其夫置妾，以致絶人之嗣者往往而是，故聖人立法首言不順父母而即繼之以無子，使女子知其不執婦道與無子者禮所當去者也，庶不敢縱其惡耳。若雖無子而能和順逮下，是爲賢婦也，豈一概去之乎？夫婦雖五倫之一，然亦以義合者也。義合則爲夫婦矣，義絶則不爲夫婦矣。孔門三世出妻，不以爲異，後世溺於房室之愛而士大夫又耻於出妻，養成婦性之惡，有終身受制於妻而不得行其志者。聖人制禮正所以扶植綱常也，安得謂之過乎？至於惡疾，雖出於不幸，然不可以供粢盛、共枕席，則去之亦禮也。然聖人止言女之所宜去者有是七者，若有三不去則又當斟酌而行之矣。《惜陰録》

張公藝　《唐書·孝友傳》。

旌表門閭

麟德　唐高宗年號。

高宗　名治，太宗第九子，在位三十四年，壽五十六，改元者十四。《唐書》

封泰山　封謂封土爲壇以祭也。泰山，山名。《小學句讀》

國語云云　趙文子，趙武也。欒武子，欒書也。中行宣子，荀□也。范文子，范燮也。郤駒伯，郤錡也。韓獻子，韓厥也。知武子，荀罃也。《國語·晉語》注。○皆晉大夫。

委積蓋藏委、積、藏，竝去聲。蓋如字，又入聲。　委積，牢米薪芻之總名。《周禮注》：少曰委，多曰積。藏，蓄物也。《月令》：謹蓋藏。《勺會》

魯師春姜

報反而行

王吉 字子陽，皋虞人。舉賢良，爲昌邑中尉。雖不尊道，亦加敬禮。及王即帝位，以淫亂廢昌邑。群臣皆誅，獨吉以忠直數諫正得免。官至諫議大夫，謝病歸。吉與貢禹爲友，世稱王陽在位，貢禹彈冠。言其取舍同也。《萬姓統譜》

匡衡 字稚圭，東海承人。累官至太子少傅。朝廷有政議，輒引經以對，言多法義。數上書陳便宜。後拜相，封樂鄉侯。同上。

胡安定 胡瑗，字翼之，海陵人。仕爲蘓、湖二州教授，立經義、治事二齋，倡明體適用之學，出其門者皆循循雅飭。後居太學，四方歸之，庠舍不能容。世稱安定先生。自河汾以後，立師道成人才者，必以瑗爲首稱焉。同上。

孀婦 嫠女，《廣韵》：寡婦也。《匀會》

袁氏 《袁氏世範》三卷，陳氏曰：樂清令三衢袁采君載撰。《文獻通考》○本文所引數條並《世範》中語。采，蓋宋人也。

門閥 《漢書》：伐閱功勞。師古曰：伐，積功也。閱，經歷也。今人以家世門户爲閥閲，誤矣。《匀會》

仳離 《王風·中谷有蓷》詩：有女仳離。注：仳，别也。《詩經注》

髫齔 髫，童子垂髮。齔，毁齒也。《匀會》

夫妻反目　輿説輻，夫妻反目。《象》曰：夫妻反目，不能正室也。《易·小畜·九三》

顔丁　魯人。《禮記注》

少連太連　《梁書》載扶桑國人親喪，七日不食。祖父母喪，五日不食。兄弟伯叔姊妹，三日不食。嗣王立三年不親國事。孔子不云乎？少連、太連善居喪，東夷之子也。《餘冬序録》○按本朝上世之時有少連氏、太連氏，實主國喪云。

吕氏鄉約　吕大鈞，大忠弟，中乙科，歷官知三原縣，後爲鄜延轉運司從事。大鈞初學于横渠，後又卒業於二程，平生以聖門事業爲己任，所著有《四書注》及《鄉約》。《萬姓統譜》○按吕氏兄弟四人，大忠、大防、大鈞、大臨。

央托　以言託人曰訣，一作呹，俗作央。《通雅》

名紙名帖　《釋名》曰：書名字於奏上曰刺。《後漢》：禰衡初遊許下，懷一刺，既無所之適，至於刺字漫滅。蓋今名紙之刺也。則名刺之始，起於漢制也。○《事始》曰：漢初未有紙，書名於刺，削木竹爲之，後代稍用名刺。唐武宗時，李德裕貴盛，百官以舊刺禮輕，至是留具銜候起居之狀，至今貴賤通用，謂之門狀。稍貴禮隔者，如公狀體爲大狀。《事物紀原》

堂上官

邸舍　《説文》：屬國舍也。徐曰：諸侯來朝所舍曰邸，今人謂逆旅爲邸。《韵會》

附録

妗母　經傳中無妗字，乃舅母字二合呼也。《明道雜志》

姨　母之姊妹曰姨。《匀會》〇即從母也，姨夫者，從母之夫也。後世謂妻之姊妹爲姨，其夫亦謂爲大姨夫、小姨夫，故呼從母爲姨母者，蓋加母字以別於妻之姊妹也。

辭　辭賦之文貴婉麗，辭以寄情深而語緩。《古今矜式》按《儀禮·士冠禮》三加三醮，而申之以字辭。後人因之，遂有字説、字序、字解等作，皆字辭之濫觴也。然近世多尚字説，而女子笄亦得稱字，故宋人有女子名辭，其實亦字説也。《文體明弁》

劉屏山　劉子翬，字彦沖，韐次子。痛憤父死，廬墓三年，執喪致羸疾。服除，授通判興化軍，以不堪吏事，辭歸武夷山。妻死不再娶，事母兄盡孝友。講學不倦，學者多從之游，號屏山先生。《萬姓統譜》

冠而欽名　冠而字之，敬其名也。《禮記·郊特牲篇》

曾氏顔氏　有若無。《泰伯篇》如愚。《爲政篇》無伐。《公冶長篇》陋巷。《雍也篇》一貫。《里仁篇》三省。《學而篇》

指南　謝人指教曰仰荷指南。《類書纂要》

先吏部　即韋齋。朱子，名松。曾爲吏部員外郎。詳見于後《遷墓記》。

彪炳

駛　疾也。《韵會》

純亦不已　《中庸》第二十六章。

虞采　虞集之兄，見于《元史·虞集傳》中，無他事跡。

虞集　汲子，隨父居臨川。天性孝友，弘才博學，累遷金章閣學士。日取經史中切心德治道者，陳進經筵。凡承顧問，必隨事規陳，而一時大典册咸出其手。其論薦大才，必先器識。平生爲文萬篇，有《道園學古録》行世，卒贈仁壽公，謚□靖。《萬姓統譜》

著雍困敦相月六蓂　歲在戊曰著雍，在子曰困敦，七月爲相。《爾雅》蓂筴瑞草，堯時有之。每月朔日生一筴，望後日落一筴。堯觀之以知晦朔，故又名曆筴。《字彙》

丱突　丱，束髮皃。《詩》：總角丱兮。《毛傳》：丱，幼稚也，突出皃。《匀會》

孰采孰受　君子曰：甘受和，白受采。忠信之人，可以學禮。《禮記·禮器篇》

孰集孰生　其爲氣也，配義與道，無是，餒也，是集義所生者，非義襲而取之也。《孟子·公孫丑上篇》

自誠而明　《中庸》第二十一章。

相門有嗣　將門必有將，相門必有相。《史記·孟嘗君傳》

説　按字書，説，解也，述也，解釋義理而以己意述之也。此外又有名説、字説，其名雖同，而所施則異。《文體明弁》

劉瑾

懷甫　瑾，美玉。《楚辭》：懷瑾握瑜。《匀會》

魏恪

商頌　《詩·商頌之什·那篇》。

啓　啓，開也，開陳其意也。一云跪也，跪而陳之也。有古體，有俗體。《文體明弁》

非偶　齊侯欲以文姜妻鄭太子忽，辭曰：人各有耦，齊大，非吾耦也。《左傳·桓六年》

摳衣問政

察院　唐憲府故事，侍御、殿中、監察呼三院，故今亦斥殿中曰殿院，監察曰察院，自唐室始也。《事物紀原》

宣教　宋從八品宣教郎、宣義郎。《文獻通考》

覆瓿之傳　楊雄著《太玄》，劉歆觀之，曰：吾恐後人用覆醬瓿也。《前漢書·本傳》

疏　疏之爲言，布也。疏用散文，秦漢以來，皆用於親知往來問答之間，而書啓狀疏，亦以進御。《文體明弁》

荼毒　如荼之苦，如毒之螫。《書經集傳》

饘粥　饘糜也，又作飦饘。《檀弓》注疏云：厚曰饘，希曰粥。《韵會》

五内　五中也。《魏志·王浚傳》注：聞命驚愕，五内失守。《康熙字典》

哽塞　哽，食不下喉也。《韵會》

克襄大事　葬定公，雨，不克襄事，禮也。襄，成也。〇《左傳·定十五年》

纍然　累、纍同，《家語》：累累如喪家之狗。蓋謂其狀如有所拘繫者也。

鄉貫　本貫鄉籍也。

諛墓　劉義持韓愈金數斤去，曰：此諛墓中人得耳。《唐書·本傳》

士學口耳　小人之學也，入乎耳，出乎口。口耳之間四寸耳，曷足以美七尺之軀哉。《楊子法言》

佻儇　佻，《爾雅》：偷也。注：謂苟且。儇，《荀子》注：輕薄巧慧也。《韵會》

紹興　宋高宗年號。

壼彝　壼，《爾雅》：宫中衖。注：閤門道。《韵會》

湯沐之封　齊王以一郡上太后，爲公主湯沐邑。《史記·吕后本紀》謂以其賦税，供其湯沐之具。《書言故事》注。〇按《王制》：諸侯將天子，皆有湯沐之邑。則不獨婦人有湯沐之邑矣。

紹聖　宋哲宗年號。

政和　宋徽宗年號。

龜山楊氏　楊時，字中立，將樂人。潛心經史，熙寧中登進士，從二程游，得河洛之傳。浮沈州縣者四十餘年，後爲諫議大夫，僅三閲月，所論列皆關世道。又爲國子祭酒。高宗時除工部侍郎、直學士。世號龜山先生，卒贈文肅。《萬姓統譜》

趙忠簡公　趙鼎，字元鎮，聞喜人。崇寧中進士，隨高宗南渡，累官殿中侍御史，陳四十事，遷御史中丞。初鼎薦張浚，後並相協心，以圖興復之功。與秦檜論和議不合，罷政謫嶺南，在吉陽不食而卒。孝宗時贈太傅、豐國公，謚忠簡。同上。

秦檜　字會之，江寧人。登政和五年第，二帝北遷，從至燕山，後歸行在。紹興元年二月，除參知政事，八月拜右僕射、同中書門下平章事，兼知樞密院事，封益國公，加封建康郡王。卒年六十六，贈申王，謚忠獻。開禧二年，追奪王爵，改謚謬醜。《宋史·姦臣傳》

劉子翔

塾　朱塾，字受之，文公長子。從吕祖謙學。用蔭官將仕郎，早卒，贈中散大夫。子鑑，奉

直大夫，湖廣惣領。《萬姓統譜》

埜　朱埜，字文之，文公次子。用蔭補官，歷朝奉郎。同上。

李延平　李侗，字愿中，劍浦人。從學羅從彥。結茅山田，謝絶世故，餘四十年。飲食或不充，而怡然自得，世號延平先生。卒謚文靖。有《延平問答》及《語録》行世。同上。

山頽梁壞　孔子歌曰：泰山其頽乎，梁木其壞乎，哲人其萎乎。遂寢病七日而終。《家語·終記解》

生榮死哀　其生也榮，其死也哀。《論語·子張篇》

繐繐繐音歲。　凡布細而疏者謂之繐。《荀子》注。

築室三年　如彼築室于道謀，是用不潰于成。《詩·小雅·小旻篇》諺作舍道傍，三年不成。《後漢書·章帝紀》

吕伯恭　吕祖謙，字伯恭。夷簡六世孫。祖好問隨高宗南渡，仕至尚書右丞，卜居金華。祖謙早擢高第，歷官著作郎、直秘閣，倡道於婺，爲一代宗師，號東萊，著書立言並行于世，卒謚成。《萬姓統譜》

經説事記　按東萊所著有《經説》《讀詩記》《大事記》等書，皆未成。

澄清撓濁　黄憲，字叔度。郭林宗曰：叔度汪汪若千頃之陂，澄而不清，撓而不濁。《後漢書·本傳》。《世説》橈作擾。

時雨之化　君子之所以教者五，有如時雨化之者。《孟子·盡心上篇》

鴻羽之儀　《漸》：上九，鴻漸于陸，其羽可用爲儀，吉。《周易》

獨御之對

祈招之詩　楚子次于乾谿。右尹子革夕。王出，復語。左史倚相趨過。王曰：是良史也。對曰：臣嘗問焉，昔穆王欲肆其心，周遊天下，將皆必有車轍馬跡焉。祭公謀父作《祈招》之詩，以止王心。杜氏曰：祈父，周司馬，招其名，祭公方諫遊行，故指司馬官而言。《左傳·昭十二年》

隻雞　徐穉事，見五卷注。

半山之約

郡紱　紱又作绋，繫印組也。《字彙》

鈎黨廢錮　寧宗慶元二年丙辰十二月，褫職罷祠。先是臺臣擊僞學，已榜朝堂。○《朱子年譜》鈎，致也。《韵會》錮，鑄銅鐵以塞其隙也。《後漢》有「黨錮」，謂塞其仕進之路也。又禁錮，重繫也。《字彙》

流根之報

祀泰壇　燔柴於泰壇，祀天也。《禮記·祭法篇》

所怙　無父何怙，無母何恃。《詩·小雅·小旻之什·蓼莪篇》怙、恃：父亡曰失怙，母亡曰失恃。《字彙》

益國周公　周必大，字子充，廬陵人。舉進士，又中博學宏詞科，除秘書省正字，兼國史院編脩官。高宗見其文，奇之。孝宗即位，除起居郎，權給事中。以力排權倖，忤旨，改福建路提刑，後除參知政事，遷樞密院使，拜左丞相，進少保、益國公。卒謚文忠，祠于學，有《文集》行于世。《萬姓統譜》

雲仍　玄孫之子爲雲孫。《爾雅》雲孫之子爲耳。《前·惠紀》：公孫耳孫。應邵曰：雲孫之子。又《諸侯王表》師古注：音仍。《集韵》：通作仍。《古今韵會》玄孫之子爲來孫，來孫之子爲晜孫，晜孫之子爲仍孫，仍孫之子爲雲孫。《小補韵會》

遣免

文公家禮通考

［日本］室鳩巢　撰
唐青州　整理

《文公家禮通考》解題

［日］吾妻重二　撰　董伊莎　譯

《文公家禮通考》，刊本，一卷，《甘雨亭叢書》所收。關西大學綜合圖書館長澤文庫藏本，書編號爲L23＊＊000＊105。此版本應爲該書之後印本，因其印字狀態良好，采用作底本。

著者室鳩巢（一六五八—一七三四）是江户時代中期的儒學者，名直清，字師禮、汝玉，通稱新助，鳩巢、滄浪是其號。江户（現東京）醫師之子。自幼聰明，寬文十六年（一六七二）十五歲時成了加賀藩前田綱紀的家臣。其後因藩令師從京都的木下順庵，天和二年（一六八二）二十五歲時返回加賀藩。正德元年（一七一一）五十四歲時由於同門的新井白石推薦被幕府起用，傾注精力於應對朝鮮通信使、講解經書等工作。受將軍吉宗之命日譯經琉球傳來的《六諭衍義》，又撰《六諭衍義大意》，馳名國内。其學問的基本立場是反對仁齋和徂徠的古學，並以朱子學爲正統與其對峙。

鳩巢著作衆多，有《大學章句新疏》二卷、《中庸章句新疏》二卷、《西銘詳義》一卷、《六諭衍義大意》一卷、《駿臺雜話》五卷、《赤穗義人録》二卷、《國喪正義》一卷、《鳩巢先生文集》四十四卷（以上爲刊本），《太極圖述》二卷、《兼山麗澤秘策》八卷、《獻可録》三卷、《不亡鈔》四卷（以上爲寫本）等。

《文公家禮通考》雖題爲「通考」，實際只有「祠堂」「正寢」「龕」三項，而且没有涉及儀式的内容，只對祠堂等祖先祭祀設施樣式加以考證。大概鳩巣原本有論述整本《家禮》的計劃却没能實現，只留下了一部分的整理稿子。即便如此，這些部分也有很篤實的内容，反映了鳩巣穩固的學風。原本，關於《家禮》所記祠堂等的具體樣式有着許多不明確之處，而《文公家禮通考》中對這些地方進行了頗爲明晰的論证和整理。可能因爲是如此優秀的著作，甘雨亭叢書所收的本書影印也收録於王德毅主編《叢書集成續編》（臺灣，新文豐出版社，一九八九年）第六十六册。

至今爲止，未見有論及《文公家禮通考》的研究，又因該書没有序跋，其爲何時、如何著成還有待日後調查，但鳩巣作爲朱子學學者十分重視孝和祖先祭祀是無容置疑的，他應是從這種認識出發撰寫了本書。

關於鳩巣的喪祭儀禮認識，可見《不亡鈔》卷四的《葬喪祭之事》〔二〕。例如有云：

〔二〕　關於《不亡鈔》，荒木見悟對其是否爲鳩巣自著提出了疑問，見《室鳩巣の思想》（《室鳩巣的思想》），《貝原益軒、室鳩巣》，日本思想大系三十四，岩波書店，一九七〇年。但石川松太郎認爲各寫本均明確記有「室氏直清識」，没有特別否定真作的理由（石川松太郎校注《貝原益軒・室鳩巣集》解説，世界教育寶典，日本教育編，玉川大學出版部，一九六八年）。在當時，除室鳩巣外難以想象還有其他儒者能把内容展開到如此地步，從這點來看《不亡鈔》應爲鳩巣自著。

祭祀は、ただ、孝養のみち也。孝養は、又、誠實の道なり。……若、心中に怠慢あらば、此時、神靈、外に行て、毎日の祭禮を不レ可レ受。子孫たる人、豈、得レ忽乎。(祭祀是孝養之道，也是誠實之道……若心中有所怠慢，神靈便會出外，不可受毎日祭禮。子孫者豈能忽視？)

又有：

喪、終る時は、人、職につく。職につく時は、神と常に接ることを不レ得。祠官をおきて祠堂を掌らしめよ。閒暇ある時、自身もつかへ、懈怠なく可二禮拜一。ただ、心に神を保、祠堂に像を保の義也。祠堂の禮は、ただ、生に事るがごとくすべし。毎朝に内室の扉をひらき、一飯・一茶をすすめ、時食・珍味のごときは、必先、是を備へよ。(喪期終結之時，人應回歸本職。回歸本職便不得常與神接觸。故應設祠官掌管祠堂。閒暇時可親自禮拜，不能懈怠。持心中之神、保祠堂之像是其義所在。祠堂之禮，應如事生。毎早開内室門，進一飯、一茶，如時節之食、珍味必須供應。)

再有：

禮を制し、樂を作るは、天子の事也といへども、當時、葬祭の憲法なくして、如レ此のこと、人〻の心に可ㇾ任折からせ。祠堂の廣狹は、其禄に應すべし。勤て花美を求る事なかれ。祠堂は室の如く、祭祀は養のごとし。祠堂は祭祀より出、祭祀は養より出。故に、祠堂を祭禮に合しめ、祭祀をば養に可ㇾ合。養は孝の道なり。（制禮、作樂爲天子之事，當時無葬祭之憲法，是因此事交由人心自行決定。祠堂的寬窄應與其禄相符。萬不得追求華麗。祠堂如室，祭祀如養。祠堂出於祭祀，祭祀出於供養。故使祠堂合於祭禮，祭祀合於供養。供養爲孝之道。）

由此可以明確看出，鳩巢認爲在祠堂祭祀祖先爲「孝養」的表現，十分重要，所有人都應該根據俸禄的多寡修建祠堂。如此看來，鳩巢撰寫《文公家禮通考》在某種意義上也是理所當然的。

在此簡單地介紹收録《文公家禮通考》的《甘雨亭叢書》。該叢書是由安中藩主板倉勝明（一八〇九—一八五七）收集近世儒者的珍稀著作，從弘化二年（一八四五）到安政三年（一八五六）傾注精力以藩版刊行，全七集五十六册，收録了經説、史論、詩文、隨筆、文武諸藝等衆多領域的書籍。叢書開頭登載天保十四年（一八四三）古賀紫溟（侗庵）、天保十四年（一八四三）筱崎小竹和弘化二年（一八四五）野田笛浦各人的親筆墨迹序文。在這些書籍中，最初收録的便是此《文公家禮通考》。

另外，板倉勝明自己整理了各著者的傳記，還附上論贊載於卷首，《文公家禮通考》的開頭也載有《鳩巢先生傳》。其稱贊鳩巢如下：

論曰我邦醇於洛閩之學者，山崎闇齋、中村惕齋二人而已耳。然闇齋乏從容涵泳之味，惕齋少苦心力索之功。唯先生集其成者也歟。當時物茂卿之徒出，異説蜂起，先生獨卓然以道自任，力排異端，以扶聖道，善類爲之踴躍，斯道不墮於地者，實先生之力也。絅齋淺氏曰：「羅山子之功，不在十哲下。」余於先生亦云。

據此，勝明認爲日本純粹的「洛閩之學者」即正統的朱子學學者，唯有山崎闇齋和中村惕齋二人，但兩人各有所短。相對地，只有鳩巢集成了兩人所長。又認爲淺見絅齋説林羅山的功績不亞於孔門十哲，而在徂徠等异説流行時，力排异端匡扶聖道的鳩巢之功績可與羅山比肩。由此可見勝明對鳩巢及其著作評價之高。《甘雨亭叢書》也收録了鳩巢的其他著述，有《赤穗義人録》二卷、《天下論》、《大學咏歌》、《鳩巢與白石論土屋主税處置》、《病中須佐美》一卷和鈴木重充編《鳩巢先生書批雜録》三卷。

目録

鳩巢室先生傳

先生諱直清，字師禮，一字汝玉，小字順祥，號滄浪，命其齋曰「静儉」，江户人，其先出自山陽丹治氏，食邑於備之英賀郡者，稱爲「室氏」，蓋因地名也。父玄樸，號草菴，以剛直不遇於世，自備徙攝，遂徙武，産先生于谷中里。先生幼而聰悟，有老成之氣象。寛文壬子春，加賀侯召講《大學章句》，時年十四，侯嘆曰：「真英物也。」乃禄之，令就學京師，有神童之稱。又遊順菴木下氏之門，順菴每稱曰：「師禮忠信篤敬，有志聖學，吾益友也。」先生又從羽黑成實學，成實之學，出於山崎闇齋，以故滋明經義。元禄中，先生在加賀，得永氏廢宅在城西者，買而居焉，號「鳩巢」。藩之士大夫，皆矜式焉。奇材偉器，往往出其門。著《大學新疏》，發明章句之藴。又著《義人録》，使天下後世爲人臣者，有所儀則焉。正德元年，以新井君美薦，辟爲學職，適朝鮮人來聘，奉命接之，往復贈答之什，積成卷帙。時君美寵遇尤盛，政事悉决君美，盛名赫赫，朝野翕然推之。先生與書曰：「昔在延喜中，菅相公起自儒家，執柄三善，清行諫以慎身遠禍之道。夫菅公才德傑出古今，居旦奭之重，天下之所畏服。而清行以一介之賤士，獨冒其威嚴而言之。恭靖先生嘗與僕論此事曰：『清行，天下之奇士也。』僕謂：『清行豈求奇士之名者耶？』實出愛菅公之深耳。』今吾兄德望之隆，未知比菅公何如？然而其於學術文章，恐非菅公之所企及也。加之遇明主特達之知，言聽謀行，菅公之後，未聞有儒臣若吾兄者也。僕多年辱交誼，眷顧日厚，竊謂愛吾兄之深，誰有及僕者乎？清行能言之於疏交之菅公，而僕以同學之故人，豈可默默無一言？抑愼迎接遠權利，是常人所同知，不足爲吾兄言也？吾兄於朝廷，將順匡救之功，赫赫在人耳目，然比古人有大勳勞于天下者，孰優孰劣，天下後世，必有公論。以吾兄之明達，豈有以是等内滿其志，外見其面乎？但盤根錯節，遊刃有餘，故其詞色之間，剛鋭果敢之氣盛，謙退抑損之意乏，蓋有不覺然而然者也。《書》曰：『有其善，喪厥善；矜其功，喪其功。』伏願吾兄不有其善矜其功。孟之反策其馬，聖人稱之。馮異避樹下，古今美之。是吾兄所以可法也。《正考父鼎銘》曰：『一命而傴，再命而傴，三命而俯，循墻而走，亦莫余敢侮。』位愈昇，心愈降，譬如造堂，上添一尺之崇，則下增一尺之基，不然必傾覆。方今明良在上，如菅公之於延喜之事，萬萬保無之，然虧盈益謙，天下不易之常理，可不愼哉！爰聞吾兄寵榮，不以祝而以規，伏乞哀愚察納。」此書本以國語爲之，今代以漢字。無幾，國家不幸，君美遂不終其志，果如先生言。三年春，賜第宅于駿河臺，世以稱「駿臺先生」。

有德公繼統之後，領高倉館教授，都下翕然嚮慕，受業者日衆，擢授殿中侍講。此職之設，自先生始。嘗受命疏五倫五常名義，記以國字，述六諭衍義大意。官命鏤之，布于天下。先生嘗著《論》《孟》《中庸》及《易經》廣義，未及考訂，羅災而亡。復感末疾，不能重屬稿，陳疾乞老者再三。優命不允，猶帶職名家居，以頤養爲事。每吟上蔡詩云：「透得利名關，方是小歇處。」人喻得此句，則終身可以無憂矣。病間著《駿臺雜話》，有旨上之。時學風漸變，横議載路，詭譎險薄之言，聳動人聽，舉世靡然，淳風幾息。以故先生謝絕生徒，掃迹自守，蓋得否亨之道矣。然有篤志來請者，不復甚拒，力疾指教，諄諄乎各因其材而篤焉。著《太極圖述》，弘闡精微，俟後學乎來世，是先生之絶筆也。享保十九年八月十二日，卒于駿臺賜第，年七十有七。有《鳩巢文集》十三卷，《後編》二十卷，《補遺》十卷，今行于世。男洪謨，字孔彰，繼其業云。

論曰我邦醇於洛閩之學者，山崎闇齋、中村惕齋二人而已耳。然闇齋乏從容涵泳之味，惕齋少苦心力索之功。唯先生集其成者也歟。當時物茂卿之徒出，異説蜂起，先生獨卓然以道自任，力排異端，以扶聖道，善類爲之踴躍，斯道不墮于地者，實先生之力也。絅齋淺氏曰：「羅山子之功，不在十哲下。」余於先生亦云。

安中城主板倉勝明子赫撰

文公家禮通考

東都　室直清師禮著

祠堂

直清按：祠堂即古之家廟也。但古之家廟，後有寢，前有廟，而祠堂有堂無寢。古之家廟，分爲房室，藏主於室，奉一世爲一廟，而祠堂爲四龕室，祭四主於一堂。此其異也。蓋古之廟制，不見於經，其詳不可得而知。宋時嘗聽太子少傅以上皆立家廟，而廟制卒不立，當時公卿莫之克舉，唯文潞公法唐杜佑遺制，立一廟於河南，其他雖若韓魏公家，猶未之聞焉。而士庶人之賤，亦有不得立廟者，故司馬公立爲影堂，以奉祭祀。而古者廟無二主，又無用影者，今廟主用影，既非古禮，而當必別書屬稱以標識之。故又有祠板，并影爲二主，亦非禮也。故家禮特用伊川先生所制木主，去影不用，因改「影堂」曰「祠堂」云。

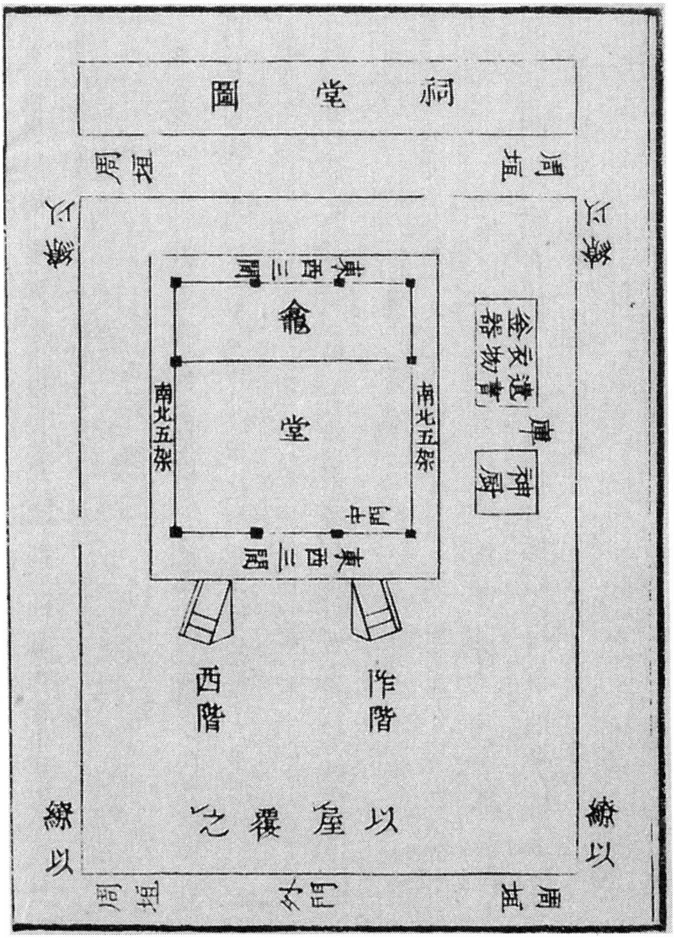

祠堂圖
周垣
周垣
以繚之
以繚之
遺書衣物
祭器
庫
神廚
東西三間
龕
南北五架
南北五架
堂
中門
東西三間
阼階
西階
以屋覆之
周垣
門外
周垣
以繚
以繚

直清按：祠堂之制三間，言東西之廣容三間也。至南北之深，則未嘗言之。然觀於朱子《儀禮釋》及《語類》之言，並見下所引。則祠堂之深，亦當以五架爲度。而三間五架，皆未見丈尺之量，則無以知其廣深之實。考之他書，亦無明據。但《三才圖會》敵樓圖下注「每間闊一步」，「常法一間二柱」，又唐德宗時税間架，其法兩架爲間云，朱子亦論古士廟三間云「須以四五尺以上爲一架」。是下所引一架，即兩架之間是也。或曰兩架，或曰一架，皆隨其文，無異義也。據此例，當是以五六尺爲一間，兩架之間亦如之，料祠堂廣深之度，大率如此。然間以柱間取義，架以屋架取義，皆非丈尺之稱，其遠近必從屋大小而隆殺之爾。又或謂：祠堂之制，有神厨、神庫在其東焉。則所謂三間者，合堂與厨庫而言之。其一間者，不立厨庫也。此說非也。祠堂之制三間者，於其行禮之際，爲得宜也。東間爲阼階上，西間爲西階上，中間爲拜位。其一間者，稍廣兩柱之間，以其内分左、右、中而行禮也。况《家禮》本說上云：「祠堂之制三間，外爲中門，外爲兩階。」下云：「又爲遺書、衣物、祭器庫及神厨於其東。」則祠堂自爲三間，而厨庫在祠堂外，亦已明矣。

朱子《儀禮釋宫》：「宫室之名制，不盡見於經，其可考者，宫必南鄉，廟在寢東，皆有堂有門。」又云：「周禮建國之神位，右社稷，左宗廟，宫南鄉而廟居左，則廟在寢東也。」

直清按：《家禮》所云「立祠堂於正寢之東」者，本此也。

又《答萬正淳書》云：「古人宫室之制，前有門，中有堂，後有寢，凡爲屋三重，而通以墻圍之，謂之宫。」寢謂燕寢，非正寢也。正寢即堂也，不得爲與堂門重其屋。又《釋宫》：「寢之後，有下室。」

寢謂正寢。本注《士喪禮》記：「朔月，若薦新，則不饋於下室。」注曰：「下室如今之内堂。」賈氏曰：「下室，燕寢也。然則士之下室，於天子諸侯，則爲小寢也。」《春秋傳》曰：「子大叔之廟在道南，其寢，在廟北。」其寢，廟之寢也，廟寢在廟之北，則下室在適寢之後可知矣。

又《殿屋厦屋説》云：「殿屋五間，前皆爲堂，後爲房室。中間之前爲兩楹間，後爲室。東間之前，爲東楹之東，又少東爲阼階，上少北爲東序，後爲東房。西間之前，爲西楹之西，又少西爲西階，上少北爲西序，後爲西房。序即墻也。東序之東，西序之西，爲夾。其前爲東西堂，其後爲東西夾室。」又云：「厦屋則前五間，後四間。」本注：「無西房，堂中三間之後，只分爲兩間，東房、西室。」按《殿屋説》云，中間云東間，云西間，皆以柱間，分而名之，又并東西夾各一間爲五間，則殿屋五間者也。厦屋前五間，與殿屋同，而後則四間者，以其無西房，少一間也。

直清按：天子諸侯，左右房中爲室，則殿屋是也。大夫士，東房西室而已，則厦屋是也，其曰「路寢」，曰「適寢」，又曰「適室」，皆此屋也。而其作廟屋，亦如此制。下異圖。

又《儀禮釋宫》：「堂之屋，南北五架，中脊之梁曰棟，次棟之架曰楣。」賈氏曰：「凡堂皆五架，則五架之屋，通乎上下，而其廣狹隆殺則異爾。」

直清按：觀此則寢廟皆爲五架之屋，可知矣。

《朱子語類》云：「適士二廟，各有門、堂、寢，各三間，是十八間屋，今士人如何要行得。」

直清按：朱子此言，必有所考。如此，而祠堂三間，亦擬古家廟之遺制也。又按：古人計屋用「間」字，若云幾百間、幾十間、幾萬間之類，皆道若干屋，以柱間計是，初不係屋數也。朱子此言亦可見矣。

又《答黄直卿書》云：「所論士廟之制，雖未能深考，然堂上前爲三間、後爲二間者，似有證據。按：大夫士堂制前二間，後二間，東房西室，則所謂似有證據者，亦如此類。但假設尺寸大小，無以見其深廣之實。須稍展樣，以四五尺以上爲一架，方可分畫許多地頭，安頓許多物色。而中間又容升降、坐立、拜起之處，净掃一片空地，以灰畫地，而實周旋俯仰於其間，庶幾見得通與不通，有端的之驗耳。」又云：「適又思之，恐只是作三大間，旁兩間之中爲墻，以分房室，兩夾之界，略如趙子欽説。」按：旁兩間爲兩夾，在堂中三間之外，而堂中三間比旁兩間差大，故曰三大間。

又《答吴晦叔書》云：「古人廟堂南向，室在其北，東户西牖。本注：皆前向。室西南隅爲奥，尊者居之，故神主在焉。《詩》所謂『宗室牖下』者是也。」

直清按：寢制前有門，中有堂，後有寢，而其專言寢，則在中者是也。廟制亦前有門，中有堂，後有寢，而其專言廟，則在中者是也。寢三間則廟亦三間，皆南向，旁有兩夾，其房室户牖之位亦無異制焉。蓋以生而有寢，死而有廟，廟必象寢，寢不踰廟，乃足以充不死其親之心，亦厚之至也。

廟制圖 此圖見朱子禘祫議

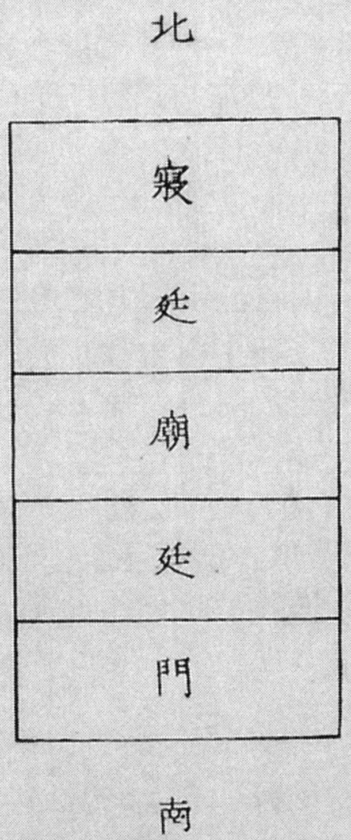

廟堂圖卽與寢同制。今因朱子釋宮布置爲圖如此。

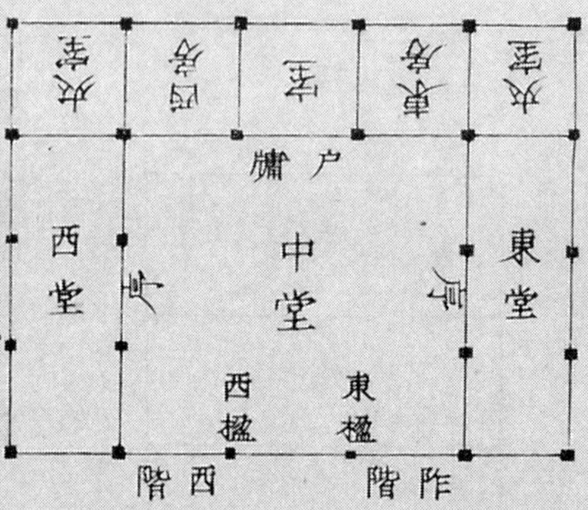

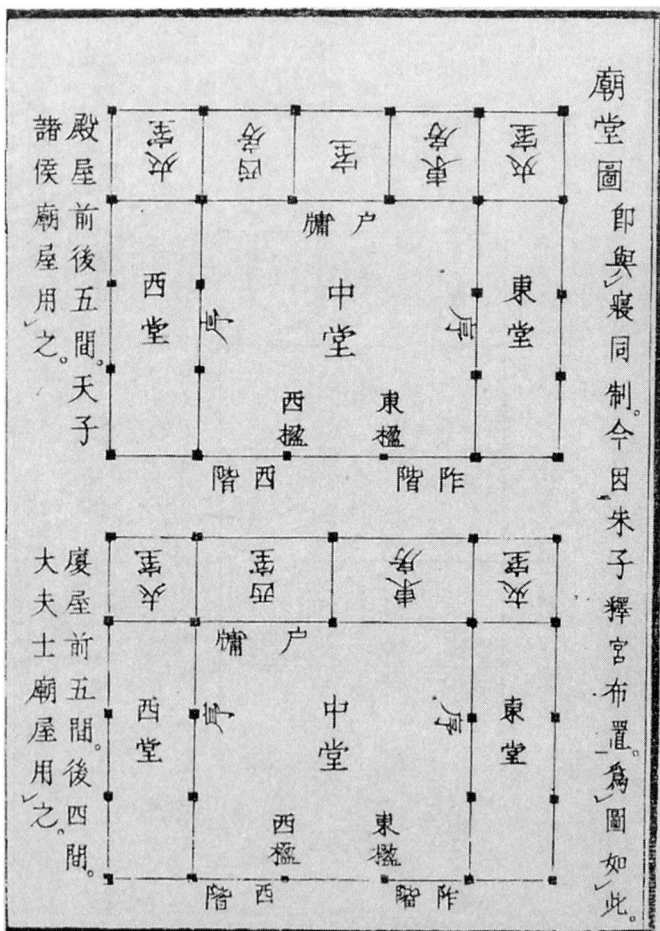

殿屋前後五間。天子諸侯廟屋用之。

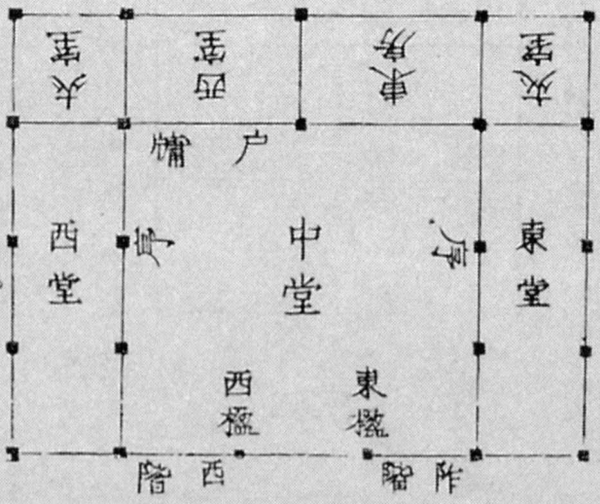

廈屋前五間後四間。大夫士廟屋用之。

《朱子語類》云：「古廟制，自太祖而下，各是一室，陸農師《禮象圖》可考。西漢時，高祖廟、顧成廟，各在一處。但無法度，不同一處。至東漢明帝，謙讓不敢自當立廟，祔於光武廟，其後遂以爲例。至唐，太廟及群臣家廟，悉如今制，以西爲上也。至禰處，謂之『東廟』。今太廟之制亦然。」

又云：「某嘗欲立一家廟，小五架屋，以後架作一長龕堂，堂作室是也。以板隔截，作四龕堂，上置位牌，堂外用簾子。或小祭祀時，亦可只就其處，大祭祀則請出，或堂或廳上皆可。」

直清按：古者每廟一室，以祭一世，祖考各爲一廟主，左昭右穆，以次而南，初無以西爲上之文。漢制每一帝廟，輒立一廟，無復七廟昭穆之制，而天子之外，未聞有營廟者。及明帝遺詔，藏其主於光武廟中别室，其後遂以爲例，歷代相承，莫之能改。唐宋時，令文武官得立家廟，自太廟以下，至群臣家廟，皆爲同堂異室之制，則其所謂若干廟者，實若干室也。宋太宗時，有司言：「按唐制，長安太廟凡九廟，同殿異室。」又司馬温公作《文潞公先廟碑記》言：「文潞公訪唐廟之存者，得杜祁公遺跡，止餘一堂四室，及旁兩翼，乃始效而營之。」此皆同堂異室之證也。於是其所得祭之主，皆列於一廟之中，則其位自西而東，以從神道尚右之義，此唐宋之制也。

問：「官師一廟，若只是一廟，只祭得父母，更不及祖矣，無乃不盡人情？」曰：「位卑則流澤淺矣，理自當如此。」曰：「今雖士庶人家，亦祭三代，如此却是違禮。」曰：「雖祭三代，却無廟者，不可謂之僭。古之所謂廟者，其體面甚大，皆有門堂寢室，如所居之宮，非如今人但以一室爲之。」

《文獻通考》：「宋徽宗大觀四年，議禮局議執政以上祭四廟，爲通祭（五）〔三〕廟。」古者無祭四世之文，又侍從官以至匹庶，通祭三世，無等差多寡之别，豈禮意乎？古者天子七世，今大廟已增爲九室，則執政視古諸侯以事五世，不爲過矣。先王制禮以齊萬有不同之情，賤者不得僭，貴者不得踰。今恐奪人之思，而使通祭三世，徇流俗之情，非先王制禮等差之義。可文臣執政官、武臣節度使以上祭五世，文武陞朝官祭三世，餘祭二世。以上議廟祭世數。古者寢不踰廟，禮之廢久矣，士庶堂寢，踰度僭禮，有五楹、七楹、九楹者。若以一旦，使就五世三世之數，則當徹毁居宇，以應禮制。可自今立廟，其間數視所祭世數，寢毋得踰廟，事三世者，寢聽用三間。以上因議廟祭并及堂寢之制。又言：按《禮記・王制》：「諸侯五廟，二昭二穆，與太祖廟而五。」所謂大祖者，蓋始封之祖，不必五世，又非臣下所可通稱。今高祖以上一祖，未有名稱，欲乞稱五世祖，從之。

直清按：宋時執政官，視古諸侯以祭四世可矣。其餘群臣以至庶人，例祭自曾祖而下，雖司馬温公《家儀》亦然，蓋從當時之制也。然以士庶人祭三世，稽諸古制則過之，求諸五服則不及，甚爲無謂也。故《家禮》從伊川先生定祭四世以爲法，固當矣。

又按：祭祀不踰高祖，雖天子諸侯，其親廟四焉者，由此也。今執政官雖視古諸侯，然後世人臣無大祖焉，則使祭四世足矣。議者乃欲使其祭高祖以上一祖，以充五廟之數，可謂泥禮之迹而失其意者矣。

或問程子曰：「今人不祭高祖，如何？」曰：「高祖自有服，不祭甚非，某家却祭高祖。」又曰：「自天子至於庶人，五服未嘗異，皆至高祖。服既如是，祭祀亦須如是。其疏數節未有可考，但其理必如此。」

朱子《答汪尚書》云：「考諸程子之言，則以爲高祖有服，不可不祭，雖七廟五廟，亦止於高祖；雖三廟一廟，以至祭寢，亦必及於高祖，但有疏數之不同耳。疑此最爲得祭祀之本意。今以《祭法》考之，雖未見祭必及高祖之文，有月祭享嘗之別，則古者祭祀以遠近爲疏數，亦可見矣。禮家又言，大夫有事，省於其君，干祫及其高祖，此則可爲立三廟而祭及高祖之驗。但干祫之制，它未有可考耳。」

直清按：先王因尊卑之等，以制祭祀之禮，使貴者不得踰，賤者不得僭，各得祭其立廟之親。其得祭四世者，天子諸侯而已。大夫不得祭其高曾，是始依《王制》所言，以太祖及一昭一穆爲三廟，若《祭法》三廟之制，大夫得祭曾祖以下。士庶人不得祭其祖。此《祭法》《王制》之所言，而禮家之所傳也。至於伊川先生，以爲自天子至於庶人，廟數雖異，服制則同，故四世之祭，通乎上下，其說若與《祭法》《王制》之言相出入。今試通而論之，天子七廟，除太祖及文武二廟外，二昭二穆，實爲四親廟，諸侯五廟亦然，此雖七廟五廟，皆祭止於高祖也。大夫三廟，除太祖廟外，一昭一穆，實爲祖禰廟，其高祖則祭於祖廟，其曾祖則祭於禰廟。此無所考，但從昭穆當如此。士一廟，實爲禰廟，高曾以下，祭於寢。亦無所考，理當如此。此雖三廟一廟，以至祭寢，亦祭及於高祖也。然如此而無隆殺焉，則祭祀之禮既無等差，而廟數多寡亦爲虛設，故程朱皆以爲古之祭祀，必以遠近爲疏數，以疏數爲隆殺。乃知大夫士，在其立廟之親，常數祭之；在其無廟之親，不必常祭。至於庶人，祭禰，其於高曾祖，亦不必常祭也。若《祭法》《王制》所言，乃常祭之制，固不可易。而伊川先生之説，亦謂常祭之外，必有時而及高祖，無缺然不祭高祖之理焉耳。《祭法》所言，天子於太祖及四親廟月祭之，二祧謂文武二廟。則享嘗乃止。享嘗謂四時之祭。諸侯於曾祖以下月祭之，太祖高祖則享嘗乃止。若大夫士，則其於廟祭，例皆享嘗。而廟祭之外，有壇墠請禱之祭。大夫有禱焉，祭高祖於壇，高祖以上爲鬼。適士有禱焉，祭曾祖於壇，曾祖以上爲鬼。適士二廟，《王制》無文。官師祭祖於考廟，祖以上爲鬼。官師一廟即《王制》士一廟者也。庶人死曰鬼。此其疏數之節，亦略可見也。然大夫猶及高祖於請禱之祭，而適士以下，遂無祭及高祖之文。考諸注疏之説，以爲有廟爲神，無廟爲鬼：神者祭而不薦，鬼者薦而不祭，然則古人於其不得祭者，皆得以鬼薦之。若庶人鬼，其考以上，猶得薦之於寢，所謂庶人祭於寢，是實薦者也。按何休曰：「有牲曰『祭』，無牲曰『薦』」，云祭重而薦輕也。」竊疑大夫士固得禮祭其有廟之親，而其無廟者乃鬼，薦之，以及高祖耶？然此無明文，不必其然，而《祭法》之言，先儒疑之，亦不可據信，則姑闕之可也。或曰：「伊川先生《祭儀》，及朱文公《家禮》，皆爲士庶人制者也。然四時常祭四世，而略無疏數之節焉，則較之古制，得非僭乎？」曰：「四世之祭，則揆之天理，察之人情，而不可已者也。至於疏數有節，隆殺有度，則當隨時爲之損益，何必泥於古乎？且古之爲制，不行於世久矣，後之君子不得位，亦不得以私斟酌尊卑之間，使上下之情無恨焉。乃使孝子慈孫，祭於家者，必及高祖，以伸其報本追遠之心，亦何傷乎？且祠堂之制甚狹，非如家廟之大，及其有事於祖考，乃祭於寢，以從庶人之制，其禮卑矣。吾未見其所以僭也。」

正寢

《儀禮·士喪禮》「死于適室」注：「適室，正寢之室也。」賈疏：「諸侯謂之路寢，卿大夫士謂之適室，亦謂適寢。總而言之，皆謂之正寢。言正寢者，對燕寢與側室非正。」

《家禮·喪禮》：「疾病，遷居正寢。」《性理大全·補注》：《性理大全》，有一本收補注，不知何人説，疑是近世人補入。古之堂屋，二間五架，中架以南三間，通長爲堂。今按中脊之架曰棟，次棟之架前曰前楣，後曰後楣，後楣以南爲堂。此云中架以南者誤也。詳見朱子《儀禮釋宫》。以北三間，用板隔斷，以東西二間爲房，中間爲室，即正寢也。室之南北有牖，病居北牖下，君視之則遷於南牖下。今按室中北牖而南牖，此云室之南北有牖，非也。北牖當作「北墉」，《儀禮·士喪禮》記：「士處適寢，寢東首于北墉下。」賈疏：「墉謂之牆，《喪大記》作『北牖』字誤也。」

直清按：凡寢處之所爲室，故古者宫室，通謂之寢。獨以堂屋當正向陽，而内有室，故謂之「正寢」。

是正寢必通堂屋而稱之，非專指其室以爲正寢。若士病處適室，鄭注以爲正寢之室，則是正寢與適室亦有別也。古人聽政治事，必在正寢，《儀禮・士喪禮》注：「正寢聽朝事」。賈疏云：「天子諸侯，路寢以聽政，燕寢以燕息。」大夫士聽私朝亦有正寢。孔氏《喪大記》疏：「適寢猶今聽事處也。」未聞別有聽事處。自漢晉以來，遂有聽事之名，後又加广而單用之。宋時士大夫家，既有聽事，而又有堂，故《家禮》於冠昏喪祭篇，皆以廳堂互舉，以便於行禮。若冠禮，冠於外廳，并於中堂；喪禮，大斂在堂中少西，發引前遷於聽事，及反哭於廳事，婦人先入哭於堂，皆是也。蓋以堂當燕寢之前，則謂之前堂，而聽事又在堂前少西。此未有可考，但觀喪禮遷柩聽事乃云「導柩右旋」，則是在堂西也。故以聽事，對堂而言之，則廳曰外聽，堂曰中堂。此與《儀禮》南北之中曰中堂者不同。而其所謂正寢者，皆以堂言之矣。若立祠堂於正寢之東，是堂居東也。四時祭於正寢，是祭於堂上也。疾病居正寢，是遷居堂中之室也。丘氏《儀節》多以正寢爲廳者，若注「遷居正寢」曰：「即今人家所居正廳也。」又《正寢時祭圖》下注曰：「今人家聽事，多狹隘，恐不能容是也。」是當時人家多有廳而無堂，其所以爲正適之室者，獨廳而已。喪禮遷柩廳事條下，丘氏注云：「今人家未必有廳又有堂，其停柩之處，即是聽事。」故《儀節》於其以廳堂分儀者，雖姑因《家禮》舊文以明之，然正寢則以廳當之，亦其宜也。

龕

直清按：字書，鉿、龕，受盛也。龕室，亦是受盛之義。若釋氏安佛之室，謂之佛龕；參禪之室，謂之襌龕，是下有受盛，不附於地也。今祠堂之龕，亦當以近北一架，自下造作爲臺，上敝室，如今佛龕，然亦以板隔截作四龕，以藏四世神主，此其制也。又按：本注云：「以近北一架爲四龕，每龕内置一卓，神主皆藏於櫝中，置於卓上。」則其以後架之間爲室，謂之「龕」，非別有龕列於室中，甚明矣。而丘氏《儀節》云：「四代各爲一龕，以一長卓并盛之，列龕以西爲上。」是別爲四個龕，以列於室中也。其説與本注不合，當從本注爲是。